明清珠江三角洲女性形象建构研究
——以吴妙静、黄惟德、李晚芳为例

A Study of the Construction of Women's Image in Pearl River Delta in Ming and Qing Dynasties
——with Miaojing Wu, Weide Huang and Wanfang Li as examples

刘正刚 乔玉红 著

暨南史学丛书
暨南大学高水平建设经费资助丛书

社会科学文献出版社
SOCIAL SCIENCES ACADEMIC PRESS (CHINA)

目 录

前　言 / 1

一　珠江三角洲地区女性史研究的回顾 / 1

二　本书的研究取向与结构 / 7

三　资料来源 / 11

上　篇

第一章　贞女芳踪高万古

　　——未婚守贞的吴妙静 / 3

一　水乡泽国的珠江三角洲 / 3

二　岭南社会的另类性别结构 / 14

三　吴妙静与贞女桥 / 30

四　明代官民重建贞女桥与贞女庙 / 37

五　清代仕宦对节孝形象的再建构 / 46

小　结 / 55

第二章　咨而惟德女中士

　　——五朝为官的黄惟德 / 57

一　明初女官制度 / 57

二　珠江三角洲地区的女官 / 61

1

三　黄惟德等籍贯归属的争夺　/　68

四　黄惟德其人其事及形象塑造　/　73

五　女官读书识字与士人推行女教　/　82

小　结　/　91

第三章　妇德何尝在识字
　　——儒而好贾的李晚芳　/　94

一　李晚芳其人其事　/　95

二　珠江三角洲地区的商业化氛围　/　101

三　李晚芳教子先贾后儒　/　108

四　女性振兴家庭（族）的责任感　/　113

五　李晚芳著述的成就　/　124

小　结　/　150

下　篇

第一章　珠江三角洲贞节女性的生活境遇　/　155

一　广东士人对节烈的推行　/　156

二　女性守节与改嫁的张力　/　159

三　守节女性的生存来源　/　167

四　贞女、孝女现象的盛行　/　175

五　女性对家族和社会的回馈　/　190

第二章　民间社会建构的女官形象
　　——以陈司彩为例　/　200

一　陈司彩的家族背景　/　200

二　女官庇荫下的陈氏三房　/　205

三　女官在家族祭祀中的变化　/　211

四　民间对女官的想象和传说　/　215

第三章　珠江三角洲才女的人生历程 / 225
　　一　才女文化的发展路径 / 225
　　二　珠江三角洲士人的"才女观" / 236
　　三　女性社交网络的构建 / 246
　　四　才女作品的现实关怀 / 261

结　语 / 275

参考文献 / 281

后　记 / 287

前　言

一　珠江三角洲地区女性史研究的回顾

珠江三角洲地区自宋代以来就已经成为岭南地区乃至中国社会经济最发达的区域之一。学术界向来对这一区域关注较多，研究成果相当丰富。[①]其中对该区域的社会变迁研究，尤以科大卫、刘志伟、萧凤霞等贡献最巨，他们从土地垦殖、宗族发展、神明崇拜、户籍制度的演变和族群等角度，展示了地域社会文化结构的动态过程，以及国家制度和礼仪在区域社会推行与表达的历史。

明清时期珠江三角洲地区的发展，与大规模围垦沙田有密切关系。在此过程中涌现了不少强宗大族，他们拥有大面积的沙田，控制市场和庙宇，举办各种士大夫文化活动，对被他们标签为"疍"、居住于沙田区的

[①] 关于上述论述，可参见〔英〕科大卫、刘志伟《宗族与地方社会的国家认同——明清华南地区宗族发展的意识形态基础》，《历史研究》2000年第3期；〔英〕科大卫《明嘉靖初年广东提学魏校毁"淫祠"之前因后果及其对珠江三角洲的影响》，周天游主编《地域社会与传统中国》，西北大学出版社，1995；〔英〕科大卫《国家与礼仪：宋至清中叶珠江三角洲地方社会的国家认同》，《中山大学学报》（社会科学版）1999年第5期；〔英〕科大卫《祠堂与家庙——从宋末到明中叶宗族礼仪的演变》，《历史人类学学刊》2003年第2期；〔英〕科大卫《告别华南研究》，华南研究会编《学步与超越》，文化创造出版社，2004；刘志伟《地域社会与文化的结构过程——珠江三角洲研究的历史学与人类学对话》，《历史研究》2003年第1期；刘志伟《从乡豪历史到士人记忆——由黄佐〈自叙先世行状〉看明代地方势力的转变》，《历史研究》2006年第6期；刘志伟《神明的正统性与地方化——关于珠江三角洲北帝崇拜的一个解释》，《中山大学史学集刊》1994年第2期；叶汉明《明代后期岭南的地方社会与家庭文化》，《历史研究》2000年第3期。

人群予以排斥。但沙田区的居民亦建立起自己的市场，使之成为水上居民的祭祀中心，其后更在居住于陆上的强宗大族的社区节庆中，扮演一定的角色。由此可见，族群分类是一个流动的社会变迁过程，在这个过程中，地方各种力量都会灵巧地运用当时中央政权的符号象征来宣示自己的权势和特性。① 因此，明代以后珠江三角洲宗族的成长，可以解释为一个由国家正统意识形态规范起来的关于祖先和继嗣的观念，被利用来适应政治经济环境变化的历史文化过程。而沙田的大规模开发，也为珠江三角洲宗族势力的发展创造了相当有利的经济条件。这个互动过程，对明清时期珠江三角洲的社会变迁产生了极为重要的影响。②

诚如科大卫所言，历代王朝都致力于华南的政治整合，要培养出敬畏官府、纳粮当差、安分守己的良民。随着王朝在华南的军事征讨、行政规划，一套关于权力的文化语言也渗透到华南。这套语言有两个关键词，即"皇帝""宗族"。它们渗透到一切礼节、身份、地位、财产权、商业习惯、社会流动、社区构建之中。华南与王朝中央之间的正统纽带，不仅建立于里甲与祀典之上，也建立在"宗族"这套语言之上。而宗族不仅是一种血缘、亲属制度，更是一种用礼与法的语言来表达的秩序和规范。运用这种规范，士大夫在应对朝廷的各项赋役制度的同时，也积极地改造地方的风俗，借此表达有利于获取更多资源的文化与身份认同。这一变迁意味着地方认同与国家象征的结合，使边缘地区得以归入国家"礼教"的程序中。③

这种有关区域体系构造的观点引起了学者们的思考，萧凤霞和刘志伟指出：中国文明的演进，包含着一个地方文化在逐渐与帝国高层文化结合的同时形成自己特色的过程，在这个整合过程中，并非只有官僚才会主动地发挥作用，地方社会也积极地在王朝的规范内表现出自己的能动性。于

---

① 〔美〕萧凤霞、刘志伟：《宗族、市场、盗寇与蛋民——明以后珠江三角洲的族群与社会》，《中国社会经济史研究》2004年第3期。
② 刘志伟：《宗族与沙田开发——番禺沙湾何族的个案研究》，《中国农史》1992年第4期；刘志伟：《祖先谱系的重构及其意义——珠江三角洲一个宗族的个案分析》，《中国社会经济史研究》1992年第4期；刘志伟：《在国家与社会之间——明清里甲广东赋役制度研究》，中山大学出版社，1997。
③ 〔英〕科大卫：《皇帝和祖宗——华南的国家与宗族》，卜永坚译，江苏人民出版社，2009。

前言

是，在区域性特色逐步发展和地方精英"士绅化"的过程中，利用隆重热烈的仪式及其象征意义成为人们改变自己处境的一种有目的、有意义的方式，这种方式将文化与政治经济进一步联系起来。①

罗一星则以佛山为个案，从分析明清佛山经济发展、生态变化和社会变迁入手，讨论了佛山镇从乡村到都市雏形以及到繁荣都市的发展过程。他认为佛山从明代景泰元年（1450）发展为都市雏形起，至清代中叶发展为岭南地区的大都市止，其间经历了一系列结构性的变迁。他把这种变迁归纳为两点，即经济上的平等和文化上的一体化。经济上的发展打破了传统的结构和土著的垄断；文化上则指外来的侨寓人士认同土著居民创造的佛山文化并进入了该文化圈的核心。这种文化一体化，使侨寓居民与土著居民在意识形态上结合为一体，同时消除了侨寓商民在经济领域、政治领域与土著居民的矛盾。②

人是宋代以来珠江三角洲地区社会变迁的最主要因素，女性占据人口数量的一半左右。她们在社会变迁过程中被士大夫建构的形象是本书研究的中心议题。本书的关注点在于明清经济浪潮席卷之下珠江三角洲地区女性生活的一些面相，因此妇女/社会性别史研究是本书的核心。学术界对妇女史和社会性别史的研究，自改革开放以来取得了不菲的成绩，海内外学者研究中国妇女史的论著，对推动中国妇女/社会性别史研究的进一步发展起到了重要作用。③

---

① 〔美〕萧凤霞、刘志伟：《文化活动与区域社会经济的发展：关于中山小榄菊花会的考察》，《中国社会经济史研究》1990年第4期。
② 罗一星：《明佛山经济发展与社会变迁》，广东人民出版社，1994。
③ 叶汉民：《主体的追寻——中国妇女史研究析论》，香港教育集团公司，1999；〔美〕伊沛霞：《内闱——宋代的婚姻和妇女生活》，胡志宏译，江苏人民出版社，2004；〔美〕费侠莉：《繁盛之阴——中国医学史中的性（960—1665）》，甄橙主译，江苏人民出版社，2006；〔美〕高彦颐：《闺塾师——明末清初江南的才女文化》，李志生译，江苏人民出版社，2005；〔美〕高彦颐：《缠足——"金莲崇拜"盛极而衰的演变》，苗延威译，江苏人民出版社，2009；〔美〕曼素恩：《缀珍录——十八世纪及其前后的中国妇女》，定宜庄等译，江苏人民出版社，2005；〔美〕曼素恩：《兰闺宝录：晚明至盛清时的中国妇女》，杨雅婷译，台北：左岸文化出版社，2005；〔美〕曼素恩：《张门才女》，罗晓翔译，北京大学出版社，2015；〔美〕白馥兰：《技术与性别——晚期帝制中国的权力经纬》，邓京力译，江苏人民出版社，2006；〔美〕卢苇菁：《矢志不渝——明清时期的贞女现象》，秦立彦译，江苏人民出版社，2010；吕芳上主编《无声之声（Ⅰ）：近代中国的妇女与国家》，游鉴明主编《无声之声（Ⅱ）：近代中国的妇女与社会》，罗久蓉主编《无声之声（Ⅲ）：近代中国的妇女与文化》，台北：中研院近代史研究所，2003；李贞德主编《妇女与社会》，中国大百科全书出版社，2005；张妙清等合编《性别学与妇女研究——华人社会的探索》，台北：稻乡出版社，1997。

3

学界对珠江三角洲女性的研究，最早较系统的是冼玉清《广东女子艺文考》。她借助参与纂修《广东省志》的便利，在广泛搜罗广东士人著述的过程中，发现了不少女性著作，并将这些著作编辑成目，进行了系统的整理和著录。正如她在自序中所言："余年来纂修省志，博搜群书。妇女专集，辄有过眼。随手编目，所积渐多。爰有《广东女子艺文考》之作。"[1] 后来的学者则主要关注历史上较著名的女性，如冼夫人、龙母、金花夫人等女性或女神，着重讨论女性从人变成神灵的历程。[2] 也有一些学者研究女性在经济、家庭及社会生活中扮演的角色等，强调女性对社会进步、经济发展的推动作用。[3]

珠江三角洲地区女性特有的"自梳女"与"不落家"群体，也一直是学者关注的对象，虽然成果颇多，[4] 但始终未能得出一个令人信服的结论。美国学者萧凤霞则对珠江三角洲地区的"不落家"习俗进行了新的思考。她发现，从清朝中期到民国时期，"不落家"习俗在当地得到了较大的社

---

[1] 冼玉清：《广东女子艺文考》，广西师范大学出版社，2014，第115页。

[2] 容肇祖：《德庆龙母传说的演变》，《民俗周刊》第9期，1928年；容肇祖：《德庆龙母传说的演变（续）》，《民俗周刊》第10期，1928年；刘万章：《关于金花夫人》，《民俗周刊》第36期，1928年；黄建华：《明清广东金花夫人信仰研究》，硕士学位论文，暨南大学，2010；郭文宇：《宋元以来社会变迁过程中的神灵塑造——以增城何仙姑为例》，硕士学位论文，暨南大学，2010。

[3] 招北恩：《广东妇女风俗及民歌一斑》，《民俗周刊》第1期，1928年；第13—14期，1928年；黄国声：《广东马冈女子刻书考索》，《文献》1998年第2期；马建钊等：《华南婚姻制度与妇女地位》，广西民族出版社，1994；刘志伟：《女性形象的重塑："姑嫂坟"及其传说》，苑利主编《二十世纪中国民俗学经典·传说故事卷》，社会科学文献出版社，2002；魏霞：《传统中的抗争——清前期广东女性角色探析》，硕士学位论文，暨南大学，2002；罗彧：《明清海南社会经济中的女性研究》，硕士学位论文，暨南大学，2007；韩健：《清代广东女性经济权益探析》，硕士学位论文，暨南大学，2008；乔玉红：《从〈粤东简氏大同谱〉看简朝亮之女性观》，《暨南史学》第9辑，广西师范大学出版社，2014。

[4] 李宁利：《自梳女的"婚嫁"象征》，《民族研究》2004年第5期；谭慧施：《浅析顺德自梳女》，《华南农业大学学报》（社会科学版）2007年第1期；李宁利等：《珠江三角洲"自梳女"兴起背景探析》，《云南社会科学》2004年第4期；方英：《"自梳女"的文化调适策略探析》，《江西社会科学》2006年第5期；邵一飞：《试析自梳女习俗的起源、构成和基本特征——以广州地区自梳习俗为例》，《文化遗产》2012年第2期；柯倩婷：《自梳女话语的流变——兼与邵一飞的"自梳是陋俗"论商榷》，《文化遗产》2013年第2期；乔玉红：《魂归何处——明清珠江三角洲地区女子"自梳"与"不落家"研究》，《天津师范大学学报》（社会科学版）2015年第1期；乔玉红：《明清岭南"自梳"与"不落家"风俗的再思考》，《中华文化论坛》2015年第10期。

会认同，甚至在社会精英阶层也比较流行。她通过分析传统文献如地方志中的《列女传》，结合大量民间文献和田野资料，将珠江三角洲地区特殊的女性婚姻状态与地域文化联系在一起重新思考，认为"自梳""不落家"等婚姻形态不是经济因素使然，而是由华南地域文化所造成，与珠江三角洲的开发史有密切的关系。萧凤霞指出，这一习俗是文化的建构，而非经济发展的结果。地方习俗的实践，是地方社会结构与不断扩张的国家结构相互作用、妥协的过程。那些自称来自中原的士大夫实际上本是当地土著，他们在获得经济地位之后，往往利用一切文化资源，包括风俗来强调对国家的认同，同时与存在竞争关系的族群抗衡。① 这种观点与刘志伟、科大卫的观点一脉相承。李宁利从文化学角度深入剖析"自梳女"现象，揭示了自梳女群体与常人不同的人生体验。② 美国人类学者珍妮丝·F. 斯托卡德（Janice F. Stockard）通过在珠江三角洲地区的大量访谈，试图重建华南婚俗模式和妇女的经济策略。③

刘志伟和萧凤霞一样，认为地方土著文化对女性的地位有重要的影响。他在《女性形象的重塑："姑嫂坟"及其传说》一文中，对广州市北郊白云山麓沙湾何氏始迁四世祖何人鉴的妻子与妹妹的合葬墓进行考察，以广州乡村祭祀女性祖先为研究对象，最终得出结论：在岭南地区，原本并没有中原地区那种"男尊女卑"的文化传统，在岭南社会和文化逐渐归化到统一的中国文化的过程中，对女性形象的重塑，是士大夫在地方社会推行教化的重要手段之一。"姑嫂坟"及其传说的变化，恰恰表现了这一历史文化过程。那些努力在地方推行教化的士大夫通过改变"姑嫂坟"传说的主题，重新塑造出合乎正统礼教规范的女性形象。而这种文化的创造，既是对国家道统的认同和归化，也被作为在国家权力体系中争取地方利益的手段。因此，在地方文化士大夫化的同时，士大夫文化也深深地刻

---

① 〔美〕萧凤霞：《妇女何在？——抗婚和华南地域文化的再思考》，《中国社会科学导刊》（香港）第 14 期，1996 年春季卷。
② 李宁利：《顺德自梳女文化解读》，人民出版社，2007。
③ J. F. Stockard, *Daughters of the Canton Delta: Marriage Patterns and Economic Strategies in South China, 1860 – 1930* (Stanford: Stanford University Press, 1989).

上了地方传统印记。①

在诸多的前人研究中，还有不少论著涉及广东尤其是珠江三角洲地区的才女文化，如美国学者魏爱莲《晚明以降才女的书写、阅读与旅行》一书专门对 18 世纪的广东才女进行研究。她从 18 世纪的八位广东重要女作家入手，指出广东才女对历史的特殊兴趣，通过与同一时期全国女性诗歌选集的比较，认为恽珠刊刻于 1831 年和 1836 年的《国朝闺秀正始集》，对广东女性的表现不够。她将 18 世纪的广东才女与同时代江南才女进行对比，得出结论：18 世纪广东女性的文学活动并未像江南一样出现衰落。②还有一些学者同样关注到了广东才女文化的发展，并做了相关讨论，但未达到像江南才女研究那样的热度。③ 令人欣慰的是，仍出现了一些关于才女研究的著作。如黄昏的《岭南才女》，将岭南历代杰出女性生平及著述做简单介绍，摘录一些女性创作的诗篇，但此书非史学研究作品。另外，清代顺德才女李晚芳撰、刘正刚点校的《李菉猗女史全书》是一部颇具学术研究价值的古籍整理著作，亦是第一部被整理并出版的珠江三角洲才女作品。该书包括李晚芳所著《读史管见》《女学言行纂》和梁炜所著《菽堂分田录》三部分内容。④ 总体来看，与珠江三角洲地区男性著作被整理出版相比，类似这种才女著作的再生性保护或研究依然少得可怜。

近年来，笔者一直关注珠江三角洲地区的性别史研究，尤其关注下层社会的女性研究。在资料发掘上，运用大量案牍、契约文书、方志、档案、族谱、碑刻等文献，还进行过田野考察，将历史时期的珠江三角洲地区妇女置于社会经济发展、贸易国际化、文化传统的国家化与士大夫化等大背景中进行研究，揭示她们的生存状态、社会角色与社会地位演变。笔者还挖掘在儒家文化不断浸润珠江三角洲社会之时，女性从被动接受到主

---

① 刘志伟：《女性形象的重塑：" 姑嫂坟 " 及其传说》，苑利主编《二十世纪中国民俗学经典·传说故事卷》。
② 〔美〕魏爱莲：《晚明以降才女的书写、阅读与旅行》，复旦大学出版社，2016。
③ 乔玉红、刘正刚：《广东女训著作考》，《岭南学》第 3 辑，中山大学出版社，2010；乔玉红：《明清顺德知识女性探析》，硕士学位论文，暨南大学，2008；乔玉红：《冼玉清与岭南女性及文化研究》，《山西师范大学学报》（社会科学版）2013 年第 3 期；叶枝青：《李晚芳〈读史管见〉研究》，硕士学位论文，西南大学，2016。
④ 黄昏：《岭南才女》，广东人民出版社，2002；（清）李晚芳：《李菉猗女史全书》，刘正刚点校，齐鲁书社，2014。

动追求礼教的历程,展示本地传统与王朝推行的儒家文化不断整合与调适,最终达到平衡的历史。①

珠江三角洲地区长期以来就是对外贸易的重要口岸,经济发达,一直有着重商的传统。宋代以来,珠江三角洲地区的开发日趋成熟,粤商成为中国商界的一匹黑马,给中国社会的商业经营注入了巨大活力。因为地利的缘故,广州成为明清时期著名的国际贸易中心,带动着珠江三角洲社会经济发展步入了先进行列,呈现明显的商业化倾向。在这种社会背景下,广东社会的商业化氛围十分浓厚,更多的男性走出家门远赴他乡,甚至漂洋过海到异邦去开拓。于是在方志、族谱等诸多文献中,留下了大量因男性外出经商而留守后方的女性记载。她们在这种商业经济的发展浪潮中,以自己的方式进行了积极参与,扮演了自己的独特角色。

随着明代以来珠江三角洲士大夫队伍的壮大,出现了南海士大夫集团,他们耿耿于岭南最初被中原士人视作"烟瘴蛮荒"的形象,不遗余力地推介王朝正统文化,重新定位岭南的社会新形象,将女性改造成儒家礼教制度下的"完美"形象,将唐宋岭南女性的"另类"形象逐步归整到王朝的正统话语中。本书希望通过展示三位女性的生活阅历,考察宋代以来女性在珠江三角洲地区社会经济发展过程中所扮演的角色,揭示仕宦将唐宋岭南女性"另类"形象逐步归整到王朝正统背后的动机,呈现珠江三角洲女性在不同历史时期内、外空间中的社会形象。

二 本书的研究取向与结构

本书分为上、下两篇。上篇以吴妙静、黄惟德、李晚芳三人为个案进行具体人物的研究,为读者展现珠江三角洲地区女性形象不断变化的过程和背后蕴含的深刻意义;下篇是对上篇的重要补充和深入阐述,主要分析明清时期珠江三角洲地区女性是如何逐步接受儒家正统文化的。上篇三章和下篇三章,有一定的对应关系。

---

① 刘正刚:《明清地域社会变迁中的广东乡村妇女研究》,社会科学文献出版社,2016;乔玉红:《古代岭南女性社会形象研究》,齐鲁书社,2017。

珠江三角洲坐落在珠江入海口冲积而成的肥沃土地上，由于其近海的地理位置与对外贸易的发达，成为岭南地区政治、经济、文化的中心。历史上，由于五岭的天然阻隔，岭南尤其是珠江三角洲地区与中原王朝在文化上的沟通与交融相对较少。明清时期，中央王朝在岭南的政治和文化影响力不断扩大，广州府及其所辖南海、番禺、顺德、香山、东莞、新会等县尤为突出。珠江三角洲地区的人文发展水平与科举成效也得到大幅度提高，出现大量考取功名而进入仕途者，加快了岭南融入中原王朝文化体系的步伐。在与中原王朝正统文化的融合过程中，珠江三角洲地区女性的形象也发生了改变。

自宋代以来，珠江三角洲地区社会经济的发展就一直离不开女性的参与。本书上篇第一章讲述的就是宋代顺德龙江女性吴妙静的故事。吴妙静家庭拥有大量田产，恰恰显示了宋代珠江三角洲地区社会经济的发展。吴妙静的故事显示，被建构的顺德女性形象，与刘志伟教授在《女性形象的重塑："姑嫂坟"及其传说》[1]中讨论的番禺何氏家族所构建的女性形象，具有明显的共性，显示了珠江三角洲地区发展的同步性。

宋元时期，岭南与中原文化的交流逐步加强，在明代社会经济发展的基础上，珠江三角洲地区的普通人也与宫廷发生了关系，入宫服役的人数增加，女性则以顺德人黄惟德、增城沙堤人陈司彩为代表。黄惟德于洪武年间入宫为女官，历经洪武、建文、永乐、洪熙、宣德五朝，直到宣德年间，才因年老而返回故乡。与此同时，还有一批男性进入宫中服役，据李遇春先生《明代顺德籍大"珰"》研究，明代景泰年间，顺德有陈道、傅容、郑旺、何琛、陈准、梁芳等一批人入宫当太监，其中陈道、傅容与朝中高官有良好的交际，李东阳、邱濬还为傅容先人写过墓志铭。[2] 这些在宫中服役的男女，能够赢得皇帝及其臣僚的信任，也显示了顺德人做事的敏捷和对王朝的忠诚。本书上篇的第二章即以黄惟德为中心，考察明代珠江三角洲的女官形象与朝廷的关系，以及后人对此故事的重新认识。

明清时期，珠江三角洲社会经济发展令人刮目相看，史料中常出现南

---

[1] 刘志伟：《女性形象的重塑："姑嫂坟"及其传说》，苑利主编《二十世纪中国民俗学经典·传说故事卷》。
[2] 李遇春：《明代顺德籍大"珰"》，《岭南文史》2009年第3期。

海、番禺、顺德、东莞等数县并列。如明天启年间，海口的五邑会馆就由广州府南海、番禺、东莞、顺德、新会五县商人共同建造，"祀天后神，岁时祈报"。道光七年（1827）因商人数量增加，"不止五县之人"，遂易名曰"广州会馆"。[①] 又如在号称"天下四大聚"的商业重镇汉口，康熙年间，广州府商人建立岭南会馆，顺德商人是其中重要力量之一。据民国《夏口县志》卷5《建置志·各会馆公所》记载，汉口规模最大的会馆为岭南会馆，建于康熙五十一年（1712），其建立者是南海、番禺、新会、顺德等珠江三角洲地区的商人，内分粤魁、番禺、冈州、凤城四堂。清代顺德商人的活动遍布大江南北，嘉庆《龙山乡志》卷4《物产》记载：顺德商人"或奔走燕齐，或往来吴越，或入楚蜀，或客黔滇。凡天下省郡市镇，无不货殖其中。富商大贾之名所由来也"。据研究，明清时期，顺德商人在北京、上海、广西、湖北、湖南及省内各通都大邑建立了众多的商业会馆，[②] 显示了珠江三角洲的重商传统与商品经济发展的活跃。

上篇的第三章，即以清代商品经济发展浪潮席卷下的珠江三角洲地区为背景，对顺德才女李晚芳进行研究。顺德龙津堡的李晚芳生活于康雍乾时期，她和姐姐完全符合儒家正统教化的面相。她的姐姐是苏门贞妇，未嫁夫死而守节一生，在临死前获得朝廷旌表。而李晚芳则正常出嫁，嫁人之后，敬侍舅姑，照料夫婿，教育子女，以女子之身指导儿子外出经商并为之出谋划策，甚至还要求儿子在经商获利之后敬宗收族，担当起一个父系家族本该由男性承担的职责。同时，李晚芳在未嫁时阅读《史记》有感而发，给我们留下了《读史管见》这一史评著述。出于家庭与社会责任感，李晚芳晚年还编写了《女学言行纂》一书，这也是清代较早的一部由女性编著的女教书。可以说李晚芳的形象是既矛盾冲突又折中和谐的，她完美地在礼教制度的范围内实现了闺阁女性所不应具备的野心。

通过上篇对三位女性的研究，本书大致勾勒出珠江三角洲地区的女性是如何在社会经济发展的过程中接受中原文化并自觉将之融入自己的生活实践中。然而，生活在珠江三角洲的女性并非仅有吴妙静、黄惟德、李晚

---

① （清）吴荣光：《石云山人文集》卷3，《续修四库全书》第1498册，上海古籍出版社，2002。

② 刘正刚：《广东会馆论稿》，上海古籍出版社，2006。

芳三人。珠江三角洲基层社会的广大女性在日常生活中是如何受到儒家正统文化浸润，并逐渐将之融入自己的生活，无疑是一个重要的研究课题。可以说，下篇是对上篇内容的延伸和深化，我们的目的是要展示珠江三角洲地区女性如何整体接纳官方的主流话语，然后积极主动地加以践行。

宋元以降，随着儒家思想进入新的发展阶段，较为成熟的理学思想对女性的约束力度不断加强，女性的社会活动空间不断收窄。这可从官方修纂的正史和地方志中记录的大量贞女、烈女、孝女得到印证。官方主持修纂地方志中一般设有"列女传"，对本地守节、殉夫等女性予以表彰，这种行为在明清时期尤为盛行。官府也采取多种方式和手段，提倡并鼓励这种行为；同时，国家还通过对节妇烈女旌表、赐款建造贞节牌坊或对其家庭优免差役等有形的表达方式，向社会大众传递国家所要表达的意愿。官府的大力推行以及名誉和物质上的双重刺激，反过来又激发了民间社会女性对官府的归附，女性就在这一社会环境下被动或主动地进行选择。

明清文献尤其是方志，对列女的宣扬可以说是不绝于馨。清光绪六年（1880），广州地区曾开展一次向朝廷申报节孝烈女的活动，专门捐资设局，采访各处的节烈孝女并汇总上报，"广州府属合计共节孝贞烈妇女等二万二千九百八十七口"。其中，南海县节孝贞烈妇女李郭氏等4816口，番禺县节孝贞烈妇女何韩氏等1721口，顺德县节孝贞烈妇女潘游氏等7545口。[1] 可见，此风在顺德最为盛行，其排在珠江三角洲地区各县首位。美国学者曼素恩说："自唐（618—906）以后，个性生动的禁欲主义者与神秘主义者的形象、大胆独立的孝女，都从历史记载中逐渐消退。取而代之的是千篇一律、数不胜数的公式化的叙述，反复讲述着女性以守贞的名义自裁或者在恪守节妇之道的名义下尽其一生侍奉公婆的故事。"[2] 笔者对此也有较为深刻的认识。[3] 本书下篇的第一章，即以顺德女性为主，讨论了女性对王朝节妇烈女的响应以及女性的生活状态，从中可以看出国家推

---

[1]《广州旌表节孝烈传》，清光绪刊本，《广州大典》第37辑第3册，广州出版社，2015，第736—737页。
[2]〔美〕曼素恩：《缀珍录——十八世纪及其前后的中国妇女》，第3页。
[3] 刘正刚：《明代方志书写烈女抗暴"言论"模式探析》，《暨南学报》（哲学社会科学版）2014年第2期。

动的节烈观在士大夫和普通民众中所引起的反应。

明初入朝为女官的黄惟德在珠江三角洲地区具有重要意义。一方面反映了洪武时期朝廷对广东的重视;另一方面对女官而言,她们的意义远不止在宫廷为官,效力于皇室,她们自身的条件及其享受的官爵,成为广东士人引以为豪的文化资源。地方仕宦竭力把女官形塑为当地文化兴盛的代言人,各地积极争取女官文化资源的再分配。尤其是明清时期,随着人口的迁移、宗族的发展,对田地、权势等资源的争夺越来越激烈,士绅们在不断建构本家族发展脉络的过程中,需要利用一切可能的资源以获取更多的权力保障,于是女官成为家族崛起、兴盛的关键因素。下篇第二章即以增城沙堤女官陈司彩为例,考察了女官身份为家族在地方社会所带来的利益改变。由此,广东民间社会又创造出大量女官、宫妃的传说故事,使女官得以在民间社会的记忆中永存。

从明清士人对女官形象的塑造中,无意又得以窥见元明以来广东民间女性读书识字的情形,女官熟谙儒家文化的现象在清代仍在延续,甚至有扩大的趋势。乾隆时期顺德才女李晚芳即是代表。实际上,明清珠江三角洲地区已经出现了才女群,形成了与江南才女比肩的才女文化。下篇第三章关注的重点即在于此。冼玉清先生曾在《广东女子艺文考》中对广东各地才女进行搜寻,考证出106种著作,其作者主要分布情况为:顺德22家,番禺19家,南海、香山各12家,吴川、东莞、新会各4家,海阳3家,其他各县仅有零星一二家。"大抵吾粤文风,以广州府之顺德、番禺、南海、香山为盛。"[①] 从冼先生统计的这些数字可以看出,明清时期珠江三角洲地区的才女文化相当发达,这一现象在某种程度上说明,珠江三角洲女性教育似乎并不比同时代的江南地区弱。

三 资料来源

史料的选择和使用是史学研究的基础,尤其是搜集大量史料并进行排比利用,是一部严谨的史学著作赖以成功的关键。本书在撰写之初,就尽

---

① 冼玉清:《广东女子艺文考》,第115页。

量大范围地阅读查找史料，希望最终通过对尽可能多的史料的比较分析，全面、客观地阐述自己的想法和观点，以形成一部较为严谨的学术著作。归纳而言，本书参考的资料主要包括以下几种。

（1）正史典籍。官方修纂的正史是历史研究的基础，尤其是在王朝与以珠江三角洲地区为代表的岭南文化沟通交融的过程中，从正史中可以看到中原王朝如何征服岭南，并将之纳入统治版图之内。

（2）地方史志。明清时期广东修纂的省府县乃至乡镇的方志是进行区域史研究最重要的资料来源，能够起到与正史典籍相互印证的作用。从地方史志文献中，我们不仅可以看到地方原有的文化、风俗与物产等独特之处，更能看到地方与中央王朝的博弈与互动。通过考察对同一事件在不同时期、不同版本的方志中的不同表述，能清晰地梳理出本土文化与中原儒家文化的博弈及其结果。如通过对比吴妙静、邓六娘等人在不同方志中形象记载的不同，能发现不同时期士人对她们形塑的重点是不同的，从中可以挖掘出变化的原因及其所代表的时代意义。此外，地方志的《列女传》《艺文志》，亦有不少关于女性事迹及其作品的内容。

（3）笔记、小说、文集等。这些史料与正史和地方志等官修文献相对应，是对官方话语的必要补充。相对于官方的记载和主流观念来说，这些史料更能体现基层社会的环境和普遍价值观。从私人独立的角度对女性真实的生活进行记录，尤其是文人文集，对了解作者写作时代的社会状况必不可少，从中可以看到作者关于珠江三角洲地区的见闻和对妇女、性别问题的认识，管窥当时士大夫阶层的性别观念。

（4）女性著作。这里包括女性创作的大量诗词和著述。对女性作品的解读，是了解女性内心活动的必由之路，如本书对才女李晚芳的研究，便大量借助了她自己的著作《读史管见》和《女学言行纂》。借助文人的记录，如《粤东诗海》等，明清时期一些女性的诗作得以流传；与清中后期书籍印刷、流通的便利有关，不少女性著作得以刊刻。通过对她们诗作的研读，可以推测她们写作时的心态、对女性自身的看法、对女子读书识字的态度等。这是再现女性生活场景、了解其个性的一扇窗户。

（5）族谱资料。明清时期广东地区宗族发达，大姓宗族多修有族谱。珠江三角洲地区不少家族的族谱中有相当数量有家族女性生活状况的记载，如《沙堤陈氏族谱》对明初女官陈司彩的记载，可以清晰地看到她在家族祭祀中地位的改变，成为研究女官最重要的材料。

（6）田野考察资料。在撰写本书的过程中，笔者曾多次深入珠江三角洲各地搜集资料，多次前往故事发生地进行田野调查，走进历史现场，观察和思考当今人们对历史时期女性生存的集体记忆，挖掘了一批碑刻、墓志铭等史料。同时，通过实地走访，获取了关于陈孝女、陈司彩、拦马房李妃、黄埔莫妃等民间传说的口述资料。

上篇

第一章

贞女芳踪高万古
——未婚守贞的吴妙静

珠江三角洲地处南海之滨，因其近海和海洋贸易发达，至少自秦汉始就已经进入中原士人的视野。秦始皇统一岭南后，在珠江三角洲区域设立了南海郡，治所位于番禺。西汉时期的司马迁就在《史记》中描述，番禺"处近海，多犀、玳瑁、果、布之凑"。① 这些海洋产品引起了中原人的极大兴趣，秦始皇因"利越之犀角、象齿、翡翠、珠玑，乃使尉屠睢发卒五十万，为五军……一军处番禺之都"。② 中原与珠江三角洲的交往，因经济贸易且掺杂政治征服的因素而变得频繁起来，秦汉时期的广州亦借此成为一个对外贸易、商贾往来的重要城市，珠江三角洲地区的开发由此拉开了序幕。

一 水乡泽国的珠江三角洲

珠江三角洲长期以来就是岭南经济、文化、政治中心区域，是由西江、北江、珠江、东江和潭江五个三角洲组成的复合三角洲。其中以流经三水盆地的北江的河网系统最为发达，大小河道近百条，构成了三角洲平原上网状河流体系。③ 据统计，仅广州及其附近地区流域面积100平方千

---

① （汉）司马迁：《史记》卷129《货殖列传》，中华书局，1982，第3268页。
② （汉）刘安：《淮南子》卷18《人间训》，岳麓书社，2006，第404页。
③ 季汉成等编著《现代沉积》，石油工业出版社，2004，第56页。

米以上的河流约有20条,其中珠江干流的流域面积都在1000平方千米以上,更有无数被称为"涌"的河汊密集分布于市区及番禺、南沙、花都等地,仅市区就有230多条。[1] 这种自然地理环境造就了珠江三角洲地区的水乡特色,这一特色是在历史进程中不断形成的。在这一过程中,珠江三角洲地区的自然、人文都在社会发展中得到了体现,吴妙静的故事就发生在宋代的珠江三角洲地区。

围绕水系,出现最早的人类生存印迹,开启了珠江三角洲地区的人类文明之旅。有学者研究指出,珠江三角洲的自然地理单元由三部分构成,"大致以西江、东江为界,其北为冲积平原;其南的今肇庆、高明、高要、广州、南海、顺德和东莞市部分之辖区,为网河平原北部;再南为网河平原南部",最终在战国晚期形成珠江三角洲这个文化地理单元。[2] 无论哪个自然地理单元和人类最初的聚居之点,皆无例外,都是围绕着水域和河流展开。

珠江三角洲地区与中原建立的联系也是通过水路而实现。有学者指出:"历史早期中原汉人多取道湘桂走廊和贺江南下,定居于西江沿岸,成为中原文化进入珠江三角洲地区的第一站。西江也就成了岭南开发由西向东空间推移的一个接力点。这种推移最后一站是番禺(广州)。它以三江交汇地理形势,博采多种文化养分,成为岭南最大的文化中心,同时以其为结点,构筑起珠江三角洲文化核心区,形成对外辐射之势,影响整个岭南文化发展过程和空间分布格局。"[3] 陈春声亦表达了相同观点:"之前从中原进入岭南的路线是从湖南溯湘江而上,经灵渠进入桂江,从桂林下到梧州,再沿西江到达广州。因此广东西部地区在与中原的联系方面具有重要地位,处于一个沟通中转站的作用。而事实上广东的开发最早是沿着西江和西江以南的沿海地方发展起来的。"[4] 因此,"岭南文化之源就是珠江水系最大的支流西江"。[5]

---

[1] 李金辉、韦仲庆、蒲亮:《羊城地》,世界图书出版社广东有限公司,2015,第15页。
[2] 赵善德:《先秦时期珠江三角洲环境变迁与文化演进》,《华夏考古》2007年第2期。
[3] 司徒尚纪:《广东文化地理》,广东人民出版社,1993,第382页。
[4] 陈春声:《广东发展史》,《广东学习论坛报告选》,广东人民出版社,2006,第136页。
[5] 张镇洪:《从考古发现看岭南文化源于西江》,《岭南文史》1996年第4期。

第一章 / 贞女芳踪高万古

珠江三角洲以水乡著称，逐水而居的人多被称为水上人家，文献称之为"疍民"。宋代范成大在《桂海虞衡志》一书中记载："疍，海上水居蛮也。以舟楫为家，采海物为生，且生食之，入水能视，合浦珠池蚌蛤，惟疍能没水探取。"① 这里的"海"，在岭南当地人的话语中，其实泛指河、海等不同水域。对此说法，还可以从宋代周去非在《岭外代答》一书中描述的疍民生活窥见一斑：

> 以舟为室，视水如陆，浮生江海者，蜑也。钦之蜑有三：一为鱼蜑，善举网垂纶；二为蚝蜑，善没海取蚝；三为木蜑，善伐山取材。凡蜑极贫，衣皆鹑结。得斞米，妻子共之。夫妇居短篷之下，生子乃猥多，一舟不下十子。儿自能孩，其母以软布束之背上，荡桨自如。儿能匍匐，则以长绳系其腰，于绳末系短木焉。儿忽堕水，则缘绳汲出之。儿学行，往来篷脊，殊不惊也。能行则已能浮没。蜑舟泊岸，群儿聚戏沙中，冬夏身无一缕，真类獭然。蜑之浮生，似若浩荡莫能驯者，然亦各有统属，各有界分，各有役于官，以是知无逃乎天地之间。广州有蜑一种名曰卢停，善水战。②

从周去非的描述中可知，疍民生活的区域十分广泛，其中珠江三角洲地区的疍民又有"卢停"之称谓。而珠江三角洲的水上人家被称为"卢停"，至少可以追溯到魏晋时期，唐人刘恂在《岭表录异》中说："卢亭者，卢循前据广州，既败，余党奔入海岛野居，惟食蚝蛎，垒壳为墙壁。"③ 由此可知，"卢停"即唐代所说的"卢亭"。这些人或原本主要生活在陆地，东晋末年，卢循和孙恩一起起兵反晋，攻入广州，后失败，其部众入居海岛而成为疍民。卢循称雄岭南，占据此地达八年之久，后兵败自杀。④ 刘恂认为卢循在兵败之后，其"余党"逃到海岛隐藏下来，以海

---

① （宋）范成大撰，严沛校注《桂海虞衡志校注》，广西人民出版社，1986，第118页。
② （宋）周去非：《岭外代答》卷3《外国门下》，张智主编《中国风土志丛刊》第61册，广陵书社，2003，第94页。
③ （唐）刘恂：《岭表录异》卷上，《丛书集成初编》第3123册，中华书局，1985，第5页。
④ 卢循之事可参见《晋书》卷100《列传第七十》。

中出产的蚝蛎等为生，后世将这群人称为善于水战的疍民，即卢亭。清代刘斯枢辑《程赋统会》卷18《外译》中记载：卢亭在"广州城东南百里，以采藤蛎为业，男女皆椎髻，妇女许人，嫁始结胸带。相传为卢循遗种，故名"。这一说法显示，疍民可能不是天然就生活在水上，还有一部分是从陆地居民转变而来的。

珠江三角洲地区疍民有一部分是由陆上人转变而成的说法，还可以追溯到秦始皇时期的五路大军入粤。清代范端昂就认为疍民的由来或与秦始皇征讨岭南有关："秦时屠睢将五军临粤，肆行残暴。粤人不服，多逃入丛薄，与鱼鳖同处。蛋，即丛薄中之逸民也。世世以舟为居，无土著，不事耕织，惟捕鱼及装载为业。齐民目为蛋家。"① 范氏言下之意是，蛋（疍）民是陆地居民为躲避秦朝的武力征服而逃亡到人稀的荒岛的，以捕鱼为业，以舟为室，在水上安居。

当然，水上的疍民与陆地的居民可能存在互动的关系，也有一部分珠江三角洲地区的水上人家随着岛屿的形成而上岸生活，但平时仍以舟楫为谋生手段。清初著名士人屈大均在《广东新语》卷2《地语》中描述广东地理环境说："古时五岭以南皆大海，故地曰南海。其后渐为洲岛，民亦蕃焉。东莞、顺德、香山又为南海之南，洲岛日凝，与气俱积。"可见在由海而逐渐形成洲岛时，人口也逐渐多了起来，从而形成水陆兼容的生活模式。屈大均在同书卷14《食语》中言："广为水国，人多以舟楫为食。益都孙氏云：南海素封之家，水陆两登，贫者浮家江海。"可见，无论是宋代还是清初，士人描述的疍民都是漂泊水上的贫穷者。

无论疍民起源于何时，他们都是在中原与岭南的交往中渐渐得以凸显生活习惯，"以舟为室，视水为陆"，世代居住水上，以渔业为生。明代黄佐编纂的嘉靖《广东通志》卷68《外志五》记载："疍户者，以舟楫为宅，捕鱼为业，或编蓬濒水而居。"而生活在水上的疍民，随着陆地的不断扩大和社会经济的发展，有不少人陆续上岸，成为陆地垦殖的主要力量。三国时，孙吴委任步骘为交州刺史，他抵达番禺看到的景象是："负山带海，博敞渺目，高则桑土，下则沃衍……睹巨海之浩茫，观原薮之殷

---

① （清）范端昂：《粤中见闻》，汤志岳校注，广东高等教育出版社，1988，第232页。

阜。乃曰斯诚海岛膏腴之地，宜为都邑。"① 就是说，时番禺城尽管仍被汪洋大海包围，但已经成为海岛的陆地则是膏腴之处。道光《佛山忠义乡志》卷2《寺观·经堂》在描述佛教与佛山关系时说：

> 经堂，古塔坡寺，原在耆老铺塔坡冈上，东晋时有西域僧到此结茅讲经，时此地犹海洲也。隆安二年（398）戊戌三藏法师达毗耶舍尊者因讲经始建经堂，堂后有冈。相传唐贞观二年（628），冈地夜放金光，掘之得铜佛三尊，穴间有碣曰："塔坡寺佛。"有联云："胜地骤开，一千年前，青山我是佛；莲花极顶，五百载后，说法起何人。"乡名佛山盖始于此。②

吴荣光的描述表明，佛山塔坡冈一带在东晋时期已被淤积成"海洲"，这就为佛教活动提供了场地。宋人对珠江三角洲地区的岛屿也有论述，南宋景炎三年（1278）秋，邓光荐在《浮虚山记》中说："番禺以南，海浩无涯，岛屿洲潭，不可胜计，其为仙佛之所宫者，时时有焉。"③ 这一说法反映了宋代及其之前，不断形成的珠江三角洲地区"岛屿洲潭"陆地已经成为民众活动的重要地点，也是当时佛教、道教活动的重要场所。这些岛屿一开始可能人口较稀少，所以佛教活动的场所也简陋，仅是"结茅讲经"。但随着海洲淤积面积的不断扩大，人口也进一步增长，到了东晋隆安年间，又由原来的"结茅"变为修建经堂。唐代佛山塔坡冈已经形成村落，意味着人口更加繁多，人们在塔坡冈夜晚发光处发掘出三尊铜佛像，并据此将这个区域命名为"佛山"。

佛山仅是珠江三角洲地区沧海桑田现象的一个个案，其实这一现象在珠江三角洲地区由水变陆的过程中较为普遍。顺治《南海九江乡志·序》说："南海乡落，九江实称最，唐宋以上，其时尚在岛屿，无论也。"清初屈大均在《广东新语》卷2《地语》记载，今广州大学城大小谷围仍有众

---

① （清）沈炳巽：《水经注集释订讹》卷37《浪水》，文渊阁四库全书本，第33页。
② （清）吴荣光：《佛山忠义乡志》卷2《寺观·经堂》，道光十年（1830）刻本，第18页。
③ 嘉靖《香山县志》卷7《艺文志》，广东省地方史志办公室辑《广东历代方志集成·广州府部》第34册，岭南美术出版社，2007，第97页。

多海岛尚未连为一体：

> 下番禺诸村，皆在海岛之中。大村曰大箍围，小曰小箍围，言四环皆江水也。凡地在水中央者曰洲，故诸村多以洲名。洲上有山，烟雨中望之乍断乍连，与潮下上。①

这说明直到清初，下番禺一带的许多村落处在沼泽中的洲岛上，也反映了番禺、南海许多地方是由零星的海岛经过淤积而形成陆地的。尽管宋代以后人工开发沙田兴起，但直到明代前期，香山县主要由香山岛和黄梁岛构成，北部还散布着一些洲岩在辽阔的水面，南部的连湾、文湾、皋兰、三灶等尚是各自悬隔的岛屿。香山与外界联系主要通过海道，尤以金星门、磨刀门、鸡鸣门和虎跳门为主。②咸丰《顺德县志》卷3《舆地略》引述明初当地"父老"建议设县时说，明代前期当地还是"大海弥漫，民刁悍，易为乱"的地方。清代疍民仍是珠江三角洲地区人口的重要构成部分，雍正帝曾在上谕中专门指出："粤东地方，四民之外，另有一种名曰疍户，即瑶蛮之类，以船为家，以捕鱼为业，通省河路，俱有疍船，生齿繁多，不可数计。"③ 到20世纪40年代末，仅聚集在广州附近的疍民就有15万人左右。④

疍民因形象的独特性而受到陆地居民的鄙视，甚至被阻止上岸。雍正皇帝说："粤民视疍户为卑贱之流，不容登岸居住，疍户亦不敢与平民抗衡……疍户本属良民，无可轻贱摈弃之处，且彼输纳鱼课与齐民一体，安得因地方积习，强为区别，遂令飘荡靡宁乎？"因此，雍正七年下令允许疍民上岸居住，与岸上诸民一样编户，"着该督抚等转饬有司，通行晓谕，凡无力之疍户，听其住船自便，不必强令登岸。如有力能建造房屋及搭棚

---

① （清）屈大均：《广东新语》卷2《地语》，欧初、王贵忱主编《屈大均全集》第4册，人民文学出版社，1996，第53页。
② 王颋：《明代香山陆海形势与澳门开埠》，郭声波主编《中国历史地理研究》第1辑《民族与边疆历史地理》，暨南大学出版社，2005，第207页。
③ 《清世宗实录》卷81，雍正七年五月壬申，《清实录》第8册，中华书局，1985，第79页。
④ 黄向春：《从疍民研究看中国民族史与族群研究的百年探索》，《广西民族研究》2008年第4期。

栖身者，准其在于近水村庄居住，与齐民一同编列甲户，以便稽查。势豪土棍不得借端欺凌驱逐。并令有司劝令疍户开垦荒地，播种力田，共为务本之人，以副朕一视同仁之至意"。① 至此，疍户身份地位得到改善，但亦引发了一系列诸如对土地的争夺、族群的认同等问题。②

事实上，珠江三角洲是由西江、北江和东江等水系入海时冲击沉淀而成，其内海河纵横、支流众多，直到明清时期仍有部分地区是一片汪洋。以顺德县为例，据康熙《顺德县志》卷首《图经·潮汐》记载："邑以海为池，潮汐出入，一时穿贯都堡。"这一现象说明已经成陆的地方仍与海洋连为一体，时常受到潮汐的侵害。明代中后期，海岸线在顺德西部和北部一带；县内的甘竹、龙江、鹭洲、新良、桂林、都粘、龙头等堡为大陆的边缘，广大的中部地区存在宽阔的海面；后来的县治所在地大良尚是一座孤岛，四周为海水环绕；大良以东、以西，岛屿星罗棋布；南部桂洲、容奇以及光华以南地区亦为广阔海面。③

明代末年，顺德陈村尚是水乡，这从屈大均的记载中可以证明："顺德有水乡曰陈村，周回四十余里，涌水通潮，纵横曲折，无有一园林不到。夹岸多水松，大者合抱，枝干低垂，时有绿烟郁勃而出。桥梁长短不一，处处相通，舟入者，咫尺迷路，以为是也，而已隔花林数重矣。……云：渔舟曲折只穿花，溪上人多种树家。风土更饶南北估，荔枝龙眼致豪华。"④ 生活在康雍乾时期的浙江人杭世骏晚年曾在广州粤秀书院担任主讲，他在《岭南集》中也描述了陈村迷人的水乡风景："十里塘回岸柳明，渔郎晒网一舟横。晴波不隔东西港，短塔斜阳空复情。""溪行何处辨朝昏，只认寒潮退后痕。十里万株龙眼树，板桥横处是陈村。"⑤ 也就是说，到了乾隆年间，陈村人的生活仍离不开舟和港。

---

① 《清世宗实录》卷81，雍正七年五月壬申，《清实录》第8册，第79页。
② 〔美〕萧凤霞、刘志伟：《宗族、市场、盗寇与蛋民——明以后珠江三角洲的族群与社会》，《中国社会经济史研究》2004年第3期。
③ 宋书丽：《明清时期珠江三角洲顺德部分成陆研究》，硕士学位论文，暨南大学，2008。
④ （清）屈大均：《广东新语》卷2《地语》，欧初、王贵忱主编《屈大均全集》第4册，第39—40页。
⑤ （清）杭世骏：《岭南集》卷3《陈村舟行口号五首》之二、四，光绪七年学海堂重刻本，第3页。

清代嘉庆年间，地方典籍中仍不时出现各种"海"的名称。以顺德的黎村堡为例，咸丰《顺德县志》在记载黎村堡的地理环境时说："堡凡七村……南距桂畔海，北抵叠石海，西界伦教堡……自桂畔海岸渡，抵大良，延资浓荫，余则村各间以路，路各夹以田，无烟舍毗连者。叠石海北汇鱼塘、雁田，西汇黄涌、三洪奇水，迳大洲、鸡洲前之紫泥海，越李家沙，直出潭洲，一路浩瀚奔腾，出横门入海。"文中出现的桂畔海、叠石海等都指出黎村堡两面临水的地理环境。正因其临近水边，所以才经常发生水患："水迳伦教海，趋桂畔，越鸡洲，亦直下潭洲，达横门。一遇西潦，势即汹涌，而腹背两夹巨浸，稍一阻遏，民即为鱼，水患之虑诚深。"在饱受水患的同时，还有海匪之患，"至或外海扬波，则横、焦二门瞬息已及潭洲，三堡前后受敌。盖虽游波内注，而片帆飘忽，咫尺可达。康熙中之逆镇，嘉庆中之洋匪，扑岸蹂躏，并受其害"。①

在水乡之处生存的大量疍民虽然成为构成岭南地区人口基数的一个重要成分，但其中的疍民女性形象与陆上女性的明显不同，引起了士大夫的关注。屈大均在《广东新语》卷18《舟语》中说：疍家"其女大者曰鱼姊，小曰蚬妹，鱼大而蚬小，故姊曰鱼而妹曰蚬云。……蛋妇女皆嗜生鱼，能泅汙，昔时称为龙户者……今止名曰獭家，女为獭而男为龙，以其皆非人类也"。清人李调元也描写了他看到的疍家女的劳作情形："又舟人妇子，一手把舵筒，一手煮鱼，橐中儿女在背上，日垂垂如负瓜瓠，扳譻摇橹，批竹纵绳，儿女苦襁褓，索乳哭啼，恒不遑哺。"②这些描述与宋代周去非记载的疍民女性几乎没有太多区别，说明水上人家的女性形象已有定格的倾向。

有关水与女性的关联，有学者研究说："女娲作为整个人类赖以依托的母性神，为她的子民们提供了一个有力的保护伞，人类在她的荫庇下得以生存。女娲的神力很重要一点体现为对人类构成巨大威胁的洪水的治理，这毋宁说，是人类在遭到史前那次大洪水的打击后，寻找到了一位有

---

① 咸丰《顺德县志》卷2《图经》，《广东历代方志集成·广州府部》第17册，2007，第51—52页。
② （清）李调元：《南越笔记》卷16，（清）吴绮等撰《清代广东笔记五种》，林子雄点校，广东人民出版社，2006，第386页。

着宽阔胸怀的母性,以便寄托他们对不可战胜的自然力的征服的理想观念。这种思想大概成熟于女性占统治地位的母系社会时期。这个时期,人类往往把对自然的恐惧与在氏族中占统治地位的女首领联系起来,当然包括对洪水的征服与虚构中具有非凡能力的人类母性神女娲联系起来。"[1] 人们面对生命中不可或缺的水,希望有一位在洪水肆虐之时能将之驯服的神明出现,以寄托人们的感情和希望,这就造就了各种深入民心的神明。这些神明类似女娲,多以慈爱的女性形象出现,珠江三角洲地区信奉的女神龙母就是其中一例。

龙母的传说即与人们对水的征服有关,其中可能暗示着岭南的疍民女性形象。据说,龙母是秦时人,生活在珠江支流的西江水域,因豢养龙子而出名,成为民间重要的女性神祇。关于龙母故事的记载最早出现在南朝宋沈怀远的《南越志》中,其文为:

> 昔有温氏媪者,端溪人也。常居涧中,捕鱼以资日给。忽于水侧遇一卵,大如斗。乃将归置器中。经十许日,有一物如守宫,长尺余,穿卵而出,因任其去留。稍长五尺,便能入水捕鱼,日得十余头。稍长二尺许,得鱼渐多。尝游波中,萦回媪侧。后媪治鱼误断其尾,遂逡巡而去,数年乃还。媪见其辉色炳耀,谓曰:"龙子今复来也。"因蟠旋游戏,亲驯如初。秦始皇闻之,曰:"此龙子也,朕德之。"所致诏使者,以元珪之礼聘媪。媪恋土不以为乐。至始安江,去端溪千余里,龙辄引船还。不逾夕,至本所。如此数四,使者惧而止,卒不能召媪。媪殒瘗于江阴,龙子常为大波,至墓侧萦浪转沙以成坟。土人谓拙尾龙。今南人谓船为龙拙尾,即此也。[2]

《南越志》已经亡佚,现在所见的文字是后人辑录而来。沈怀远记述的龙母籍贯是粤西端溪,与历史上岭南的早期开发较为吻合,因为秦始皇为征服岭南最早就是在粤西地区开凿灵渠的。生活在水岸附近,人们日常

---

[1] 陶维彬:《水:一个原型的分析——兼论水与女性的相关意义》,《辽宁大学学报》1997年第5期。
[2] 刘纬毅:《汉唐方志辑佚》,北京图书馆出版社,1997,第275—276页。

获取生活资料的方式就是"捕鱼以资日给"。为了最大限度地深入水域，人们又多以船作为工具，龙与水相辅相成，捕鱼又与船密不可分，这样一来，龙就与船产生了联系，直到南朝时，"南人谓船为龙拙尾"，都是这些地区水乡生活的写照。这类依水靠船为生的人，或许就是水乡疍民的重要组成部分。沈怀远的记载可能较接近当时的现实，但后人对此进行了修改，唐代刘恂《岭表录异》记载：

> 温媪者，即康州悦城县孀妇也，绩布为业。尝于野岸拾菜，见沙草中有五卵，遂收归置绩筐中。不数日，忽见五小蛇壳，一斑四青。遂送于江次，固无意望报也。媪常濯浣于江边。忽一日，鱼出水跳跃，戏于媪前，自尔为常，渐有知者。乡里咸谓之龙母，敬而事之。或询以灾祸，亦言多征应，自是媪亦渐丰足。朝廷知之，遣使征入京师，至全义岭，有疾，却返悦城而卒，乡里共葬之江东岸。忽一夕，天地冥晦，风雨随作，及明，已移其冢，并四面草木，悉移于西岸矣。①

刘恂将温媪的籍贯由端溪改为悦城，抹去了温媪依靠捕鱼为生的踪迹，将她变成以织布为业的"孀妇"，又将原来在水岸遇一卵变为在沙草中发现五卵。然而有意思的是，刘恂多次提到"野岸""东岸""西岸"等，以及有关温媪常在江边濯浣的描写，还是透露出了当时的水乡生活特色。《南越志》记龙母为秦始皇时人，对其家庭并无描述，始皇征召她入宫是由水路前行；而《岭表录异》将她生活的年代含糊地改为没有时代的"朝廷"，龙母则成为"孀妇"，进入京师的路线也由水路改为陆路，并且经历了山路的全义岭。唐代似乎更加突出温媪的巫术，"或询以灾祸，亦言多征应。自是媪亦渐丰足"。当然，巫觋也是明代之前岭南社会的主要特征之一。

明末清初，屈大均身为珠江三角洲地区核心区的番禺县人，在继续讲述龙母与秦始皇的故事时，也未脱离水乡泽国的故事背景："龙母温夫人者，晋康程水人也。秦始皇尝遣使尽礼致聘，将纳夫人后宫，夫人不乐。

---

① （唐）刘恂：《岭表录异》卷上，《丛书集成初编》第3123册，第7页。

使者敦迫上道，行至始安，一夕龙引所乘船还程水，使者复往，龙复引船以归。"龙母行进的路线是乘舟通过水路而行。他考证说："夫人姓蒲，误作温，然其墓当灵溪水口。灵溪一名温水，以夫人姓温，故名。或曰，温者，媪之讹也。夫人故称蒲媪，又称媪龙。"① 即认为龙母之墓在水口，灵溪也因此改为温水。

据民族学家容肇祖研究，龙母的传说应该出现在唐代，"到宋初时，其历史上的事迹虽更神奇，而更加有象有征，更觉可信了"。到康熙年间，龙母的父母名氏、姊妹也清晰起来，甚至与龙母故事相关的具体时间也明朗起来。② 而唐宋时期，正是中原文化与岭南文化接触的蜜月期，士大夫关于当地文化的记载始终少不了水乡特色。龙母传说反映了百越族群与中原文化接触过程中相冲突的侧影。秦始皇征召龙母时，出现的五龙子阻航现象似为隐喻，"隐约地看到百越族群曾抵制征召（变相虏掠）妇女入秦。龙母是百越族群中生活在西江中游的一支氏族的头领，大约正处于母系氏族向父系氏族过渡的前夕"。说明此时西江中游一带已由渔猎经济向农耕定居经济转变。③ 秦始皇统一岭南，征召龙母入宫，既反映了其怀柔政策的一面，也反映了不同族群的联姻关系。④ 从唐代开始，龙母即被王朝敕封并纳入国家祭祀的神灵行列，取得了正统地位，象征着国家对这一区域的控制在不断加强，这应该是龙母故事开始受到重视并被修改的原因之一。唐代龙母被封为永安郡夫人，后又改为永宁郡夫人，宋代元丰年间又敕封其为永济夫人，龙母祠改为永济宫，大观年间又改称孝通庙。⑤ 人们在祭拜龙母的过程中潜移默化地接受了中原文化的影响。朝廷敕封的"永安""永宁""永济"等名号，无一例外都蕴含了对国家安定、百越臣服的希望。

---

① （清）屈大均：《广东新语》卷6《神语》，欧初、王贵忱主编《屈大均全集》第4册，第193页。
② 容肇祖：《德庆龙母传说的演变》，《民俗周刊》第9期，1928年；容肇祖：《德庆龙母传说的演变（续）》，《民俗周刊》第10期，1928年。
③ 陈摩人：《悦城龙母传说的民族学考察》，《华南师范大学学报》（社会科学版）1987年第1期。
④ 蒋明智：《论悦城龙母传说及其信仰》，叶春生主编《悦城龙母文化》，黑龙江人民出版社，2003，第165—166页。
⑤ 嘉靖《德庆州志》卷11《秩祀》，《广东历代方志集成·肇庆府部》第39册，2009，第90页。

明代以后，士大夫又在正统化的基础上添加了历史和本土的话语，形塑出龙母姊妹三人的故事，龙母居中，后又与邻居四女结拜为姊妹，故有七姊妹的传说。这一传说可能与珠江三角洲地区流行的女子结拜"金兰"习俗有关。① 当然，龙母结拜七姐妹的附会，或许也与广东的乞巧会习俗有关。这种风俗盛行于广东各地乡间，每个村庄都有姑娘们自愿组合的"拜七姐会"，有的村子多达十几人。每人集资若干，五、六月间就开始筹备，各人利用闲散时间巧制各种展品，届时摆出十几张八仙桌进行展览。②

从龙母传说起于秦朝的大背景来看，人们将龙母与秦朝联系起来，可能意味着当时该地区与中原相比仍较荒蛮，女性是户外劳动的主力，抑或可以认为女性在家庭或者家族中处于中心地位；龙子对龙母的一度反抗或许隐喻的是男性对母系控制的抗争；以秦始皇为代表的朝廷召唤，则有可能一方面暗示着本土居民对中原王朝早期征服的反抗，另一方面又隐约暗示男性在母系社会中的强势崛起。与中原的母系社会相比，珠江三角洲地区或许因为水乡的缘故，定居的农耕社会始终与流动的渔猎社会并存，直到宋元时期，珠江三角洲仍是以海洋为主，疍民成为后来争夺居住权的主要力量。③ 在此之后，经过历代的不断改造，才终于完成了与中原传统文化的磨合。而水与珠江三角洲地区女性的故事，也成为之后士人津津乐道的话题。宋代吴妙静的故事在某种意义上就带有明显的水乡文化色彩。

二 岭南社会的另类性别结构

从上述关于龙母故事的记载可知，唐代以后的士人不断对龙母故事进行修正，使之符合王朝的话语。但我们从中依然能够看到岭南社会早期母系社会的蛛丝马迹。这些痕迹有时还相当明显，即早期岭南女性多以强悍的形象出现，在地方社会的政治军事活动中扮演了重要角色，这与同时代的中原文化有很大不同。

---

① 叶春生：《岭南民间文化》，广东高等教育出版社，2000，第191页。
② 叶春生：《岭南风俗录》，广东旅游出版社，1988，第54页。
③ 关于此点萧凤霞曾有较为详细的论述，可参见〔美〕萧凤霞《妇女何在？——抗婚和华南地域文化的再思考》，《中国社会科学导刊》（香港）第14期，1996年春季卷。

在这些女性人物中，生活在南朝及隋朝的冼夫人是最杰出的代表。但典籍记载的冼夫人并非仅此一位，早在秦汉时就已有了冼氏的传说，其生活年代似乎与传说中的龙母故事差不多。从现存史料看，秦汉冼氏妇人和南朝及隋的冼夫人家族有着相当深厚的渊源。两者的共同点是能领兵打仗。宋代李昉等编《太平广记》记载：

> 冼氏，高州保宁人也。身长七尺，多智谋，有三人之力。两乳长二尺余，或冒热远行，两乳搭在肩上。秦末五岭丧乱，冼氏点集军丁，固护乡里，蛮夷酋长不敢侵轶。及赵陀称王，遍霸岭表，冼氏乃赍军装物用二百担入觐。赵陀大慰悦，与之言时政及论兵法，智辩纵横，陀竟不能折。扶委其治高梁，恩威振物，邻郡赖之。今南道多冼姓，多其枝流也。①

李昉等认为，秦汉时这位冼氏妇人的智慧和辩论才能甚至已经超越了赵佗，因而受到赵佗的礼遇，暗示了中原文化对岭南习俗的认同。这位冼氏妇人应是岭南冼姓之祖，同时亦是高凉一地的霸主。屈大均认为这位冼氏"保障高凉，有威德。其知名又在侧、贰之先，故论越女之贤者，以冼氏为首"。②侧、贰即是汉代率兵与汉军对抗的岭南地区的两位女性。后世对这位冼氏的记载，应该都沿袭了《太平广记》的说法和观点。康熙三十六年（1697），茂名知县钱以垲将岭南两位冼氏比较说："二冼均女子耳，其勇略才识、保障功业皆同，而一则以功名显，庙食百世不绝；一则湮没而名不传，岂非赵佗伪号而陈、隋、唐皆正统欤？然则人之所托有幸、不幸也。"③钱以垲认为两位冼夫人的才智勇略、功业，其实差不多，都通过

---

① （宋）李昉等编《太平广记》卷270，中华书局，1961，第2117页。
② （清）屈大均：《广东新语》卷8《女语》，欧初、王贵忱主编《屈大均全集》第4册，第232页。
③ （清）钱以垲：《岭海见闻》卷4，《四库全书存目丛书·史部》第250册，齐鲁书社，1996，第271页。钱以垲，浙江嘉善人。康熙二十七年进士，选授广东茂名县知县，调东莞，卓异，迁山西隰州知州。……雍正十年卒，赐祭葬如例，谥恭恪。传见（清）李桓辑《国朝耆献类征初编》卷62《卿贰》，民族图书馆古籍室据清光绪湘阴李氏藏版影印，1984，第22页。

一己之力而保全一方。但秦末冼氏遇到的是称帝的南越王赵佗，在正统文化中属于对抗王朝的割据势力，而隋代冼夫人臣服的是正统的隋王朝，属于正统文化中归附王朝的代表。因而导致了后人对她们的境遇和功业的认识有所不同。冼氏在历史的长河中渐渐湮灭，声名不显；冼夫人则名垂千古，被后世祭祀不绝。

南朝和隋朝的冼夫人，因在隋朝统一中起到了重要作用，被中原王朝册封为谯国夫人，也因此被正史《隋书》记载。她为维护中原王朝对岭南的统一以及安定团结立下了汗马功劳，功绩昭于史册。在后来的历史发展中，冼夫人又被塑造成一位保护神、和合神、有求必应的神祇，不仅完成了由人到神的华丽转变，甚至发展出专门的科仪经卷——《冼太真经》。唐代官修《隋书》卷80对冼夫人的记载颇为详细：

> 谯国夫人者，高凉冼氏之女也。世为南越首领，跨据山洞，部落十余万家。夫人幼贤明，多筹略，在父母家，抚循部众，能行军用师，压服诸越。每劝亲族为善，由是信义结于本乡。越人之俗，好相攻击，夫人兄南梁州刺史挺，恃其富强，侵掠傍郡，岭表苦之。夫人多所规谏，由是怨隙止息，海南、儋耳归附者千余洞。梁大同初，罗州刺史冯融闻夫人有志行，为其子高凉太守宝娉以为妻。①

从上述传记来看，冼夫人的兄长冼挺为南梁州刺史，接受了朝廷的封官加爵，也就是说冼氏家族与汉文化已经有了相当程度的接触。有学者研究指出，岭南的教育虽然发展较晚，但在西汉后期，番禺人邓宓、浈阳人何丹已经在当地举秀才，任官职。说明至少这些县在此前就已经有了培养士人的机构。岭南在汉代也出现过一些较知名的经学家，如交州首府广信县的陈钦、士燮等。身为北燕后裔的冯融是一个很有修养的儒礼书生，常与汉族士人吟诗唱和，在当地士大夫中有很高的威望。② 在这种上层文化交流已有一定基础的环境下，出身大族的冼夫人嫁入冯家后，接受儒家文

---

① （唐）魏徵等：《隋书》卷80《谯国夫人》，中华书局，1973，第1800—1801页。
② 陈凤贤：《冼夫人与民族团结》，《中央民族大学学报》（哲学社会科学版）2002年第2期。

化的熏陶估计更多，所以在后人的附会中，她"解环质佩，善读《阃外春秋》",① 被塑造成在儒家文化的滋养下成长的女性。

唐代官修《隋书》为冼夫人立传之后，冼夫人渐渐被推上了神坛，由岭南地方的女首领变成了庇佑一方的神明，成为人们心目中汉化与归附的象征。尽管高州是冯冼家族的据点，是冼夫人信仰的源头，宋代的高州却没有受到王朝的特别关注，相对沉寂。而同时代的海南和雷州却因地处沿海、贸易繁荣，海南儋州的宁济庙（冼太庙）受到敕封。明代随着征讨广西大藤峡瑶乱，高州的地位变得重要起来，此时冼夫人与冯宝的故事又成为敬宗收族最有力的工具，祖先和神明合而为一。②

除了两位冼夫人外，像这样在政治权力斗争中占有重要地位的女性，在岭南历史上不是少数。如三国东吴赤乌年间（238—251），地处岭南的九真郡军安县出现一位叱咤风云的赵姓女子。"赵妪者，九真军安县女子也。乳长数尺，不嫁，入山聚群盗，遂攻郡，常著金襜踪屐，战退辄张帷幕，与少男通，数十侍侧。刺史吴郡陆允平之。"③ 赵妪的行事作风在儒家士人眼中远比冼氏出格，单单"与少男通，数十侍侧"，就使赵妪远不同于礼教熏陶之下女性贞洁的面相。她"尝著金箱齿屐，居象头斗战",④ 更显得彪悍异常。然而，屈大均表示了对赵妪的轻视和对正统的赞誉："（赵妪）此亦女贼之雄，然不足道。惟二冼氏及虞夫人、宁国夫人，可称女中豪杰云。"⑤

虽然在屈大均眼中，赵妪永远都是一个脱不了流寇本色的女贼，但他改变不了赵妪对后世的影响。按照儒家文化对女性的要求来思考和衡量，赵妪是不服官府管辖、放荡、野蛮盗贼的女性首领，她身上拥有的一切特

---

① 此评价是清代道光初年电白人崔翼周所撰《谯国夫人庙碑铭》中的文字，但原碑不存。转引自王兴瑞《冼夫人的母家——冼氏》，白雄奋等编撰《冼夫人文化全书》第1卷，中山大学出版社，2009，第97页。
② 贺喜：《土酋归附的传说与华南宗族社会的创造——以高州冼夫人信仰为中心的考察》，《历史人类学刊》2008年第1、2期合刊。
③ （晋）刘欣期：《交州记》，（清）曾钊辑《丛书集成初编》第3255册，第2页。
④ （清）屈大均：《广东新语》卷8《女语》，欧初、王贵忱主编《屈大均全集》第4册，第232页。
⑤ （清）屈大均：《广东新语》卷8《女语》，欧初、王贵忱主编《屈大均全集》第4册，第232页。

质都将是被唾弃和鄙视的。赵妪和同样来自粤西高州的冼夫人均称雄于当地，但冼夫人的选择和结局与赵妪不同。冼夫人身逢乱世，处在朝代交替的关口，而且隋是统一王朝，因此她投陈与投隋的决定对将岭南划入中国版图有着重要意义，这成为该地区稳定的基础。但赵妪所处时间段是三国争雄时期，受其规模所限，赵妪占山为王既威胁不到整个王朝的安定团结，她的投诚及被收编也无法影响整个岭南的政治取向，最多就是构成地方的骚乱，被平定之后，"郡邑始平"。这样的影响力和重要程度自然不能与冼夫人相提并论，其名声彰显程度就大打折扣，但她的"军令森然"仍成为女性充满雄霸之气的强有力证明。清代刘斯枢辑《程赋统会》卷18《外译》中的"俚"记载，居住在苍梧、玉林、合浦、宁浦、高凉五郡的俚人，"自古及今"，"不用王法""唯知贪利"，俚人妇女"不知蚕绩，惟事庖厨。若作乱，则男妇皆能军矣"。

　　这样的例子在唐代以后的很多地方依然有发生。如唐代末年黄巢进军岭南，攻破西衡州。英德虞湾人虞氏的丈夫为西衡州寨将，与黄巢的军队交战而死。身为妻子的虞氏和丈夫一样身披甲胄，率领诸位族人与乡兵迎战，后黄巢之兵败去，虞氏也战死。据说虞氏死后，"乡人徐志道辈立祠祀之，号寨将夫人祠。其后叛兵猺寇为乱，祷之辄应。或见虞衣红率兵而来，贼辄惊溃，其英灵盖不可泯云"。[①] 南宋嘉定年间[②]朝廷敕封虞氏为正顺夫人："夫人生能摧黄巢之锋，殁能制峒蛮之寇，封为正顺夫人。立祠香垆峡中。"[③] 虞氏受到敕封的原因，首先就是代表唐朝官方与黄巢的叛军对抗，其次是显灵帮助乡里平定瑶民叛乱，这都是以国家统一和稳定为基础的。"正顺夫人"的名号，暗含着对国家正统的恭敬与顺从，其也成为一位在朝廷向心力凝聚下的地方代表。[④]

　　此外，五代时雷州半岛出现李氏带领众人御强敌的记载。万历《雷州

---

① 万历《广东通志》卷31《郡县志十八》，《广东历代方志集成·省部》第6册，2006，第769页；道光《广东通志》卷313《列传四十六》，《广东历代方志集成·省部》第21册，2006，第5006页。

② 嘉定，南宋宁宗赵扩在位时年号，1208—1224年。

③ （清）屈大均：《广东新语》卷8《女语》，欧初、王贵忱主编《屈大均全集》第4册，第232—233页。

④ 参见林超富《北江女神曹主娘娘》，广东人民出版社，2009。

府志》卷11《秩祀志》："五代间，声教不暨，以强凌弱。郡有一女子或云李氏，勇敢强力，众咸信服，相与筑城御寇，女子为之帅。南汉归顺，余党剽掠，皆为女子所败，一方赖之。及殁，众号为宁国夫人，立庙祀焉。"这一记载为后人所沿袭。[①] 所谓"宁国夫人"，应是民间私下而不是国家所封，但在地方人民心目中，只要为一方安定做出贡献，就会将之提高到"宁国"的高度。明代东安人李漆之妻"詹氏代领其众，攻复泷东、西州县，以功得参将，未几病卒。自二冼氏至詹，粤人以为五女将云"。[②]

上述冼氏、冼夫人、虞氏、李氏、詹氏五位女性因为能带兵打仗，且有谋略，屈大均尊称她们为"五女将"。很显然，这个评价是中肯的，也显示了岭南女性从秦汉到明代的雄霸形象一直延续着，说明这是岭南地域文化的传统。清人范端昂不仅接受了"五女将"的说法，而且还分析其原因，"吾粤岞山襟海，素饶雄霸之气，妇女亦多知兵。自二冼以至虞、李、詹，皆勇略绝伦，称为粤中五女将"。[③] 从地域上看，上述五位女性的事迹有四位发生于今天的广东西部地区，一位在广东北部地区。这和之前分析的岭南最早是从粤西地区开始开发的历史有关。这些地区的记载也较早出现在中原文人的视野中。

这些故事的类同，使我们相信，它们之中隐含着关于岭南女性地位的一种另类性别结构。在中原文化与岭南文化尚未真正全面交融之时，岭南的女性在政治、经济、社会生活中的影响力其实是相当大的，这和此地的社会结构以及岭南所处的偏远地理位置有一定的关系。这种情况在后世的文献记载中极为普遍，其中记载的女性形象也与中原地区迥异。岭南确实存在大量与中原"礼仪之邦"不同的风俗和观念，这在中原士大夫看来是难以接受和理解的，于是有些风俗就被当作异闻记录下来：

　　南海男子女人皆缜发。每沐，以灰投流水中，就水以沐，以虺膏

[①] （清）屈大均：《广东新语》卷8《女语》，欧初、王贵忱主编《屈大均全集》第4册，第232—233页；（清）范端昂：《粤中见闻》卷19《人部七》，第215页；道光《广东通志》卷320《列传五十三》，《广东历代方志集成·省部》第21册，2006，第5098页。

[②] （清）屈大均：《广东新语》卷8《女语》，欧初、王贵忱主编《屈大均全集》第4册，第232—233页。

[③] （清）范端昂：《粤中见闻》卷19《人部七》，第215页。

其发。至五六月，稻禾熟，民尽髡鬻于市。既髡，复取瓵膏涂，来岁五六月，又可鬻。

南海贫民妻方孕，则诣富室，指腹以卖之，俗谓指腹卖。或己子未胜衣，邻之子稍可卖，往贷取以鬻，折杖以识其短长，俟己子长与杖等，即偿贷者。鬻男女如粪壤，父子两不戚戚。①

南海人髡发以卖和指腹鬻儿女的习俗，对中原士人来说难以接受。儒家文化观念强调"幼吾幼以及人之幼"，即不仅要爱护自己的孩子，而且要推及于他人之子女。上述《太平广记》引述的两条史料来源于唐代《南海异事》。而宋代《太平御览》转引唐代《南荒录》记载尽管将地域缩小为新州，但内容大同小异。"新州男子妇人，皆缜发如云。每沐以灰投水中，遂就水而沐之，以瓵膏涂其发。五六月秔秋未获，时民饥，尽髡，取发鬻于市。既髡，即复以瓵膏涂之，至来年五六月又可鬻矣。"② 这里的新州在地域上接近粤西地区，属明清时期的肇庆府管辖，为珠江三角洲地区的边缘地带。唐代这一区域女性的野外劳作也相当普遍。道光《广东通志》卷93《舆地略·肇庆府》还引述唐许浑《自广江至新兴诗》第三首中"洞丁多斫石，蛮女半淘金"及其注"端州斫石，洽洰县淘金为业"。道光志修纂者阮元按："岭南无洽洰县，疑是洽洰之误。"③ 无论是开发端砚还是淘金，都发生在山区。这一现象在明代仍存在，时肇庆府高明县进士区大相在《平圃妇》诗序中说："自黄塘趋平圃，山行二日，风俗淳朴。妇女道逢使车，采者弃筐，骑者下马，拥蔽旁立，爱其明分达礼，或通都大邑不如也。"④ 这里描述的仍是肇庆府山区妇女的生活状态。

事实上，岭南贩卖人口的陋习久已存在，唐宪宗元和十二年，冀州人孔戣任广州刺史兼御史大夫、岭南节度使，任职期间，除正常俸禄外，绝无其他索取。当时有一种恶习，即"帅南海者，京师权要多托买南人为奴

---

① （宋）李昉等编《太平广记》卷483，第3979—3980页。
② （宋）李昉等编《太平御览》卷22，中华书局，1963，第106页。
③ 道光《广东通志》卷93《舆地略十一·肇庆府》，《广东历代方志集成·省部》第21册，2006，第1574页。
④ （明）区大相：《区太史诗文集》，刘正刚整理，齐鲁书社，2017，第178—179页。

婢"。孔戣坚辞不受托付，在任地"禁绝卖女口"。除此之外，孔戣勤于政事，成效显著，韩愈在潮州专门作诗赞扬他。① 宋代岭南的人口买卖相当猖獗。《宋史》卷300记载，北宋真宗时，周湛提点广南东路刑狱，着力打击人口买卖，"初，江、湖民略良人，鬻岭外为奴婢。湛至，设方略搜捕，又听其自陈，得男女二千六百人，给饮食还其家"。南宋时，岭南已成为人口买卖最活跃之地，《宋史·高宗纪》记载，绍兴三十年十二月，朝廷下诏"禁掠卖生口入溪峒"。直到绍熙四年朝廷仍下诏"禁邕州左右两江贩鬻生口"。笔者的研究表明，黄道婆就是宋代岭南与江南之间人口买卖的受害者。②

岭南民风与中原存在差距，这在女性生活中也表现突出。中国传统礼法规定男女缔结婚姻要经过"三书六礼"的过程，即纳礼、问名、纳吉、纳征、请期、迎亲的程序，还要有聘书、礼书、迎书三种来往文书，一段婚姻才能正式缔结。这种婚姻形式在夏、商时出现，至西周时完备。③ 然而，直到宋代，岭南婚姻缔结并未遵从上述原则，相反，女性与男性之间也没有一道不可逾越的鸿沟。适龄男女青年自由交往、唱歌互答，以歌相许，颇有《诗经·国风》之遗风。其婚俗也与中原相异，一些地区的"送老"之俗即是例证：

> 岭南嫁女之夕，新人盛饰庙坐，女伴亦盛饰夹辅之。迭相歌和，含情凄惋，各致殷勤，名曰送老，言将别年少之伴，道之偕老也。其歌也，静江人倚《苏幕遮》为声；钦人倚《人月圆》，皆临机自撰，不肯蹈袭，其间乃有绝佳者。凡送老，皆在深夜，乡党男子，群往观之。或于稠人中发歌以调女伴，女伴知其谓谁，亦歌以答之，颇窃中其家之隐慝，往往以此致争，亦或以此心许。④

---

① （后晋）刘昫等：《旧唐书》卷158《列传第一百四》，中华书局，1975，第4097页。
② 刘正刚、付伟：《黄道婆问题再研究》，《海南大学学报》（人文社会科学版）2007年第5期。
③ 高兵：《周代婚形态研究》，巴蜀书社，2007，第121—123页。
④ （宋）周去非：《岭外代答》卷4《风土门》，张智主编《中国风土志丛刊》第61册，第133—134页。

"送老"之俗，因周去非没有交代清楚，我们无法断定是哪个民族的习俗，但肯定是岭南地方习俗则无疑义。从这些人歌唱的内容来看，《苏幕遮》为宋代词牌名，唐代西域舞曲，情调苍凉，又为曲牌名；《人月圆》亦是词牌名，又名《青衫湿》，属双调，又为曲牌名。① 无论是《苏幕遮》还是《人月圆》，均是处在巅峰时期的宋词文化的一部分，肯定不是岭南本土所产，而是从中原传入。可见中原文化已渗入普通民众生活中。但在强大的传统风俗制约下，儒家文化刚传入岭南不久就被土著利用改造，成为民间男女交流的工具。女性出嫁唱歌送别的场景，在广东一直传承着，道光《广东通志》卷92《舆地略十》转引黄佐《广东通志》说："旧俗：民家嫁女，集群妇共席唱歌以道别，谓之歌堂。"明代这一风俗在城市"渐废，然村落尚或有之"。农家女子耕种时以斗歌为乐，其中南海、顺德、新会、增城为最盛。

尽管中原也曾出现男女自择婚姻的习俗，但时间要上推至周代。《周礼·地官司徒》记载："中春之月，令会男女。于是时也，奔者不禁。若无故而不用令者，罚之。司男女之无夫家者而会之。"② 而岭南男女自择婚配似乎一直延续，唐代还存在一种"缚妇民"的抢亲风俗。"缚妇民喜他室女者，率少年持白梃，往趁墟路值之。俟过，即共擒缚归。一二月，与其妻首罪，俗谓之缚妇也。"③ 唐宋岭南还流行"卷伴"习俗，也与中原婚俗不同，"南州法度疏略，婚姻多不正。村落强暴，窃人妻女以逃，转移他所，安居自若，谓之卷伴。言卷以为伴侣也。已而复为后人卷去。至有历数卷未已者。其舅姑若前夫访知所在，请官自陈。官为追究，往往所谓前夫亦是卷伴得之，复为后人所卷"。④ 这种不断被卷的现象，其实反映了岭南社会在唐代尚无贞节观念。

随着人口流动、经济交流，岭南居民开始与北方人联姻，但在这个过程中仍没有中原三媒六聘的礼仪。宋人记载：

---

① 谷云义、冯宇等主编《中国古典文学辞典》，吉林教育出版社，1990，第1204、1199页。
② 陈成国点校《周礼·仪礼·礼记》，岳麓书社，2006，第32页。
③ （宋）李昉等编《太平广记》卷483引《南海异事》，第3979页。
④ 《古今说部丛书》3集，上海文艺出版社据中国图书公司和记1915年再版本影印，1991。

深广俗多女，嫁娶多不以礼。商人之至南州，窃诱北归，谓之卷伴。其土人亦自卷伴。不能如商人之径去，则其事乃有异始也。既有桑中之约，即暗置礼聘书于父母床中，乃相与宵遁。父母乍失女，必知有书也。索之衽席间，果得之。乃声言讼之而迄不发也。岁月之后，女既生子，乃与婿备礼归宁。预知父母初必不纳，先以醨酒入门。父母佯怒，击碎之，婿因请托邻里祈恳，父母始需索聘财，而后讲翁婿之礼。凡此皆大姓之家然也。若乃小民有女，惟恐人不诱去耳。往诱而不去，其父母必勒女归夫家，且其俗如此，不以为异也。①

像这种先私奔，再拜见岳父岳母，甚至小民之女"惟恐人不诱去"的情况，至少在传统儒家礼仪中是很难见到的。从这些记载可知，宋代岭南女性并不完全在男人的羽翼下生活，她们独立又大胆，乃至在中原士人眼中成了另类。

端州深山中，妇人悉裸体浴溪中，见人仅掩其乳，了不为异。不知者见而哂之，则诟詈相随矣。大抵皆瑶民也。②

自肇至梧，路属粤西，即有蛮夷之习。妇人四月即入水浴，至九月方止，不避客舟，男女时亦相杂，古所谓男女同浴于川也然。大约瑶僮山居者尔……浴时或触其私不忌，唯触其乳，则怒相击杀，以为此乃妇道所分，故极重之。③

明代王临亨和清初吴震方给这些女性贴的标签是"瑶"或"瑶僮"，而这一风俗其实是南越的文化传统。《汉书》卷27《志第七·五行》记载："刘向以为蜮生南越。越地多妇人，男女同川，淫女为主，乱气所生，故圣人名之曰蜮。蜮犹惑也。"这一记载被宋代士人沿用，"南越夷狄，男

---

① （宋）周去非：《岭外代答》卷10《蛮俗门》，张智主编《中国风土志丛刊》第61册，第352—353页。
② （明）王临亨：《粤剑编》卷2，中华书局，1987，第77页。
③ （清）吴震方：《岭南杂记》，中华书局，1985，第18页。

女同川而浴,淫以女为主,故曰多蜮。蜮者淫女惑乱之气所生"。① 明清士人将男女同浴改为妇人裸浴,或许是这一风俗的变异,也有可能是在写作时的故意讳饰,但即便如此,也令中原士人惊讶不止,其贬抑之情难以掩饰。但从另一个角度来看,岭南男女间交往并非壁垒森严,女性可以与男性身体相触,对身体的隐秘和羞涩感远逊于中原女子。另据嘉靖《广东通志初稿》卷 11《循吏》,北宋仁宗天圣八年,一个叫王益的人到韶州做官,其宦绩就是推行男女有别的教化,"初,越俗男女无别,益穷治之。未几,男女之行别于途"。

岭南地处王朝疆域的边缘,境内土著族群众多,各族群都有独特的风俗习惯,有些直到 20 世纪初依然被传承着。1930 年,有人对粤北曲江、乳源和乐昌三县瑶族进行调查,发现瑶女出嫁时,送嫁者尚有十女郎,号称"十姐妹"。瑶人结婚后,其妻在男家居住一月即返母家,与汉人女子结婚后经过一月回门礼同。但瑶女回母家后,可住一年,其夫亦可至其家与之同宿。瑶人亦有养女招郎者,其招郎后所生之子女,以其妻之姓氏为姓氏。瑶人多有姘他人之妇者,但其妇亦可与他人姘。瑶人夫妇不和者,其夫可将其妇价卖,此种风气甚盛。瑶妇姘夫者亦多,但多系其丈夫所弃置而不理者。此种妇人,可公开姘合。若系其夫未弃而甚喜悦之妻或妾,有他人秘密与之姘合,经其夫侦知,则必遭毒打,甚有将其妻或妾所姘之男人杀毙者。② 而明清海南女性流行的"不落家"和"放寮"等习俗也一直在黎族妇女中保持着。③

对于宋儒推行女性不出家门的规条,岭南妇女也并非完全遵守,甚至还有女性代夫诉讼、涉足公堂的记载。北宋广州太守章楶在《广州府移学记》中说:"(番禺)其俗喜好游乐,不耻争斗。妇代其夫诉讼,足蹑公门,如在其室家。诡辞巧辩,喧啧诞谩,被鞭笞而去者无日无之。……嫁

---

① (宋)李昉等编《太平广记》卷 478,第 3938 页。
② 庞新民:《广东北江瑶山杂记》,《历史语言研究所集刊》第 2 册,中华书局,1987,第 498—499 页。
③ 刘正刚、罗彧:《明清边疆社会的习俗互化:以海南女性生活为例》,《中国边疆史地研究》2008 年第 4 期。

娶间有无媒妁者，而父母弗之禁也。"① 此记载到康熙年间仍可见于方志。② 可以猜想这类现象或许到清代仍有存在。其实，还不仅仅是章太守看见的这些，"时广人冒犯鲸波，浩殖货利，不知有义，以制其欲。至于妇代夫讼，父子异居，兄弟骨肉急难不顾，男女嫁娶至无媒妁，丧葬之仪过礼越制"。③ 虽然其他地方也有类似情况，但几乎处于历史上较早的阶段，如颜之推记载南北朝的北齐首都"邺下风俗，专以妇持门户，争讼曲直，造请逢迎，车乘街衢，绮罗盈府寺，代子求官，为夫讼屈，此乃恒、代之遗风乎？"④ 颜氏强调的是鲜卑之旧俗。从某个角度看，岭南在宋代之前仍保持着较为浓厚的越人风气。宋人庄绰说："广州波斯妇，绕耳皆穿穴带环，有二十余枚者。家家以箴为门，人食槟榔，唾地如血。北人嘲之曰：'人人皆吐血，家家尽箴门。'又妇女凶悍，喜斗讼，虽遭刑责，而不畏耻，寝陋尤甚。"⑤ 颜之推笔下的情况尽管与岭南差不多，却是发生在南北朝时期，而岭南到宋代还存在类似情况，反映了中华文化的发展存有地域上和时间上的差异。

缠足至少从宋代开始已流行于中原及其他区域，但岭南一直流行天足。宋代王象之在《舆地纪胜》卷117《广南西路》中记载，高州"男女盛服，椎髻徒跣，聚会作歌"。明清广东各地方志在描述风俗时均会出现"椎发跣足"或"椎髻跣足"说法，如嘉靖《广东通志初稿》卷18《风俗》记载："男女皆椎发跣足。"清代广东的缠足只是大户人家少数女性的权利，贫穷之家甚至奴婢则流行天足。"岭南妇女，多不缠足，其或大家富室闺阁，则缠之。妇婢俱赤脚行市中，亲戚馈遗盘槛，俱妇女担负，至人家，则袖中出鞋穿之，出门，即脱之袖中。女婢有四十、五十无夫家者。下等之家女子缠足，则诟厉之，以为良贱之别。"⑥ 乾隆《潮州府志》

---

① 马蓉等点校《永乐大典方志辑轶》，中华书局，2004，第2452页。
② 康熙《新修广州府志》卷7《风俗》，《广东历代方志集成·广州府部》第2册，2007，第45页。
③ 嘉靖《广州志》卷46《名宦传三》，《广东历代方志集成·广州府部》第1册，2007，第535页。
④ 王利器：《颜氏家训集解》卷1《治家第五》，中华书局，1993，第48页。
⑤ （宋）庄绰：《鸡肋编》卷中，中华书局，1983，第53页。
⑥ （清）吴震方：《岭南杂记》，第9—10页。

卷12《风俗》记载，山乡僻壤的妇女"仍椎髻跣足焉"。道光《广东通志》卷330《列传六十三》记载，合浦县山区妇女"喜以绣帛束胸，短裙跣足，常负藤囊至墟贸易"。道光《肇庆府志》卷3《舆地志·风俗》记载，高要县"乡落男女多椎髻跣足"。① 同治《石窟一征》卷4《礼俗》记载广东客家地区"俗妇女不裹脚"。山区妇女多不缠足，而大家富室妇女缠足，这种两极的现象说明，中原文化对广东已经产生影响，但乡村贫困之家仍然保持着地方文化的传统习惯。

纵观岭南早期历史，女性生活多姿多彩。从早期的女将到普通阶层中撑起家庭重担的劳动女性，再到勇于追求幸福的土著女性，在岭南本土人的眼中一切都那么自然，但在外来者或士人的眼中，这些"蛮风异俗"是岭南荒蛮落后的象征。岭南较早接受儒家文化的学者开始致力于改变本地"落后"面貌，努力使之成为礼仪之邦。这个过程从唐代、后汉时已慢慢开始，宋代以后典籍记载岭南女性贴近儒家文化的例子明显增多。

岭南社会中除了像冼夫人和"五女将"这样拥有显赫地位的女性之外，现实生活中的劳动妇女也处于重要地位，她们参与劳动，甚至承担大部分劳作，促进了岭南经济发展。唐代刘禹锡在粤北连州目睹了男女插秧的情景，遂作《插田歌》，其歌引云："连州城下，俯接村墟。偶登郡楼，适有所感，遂书其事为俚歌，以俟采诗者。"歌云："冈头花草齐，燕子东西飞。田塍望如线，白水光参差。农妇白丝裙，农夫绿蓑衣。齐唱田中歌，嘤伫如《竹枝》。但闻怨响音，不辨俚语词。"② 宋人《太平广记》转述南唐徐铉《稽神录》记载番禺妇女耕作故事：

> 庚申岁，番禺村中有老姥，与其女饷田。忽云雨晦冥，及霁，乃失其女。姥号哭求访，邻里相与寻之，不能得。后月余，复云雨昼晦，及霁，而庭中陈列筵席，有鹿脯干鱼，果实酒醯，甚丰洁。其女盛服而至。姥惊喜持之，女自言为雷师所娶，将至一石室中，亲族甚

---

① 广东个别地区也以小脚为美，如光绪《梅菉志·风俗》记载："惟尚缠足，弓鞋织小。有土重者（脚大之称），父母亲戚以为耻，故俗有高州头、梅菉脚之谚。"
② 黄雨选注《历代名人入粤诗选》，广东人民出版社，1980，第57页。

众。婚姻之礼,一同人间。今使归返回,他日不可再归矣。"①

这些故事的真实性如何,暂且不谈。我们关注的是故事传递出的信息:女性参加田野劳动,而本应在田野中出现的男性却未出现。除田野劳作外,一些在中原地区多由男性从事的职业,在岭南甚至也有女性参与。"南海解牛,多女人,谓之屠婆屠娘。皆缚牛于大木,执刀以数罪。某时牵若耕,不得前;某时乘若渡水,不时行。今何免死耶?以策举颈,挥刀斩之。"② 南海杀牛风俗在南朝就有,梁武帝天监初年,东海人王僧孺出任南海太守,对"南海俗杀牛"现象明令加以禁止,即史书说的"至便禁断"。③ 王僧孺虽颁布禁令,但从后来南海女性屠牛来看,收效并不乐观。岭南女性的这些形象可能是文化习俗使然。南宋时,广州寿安院专门收留那些贫病无所依靠者,为其治病。院内的工作者多"募夫妇愿俱庸者",④ 这类男女混杂服役的现象或许也突出了当地女性地位的不一般。

岭南地区土著直到唐宋时期还流行"产翁"制,可能是母系社会向父系社会过渡的遗俗。宋代《太平广记》卷483《蛮夷·獠妇》中转引唐代《南楚新闻》说:"南方有獠妇,生子便起。其夫卧床褥,饮食皆如乳妇,稍不卫护,其孕妇疾皆生焉,其妻亦无所苦,炊爨樵苏自若。又云,越俗:其妻或诞子,经三日,便澡身于溪河,返,具糜以饷婿。婿拥衾抱雏,坐于寝榻,称为产翁,其颠倒有如此。"宋人周去非《岭外代答》卷10《蛮俗门》转引唐人房千里《异物志》说,广西土著"獠妇生子即出,夫惫卧如乳妇,不谨则病,其妻乃无苦"。这些记载似乎都暗示妇女是家庭经济生活中的支柱。

宋代士大夫常用"妇人强男子弱"形容广东社会的两性结构,认为女性言行举止与儒家文化格格不入。"广州杂俗,妇人强,男子弱。妇人十

---

① (宋)李昉等编《太平广记》卷395,第3160页。
② (宋)李昉等编《太平广记》卷483,第3980页。此风俗可能与岭南土著有关,据乾隆《(广西)庆远府志》卷10《杂类志》引宋人《青箱杂记》云:"解牛多俚妇,亦曰屠婆。缚牛于木,数之曰:某时牵汝耕田不得,某时乘汝渡水不即行,今何以免死。乃杀之。"
③ (唐)李延寿:《南史》卷59《列传第四十九》,中华书局,1975,第1460页。
④ (宋)李昴英:《文溪存稿》卷2,杨芷华点校,暨南大学出版社,1994,第31—32页。

八九，戴乌丝髻，衣皂半臂，谓之游街背子。"① 这一记载反映了宋代广州女性常常出现在公众场合，其穿着引起了唐宋士人的关注。如时人周濆《逢邻女》云："日高邻女笑相逢，幔束罗裙半露胸。莫向秋池照绿水，参差羞杀白芙蓉。"② 这些描写显示了宋代广东文化风俗与所谓"中国文化"之间存在差异。可能是"朝廷之教化未孚"，因而造成了广东女性形象与社会角色不同于士大夫文化的模式。③

岭南女性在社会经济中拥有较高地位还体现在，宋代当地流行太婆崇拜。笔者在广州市杨箕村李氏祠堂调研时发现，入粤始祖安政公与其妻温氏分葬，安政公墓地大小、墓碑高度及其形制，与温氏墓比逊色不少。李氏族谱对温氏记载颇为详细：

> （安政公）先任宋职十承大夫，候绍兴间授承事郎……钦选广州路刺史。配温氏，封一品夫人，卒于南宋乾道九年癸巳岁八月十六日，葬广州市白云山蒲涧御书阁……以父命将其女儿许配给安政公攀官缘，其女舍命拒之，要其父将此空坟宝地陪嫁，方从父命，温氏无奈只允之。④

从这则记述可知，女儿的意见不仅在父系家族中极有分量，家长不能违背她们的意愿强迫她们做事，甚至为了达成某种共识，父族还会向她们妥协，接受她们的条件。这块地后来成为温氏太婆佳地，至今仍保留在白云山麓，被李氏族人名曰"温氏太婆墓"，每年清明，李氏族人都会至白云山奠扫。笔者曾跟从李氏族人专门前去考察，从其山坟的分布可以看到，温氏太婆之坟位于白云山家族墓地的最高处，其后代子嗣依序排列在温氏太婆墓的下方，而李氏的男性始祖安政公一直葬在今从化区境内，未能与温氏合葬。

---

① （宋）朱彧：《萍洲可谈》，《南越五主传及其他七种》，广东人民出版社，1982，第102页。
② （清）刘应麟：《南汉春秋》卷9《艺文》，《广州大典》第26辑第1册，广州出版社，2015，第437页。
③ 刘志伟：《女性形象的重塑："姑嫂坟"及其传说》，苑利主编《二十世纪中国民俗学经典·传说故事卷》，第365页。
④ 《广东李氏安政公族谱》，内部发行，2003，第29—30页。

刘志伟的《女性形象的重塑:"姑嫂坟"及其传说》是研究祖姑(太婆)崇拜的力作。他通过对广州市北郊一处古代女性墓葬即"姑嫂坟"的故事及其后世的变化进行论述,重新梳理了宋明时期中原传统文化对广东士人塑造女性形象的影响。他认为:"历史上岭南地区的女性,无论在家庭和社会生活中,都扮演着十分引人注目的角色。无论关于近代珠江三角洲地区的自梳女的研究,还是谈到今天香港的职业女性,这一地区女性在社会上的角色都给人以深刻的印象,多数人很自然地会将这些现象与妇女解放联系起来。我不否认近代以来这一地区经济和社会现代化的过程为妇女解放创造了条件,但须强调的是,在本地文化传统中,女性在社会生活中的角色,本来就与中原地区的女性不同,牧野巽对此曾作过专门的讨论,这里想再补充一些事实,以见如姑嫂坟这样的女性祖先崇拜现象与地方土著文化传统之间可能存在的联系。"①

可见,宋代及以前,广东文化和习俗与中原仍有相当大的差别,"妇人强男子弱"是社会特殊的传统渊源,女性在社会与经济中拥有较高地位。即便因女性"多且盛"而不得不共赡一夫,也不可小觑她们在经济生活中的重要作用。她们奔赴"城郭虚市","负贩逐市"参与地方市场运作,才有了明代广东社会经济的异军突起,她们和男性一起建构了历史上的岭南社会,直到清末,地方志还记载:"此邦旧殊俗,男逸而女劳,揆厥相夫义,井臼原当操。惟尔七尺躯,一一人中豪,奈何甘自弃,乳哺同儿曹。四体不肯勤,八口空嗷嗷,抚心傥自问,毋乃多郁陶。"② 这首诗本是劝男人承担养家糊口的职责,却透露出女性在社会经济中的特殊角色。

从南粤地区这种不同于中原的性别结构中可以看到:古代社会早期,岭南包括珠江三角洲地区的女性并不完全是男性传宗接代的工具,也不符合宋儒所规范的"三从四德"形象,相反,她们在政治、经济和社会生活中具有重要地位,有很强的独立性与自主性,甚至能积极参与对父家财产的继承和处分中去。这从下文讲述的吴妙静故事中就能得到证实。吴妙静

---

① 刘志伟:《女性形象的重塑:"姑嫂坟"及其传说》,苑利主编《二十世纪中国民俗学经典·传说故事卷》,第364页。
② 光绪《惠州府志》卷26《艺文四》,《广东历代方志集成·惠州府部》第5册,2009年,第552页。

的故事，通过后人不断添加新的元素，女性早期强权、强势的形象得到了巨大改变，不断地向着官方提倡靠拢，最终成为儒家贞节观念倡导下"贞烈"女性的代表。

三　吴妙静与贞女桥

今广东省佛山市顺德区龙江镇有一处宋代遗留下来的石桥，历史上被称作老女桥，又被称为贞女桥。在风雨剥蚀的石桥桥头，竖立着一个高大的石质牌坊，匾额上刻有"贞女遗芳"四个大字，背面阴刻坊表铭文，但历经几百年的风雨剥蚀，字迹早已残损而无法辨认。桥头牌匾两旁的石柱上爬满枯藤，仔细观察的话能看到其上刻有对联一副："贞忠义行无□□，古往今来第一人。"落款为"明（兵）工部尚书湛甘泉题"。

史料记载，该桥始建于南宋时期，2002年广东省将这座桥和牌坊一起列入省级文物保护单位。如今河流已经淤积为农田，桥面上仍遗留几条巨大且形状不一的条石，桥面并不宽阔，由于河道淤塞，桥体显得不是很长。桥的两头除了来往通行的小路外，都是分割开来的小块田地，里面种着各种时蔬。据陪同我们参观的广东省社会科学院陈忠烈研究员介绍，贞女桥下的水系为龙江支流，在距贞女桥不远的河道中，前些年还曾发现一条宋代的沉船，这说明至少从宋代开始，这条水系就已经是人们出入的重要航道。由此可以想象，宋代之时这条河道水面的宽阔和水量的充沛。

曾经的沧海今天已淤积为良田，昔日宽阔的河流变成浅涸的水沟。那么，这座贞女桥是何人、何时所建？为何而建？到了明清时期，地方官绅又是如何利用掌握话语的权力，再次建构人们对这座桥的历史记忆？在这座桥的前世今生之中，究竟隐含了多少深意？

贞女桥，初名老女桥，传说是宋代龙江地区一位名为吴妙静的女性出资所建，其父为南宋高宗朝进士吴南金。目前所见最早记录该桥的嘉靖十四年（1535）广东巡按御史戴璟主编的《广东通志初稿》卷38《桥梁》记载：老女桥在龙江堡，"昔吴道有女将嫁，其婿溺死，女誓不他适，建此"。26年后的嘉靖四十年（1561），黄佐又在《广东通志》卷17《舆地志·桥梁》中沿袭了戴璟的说法："老女（桥）在龙江堡，吴道遗女将嫁，其婿溺死，女誓不他适，建此。"嘉靖两部《广东通志》既没有说明老女桥的具体建桥时间，也没有出现建桥者的名字，但都肯定了建桥者是一位因未婚夫溺水身亡而发誓不嫁的女性，其父名字的记载也有一定分歧，有"吴道有"和"吴道遗"两说。

黄佐，广东香山人，明正德十五年（1520）进士，曾任广西提学佥事、南京国子祭酒等职，著有《广东通志》、《广西通志》、《广州府志》、《广州人物传》及《泰泉集》等，在明代学术史上占有重要地位。[1]

其实，在戴璟和黄佐之间，岭南大儒湛若水在嘉靖二十八年（1549）还专门为吴妙静撰写了《宋贞女吴氏墓表》，对龙江镇这座贞女桥的建桥者及其建造过程进行了较为详细的描述。节选其中的内容如下：

> 呜呼！此乡俗呼为老女坟，而督学蔡可泉公题曰"宋贞女吴氏之墓"者也。贞女名妙静，宋高宗朝进士、国子助教南金道遗之女。南金无后，女许嫁新会李氏子。昏期已及，所许子由陆来亲迎，渡龙江水而舟溺死。贞女誓不适人终其身，以家资为大石桥五眼，眼用潮石，长二丈二尺，于李溺死处，故后人亦呼为老女桥。自宁宗嘉定四年，以及八年乙亥乃成。理宗嘉熙二年戊戌，刻石记于国明寺。后人于桥东西各置男女庙，如牛郎织女之相望然。今废。复以田十三顷舍入光孝寺，以沙富村地一所为庄，贮所入，取叔南老之次子、理宗朝进士、户部员外郎邦杰后其父，年八十余而终，乡人谥曰室隐。儒士张世美两具闻于官，官为石坊，复修其墓。间以其裔孙吴允宜来请墓表。[2]

从湛若水所作墓表可以梳理出吴妙静建桥的时间和脉络。吴妙静的未婚夫李氏子在迎亲的途中死于龙江之中。吴妙静闻讯后，遂发誓不再嫁人，并于未婚夫溺水的河面处出资建桥，始于宋宁宗嘉定四年（1211），

---

[1] 毛庆耆主编《岭南学术百家》，广东人民出版社，2004，第231—245页。
[2] （明）湛若水：《湛甘泉先生文集三十二卷》卷31《墓志铭表》，《四库全书存目丛书·集部》第57册，齐鲁书社，1997，第237页。四库本没有记载湛若水所撰墓志铭表的立碑时间，但台湾学者钟彩钧点校的湛若水《甘泉先生续编大全》卷10记载，落款为"（嘉靖）己酉七月廿九日立"（台湾：中研院汉籍电子文献库，http://hanji.sinica.edu.tw/）。

嘉定八年（1215）乙亥建成，① 历时四年。建桥所用石料均为潮石，每块大石长二丈二尺，桥共五孔。23年后，即宋理宗嘉熙二年（1238）戊戌，② 又将此事专门在国明寺刻石记载。吴妙静在捐资建桥之后，又捐田十三顷于光孝寺，在沙富村建立粮庄，贮存捐田之收入，请僧人世代为其父祭祀。后人为纪念吴妙静，在桥的东西两边各建了一座男女庙，以牛郎和织女隔河相望来喻吴妙静和未婚夫李氏子。可能吴妙静终身未嫁，因而村民又称这座桥为老女桥。

湛若水，字无明，号甘泉，为明代著名理学家。《明史》卷283《列传第一七一·儒林二》记载，湛若水为广东增城人，师从陈献章，弘治十八年（1505）中进士，选庶吉士，"时王守仁在吏部讲学，若水与相应和"。嘉靖初入朝，曾任翰林院编修、南京国子监祭酒、礼部侍郎，历任南京吏、礼、兵三部尚书。年九十五卒，赠太子少保，谥文简，著有《甘泉集》。湛若水文中所称的"督学蔡可泉公"，在万历《广东通志》卷13《藩省志》中有记载。蔡克廉，字道卿，号可泉，福建泉州晋江人，嘉靖二十六年（1547）任广东提学副使，著《蔡可泉集》。

由湛若水撰写的墓表可知，顺德不仅有老女桥，而且还有埋葬吴妙静的老女坟。嘉靖时期，身为广东提学副使的蔡克廉还为这座"老女坟"题写了"宋贞女吴氏之墓"的墓碑，时间为嘉靖二十六年（1547）即蔡克廉担任广东提学副使一职以后之事，而湛甘泉作此墓表，则为嘉靖二十八年（1549），足见题墓碑和作墓表的时间相隔不远，应是一个完整的事件。也就是说，至少在嘉靖二十六年以前，当地人就已经开始注意挖掘并重新建构吴妙静的贞女形象。其中起关键作用的是一位名为张世美的儒士，他曾两次将吴妙静的事件上奏官府，申请官府进行表彰。嘉靖二十六年至二十八年，吴氏后人也开始为建构其祖先吴妙静的形象而努力奔走，找到大儒湛若水，并请他为吴妙静撰写墓表。此时距吴妙静出资建桥一事已经过去了300多年。

按照湛若水的说法，龙江贞女桥的出资建桥者是吴妙静，是邀请其作

---

① 查万年历，嘉定八年（1215）并没有乙亥月，只有嘉定十年（1217）有乙亥月即九月。
② 查万年历，嘉熙二年（1238）年并没有戊戌月，嘉熙三年（1239）有戊戌月即八月。

墓表的吴允宜家族的先人,是宋代进士、国子监助教吴南金的独生女;①该桥建于南宋,建桥的资金来自吴妙静的"家资"。但道光《龙江乡志》卷1在引述湛甘泉《宋贞女吴氏墓表》时把"家资"改为"嫁资"。从湛甘泉所撰墓表可以猜测,吴妙静将家中的资产进行施舍,"复以田十三顷舍入光孝寺,以沙富村地一所为庄,贮所入"。从吴妙静舍田入光孝寺看,宋代岭南的女性对父家的财产享有支配权,换句话说,吴妙静享有继承父家资产的权利。

吴妙静的生活年代及其建桥的事迹,在万历《顺德县志》卷8《人物志三》记载中有了较为完整的故事情节。这个情节明显有抄袭湛若水的痕迹,内容为:

> 吴妙静者,龙江吴南金道遗女也。南金,宋进士,为国子助教,无丈夫子,独女妙静,许新会李氏子。至期,所许子以车迎,渡龙江溺焉。妙静矢不他适,遂以装桥于所溺之处。又以田十三顷入光孝寺,今沙富村积善庄,其田庐也。后乃立叔父南老次子邦杰,后其父。邦杰官至员外郎,而妙静八十余卒。②

在这个记载中,编者把湛若水所说的"家资"建桥改为"装"。这个"装"应该是嫁妆的意思,也就是说,吴妙静是捐嫁妆在未婚夫溺水处建桥的。

吴妙静捐舍光孝寺的田地性质如何?乾隆《光孝寺志》记载说是"奁田",也就是陪嫁之田地,内容如下:

> 妙静生于宋嘉熙三年,龙江吴道遗女也。绍定初,许嫁新会李氏子,亲迎之夕,李覆舟死。妙静誓不再适,捐家赀于李溺死处,造大石桥五所,题曰:贞女桥。所有奁田舍入光孝寺,资夫冥福,寿七十

---

① 对吴妙静父亲姓名的记载,也可见万历《顺德县志》卷9《选举志》,《广东历代方志集成·广州府部》第15册,2007,第95页:吴南金,龙江人,宋进士,国子监助教,吴贞女父。
② 万历《顺德县志》卷8《人物志三》,《广东历代方志集成·广州府部》第15册,2007,第90页。

八卒。葬于龙山。明学使蔡梦说题曰：宋正女吴氏之墓。湛甘泉为文表之。今光孝寺祭扫不绝。①

该志与其他记载相比，明显地出现了一些矛盾之处。首先，吴妙静的出生年份与此前记载不同。乾隆《光孝寺志》记载其是宋嘉熙三年（1239）出生，笔者猜测会不会是将"嘉定"误记为"嘉熙"，嘉定三年为1210年。如果以湛若水的说法为准，嘉熙二年（1238）刻石于国明寺，那么嘉熙三年（1239）吴妙静才出生，时间上肯定无法吻合，所以这有可能是《光孝寺志》误记造成的矛盾。这从关于吴妙静许嫁之期的记载上也能看出来：该志记载绍定初吴妙静许嫁，但绍定为宋理宗年号，绍定元年为1228年，如果说吴妙静出生在嘉定三年（1210），那出嫁的年岁倒是说得过去了，但与湛若水所说的建桥时间又严重抵牾。湛若水所说建桥时间是在嘉定四年（1211），到嘉定八年（1215）建成。这样一来，两种文献记载的时间就有了明显的出入。

其次，关于吴妙静的卒年，文献记载有所不同。据乾隆《光孝寺志》，吴妙静享年七十八而卒，而湛若水则记载她年八十余卒。另《光孝寺志》记载吴妙静施舍田地给光孝寺的时间是宋度宗咸淳九年（1273）。② 如果按其记载，吴妙静出生时间即嘉熙三年（1239），此时吴34岁。如果按嘉定三年（1210）来算，吴妙静捐田之时为63岁，距该志所记吴妙静在78岁时去世，仍有一段时间。但如果按湛若水的说法，1211年开始建桥，假使吴妙静于18岁左右出嫁，那她至少出生于1193年以前，到1273年捐田时也至少80岁了。据此，《光孝寺志》中的嘉熙三年有可能是绍熙三年（1192）之误，即吴妙静生于绍熙三年，出嫁于嘉定初，卒于咸淳年间。这一推论也符合宋代女性多在15—19岁出嫁的判断。③

最后，关于捐田目的的记载也不同。《光孝寺志》中说吴妙静捐奁田

---

① 乾隆《光孝寺志》卷8《檀越志》，白化文、张智主编《中国佛寺志丛刊》第113册，广陵书社，2006，第199页。
② 乾隆《光孝寺志》卷8《檀越志》，白化文、张智主编《中国佛寺志丛刊》第113册，第199页。"度宗咸淳九年，顺德吴女士名妙静一位，有传见通志，释诏海有碑。"
③ 陈鹏：《中国婚姻史稿》，中华书局，1990，第390页。

是为了"资夫冥福",也与之前诸志记载略有不同,之前文献多记载其捐田是为了永远祭祀父亲吴南金。该志还收录了宋咸淳九年释诏海撰写的《檀越吴氏舍田记》文,内容如下:

> 夫在家出家,本非二法,贪爱即断,缘累自无。非见之卓而守定者,不能也。吴氏女妙静者,舍诸饰好,离众恶,示有眷,乐解脱,示有贤,则财而乐布施。乃罄已奁,示田宅增益,供养大众。既以静佛名其庄,俾余下一转语。余谓之曰:万境皆空,一真常在。良田美宅,物之适然者,舍之可也。寸田尺宅,心本然者,舍之可乎?何则心之谓田,本自丰足;心之谓宅,本自明静。妙静而知乎此。勤修梵行,乐持尸罗,以勇猛精进而辟此田;以深信坚固而守此宅。已所分有,无得而有。虽然,此特为始学者言之也,妙静而进乎此。以法遣我,以空遣法,虽觅心了不可得。所谓本心之田宅,特强名之耳。①

从释诏海所言来看,这篇《檀越吴氏舍田记》应是应吴妙静本人所请,其庄名应为"静佛"而不是万历《顺德县志》中所称的"积善","积善"或为以后所改。同时文中再次强调,吴妙静所捐之田地来自自己的全部奁资,其目的就是用所捐田宅获得的收入来供养大众。而且从字里行间来看,吴妙静与释诏海应该相当熟悉。

由于文献记载的混乱,笔者根据目前的材料无法判断吴妙静真正的生卒时间,但她活动于宋宁宗、宋理宗时代应该是没有问题的。她所捐出的田地财产,无论是为父主祭还是为夫资福,都应该是她自己的私有财产,至少她完全有能力处置。

有意思的是,明清文献中类似龙江镇老女桥的故事在珠江三角洲地区颇为常见。如传说中吴妙静未婚夫李氏子所在的新会县也有一座老女石桥,万历《新会县志》卷6《桥梁》记载:"老女石桥,在张村,昔有女老而不嫁,悉以奁资建。"故事版本与吴妙静建桥的缘由尽管有所不同,

---

① 乾隆《光孝寺志》卷10《艺文志》,白化文、张智主编《中国佛寺志丛刊》第113册,第270—271页。

但也是女性以"奁资"所建。那么，宋代女性的嫁资情况如何呢？学者研究表明，到 11 世纪中期，嫁女比娶妇要花更多的钱财已成理所当然。有些宋代官员感叹置办嫁妆花费太大，以致有的姑娘不能成婚。一位官员甚至把杀女婴的原因归结为负担不起过高的嫁资。① 而类似吴妙静施田给寺庙的女性在新会也有出现，万历《新会县志》卷 6《仙释传》记载了一个与吴妙静施田寺庙差不多版本的故事：

> 宋黄道姑，归德都人，生于皇祐己丑，其父母富而无子，惟道姑承之。性少慧，因看芭蕉有感，遂不适人，工纺绩，买田万顷，施于广之光孝、韶之南华及开元、东禅、西禅、仁王、龙兴等寺，而光孝尤多。绍兴元年卒，年八十三。光孝寺僧为立祠墓左，即圆明庄聚宝庵也。②

可见，新会的黄道姑家也有良田万顷，家产完全由黄道姑继承，她施舍田地的范围比吴妙静还要大。吴妙静与黄道姑的故事显示，宋代珠江三角洲地区的女性，一旦独身不嫁，就可以继承家产，而且享有自由支配家产的权利。从两人的传记看，她们都信奉佛教，都向佛寺捐施了大量田产，而且都超过 80 余岁才去世。③ 宋代女性向寺庙大量施舍，在珠江三角洲地区颇为流行。乾隆《光孝寺志》记载了该寺在宋代接受的施舍田地情况："宋朝施田捐赀檀越居士十一位，德媛十七位。"女性明显多于男性。该志将黄道姑列在首位，并确认其施舍田地的时间在宋徽宗大观二年（1108），其内容与方志略有出入，全文为：

> 道姑生于宋皇祐元年（1049），其父富而无子，惟姑承业。少慧，因有所感，遂不用纺绩，指海成田万顷，施于光孝、南华，及开元、东禅、仁王、龙兴诸寺，而光孝尤多。绍兴元年（1131）卒，年八十

---

① 〔美〕伊沛霞：《内闱——宋代的婚姻和妇女生活》，第 89—90 页。
② 万历《新会县志》卷 6《仙释传》，《广东历代方志集成·广州府部》第 37 册，2007，第 317—318 页。
③ （清）罗天尺：《五山志林》卷 6《纪胜》，（清）吴绮等撰《清代广东笔记五种》，第 132 页。

三。光孝为立祠墓，在江门都会村之旁。宝祐元年（1253）义都寺僧重修其墓。元至正二十一年（1361）兵火残破，守庄僧景暹、景护拾其骨舍利，皆作黄金色。贮以木函，仍厝旧冢。今光孝祭扫不绝。[1]

宋代法律关于女性享有对父家财产的继承权和处分权之保护，已得到学界较普遍认同，但华南地区的珠江三角洲女性似乎更为突出，以致日本学人仁井田陞先生得出宋代女儿继承权的法律多吸收了华南地方习俗的结论。[2] 明清文献所描述的宋代珠江三角洲地区女性的类似形象，应该是宋代这一区域实际生活结构化以后沉淀到了明清时期的文献中。从这一角度出发，我们可以将这些故事中的结构化内容，看成宋代珠江三角洲地区女性形象的一种表达。或者至少可以认为，这些文献中关于宋代女性形象的叙述，反映的是明清时期珠江三角洲地区文人对当地女性形象的一种想象。

四 明代官民重建贞女桥与贞女庙

明代，广东社会经济迅速发展，社会加速转型，士绅阶层队伍发展壮大。萧凤霞、刘志伟等学者的研究表明，明代以前，珠江三角洲地区的土著居民应为"渔民疍户"，上文所述的宋代珠江三角洲女性形象，大致就是这些"渔民疍户"与山中居住的"獠黎"的集合体。不过，这些土著在宋代以后"不知所往"，取而代之的是声称祖先来自南雄珠玑巷的"中原衣冠"。这些土著居民的部分成员在不同的历史阶段，通过贴上"汉人"的标记，与当地其他族群的居民划清界限，并且控制了广袤的沙田，控制了墟市和庙宇，修筑祠堂，编纂族谱，建构并炫耀自己与士大夫的联系，努力提升自己的社会地位，创造着一套最后为官方和地方权势共同使用的排他性语言，[3] 成功转变为士大夫家族。

---

[1] 乾隆《光孝寺志》卷8《檀越志》，白化文、张智主编《中国佛寺志丛刊》第113册，第197—198页。

[2] 〔美〕白凯：《中国的妇女与财产：960—1949年》，刘昶译，上海书店出版社，2003，第9页。

[3] 〔美〕萧凤霞、刘志伟：《宗族、市场、盗寇与蛋民——明以后珠江三角洲的族群与社会》，《中国社会经济史研究》2004年第3期。

顺德在明代以前分属南海和新会两县管辖，居民主要以水为生，吴妙静出资建桥和向寺庙捐施田产，暗示着宋代已有大量的水域转化为陆地，越来越多的沙田得到了开发，岸上居住的人亦不断增加。明景泰年间，随着黄萧养之乱被平定，官府开始重新调整珠江三角洲地区的行政区划，顺德开始单独设县，这更加快了顺德地区社会经济的发展，县境的桥梁也逐渐增多。据明代三部《广东通志》统计，顺德在嘉靖十四年（1535）有桥27座，嘉靖四十年（1561）有98座，万历时有148座，"其著在老女"。[①]明代顺德桥梁数目的不断增加，既反映了顺德"环邑皆水"[②]的自然状况，也说明海洋不断被围垦成沙田，人们需要借助桥梁的出行逐渐增多。老女桥到万历时已被淤积四孔，"水自官田入小江至第一埠，环注沙富，过贞女桥，旧道多湮"。[③]可见，越来越多的水域已被变为陆地。

随着社会经济的发展，广东士人试图改变中原人印象中的荒蛮形象。在塑造妇女形象方面，他们也一直通过自己的努力来改变宋代以来岭南社会"妇人强男子弱"这一与中原文化迥异的社会现象。嘉靖年间，湛若水撰写的吴妙静墓志铭已经反映了这一点。其实，从明代中叶开始，在广东士大夫的笔下，广东女性形象经过他们的形塑已经明显朝着贞孝方向转变，一些原本单一的故事不断被添加新的元素，逐渐被改造成歌颂或节或孝女性形象的文本，生活于南朝萧梁时代的陈孝女即是一例。

关于陈孝女，目前所见最早的方志记载是在嘉靖七年（1528）的《惠大记》卷2《迹考下》："孝女祠在博罗县西五十里，梁大同中沙河富民陈志年八十，独有一女，志卒，女哀毁甚虑，居以营葬，毕，亦卒。广州刺史萧誉闻而异之，乃立祠焉，表曰孝女。南汉封为昌福夫人。今亦谓之昌福夫人祠，祷雨有应。"这里描述了陈孝女因父死哀痛，为父亲营葬后亦悲伤而亡的感人故事，孝女祠亦由此而得名。到南汉时，孝女祠随着陈孝女被封昌福夫人而改称为昌福夫人祠，而"昌福"则恰好符合了"祷雨有

[①] 嘉靖《广东通志初稿》，嘉靖十四年刻本；嘉靖《广东通志》，嘉靖四十年刻本；万历《广东通志》，万历三十年刻本。
[②] 万历《顺德县志》卷1《地理志》，《广东历代方志集成·广州府部》第15册，2007，第8页。
[③] 咸丰《顺德县志》卷2《图经》，《广东历代方志集成·广州府部》第17册，2007，第34页。

应"的神异行为,其成为佑护一方之神。

但到了嘉靖十四年(1535),戴璟《广东通志初稿》卷15《烈女》的记载就发生了一些改变,开始强调陈孝女的孝行。"陈妙圆,河东富民陈志女。志年八十而卒,妙圆年幼,痛父无嗣,哀毁骨立,不茹荤,矢志不嫁,乃舍其宅僧寺,以田为祀田,令僧世主其祀。大同二年,所司以孝闻。未几卒。广州刺史萧誉异之,乡人立祠寺侧,名孝女祠。南汉加封昌福夫人。"① 这里陈孝女不仅有了"妙圆"之名,而且添加了她"年幼""痛父无嗣""矢志不嫁"、舍宅僧寺和为父设立祀田的情节,原来的由官立祠也变成官民共同立祠。

戴璟的说法成了日后地方志记录陈孝女的蓝本。嘉靖三十五年《惠州府志》卷13《列女》首列:"梁陈孝女者,博罗沙河人,陈志女也。志年八十卒而无后,女幼,痛父哀毁甚,矢志不嫁,以礼营葬毕,乃以其宅为龙华寺……"作者特别申明引文出自戴璟《广东通志初稿》,却将"寺"明确为龙华寺。有意思的是,作者在这篇传记后还专门加了"论",表达了将陈氏之"孝"突出的缘由。引述如下:

孝女本末如此,梁世祠之是矣,而昌福之封何居?自神异之说兴,而孝女之名渐晦,于是以其祀列之乡示。而前志叙行烈,不复知有陈孝女矣,岂非鬼道胜,则人道微哉!魏庄渠氏之正祠名伟矣。而故宅地方议复豪右夺而有之,将所谓秉彝好德者,非耶。余故首之列女而因以告有司者,庶几孝女之事益明白矣。②

陈妙圆在被封为昌福夫人时,展示给民众的是她有神力:"祷雨有应。"从这点上来看,对其信仰无疑属于民间祭祀的一部分。正德十六年(1521)魏校在广东大毁淫祠,其中就涉及陈孝女祠,但魏校对陈孝女祠网开一面,只是要求加以整改,"女终养其亲,宜称孝女,不宜称夫人;

---

① 嘉靖《广东通志初稿》卷15《烈女》,《广东历代方志集成·省部》第1册,2006,第303页。
② 嘉靖《惠州府志》卷13《列女》,《广东历代方志集成·惠州府部》第1册,2009,第506页。

神不歆非类，宜主其宗先生，不宜主于僧"。于是，在魏校的干预下，地方官府将昌福夫人祠的名字变为孝女祠，并"使陈氏弟子员主其祀"。嘉靖二年（1523）五月，魏校又命博罗县令雷启蛰"动支官银五十七两，重建孝祠"。① 这次重修似乎力度不大。嘉靖二十年（1541），广西全州人经彦寀任博罗知县，认为孝女祠"第门宇弗宏"，不足以"观风设教"，于是"节缩官余，以大规制"，但似乎尚未开始。嘉靖二十五年（1546）他被调任大理寺评事，② 临行之际，他希望重修孝女祠。以陈氏家族的陈于宴、陈凤为代表和鄢善祥为代表的地方乡绅表示，"先孝女拜嘉宴等，敢不殚厥心勷终"，欣然接替重修工作。嘉靖三十年（1551），孝女祠重修完成。嘉靖三十五年（1556），博罗人翟宗鲁③撰《增建孝女祠门宇记》以记此事。④ 之所以这样做，可能与嘉靖初年魏校在广东轰轰烈烈开展的毁淫祠活动有关，无论是《广东通志初稿》还是《惠州府志》的记载，亦应该受到了这次活动的影响。而陈妙圆再次由"昌福夫人"到"孝女"形象的转变，和魏校也有着直接的关系。

"淫祀"在以弘扬儒家学说为己任的士人心目中是无法接受的，所以建祠目的必须改变，因而孝女祠才会数易其名。正如嘉靖四十三年（1564）时任广东按察司佥事的莆田人翁梦鲤撰写的《博罗陈孝女碑》所记："殊不知孝女之名，固将与天地相终始。至于祀田之存，自梁距今开千逾岁，未必非龙华神异力也。不然，何自塑像之撤，而故宅地几遂夺于豪右耶？故生而能孝，死能惊动祸福之以存其祀，陈氏女可谓神也矣！逮乡示之毁，而神之祠独以孝存，寺田之废，而神之田又独以孝存。有司者使族人弟子邑主之，延绵靡绝。以孝之感恪，诚将与天地相终始者也。是故隆其神而掩其孝，则尚鬼者皆奔走之。旌其孝而不著其神，则耆利之徒

---

① 笔者于2015年1月抄录于博罗县陈孝女祠内。
② 崇祯《博罗县志》卷2《政纪》，《广东历代方志集成·惠州府部》第8册，2009，第85页。
③ 翟宗鲁（1489—1562），字一东，谥"涵江先生"，博罗泊头人，岭南著名学者，曾任广西融县知县。
④ （明）翟宗鲁：《增建孝女祠门宇记》，谭棣华等编《广东碑刻集》，广东高等教育出版社，2001，第799—800页。

将兼并焉。故曰：陈氏女以孝神者也。"①

祠名的改变，应与当时的政治环境有关。通过对相关事件发生时间的分析可以看出，在漫长的千年时光里，陈妙圆的故事发生后不久，经由政府提倡，乡民们建立了孝女祠，以宣扬陈的"孝"。400余年后，陈孝女身上又被添加了神异的特质和光环，这或许与岭南地区传统的巫觋之风以及南汉时期女性借由巫术对南汉政权的把控有关。②因此她又被政府加封并得以展现其神异。此后到明嘉靖时期的600余年间，孝女祠可能都处于"默默无闻"的状态，并未被纳入官方的正式祭祀体系。而原本祭拜陈氏的孝女祠在"鬼道胜"时被改为昌福夫人祠；在"人道胜"时又被改为"孝女祠"或许就是其体现。经过多番波折，明代士大夫根据社会大环境的需求，最终按照"孝"的主题和特质将陈孝女的形象确定了下来，其展现的神异之力则成为"孝"的附加属性。可见从嘉靖元年（1522）到嘉靖四十三年（1564）的40余年间，广东仕宦完成了一个"标准版"的陈孝女形象的塑造。

通过对比考察各志对陈孝女的记载，可发现一个疑点：最早的《惠大记》中并未提到她的年纪，后面的却越说越详细，似乎是不加思考地沿用了前人的记载，即其父陈志年八十而卒，陈女却年幼。依常理推断，陈志80岁去世时，即便是按虚岁计算其女儿陈妙圆也绝对"年幼"不到哪里去。按照翁梦鲤的记载，陈妙圆逝世时应该是32岁。③士大夫一再强调陈妙圆年幼，极可能是对女性年轻不嫁守贞的一种理想颂扬。也就是说故意将陈妙圆年轻化，是希望借此突出她心性的单纯与性上的纯一，故而无意识甚至违背常理地、人为地将她的形象完美化、浪漫化。卢苇菁指出，在这些本来口头流传的故事中，贞女主要不是被看成婚姻忠贞的道德偶像，她们之所以被崇拜、赞赏甚至浪漫化，主要是因为她们的神秘力量或义举。她们的故事流传在地方而未必享誉全国。村民把她们看成为本地做了很大贡献的超常之人加以纪念。④

---

① （明）翁梦鲤：《博罗陈孝女碑》，谭棣华等编《广东碑刻集》，第801页。
② 参见乔玉红《宋以前岭南母权社会探究》，《地方文化研究》2015年第4期；乔玉红《南汉国女官研究》，《中华文化论坛》2014年第3期。
③ （明）翁梦鲤：《博罗陈孝女碑》，谭棣华等编《广东碑刻集》，第800—802页。
④ 〔美〕卢苇菁：《矢志不渝——明清时期的贞女现象》，第27—28页。

吴妙静的故事与此类似。万历《顺德县志》卷8《人物志第七》将她与陈孝女相比较时说："顾独遗吴贞女何也？岂以尚浮屠乎？则疑之乎？吴贞女与博罗陈孝女大相类，陈氏祠自萧梁职于龙华寺，至督学魏校乃称孝女云。"也就是说，吴妙静的故事也存在一个根据时代需要而不断变化的过程。贞女桥在建造之初名"老女桥"，而不是使用后来文献中最主要的名字——"贞女桥"，但到了明代，尤其是嘉靖二十六年（1547）前后，事情开始发生重大变化，广东官绅对吴妙静节孝形象进行了全方位的塑造。

首先，龙江儒士张世美两度向官府报告吴妙静的贞孝事迹，请求官府为之修墓立坊。道光《龙江乡志》①卷4《人物》记载，张世美以儒士的身份参加科举考试，两试皆不中。他为人"好吟咏，矜名节，当道荐绅无不敬重。尚书湛若水称曰无双"，在地方上应该属于重量级的人物。在他的努力下，嘉靖二十六年（1547）后，广东提学副使蔡克廉不仅修建了吴妙静的坟墓，而且立了墓碑；嘉靖二十八年（1549），湛若水为其撰墓表（内容见上引文），从而明确了南宋人吴妙静为老女桥的建造者，并且再次强调其贞女形象。其次，嘉靖二十八年（1549）十一月，礼部祠祭司郎中张希举出任广东按察司副使，②在老女桥头竖立"贞女遗芳"的石牌坊，③如今仍矗立在桥头。牌坊两旁石柱上刻写的楹联也出自湛若水之手："贞心义节无双士，古往今来第一人。"④传说贞女桥的牌坊在明代有两座，"分别在每边入口处，现只存一座"。⑤据此可见，官府和地方缙绅共同参与了对吴妙静形象的重新塑造。最后，民间亦在嘉靖二十八年（1549）前后自

---

① 道光《龙江乡志》原名《龙江志略》，五卷，道光时辑，未著撰人，只有传抄本，咸丰《顺德县志》卷17《艺文略》提及过该志。现存本为1926年夏顺德龙江双井街明新印务局承印，内容添加到民国年间。
② 《明世宗实录》卷354，嘉靖二十八年十一月庚辰，中研院历史语言研究所校印，1962，第6381页。
③ 道光《龙江乡志》卷1《坊表》，《中国方志丛书·华南地方》第51册，台北：成文出版社，1967，第18页。
④ 道光《龙江乡志》卷1《桥梁》，《中国方志丛书·华南地方》第51册，第15页。但笔者在实地考察时发现，老女桥正面上方刻"贞女遗芳"四字，背面刻坊表铭文，字迹残损，无法辨认。两旁石柱对联应是"贞忠义行无□□，古往今来第一人"，旁刻"明（兵）工部尚书湛甘泉题"。实物与道光《龙江乡志》记载不符。
⑤ 《顺德风采》，广东人民出版社，1986，第172页。不知上述对联与文献记载不符是否和牌坊损失一处有关。

行建造了祭拜吴妙静的贞女庙。万历《顺德县志》卷8《人物志第七》的吴妙静传记中记载："初，贞女有庙。"这里的"初"指何时已难判断，不过，还是万历《顺德县志》的一条记载提示了这个时间："龙江有贞女祠，祀贞女吴妙静，乡人主之。……贞女祠今为刘布政家庙。"① 也就是说，祭祀吴妙静的贞女祠，在万历时期被刘布政占有，足见其建成时间应在万历之前。而据《龙江乡志》记载：贞女祠在龙江，"督学蔡克廉有记"。② 一般而言，为某祠作"记"，当为其初建或重修时，而重修之记也会题名为"重修记"。因此，笔者怀疑该贞女祠当为嘉靖二十六年（1547）前后，蔡克廉提学广东时所建，结合蔡为其题墓碑事，笔者相信这一推断是可以成立的。也就是说，广东的官员与民间社会共同修建了这个祭祀吴妙静的贞女祠。

明中叶以后，官、绅对吴妙静节孝形象的塑造，得到了大儒湛若水的支持，体现了官府和地方士绅在地方文化建设上的共同诉求。但这中间可能暗含了当时社会风气颓坏，官绅不得不为之的心态，也有可能与对"孝"的极致提倡这一社会背景有关。应该说，明代大儒级人物湛若水的介入，激发了广东官民塑造吴妙静贞孝形象的热情。湛若水晚年乡居期间，不仅为老女桥题写了楹联，还撰写了长达千言的《宋贞女吴氏墓表》，借此表达他借塑造吴妙静形象以改革社会风气的愿望：

> 甘泉子曰：贞女大节已表表矣！且不言节妇而言贞女也何？曰：未成其为妇也。未成其为妇也，则何以谓之贞？贞也者，正也。正而固也，未成夫妇而固誓不嫁焉。……夫世固有夫在而反目，夫朝死而夕为他人妇者，多矣。……使为妇而失节者过之曰：彼未成妇者犹然，而吾既同室生育者何如？则必愧死于墓下矣；使为父子悖戾者过之曰：彼其未成妇者犹然，而吾天属遗体者何如？则必愧死于墓下矣；使为臣不忠者过之曰：彼未成妇者犹然，而吾策名受禄于君者何

---

① 万历《顺德县志》卷4《祠祀志》，《广东历代方志集成·广州府部》第15册，2007，第44页。该书卷7《人物志》第75页记载：刘士奇，龙江人，进士，主事刑部，升广西左参政、江西按察使、山东右布政使，病归，"家无余赀"。笔者怀疑刘布政即为刘士奇。
② 道光《龙江乡志》卷1《祠庙》，《中国方志丛书·华南地方》第51册，第19页。

如？则必愧死于墓下矣；其兄弟之相戕者过之曰：彼未成妇犹然，而吾同胞共乳者何如？则必愧死于墓下矣；其朋友交兵者过之曰：彼其未成妇者犹然，而吾拜贽定交，出示肺腑者何如？则必愧死而墓下矣。一振举而万化从之。今督学因张世美之举，慨然表章，大有助于风化，起人心于既死，是宜大书出之，以告于世世云。①

湛若水为吴妙静撰写墓表的重心所在，即通过梳理吴妙静的贞孝事迹，改变明中叶社会的颓坏风气，诚如他所言："夫世固有夫在而反目，夫朝死而夕为他人妇者，多矣。"对吴妙静故事内涵的提升与宣传，可促进全社会树立贞节的风气，他一连用了五个"过之曰"，社会身份涉及夫妇、父子、君臣、兄弟、朋友等理学家倡导的人伦纲常，其用意就是借此推而广之，让全社会人只要看到吴妙静的墓及牌坊，就自觉地检讨自己的言行，如此则可收到"一振举而万化从之"的社会效果。

湛若水身兼朝廷大员和硕学大儒的双重身份，其书写的墓表基本上给吴妙静的节孝下了定论。他所阐释的吴妙静故事的重点是对夫家的贞和对父家的孝，赋予了这个故事重要的教化意义，并成为后来各种文献的蓝本。湛若水还将吴妙静的节孝与王朝的意识形态结合阐述，使其形象在官民间迅速传播。于是，吴妙静经过官宦和乡绅们的不断渲染，终于摆脱了原来"老女"的形象而进入"贞女"的行列。

明代官绅不断对吴妙静建桥、守贞、行孝行为进行形塑，其用意无非要女性从一而终和行善积德。文献最初记载的吴妙静仅仅是因出资修桥造福民众而名垂千古，但嘉靖以后其被仕宦愈益塑造为节孝双全的人物，乃至成为当地女性的一个榜样人物。明末地方官绅更加注重将地方文化塑造成符合中国传统文化的理想形象，极力打造女性的贞与孝之双重形象，不断挖掘新资源，以突出吴妙静的节孝。万历《顺德县志》卷8《人物志三》记载，龙江水藤人罗世娘，"年十六受聘麦氏，未归而麦氏子死，父母改议，世娘以死矢之，独居室中六十八年，卒葬马澳"。罗世娘与吴妙

---

① （明）湛若水：《湛甘泉先生文集三十二卷》卷31《墓志铭表》，《四库全书存目丛书·集部》第57册，第237—238页。

静在婚姻上均属于未婚而夫死守节，但吴氏还有为其父立嗣的情节，显示其节孝并举的行为；而罗氏只是守贞，所以编修者认为："罗世娘不从吴妙静者，妙静悯父无子，实主宗祐，不徒以夫故也。"①

从陈妙圆、吴妙静的故事可以看出，明代尤其是从嘉靖初年开始，士大夫一面"破"，一面"立"。他们努力"破"的，是当地的巫风与盛行的所谓"淫祀"；着重"立"的，是官府的"正祀"。具体到女性身上，就是要以"节孝"，尤其是"孝"作为衡量女性的准则，创造模范女性形象，从思想、物质两方面加强对女性及社会的影响和表率作用。这种状况可能和嘉靖初年发生的"大礼议"政治事件颇有关联。

关于"大礼议"的研究，学界已经有许多成果出现。阎爱民的《"大礼议"之争与明代的宗法思想》一文从宗法原则之争、祭祀权之争、宗祧问题之争，论述了"大礼议"中的宗法之争，认为"大礼议"导致了宗族史上的重大变化，尊祖观念成为最重要的宗法原则，最明显的表现是民间建祠和追祭远祖活动开始普遍化。② 在这场争端中，嘉靖皇帝在广东籍官员的支持下，最终赢得了胜利，将自己的生父尊为睿宗，附于太庙，确立了"孝"和"宗法"的至上地位。"大礼议"中，站在前台支持嘉靖皇帝的好几位朝中大员如霍韬、方献夫等人，都是珠江三角洲地区的士大夫，同时他们也是在珠江三角洲乡村社会积极推行教化，支持毁灭"淫祀"的人。正是在这些"大礼议"中大力主张"孝道"的广东籍士大夫的推动下，明中叶以来，宗族制度在广东特别明显地普及开来。③

以此为契机，珠江三角洲地方文化传统发生了巨大变化。一方面，霍韬、庞尚鹏等名儒著家训，黄佐等官绅撰乡礼，一套由家到乡的家族伦理仪制逐渐在珠江三角洲地区形成；另一方面，民间兴起了修建宗祠的热潮，地方社会利用修祠堂、编族谱、定族规、筑祖坟、立族产、兴族学等

---

① 万历《顺德县志》卷8《人物志三》，《广东历代方志集成·广州府部》第15册，2007，第91—93页。
② 常建华：《二十世纪的宗族研究》，历史研究编辑部编《〈历史研究〉五十年论文选（20世纪中国历史学回顾）》上册，社会科学文献出版社，2005，第387页。
③ 〔英〕科大卫、刘志伟：《宗族与地方社会的国家认同——明清华南地区宗族发展的意识形态基础》，《历史研究》2000年第3期。

手段，由家及乡不断强化社区的凝聚力，提高地方文化的正统合法性。①在这种社会大背景下，珠江三角洲地区开始了轰轰烈烈的建宗立族活动，士大夫开始强调对祖先的孝道，这其实与中央王朝的政治走向和朝堂上的斗争也息息相关。而上述博罗陈孝女的"昌福夫人祠"改名为"孝女祠"可能就是受此事件的影响，"孝"成为广东籍士大夫拥护年轻的嘉靖皇帝并借此上位的重要原因。

但是，中国的传统宗族组织是以父系血缘传承为原则凝结而成，世代传承的谱系均以男性为中心，家族（庭）的领导权也在男性的手中。一旦这种大环境形成，女性的地位就开始逐渐丧失，成为传宗接代的工具。相应的，女性的义务就随着婚姻的缔结由娘家转移到夫家，随之而来的就是女性对父族的"孝"与对夫族的"贞"之间分量的比较，天秤的两端开始发生摇摆。明以前，士人对珠江三角洲女性的记载多称赞其独身，为父系家族尽孝、守产或承嗣者，如博罗陈孝女，史籍记载对女儿不嫁在家尽孝持赞许态度。明代中后期，随着宗族建设的不断完善，从强调女性对家族的孝转变到强调女性对丈夫家族的贞上来。士大夫苦心孤诣地强调上述几位女性为父立嗣的孝行以及不嫁守贞的节烈，不断地对她们的形象进行重塑便是很好的例子。尤其是到清代，随着政府将女性的"节"推崇到至高的地位，女性的形象又再次发生了变化。

五 清代仕宦对节孝形象的再建构

吴妙静修建的石桥，民间最早名曰"老女桥"。"老女"可能是对终身未嫁女性的称谓。嘉靖《广东通志初稿》显然接受了这一民间叫法，并为历代各类方志所承继。那么，"老女桥"何时被改名为"贞女桥"，并得以流传开来呢？清前期，顺德仕宦在前人的基础上不断对吴妙静故事进行再建构，使吴妙静故事的真实性愈益可信，而且这些故事已经开始由传说转向文本。乾隆《顺德县志》卷16《杂志》记载：

---

① 叶汉明：《明代中后期岭南的地方社会与家族文化》，《历史研究》2000年第3期。

康熙丁卯七月，龙江黄茂才家古壁坏，中得石匣藏故书一帙，备载两龙古先贤人物，甚详。在唐则有陈竟，字信卿，举进士……在宋则有……吴南金，字道遗，高宗朝进士，为国子监助教，吴贞女之父，龙山人……在元则有……吴文淑，字粹益，官至提领，龙江人……其记科第名字官位年月，历历有据。其余亦有同旧志者。知非妄也。惜前修不及博采家乘，久遂缺遗，今不便遽入选举。然此书之出，逢其适有机缘焉。姑书附杂志之末，俟有他书相发明者信之。①

这段文字应出自康熙二十六年（1687）顺德知县姚肃规编纂的《顺德县志》。咸丰年间郭汝诚纂修的《顺德县志》卷32《杂志》明确指出该文源自"姚《志》"。可惜这部方志现为残本，我们无法验证。不过，康熙《顺德县志》对所谓的"故书"持相当谨慎的态度，希望后人能以"他书"相验证。从"故书"记载判断，此书成于元末或明初，直呼吴妙静为"贞女"。而清嘉道时期龙山人温汝能编辑的《粤东诗海》记载，明洪武十八年（1385）南海籍（后入顺德龙江籍）进士、刑部主事朱华庆曾作《贞女桥》诗："月明华表映丝萝，恨却双星未渡河。千古鹊桥如梦里，只看危石砥狂波。"② 但诗的名称并不排除为温汝能在编写的过程中所添加。因此，仍不能据此推断"贞女桥"称谓的出现年代，不过这些记载已说明，清前期顺德士人已将吴妙静纳入贞女的行列，而且对其家族世系开始建构。

据研究，广东文献确切记载称"老女桥"为"贞女桥"是在嘉庆以后。嘉庆十年（1805），温汝能修纂《龙山乡志》卷2《桥梁》记载："贞女桥（在）龙山、龙江交界，即老女桥，宋贞女吴妙静建。"这一说法也为之后的地方文献所承继，道光《龙江乡志》卷1《桥梁》也称："贞女桥，邑志在龙江，宋贞女吴妙静建。"这里的"邑志"或许就是指温汝能所纂修的乡志。道光《龙江乡志》卷5《艺文》还收录有清初龙江人薛始亨③

---

① 乾隆《顺德县志》卷16《杂志》，《广东历代方志集成·广州府部》第16册，2007，第658页。
② （清）温汝能纂辑，吕永光等整理《粤东诗海》卷12，中山大学出版社，1999，第194页。
③ 咸丰《顺德县志》卷24《列传四》，《广东历代方志集成·广州府部》第17册，2007，第576—577页记载：薛始亨，龙江人，曾参与修康熙二十六年《顺德县志》。

的《龙江贞女桥》诗并序曰:"宋贞女吴妙静,国子先生南金之女……"其诗云:"贞女芳踪高万古,石桥功德亦难酬。年深庙祀何人问,日落虚烟故老讴。银汉影横秋寂寂,华裾路断水悠悠。只今多少鸣驺过,翻笑空闺甘白头。"① 但这首诗在道光之前的地方志中并没有记载,所以不敢断定是否薛始亨时期已将桥名改为"贞女桥",和朱华庆的诗一样,亦不敢排除后人在记录诗时自加题目的可能。但自嘉道以后,"贞女桥"代替了"老女桥",这在文献中展现得很清晰。咸丰《顺德县志》就有多处提及"贞女桥",如卷16《胜迹略·坟墓》的"贞女吴氏墓在贞女桥下";卷28《列传八·列女一》吴妙静捐资建桥"即贞女桥"。此后,"贞女桥"的称谓一直流传到今天。

清代曾对已经废毁、专祭吴妙静的贞女祠进行异地重建,并直接称之为"贞女祠"。康熙十三年(1674)和康熙二十六年(1687)《顺德县志》卷2《建置·祠祀》均记载:"龙江有贞女祠,祀贞女吴妙静……今废。"但道光《龙江乡志》卷1《祠庙》记载:"贞女祠,祀宋贞女吴妙静,在龙江,祠在贞女桥侧……后毁。康熙间移立大墟,复毁。乾隆末修复。"康熙年间,贞女祠被迁往大墟重建,但没过多久又遭毁坏,乾隆末年再次修复,地点还在大墟。墟是广东城乡商品交易的重要场所,流动人口频繁,祭祀吴妙静的贞女祠建于此,无形中向民众传播了王朝推行的节孝观念。这或许是地方官绅对贞女祠屡屡修建的重要原因之一。

清代龙江士人还对吴妙静的祖籍和家族世系进行建构,目的除为塑造其贞孝形象寻找历史渊源外,也有可能是想建构吴家儒孝传家的家风和文化脉络。前述康熙二十六年发现的"故书"记载,吴妙静是龙山人,万历《顺德县志》卷8《人物志》记载为龙江人。两者说法不一,但至少都肯定了吴家是顺德人。另道光《龙江乡志》记载:"贞女之先原福建人,桥石皆来自福建。"② 桥石来自福建,可能源自前引湛若水墓表中的"眼用潮石"。闽粤交界,潮州与福建漳州府毗邻。这样,有关吴妙静的籍贯就有龙山、龙江和福建三说。

---

① 道光《龙江乡志》卷5《艺文》,《中国方志丛书·华南地方》第51册,第364—365页。
② 道光《龙江乡志》卷1《桥梁》,《中国方志丛书·华南地方》第51册,第16页。

第一章 / 贞女芳踪高万古

那么，道光《龙江乡志》是如何追溯吴妙静祖籍，并建构吴家世系谱的呢？该志卷1《冠裳》和卷4《人物》记载，吴妙静祖父吴详，号慎轩，福建人，北宋徽宗朝进士，历官翰林院侍读学士。南宋高宗绍兴年间，吴详因论主和者误国，被贬为广南东道提举常平。绍兴四年（1134）迁岭南提举常平，绍兴七年（1137）弃官隐去，为吴氏入粤始祖。吴详长子即为南金，字道遗，号节斋，南宋高宗朝进士，官至国子监助教，寿八十；次子南老，字孔仁，号闲叟，南宋孝宗朝进士，乾道五年（1169）知广州军州事，历广南东路经略安抚使。与吴妙静同辈的吴南老次子邦杰，字国藩，号玉琴子，又号东溟钓侣，出嗣南金，南宋宁宗朝进士，户部员外郎。吴南老长子邦俊，字国才，号东山，理宗朝进士，左宣教郎。邦俊子起潜，又名通甫，字侯可，号雪筼，又号松筼逸友，理宗朝贡元；起潜子文淑，字粹益，号邈轩，度宗朝由科目为都督兵马府幕提领。据此，笔者列吴家世系如图1-1-1：

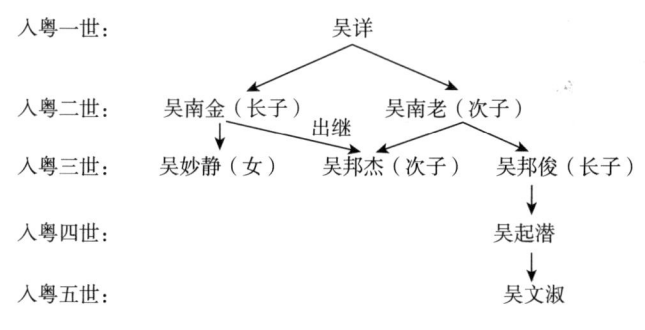

```
入粤一世：              吴详
                       ↙    ↘
入粤二世：    吴南金（长子）    吴南老（次子）
                 ↓    出继     ↙      ↘
入粤三世：  吴妙静（女）  吴邦杰（次子）  吴邦俊（长子）
                                         ↓
入粤四世：                              吴起潜
                                         ↓
入粤五世：                              吴文淑
```

图1-1-1 吴氏入粤世系

这个世系表显然是编纂者的随意嫁接。编纂者给吴妙静添加的入粤祖吴详，其资料来源可能是康熙《新修广州府志》卷18《官师表》的记载"吴详，绍兴四年七月任常平提举"。[①] 除此之外，有关这个人的情况就是个谜。宋代福建人吴璋在广东任过职，似乎与吴家有千丝万缕的联系。吴璋，字南玉，顺昌人，北宋哲宗绍圣四年（1097）进士，历官州郡，"以

---

① 康熙《新修广州府志》卷18《官师表一》，《广东历代方志集成·广州府部》第2册，2007，第358页。

49

朝请大夫知韶州……子南老,直秘阁主管,经略安抚司公事"。① 这在嘉靖《韶州府志》卷7《历名》中也有记载,吴璋于乾道四年(1168)任韶州知州。乾隆《(福建)光泽县志》卷19《人物》转引"旧志"记载:吴璋"字南玉,其先延平人,徙居光泽,知韶州,蛮夷从化。子事南,有孝行,知广州,孙汉杰知贺州,以廉直著"。可光绪《光泽县志》卷20《良吏传》记载的吴璋则是绍圣四年进士,"以朝请郎知韶州军州事,士民从化。子汉杰知贺州有声"。吴璋的儿子到底是南老、事南还是汉杰,已难判断。另据《南宋制抚年表》,吴南老于乾道五年知广州,② 但康熙《新修广州府志》卷18《官师表》又说吴南老于乾道六年(1170)正月知州军事。

上述材料有关吴璋的记载尽管矛盾重重,但至少可以肯定其为南宋时期的福建人,且在广东任过职。吴璋后代中的南老、事南或汉杰等,与道光《龙江乡志》记载的吴妙静家族世系很像,汉杰与邦杰是否为一人也难以辨别。这些记载均没有出现广东文献中的吴妙静父亲吴南金这个关键人物。但道光《龙江乡志》卷4《人物》却煞有其事地高谈吴家人才辈出,"广中科第萃于一门者,以吴氏为最"。很显然,地方志编纂者虚拟的吴家"五代六进士"的噱头,不过是为了塑造吴妙静贞女形象源自一个书香之家罢了。道光《龙江乡志》甚至还附会吴家入粤五世吴文淑在抗元斗争中坚贞不屈的形象:"吴文淑,号粹益,别号邈轩,邦俊孙。度宗朝由解元特赐进士,后官至都督府提领。时元兵入寇,文淑举兵御之,战胜有功,未入奏而元兵大至。众寡不敌,犹相持数月。卒以饷项支绌,兵心少懈,为元人所获,不屈死之。崇祀忠烈祠。"③ 道光《龙江乡志》卷1《冠裳》的编纂者为了增加其真实性,还言之凿凿地说有关吴家世系材料参考了"旧本":

> 右前代之冠裳也,志书或录或不录,其出身或贡或科甲或杂流,概而书之,因旧本也。旧于何本,盖予先子居林公,尝从长春书院讲学,得之邓检斋先生。……从先生授此本,每欲与余修乡志,余逊谢

---

① 万历《万姓通谱》卷10,文津阁《四库全书·子部》第317册,商务印书馆,2005,第310页。
② 吴廷燮:《南宋制抚年表》,中华书局,2004,第576页。
③ 道光《龙江乡志》卷3《仕进》,《中国方志丛书·华南地方》第51册,第229页。

不敢。第敬录此本而存之，自唐宋至于正嘉，虽先献之实行未详，而姓名字号有各家谱乘所缺，而此独具之者。①

邓检斋在道光《龙江乡志》卷4《宦迹传》中有记载，是龙江人邓浩之别号，嘉靖四年举人，曾任灵璧知县，致仕后，在家乡建长春书院，聚士讲学，"又搜求乡之先献为冠裳会录"。"正嘉"为明正德、嘉靖时期，正是珠江三角洲地区大量士人通过科举进入朝廷参与核心决策之时。② 有意思的是，乡志的这些说法并没有为各种版本的《顺德县志》所采纳。

我们有理由对清代顺德士绅建构吴家世系的真实性产生怀疑。按道光《龙江乡志》的说法，吴家出了众多进士且任职于朝廷与地方。但这一说法在目前笔者所见的史料中并未有记载，即使有一些同名记载也前后矛盾。我们可以大胆地推测：吴详与吴璋是清人有意附会混淆为一个人，然后嫁接成顺德吴家的祖先，并由此衍生出第二代吴南老，从而为吴妙静和吴家塑造一个辉煌的历史出身，并为其过继其子为吴南金后嗣埋下伏笔。这一吊诡的设计在清代仕宦对龙江另一个与吴妙静同时代的女性邓六娘的塑造中得以显现。

据万历《顺德县志》记载，邓六娘父亲为宋代上舍邓梦槐，"生子伯瑜，早卒，有女六人，六娘最少。叹曰：父无宗属可后矣。矢不适人，乃取姊子李元为其父后，改名履元。履即李也，为校尉"。方志编修者将她与吴妙静编排在一起，对她取李氏子为邓家后代表示异议："右二人皆不字者，李承箕不传六娘，而见于邓宝传，且曰：《春秋》书莒人灭鄫，六娘取李氏子后其父，不嗣同矣。能誓不适人，节亦有可取焉。"③

万历《顺德县志》的编纂者为广东著名士人叶春及，他对吴妙静和邓六娘的评价其实相差很大，这说明叶春及在采选和记载邓六娘的材料时，其实是有一定思考的。他对邓六娘以姐家之子为邓家之嗣表示异议，认为这样和邓家不嗣并没有什么区别，因此仅对她"能誓不适人"表示"节亦有可取焉"，并不同意将她与吴妙静相提并论。叶春及的言论中透露出强

---

① 道光《龙江乡志》卷1《冠裳》，《中国方志丛书·华南地方》第51册，第39页。
② 罗一星：《明清佛山经济发展与社会变迁》，广东人民出版社，1994，第81—83页。
③ 万历《顺德县志》卷8《人物志三》，《广东历代方志集成·广州府部》第15册，2007，第90页。

烈的以男性血脉为传承的宗法意识，同时亦认为女性不嫁亦是节的一种表现，这种观点在当时应该是得到社会广泛认可的。而反过来，从叶春及的批评中亦可以猜测，邓六娘以其姐之子来承邓家之嗣或许是真实的，最起码在明代这种说法是确实存在的。

但明代的记载到了清代就发生了巨大变化，清代的士大夫明显不满意叶春及对邓六娘的诟病，他们在描述邓六娘的事迹中改变了这一说法，顺利地化解了矛盾。康熙十三年（1674）编纂的《顺德县志》卷9《列女》记载："邓六娘，宋宝庆上舍邓梦槐之女。景定解元邓伯瑜之妹。早失父母，兄嫂继亡，止遗孤侄邓履元。甫一岁，无伯叔族属可倚，六娘日夜哀痛，念邓氏宗祀不绝如线，矢志终身不嫁，抚育履元成立。后膺封爵为忠翊校尉。以昌邓氏之后者，六娘之功也。"① 这里将叶春及记载的邓梦槐"有女六人，六娘最少"的说法删除了。邓梦槐的儿子邓伯瑜不仅没有早卒，而且中了南宋理宗景定年间的解元，娶了妻室并育有一子。并将原先邓六娘取姊子李元改名履元为父后的说法也隐去了，直接说她抚育年仅一岁的侄子履元成立，以继承邓家香火，邓氏由此才得以保存并昌盛。

此时的说法和之前有了很大的变化，一些引人诟议的话题均被隐去，邓六娘完全变成一位贞孝两全的完美女性。后世的记载也多沿袭这个版本。道光《龙江乡志》卷4《人物》在康熙《顺德县志》的基础上，详细描述了邓六娘的生命历程，其守节不嫁、终身为家族服务的精神，终于赢得了朝廷的旌表：

> （邓六娘）性仁孝，早失父母，兄嫂继亡，遗侄甫周载，赀产饶裕。六娘年十六，痛邓宗将绝，日夜涕泣，誓抚藐孤，终身不字。洎侄长，命名履元，参广州路吏封忠翊校尉。履元感姑之德，终身敬养。今邓氏宗支繁衍，六娘遗泽也。卒年六十。累代祀之。私谥曰正孝。雍正四年奉旨祀邑之节孝祠。②

---

① 康熙《顺德县志》卷9《列女》，《广东历代方志集成·广州府部》第15册，2007，第411页。
② 道光《龙江乡志》卷4《人物·贞女传》，《中国方志丛书·华南地方》第51册，第300页。

邓六娘由抚育姐子改变为兄子，使原先的异议得到很好的解决。从此，邓六娘和吴妙静一样完全变成孝与贞的代表，其行为既保障了家族的繁衍，又赢得了官府的肯定和赞誉，于是名正言顺地被列入节孝祠。由此可以看出，到清代时后人对这些女性的形象费尽周折进行修改，以使其符合当时的官方主流观念。

至于吴妙静，到清代对她的形象塑造也基本上确定了"贞节"和"孝行"两个基本点，这在清代士人的诗歌中屡屡可见。乾隆时龙山人张臣[①]《过吴贞女墓诗》云：

> 山经睡犬日萧萧，凭吊芳魂何处招。太息浩波沉凤偶，终知贞节跨虹桥。苍凉碑碣溅风雨，零落松楸委牧樵。到底英灵长耿耿，至今行客仰高标。

又如梅修《过吴贞女墓诗》云：

> 寥寂行吟落照时，峰回金紫吊芳姿。岂知青史奇男子，犹有红闺烈女儿。残碣尚余前代迹，长桥偏起后人思。甘泉旧日遗文在，拟比曹娥绝妙辞。[②]

前者强调了贞节，后者则是节孝并举。可见，吴妙静的贞孝形象就这样通过士人的笔墨而得到强化。

清代广东官绅对吴妙静墓也进行了考证。康熙十三年刻本《顺德县志》卷1《坟墓》记载，吴贞女墓在龙江。但该书《首卷·图经》在"龙山堡"条目记载："贞女田归光孝寺，而墓在龙山。"康熙三十六年（1697）刻本《广东通志》卷24《坟墓》记载，贞女墓在龙江，有两处，一在龙江堡名为贞女吴妙静墓，一在龙江老女桥下名为贞女吴氏墓。嘉庆以后，广东乡

---

① 咸丰《顺德县志》卷11《选举表二》，《广东历代方志集成·广州府部》第17册，2007，第262页记载：张臣，龙山人，乾隆四十五年副贡，曾任琼州府训导。
② 民国《龙山乡志》卷7《坟墓》，民国抄本，广东省立中山图书馆藏。

绅对吴妙静的墓地有了较为统一的口径，嘉庆《龙山乡志》卷1《山川》记载："睡犬冈，两山回抱类似小犬，然旁有宋吴贞女墓。"不仅吴妙静墓在龙山，而且其父吴南金墓亦在此，民国时期龙山乡绅温肃纂修《龙山乡志》卷7《古迹略》引用咸丰《顺德县志》和光绪《广州府志》说："宋国子监助教进士吴南金墓在牛眠冈。"并指吴南金为龙江人。强调"兹编坟墓非本乡人不录，非本乡人而有传者亦不录。但龙山诸冢实以此为最古，故破格登之"。这一说法，其实是对道光以后龙江乡绅说法的肯定，吴妙静墓应"在龙山睡犬冈"，并指出"《邑志》偶误，《通志》在龙江亦误"。① 咸丰《顺德县志》卷16《胜迹略·坟墓》确认了道光时人的说法，吴贞女墓"在龙山睡犬冈，南金女"，并在龙山堡地图上加以标识。

宋代顺德分属南海和新会两县，且当时珠江三角洲地区尚处于经济开发初期，人们并无强烈的畛域观念。随着顺德建县及其社会经济的快速发展，士绅对吴妙静在地域上的归属问题愈益重视，明显表现出对名人文化资源及地域管辖权的诉求。民国龙山乡绅温肃在《龙山乡志》卷14《列女传》中甚至考证出吴妙静之未婚夫也为该乡沙富村人：

> 谨按吴妙静，龙江吴氏女，新会李氏妇，故旧志不立传。然故老相传，李氏子即沙富李姓，盖宋时此地或隶新会县也。考明景泰置县，本析新会之北隶入顺德，今之白藤、甘竹等处是也。沙富与甘竹毗连，意即新会辖境。……况墓又在龙山，益足证为龙山人妇，今特从县志录入，以为吾乡贞女之首。②

顺德设县是将原属新会白藤、甘竹诸堡划入管辖。甘竹与龙山相连，与龙江亦是一河之隔。龙山乡沙富在宋代属新会，吴妙静未婚夫是龙山人也就顺理成章。而她和父亲的墓在龙山睡犬冈，可能既有风水关系，或许也与宋人尚无严格的畛域观念有关。

---

① 道光《龙江乡志》卷1《坟墓》，《中国方志丛书·华南地方》第51册，第21页。
② 民国《龙山乡志》卷14《列女传》，民国抄本，广东省立中山图书馆藏。

小　结

宋代女子吴妙静在顺德龙江上修建的石桥，最早名"老女桥"。所谓"老女"，可理解为人们对一直没有出嫁的大龄姑娘的称呼，用这个词来命名吴妙静所建的桥颇为贴切。这一称谓估计是民间叫法，嘉靖时两部《广东通志》编纂者显然接受并沿用了这一称谓，万历、康熙、乾隆三部《顺德县志》也称这座桥为老女桥。最早将"老女桥"变为"贞女桥"的记载出现在嘉庆十年（1805）温汝能修纂的《龙山乡志·桥梁》中。可见，明清时期广东仕宦经过数百年的解构与重构，终于完成了吴妙静形象的转变。尤其在明代和清代，由于关注点不同，人们对吴妙静的形象塑造也有不同的改变。

广东仕宦对吴妙静的形象建构最活跃时期为嘉靖年间，连大儒湛若水也参与其中，他们最先从老女桥开始，后来逐步过渡到吴妙静其人，塑造了吴妙静"贞"和"孝"的形象。但到了清代，吴妙静的身世就变得复杂了起来，最显著的不同就是其家族世系的出现。地方仕宦在建构这一系列事件的过程中，使吴妙静的形象渐渐由模糊变得清晰起来。他们这样做的目的无非突出本土社会在宋代已经开始与中原文化接轨，吴家为世代仕宦之家，生长在这个家庭中的吴妙静走上节孝之路也在情理之中。

顺德贞女桥至今依然横卧在已经淤成平地的龙江河床上，向人们"证实"着吴妙静故事的真实性。明清时期，广东仕宦以中原文化为标准建构女性形象，贞女桥故事的本身符合明清珠江三角洲地区由水乡泽国向大量沙田沉积过渡时对桥梁建设的需要，地方官绅抓住这一有益于地方社会的亮点，将吴妙静塑造成贞与孝的完美形象。他们这样做的目的就是借机推行王朝的伦理教化，以去除当地传统习俗中与中原文化不同的杂质。通过修建贞女墓、贞女桥、贞女牌坊、贞女祠等有形的固化物，邀请社会名流作表、题词等活动，向大众展示王朝需要的女性形象；人们在一次次接受被士人包装过的吴妙静形象时，无形中产生了对王朝意识形态的认同，在观念与行为上逐步与官方统一，国家的观念也就渐渐渗透到了基层社会。

过往的研究者认为，明中叶以后，士大夫通过塑造自己的家族文化以控制地方社会资源，至少番禺何氏"姑嫂坟"就是何家通过编写族谱等形式完成的。①因此,明中叶以后,官绅利用手中的权力以及他们在民间社会的影响,将吴妙静的节孝行为不断以王朝的观念包装塑造,从而将宋代当地女性迥异于中原传统文化习俗的一面屏蔽,逐渐使本土文化归化到统一的"中国文化"中去,这是仕宦在地方社会推行"教化"的重要手段之一。但吴妙静被形塑并非由吴氏家族建构完成,而是地方官绅联手的杰作。士大夫不仅注重对本身所在家族文化的塑造,也十分重视对非家族的地方文化的塑造,目的就是加强与巩固地方文化的正统化。

贞女桥故事的流变过程还向后人讲述着另外一个故事,那就是宋代珠江三角洲地区女子借守贞和行孝而不嫁的现象颇为常见。但是,这种现象本身并不符合儒家婚姻价值观,所以后人只好把她们塑造成节孝双全的形象,孝即"后其父",节则"为夫守贞"。明嘉靖年间"大礼议"之争的核心便是孝,"正是在这些'大礼议'中大力主张'孝道'的士大夫的推动下,明中叶后宗族制度在广东特别地普及开来"。②

但过分强调"孝"与"贞",又为明清时期女性的"自梳"与"不落家"埋下了伏笔。明清官绅对吴妙静节孝形象的塑造与宣传,造成了民众逐渐认可了女性因节孝而不婚的现象,女性不嫁但必须守贞的行为得到了社会认可,一些家庭甚至为发誓终身不嫁的女儿公开举行宴会庆祝。③女儿享有继承父家财产的权利,成为父家的永久成员,对父家也就有了特殊义务,文献中的"祖姑"多指为父家育孤承嗣而立志不嫁,并因此享受父家子孙供祭的女子,邓六娘便是如此。有可能这种行为后来就逐渐演化成了"自梳女"或"不落家"。而明清仕宦在接受这些女性的同时,又极力按儒家文化的要求将她们塑造成贞和孝并行的双重形象。可见,地方习俗的实践,是地方社会结构与不断扩张的国家结构相互作用、妥协的过程。④

---

① 参阅刘志伟《女性形象的重塑:"姑嫂坟"及其传说》,苑利主编《二十世纪中国民俗学经典·传说故事卷》。
② 〔英〕科大卫、刘志伟:《宗族与地方社会的国家认同——明清华南地区宗族发展的意识形态基础》,《历史研究》2000年第3期。
③ 陈湛曾、黎思复、邬庆时:《自梳女与不落家》,《广东文史资料》第12辑,广东人民出版社,1964。
④ 〔美〕萧凤霞:《妇女何在?——抗婚和华南地域文化的再思考》,《中国社会科学导刊》(香港)第14期,1996年春季卷。

第二章

咨而惟德女中士
——五朝为官的黄惟德

中国历代王朝的帝王一般会拥有众多嫔妃，至少从周代开始，就建立了专门的女官制度。所谓女官，朱子彦在其《帝国九重天——中国后宫制度变迁》一书中指出，从古代女官制度的发展来看，广义上"女官"包括后宫妃嫔和司掌宫中各项事务的宫人；狭义上，则单指宫中与天子无配偶名分而掌管着上起后妃教育、下至衣食供给的各级女性管理人员。[①] 在明代珠江三角洲地区的历史上，也出现过几位进入宫廷的女官。她们在宫廷中的生活状态与作用暂且不论，入宫为官的故事一旦在民间社会传播开来，就会产生特殊的象征意义。她们不仅成为家族的重要资源，也成为地方社会争取的重要文化资源。士大夫们为此不惜笔墨将她们塑造成节、孝、知书识礼等形象。民间社会则又根据家族的需要演绎她们的故事，改变她们在家族中的地位，为家族发展及对土地的占有服务，其中尤以黄惟德和陈司彩为代表。

一 明初女官制度

明代的女官制度承袭自唐代，洪武五年六月，礼部奉命议女官之制，以唐制六局二十四司为蓝本，设六局一司。六局又称六尚，即尚宫、尚

---

① 朱子彦：《帝国九重天——中国后宫制度变迁》，中国人民大学出版社，2006，第88页。

仪、尚服、尚食、尚寝、尚功；还有一个与六尚平级的宫正司，下辖二十四司及彤史，共25个分支机构，女官总数约300人，分管内宫礼仪、戒令、宝玺、图籍、财帛、羽仗及衣食供给等事务。[1] 以尚宫局为首，总行六尚之事，所有出纳文籍"皆印署之"。洪武十七年（1384）更定品秩，六局一司各一人，俱由原来的正六品改为正五品，二十四司为正六品。[2]

明代的女官和妃嫔实际上是互不统属的两个系统。明代后宫，妃嫔以下皆通称"宫人"，[3] 即"是皆宫中之职，左右后妃以供事者，皆非进御于王者也"。[4] 清代已有人指出女官与妃嫔的不同，"盖与妃嫔判然不同也"。[5] 可见女官属于宫人之列，但因为女官大多有品级并在宫廷中担任具体的职务，所以其地位比宫中的普通宫人高。这些普通宫人即通常所说的宫女，亦可称宫婢，在各宫中担任洒扫、浆洗、造办饭食等杂役，且分隶六尚及宫正司。[6]

女官与传统意义上的男性官吏既有某些相通之处，又有本质区别，她们的活动仅限于宫禁秘地之内。明代为严宫闱之政，杜阉宦之祸，女官及相关制度被纳入君主专制的政治体制中，成为皇权高度强化过程中不容忽视的一环。[7]《明史·后妃传》记载："明太祖鉴前代女祸，立纲陈纪，首严内教。"[8] 所谓内教，当然是指与妃嫔、宫女有关的事宜。洪武二十二年，太祖在授六尚局宫官的敕文中说：

> 朕观帝王为治，必自齐家始，未有家不齐而能治国平天下者。周

---

[1] 王云：《明代女官制度探析》，《齐鲁学刊》1997年第1期。
[2] 《明太祖实录》卷74，洪武五年六月丁丑，中研院历史语言研究所，1962年影印，第1355页。
[3] 陈宝良：《中国妇女通史·明代卷》，杭州出版社，2010，第203页。
[4] （清）屈大均：《女官传》，欧初、王贵忱主编《屈大均全集》第3册，第107页。
[5] （清）黄百家：《明制女官考》，（清）虫天子编《中国香艳全书》第3册，团结出版社，2005，第1328页。
[6] （清）傅维鳞：《明书》卷20《纪·宫闱女官附》，《四库全书存目丛书·史部》第38册，第197页。
[7] 王云：《明代女官制度探析》，《齐鲁学刊》1997年第1期。
[8] 《明史》卷113《后妃传一》，第3503页。

之内宰以阴礼教六宫九嫔，以妇职之法教九御，各有所司非细故也。朕起布衣，陟尊位而于内治之道不敢忽焉，是以内设六尚以职六宫，斯列圣相继之道也。①

从中可看出明太祖对宫廷内治的重视。也正因如此，他对女官寄予了齐家的厚望，希望通过女官制度的实行，建立一个秩序井然的后宫环境。

女官制度在明人笔记文集中也有诸如来源、年龄和资质要求等记载，如朱元璋在《皇明祖训》中说："凡天子及亲王后妃、宫人等，必须选择良家子女。"② 也就是说，明代女官作为"宫人"中的一类群体，其采选最主要的途径是挑选民间良家子女。洪武五年（1372）六月，朱元璋谕令中书省：

近者礼部奏定中宫女职，遣奉御张和、蔡旺往苏杭二州选民间妇女通晓书数，愿入宫者得四十四人，其中堪任事者十四人，已俱授职，各赐白金三十七两，以赡其家，有年未及二十者三十人，各赐白金二十两遣还，听其适人。其已授女职者，令有司蠲其徭役，戒其父兄弟侄各守分，毋挟势侵犯官府。③

这一记载，在万历时被简化为："选苏杭二府妇女愿入宫者四十四人授内职，蠲其家徭役。其三十人年未二十，各赐白金遣还，任其适人。"④ 妇女入宫"授内职"，即任职女官，须年满20岁。洪武十四年（1381）又下令江南官府遴选"民间女子年十三岁以上十九岁以下，妇人年三十岁以上四十岁以下无夫者，愿入宫备使，令各给钞为道里费，送赴京师。盖女子以备后宫，而妇人则充六尚也"。⑤ 可见，女官来自民间，与选宫女同时

---

① 《明太祖实录》卷198，洪武二十二年十二月己酉，第2973页。
② （明）朱元璋：《皇明祖训》，《四库全书存目丛书·史部》第264册，第179页。
③ 《明太祖实录》卷74，洪武五年六月癸未，第1359页。
④ （明）沈德符：《万历野获编补遗》卷1《宫闱》，（明）沈德符：《万历野获编》下册，中华书局，1985，第804页。
⑤ （明）沈德符：《万历野获编补遗》卷1《宫闱》，（明）沈德符：《万历野获编》下册，第804页。

进行。13岁至19岁的女子用来充实后宫，而30岁至40岁的妇人充当六尚女官。结合洪武五年诏令看，备选女官的年龄应在20岁至40岁，但不同时期又有变化。洪武二十九年（1396）又对充任普通杂役的宫女和女官进行了明确区分：

> 所取女子除富豪不用，其余不问贫难之家，女子年十五、二十岁者，送进洒扫宫院，晒晾幔褥，浆糨衣服，造办饭食，许各家父母亲送，赏银五十锭。其在京军民之家有女子及无夫妇人能写能算者，不论贫富丑陋，许皆进用，赏与前同。不许将体气恶疾及已曾进到者，一概进来。①

20岁以下的少女被选进宫之后，要么是以备后宫妃嫔之选，要么是用作洒扫、浆洗、炊爨等日常服务工作的宫女之选，对这类女子并无"通晓书数"的要求。

永乐元年（1403）在因袭前制的基础上，对年纪的要求又发生了改变，即20岁以下貌丑且识字的女子也可入选女官，但未婚者要在15岁以上，已婚无夫者在40岁以下。"补六尚官，令礼部出榜，不分军民之家，但有识字妇人年三十至四十，愿来者有司起送。若女子识字，虽容貌丑陋，年十七八以上，愿来者听……照依所授品级给俸，以厚其家，仍免本家杂泛差役。"② 即20岁以下貌丑且识字的女子也可入选女官，但年龄下限是15岁以上。"宫中原设六尚女官，以纪内事，须识字妇人充任……密访良家女子年十五以上，无夫妇人四十以下，能读书写字并谙晓算法者。"③ 由此可知，明初女官年龄并不固定，前提是须识字。女官"服劳多者或五载六载，得归父母，听婚嫁。年高者许归，愿留者听。现授职者，家给与禄"。④ 女官有品级，除自身享受俸禄外，其家庭也享受多种优待。

---

① （明）俞汝楫：《礼部志稿》卷20《仪制司职掌·选用宫人》，文津阁《四库全书》史部第198册，第109页。
② （明）申时行等：万历《明会典》卷67《礼部·选用宫人》，中华书局，1989，第405页。
③ （明）沈德符：《万历野获编补遗》卷1《宫闱》，（明）沈德符：《万历野获编》下册，第805页。
④ 《明史》卷74《职官三·女官》，第1829页。

从所定的采选标准看，女官当不具备成为皇帝嫔御的条件，女官体系不属于后妃系统，而即便有女官承御，当视为少数特例而已。女官不仅享受官禄待遇，其家还能够免除徭役，永乐元年规定，对于入宫担任女官的妇人，官府"照依所授品级给俸，以厚其家，仍免本家杂泛差役"。① 年轻女官服役五六年后，可回原籍谈婚论嫁；大龄女官可自行决定去留。女官知书达理，享有品级，地位低于妃嫔高于宫娥，这一制度沿用到永乐朝，因宦官势力的膨胀渐渐被取消。"永乐后，职尽移于宦官。其宫官所存者，惟尚宝四司而已。"② 但"六尚"的名目一直延续到明天启年间。③

二 珠江三角洲地区的女官

《明史》《明实录》《明会典》等官方文献仅记载女官制度条文，鲜见女官制度运作的实态以及女官的详细活动情况。非常难得的是，明清广东方志、文集、族谱、碑刻中留下了一些关于明初珠江三角洲地区女官的记载，民间社会中也有种种与女官相关的传说，从而为探讨女官制度运行的一些状况，并以此深入探讨明清珠江三角洲地方社会如何认识、书写、建构女官形象，提供了新的视角。

明初广东入宫的女官，全部分布在珠江三角洲地区，共有五位女官，入宫时间以洪武年间最多。黄惟德与陈二妹均是洪武二十年（1387）进宫；④ 屈氏于洪武二十二年入宫；叶氏于洪武二十四年入宫；王氏于永乐二年（1404）入宫。其中屈氏又以女官擢为美人，"美人非女官也，然其

---

① 嘉靖《广东通志》卷63《列传二十》，《广东历代方志集成·省部》第4册，2006，第1653—1653页。
② 万历《广东通志》卷26《郡县志十三》，《广东历代方志集成·省部》第6册，2006，第669页。
③ 王云：《明代女官制度探析》，《齐鲁学刊》1997年第1期。
④ 嘉靖《广东通志》卷63《列女传》，第1653页；万历《广东通志》卷26《郡县志·列女·陈二妹》，第669页。另有陈二妹洪武二十二年入宫的说法，乾隆《增城沙堤陈氏族谱》三编《族谱铭状·司彩女官行实》记载，陈二妹入宫为"洪武二十二年，有中使选民间淑德妇女入宫，遂与其列。与同举十人，入见太祖高皇帝，即命兼六尚之事……洪武二十四年敕赐归乡"（乾隆年间刻本，第55页）。

初实以选为女官进宫,故以列于《女官传》之首"。① 广东女官生活在明初广州府属的番禺和南海两县。有明一代,广东女官只有上述五位。

广东地方文献记载的明初广东女官较为详细。现存记载女官的最早文献是嘉靖四十年(1561)黄佐编修的《广东通志》,收录了除陈二妹外的四位女官;万历三十年(1602)《广东通志》又缺少对屈氏的记录。直到康熙三十六年(1697)《广东通志》才首次全部记录五位女官。② 嘉靖四十年黄佐《广东通志》卷63《列传二十·列女》记载全文如下:

> 女官黄惟德,南海人,洪武二十年选入宫,命为司宝。初名阿妹,永乐初,赐今名,信任益隆,宣德七年乞骸南归,皇太后作图及为诗赐之:"皇明列圣御寰宇,伟烈宏谟冠千古。重惟仁化本家邦,内庭百职需贤良。咨而惟德女中士,自少从容知礼仪。一从应召入皇宫,夙夜孜孜勤乃事。昔时黑发今如霜,岁月悠悠老将至。九重圣主天地仁,欲使万物同阳春。体兹德意赐归去,乃心感激情忻忻。岭海迢迢千万里,潞河官棹春风里。赐衣宫锦生光辉,亲戚相迎人总喜。喜尔富贵归故乡,我心念尔恒不忘。彩笔题诗意难尽,目极天南去燕翔。"其侄女即大学士梁储之母也,亦累赠至一品夫人。

> 美人屈氏,番禺人,幼有丽质,守廉介。洪武二十二年选入宫,擢为美人,奉侍敬谨,恩宠甚厚,召其父母兄弟诣阙赐宴,锡赉有加,复遣官送还,岭南鲜有被选宫掖者,南齐区美人之后,仅见此而已。(据广州旧志修)

> 叶女官者,番禺人,少有淑质,通《列女传》。洪武二十四年闻其孝敬,选入宫,擢为女官。因召其父叶碧山、弟叶祖道诣阙赐宴,俱授锦衣卫镇抚,赉以币条素里,与免子孙永远差役。

> 王司彩者,郡之河南村人,永乐二年选入宫为女官,时年尚少,权妃方见宠幸,特推同辈之爱,固辞曰:臣妾,嫠妇也,安敢充下陈哉!上重之,亦从其志。司彩有文学,能诗。盖宋昭容之流而持操过

---

① (清)屈大均:《女官传》,欧初、王贵忱主编《屈大均全集》第3册,第105页。
② 康熙《广东通志》卷20《列女》、卷24《陵墓》,《广东历代方志集成·省部》第10册,2006,第1393—1394、1524—1525页。

之。所作宫词至今人犹传诵,以为类唐句云。王司彩宫词:"琼花移入大明宫,旖旎浓香韵晚风。赢得君王留步辇,玉箫嘹亮月明中。"①

之所以要全文录引,是因为这一最早记载广东女官的记录,成为日后广东各类地方志记载女官的蓝本,②同时又被后来的地方志修纂者不断添加新的内容,各地都试图将女官纳入自己的地方文化资源进行建构。其实,现存广东最早的省志不是黄佐的《广东通志》,在此之前的嘉靖十四年,戴璟就曾组织士人编纂了《广东通志初稿》,但其对女官无任何记载。出现这一现象,可能与戴璟仓促修志成书且纂修者均为外省人有关。

黄佐为香山县人,因是之故,他对珠江三角洲地区出现的女官现象可能较为关注。从他在《广东通志》中的记载可知,明初洪武二十年(1387)至永乐二年(1404),广东被选入宫的女官共有四位,即黄惟德、屈氏、叶氏和王氏,其中黄惟德任司宝,王氏为司彩,叶氏女官不详,屈氏为美人,属后宫系列。从黄佐的记载可知,黄惟德在洪武二十年(1387)选入宫中为女官,是广东第一批进入南京的广东籍女官,而且在这些女官中,唯有记载黄惟德的字数最多,在方志惜墨如金的情况下,黄佐如此着墨,显示了她与其他女官的不同。这里出现的司宝、司彩之名称,据清人黄百家对明代女官机构的考证,均属于女官中的高级职位。其中司宝属六局中"掌供服用采章之数"的尚服局四司之一,"掌宝玺符契";司彩属"掌督女红之程课"的尚功局,"掌缯绵丝絮事"。③

除上述四位外,广东还有一位极为著名的女官,黄佐并没有记载,但万历三十年(1602),另一位广东籍士人郭棐在组织士人编纂《广东通志》时给予了详细记录。不过,就体例而言,黄佐将女官置入《列传》部分,而郭棐则将女官放在卷26《郡县志十三》中。与黄佐相同的是,郭棐的通志也记载了四位女官,但人员有所不同,他将黄佐志中的美人屈氏剔除,

---

① 嘉靖《广东通志》卷63《列传二十》,《广东历代方志集成·省部》第4册,2006,第1653—1654页。
② 道光《广东通志》记载女官时声明引用黄佐旧志,卷306《列传三十九》(《广东历代方志集成·省部》第21册,2006)第4886页记载黄惟德;卷307《列传四十》(《广东历代方志集成·省部》第21册,2006)第4906页记载了屈氏、陈氏、叶氏和王氏。
③ (清)黄百家:《明制女官考》,(清)虫天子编《中国香艳全书》第3册,第1327—1328页。

换成了女官陈司彩,其余三位仍与黄佐所编之志相同,兹将陈司彩的记载全录如下:

> 陈氏二妹,字瑞贞,番禺仲裕女也,貌端庄,在乳不啼,晬日设物以验,则左取印右取笔,以是知其不凡。甫能言,窥父书,指数字教之皆不忘,至六七龄,示以女工,过目辄晓。就女师,闻爱亲敬长之言,必反复致问。《孝经》《内则》《列女传》《女诫》诸书,莫不潜心究之。深居闺闱,足迹未尝至中门。洪武二十年诏选民间淑女入宫,分司六尚,陈与焉。入见使兼六尚事,陈善六书,晓大义,精女工,嫔嫱皆师事之,人称为女中君子。二十四年命为司彩,赐归省,仍给禄养其家。闺范严肃,人罕得见其面,有司候馈,皆辞却之。文皇即位,以司彩熟知典故,召复原职,年四十病终于宫。遣中使护丧归葬。①

郭棐关于陈司彩的描写,可能源于景泰年间增城陈氏族谱的记载(详见后述)。万历年间,陈司彩家族中的后人陈堂,官居高位,乡居期间,与郭棐等人成为好朋友,他们曾在一起结社吟咏。据学者研究,明万历初年,大学士赵志皋谪官至广州,在城西浮丘建有吹笙亭、大雅堂、紫烟楼、晚沐轩等名胜,"开浮丘大社,与粤中士大夫赋诗"。浮丘大社成为广州文人骚客觞咏之所。稍后,光禄寺卿郭棐、王学曾、陈堂、姚光泮、张廷臣、黄志尹、邓时雨、梁士楚、陈履、邓于蕃、袁昌祚、杨瑞云、黄鳌、陈大猷、金节等人,在此建立浮丘诗社,以续南园。② 而陈堂正是沙堤陈氏十五世孙,热心陈氏家族建构的关键人物。正因为如此,郭棐将黄佐有意回避的女官陈司彩,纳入其主编的《广东通志》之中。

之所以说黄佐有意回避陈司彩,是因为在乾隆年间纂修的《增城沙堤陈氏族谱》就收录有黄佐于嘉靖十六年(1537)秋八月作《重修陈氏族谱

---

① 万历《广东通志》卷26《郡县志十三》,《广东历代方志集成·省部》第6册,2006,第669页。
② 陈永正:《广州历代诗社考略》,《羊城今古》1988年第6期;又光绪《广州府志》卷84《古迹略二》援引乾隆《粤台征雅录》的描述。

64

序》，落款为外孙太泉黄佐撰。① 也就是说，黄佐与陈氏家族其实是有亲缘关系的，即黄佐之母为陈氏，他可能是有所顾虑或者为亲者讳而未将陈司彩纳入自己编纂的《广东通志》之中。而郭棐则没有受到干扰，再加上与陈堂私交之缘故，所以在记载女官时，对陈司彩进行了浓墨重彩，至少在记述字数上超过了任何一位女官。据以上材料可梳理出明初广东五位女官入宫时间及籍贯，详见表1-2-1：

表1-2-1　明初广东入宫五位女官

序号	进宫年代	进宫人员	籍贯	材料出处（仅列部分）
1	洪武二十年（1387）	黄惟德	南海（后改归顺德）	嘉靖《广东通志》卷63《列女传》、万历《广东通志》卷26《列女》、康熙《广东通志》卷20《列女》
2	洪武二十年（1387）	陈二妹	番禺（后改归增城）	万历《广东通志》卷26《列女》
3	洪武二十二年（1389）	屈氏	番禺	（清）屈大均：《女官传》，欧初、王贵忱主编《屈大均全集》第3册；嘉靖《广东通志》卷63《列女传》
4	洪武二十四年（1391）	叶氏	番禺	（清）屈大均：《女官传》，欧初、王贵忱主编《屈大均全集》第3册；嘉靖《广东通志》卷63《列女传》；万历《广东通志》卷26《列女》；乾隆《番禺县志》卷16《列女》
5	永乐二年（1404）	王氏	番禺	（清）屈大均：《女官传》，欧初、王贵忱主编《屈大均全集》第3册；嘉靖《广东通志》卷63《列女传》；万历《广东通志》卷26《列女》；雍正《广东通志》卷49《列女》

注：①黄惟德和陈二妹籍贯的改变均是由后来的政区变革，如分地设县等政府行为造成的。
②陈二妹入宫时间另有洪武二十二年的说法，乾隆《增城沙堤陈氏族谱》三编《族谱铭状·司彩女行实》记载，陈二妹入宫为"洪武二十二年，有中使选民间淑德妇女入宫，遂与其列。与同举十人，入见太祖高皇帝，即命兼六尚之事……洪武二十四年敕赐归乡"。

就年龄看，清初屈大均考证说，黄惟德，初名广兴，惟德之名是永乐初明成祖所赐。她于洪武二十年（1387）入宫，宣德七年（1432）归南

---

① 乾隆《增城沙堤陈氏族谱》（残本），广东省立中山图书馆收藏。

海,"犹处女也","黄致仕三年,至宣德十年(1435),年七十八乃终,敕葬于番禺之沙头寸鸭墩"。① 从1435年黄惟德78岁来推测,她应该出生于1357年,即元至正十七年,洪武二十年入宫时应该在30岁左右,符合洪武十四年规定的年三十以上"无夫者"的条件,屈大均又说她直到退休回家时,"犹处女",那么她极有可能是坚守珠江三角洲地区流行之风俗的"自梳女"。她从1387年入宫,1432年归家,在宫中服役45年,历经洪武、建文、永乐、洪熙、宣德五朝,直到75岁返乡,符合"年高者许归,愿留者听"的规定。她同时也是广东籍女官在宫中服役时间最长的女性。

陈二妹与黄惟德同年入宫,洪武二十四年(1391)升为司彩。司彩属"掌督女红之程课"的尚功局,"掌缯绵丝絮事"。② 她与黄惟德在宫中有无来往,史料没有记载。黄惟德入宫后直到晚年才离开,陈二妹中间回家休养十多年,永乐帝登基后因其熟知宫中典故,故又令回宫复职。据广东省立中山图书馆藏的乾隆《增城沙堤陈氏族谱》收录《司彩女官行实》记载,陈司彩应生于元至正二十七年(1367)九月二十六日,永乐四年(1406)以疾而终于南京,享年39岁。③ 这一记载得到了碑刻资料的印证。笔者于2008年11月前往增城市新塘镇沙村调查时,在陈氏后裔陈润志带领下考察了位于陈家林香子山的陈司彩墓。至今在沙村观音庙还保存着当年陈氏后人重修陈司彩墓所立的石碑,只可惜碑已断残不堪,依稀可辨的文字如下:

> 女官司彩之墓,享年三十有九,钦差内官护丧还乡,永乐丙戌八月九日葬,艮坤向之原。正统丁卯十二月十六日孝任孙□重修立石。

永乐丙戌即永乐四年(1406),此年正月十一日陈司彩去世,八月九日入葬此墓;正统丁卯即正统十二年(1447)对此墓进行了重修,墓碑应

---

① (清)屈大均:《翁山文外》,欧初、王贵忱主编《屈大均全集》第3册,第106—108页。
② 《明史》卷74《职官志三·女官》,第1828页。
③ 乾隆《增城沙堤陈氏族谱》三编《族谱铭状·司彩女官行实》(残本),第55页:"司彩生丁未九月二十六日,终丙戌正月十一日,享年三十有九。"

为家族有名望之人所立。族谱中的《司彩女官行实》一文由陈氏族人陈政①撰写。从族谱收录的陈政撰陈司彩行实内容来看，竖碑之人极可能为陈政，据此猜测，陈司彩在陈氏家谱中得以记载极可能赖于陈政的努力。

借此推算，陈司彩应生于元至正二十七年（1367），那么洪武二十年入宫时20岁，比黄惟德小10岁左右，而且和黄一样都没有嫁人。她于洪武年间在宫中服劳役前后五年，离宫返乡时才被授予司彩职官，回乡后她也没有婚嫁，而是"闺范严肃"。永乐二年，她与另一位广东女官王司彩一起入宫，是广东唯一一位两次进宫的女官。屈大均考证其生平说，陈司彩7岁"就女师"读书，洪武二十一年、二十二年"选民间淑女入宫，陈与其列十人入见，高皇帝悉命兼六尚之事。陈善书数，知文义，后宫多师事之，称女君子，亦曰女太史"。永乐四年"年四十，病终于宫。帝后为之涕泣，遣中使护丧，归葬香子之山陈家林"。②

至于洪武年间入宫的屈氏、叶氏，目前尚无史料考证其年龄。据黄佐记载，屈氏"有丽质"，叶氏"有淑质"，两位家人都受到皇帝"诣阙赐宴"，叶氏父兄还"俱授锦衣卫镇抚"，子孙也享永远免除差役的待遇。笔者推测，叶氏可能与屈氏一样，两者皆未满20岁入宫。不同的是，屈氏被列入美人行列，身份可能由女官转为妃嫔系列，叶氏则是纯粹的女官。结合明代五位女官看，只有屈氏成为美人，叶氏被模糊称女官外，其余三位则有明确的职位指向。

永乐元年（1403）时女官制度较洪武年间有了明显变革。"有识字妇人年三十至四十，愿来者有司起送。若女子识字，虽容貌丑陋，年十七八以上，愿来者听，一体应付脚力，赴京选用，俱本父母亲自送来，给与赏赐。照依所授品级给俸，以厚其家，仍免本家杂泛差役。"③ 规定要求女官若"识字"，年满17岁即可，这与洪武年间不同；女官家族的待遇比洪武

---

① 陈政，字宣之，别号东井，居沙村，正统六年解元，景泰五年进士，官至云南按察副使，见黄佐《广州人物传》卷15《陈政》。番禺人在县城为陈政建绣衣坊，见乾隆《番禺县志》卷6《坊表》。广州会城秉政街建有陈东井祠，祭祀陈政，见同治《番禺县志》卷17《建置略四》。
② （清）屈大均：《翁山文外》，欧初、王贵忱主编《屈大均全集》第3册，第106—107页。
③ （明）俞汝辑《礼部志稿》卷20《仪制司职掌·选用宫人》，文津阁《四库全书》第198册，第109页。

朝要高，不仅"厚其家"，而且仍免其家杂泛差役，同时对护送入京的父母还给额外赏赐。

据此对照，永乐年间入宫的王司彩、陈司彩，不仅仅是"识字"，简直就是文化人。尤其是王司彩年轻守寡，不仅貌美，而且会写诗，她与永乐帝宠爱的朝鲜籍权妃[①]关系很好，权妃曾向成祖举荐王氏，王司彩也专为权妃作过宫词。明代香山黄瑜在《双槐岁钞》中记载："是时，贤妃权氏、顺妃任氏、昭仪李氏、婕妤吕氏、美人崔氏，皆朝鲜人。权尤秾粹，善吹玉箫。"[②] 清人谈迁也考证：贤妃权氏是永乐中朝鲜国所进，"权氏薨后，司彩王氏作宫词……盖指权妃也"。[③]

珠江三角洲地区在永乐以后再没有出现过女官，这应与女官职权转移以及迁都北京有关。洪武年间，明太祖设女官的目的之一就是杜绝宦官与外戚联合干政之祸，但永乐登基后，女官职权渐移宦官，不过此后仍不时有朝廷在民间选女官的情况。明人沈德符在《万历野获编补遗》卷1《女官》记载，天顺三年（1459）规定："密访良家女子年十五以上，无夫妇人四十以下，能读书写字并谙晓算法者四五十人，籍记之，待明春遣人同尔会选，令其亲属送来。"但黄惟德作为广东籍的女官，一直到宣德年间才离开皇宫，显示其在宫中错综复杂的关系中有良好的协调能力，也深得皇家的信任。

三 黄惟德等籍贯归属的争夺

黄惟德籍贯所在的顺德建县以前属广州府南海、新会两县管辖。明英宗正统十四年（1449），南海爆发了黄萧养暴动，但很快被官府镇压下去。为了强化对珠江三角洲地区的统治，景泰三年（1452）官府从南海和新会两地各划出部分地区，以此为基础设置了顺德县，取"顺天之德"之意，并以大良为县治。由于广东行政区划的变更，黄惟德的家乡在不同时期属

[①] 《明史》卷113《后妃传一》记载："恭献贤妃权氏，朝鲜人。永乐时，朝鲜贡女充掖庭，妃与焉。姿质秾粹，善吹玉箫。帝爱怜之。"第3511页。

[②] （明）黄瑜：《双槐岁钞》，魏连科点校，中华书局，1999，第58页。

[③] （清）谈迁：《枣林杂俎》，罗仲辉、胡明校点校，中华书局，2006，第270页。

于不同的县域,这就造成了后世南海、顺德两地对黄惟德籍贯归属权的争夺。

清初屈大均作《女官传》时评论说:"明兴,乃有屈美人、陈司彩之流,以才德入供内职,夙夜勤恭,为帝后所重,斯亦女流不世之遇哉!旧《广州府志》载列女中,凡得五人,予简出别为《女官传》。盖谓女之仕也,能为天子诏,后治内政而有补于君德,亦与贤士大夫相等云尔。"① 他将以"才德"入宫的"女之仕"与"贤士大夫"相提并论,目的是突出女性职官的形象,突出女性"有补于君德"的作用。这种典型女性辅助形象成为塑造地方文化形象与人文价值的宝贵资源,对地方社会具有积极意义,自然就成为地方志书写的重要内容。因此,女官作为一种地方文化资源,到明中叶之后也开始为各县所争夺。

事实上,在屈大均之前,明代的士大夫对于女官这一文化资源已经有了足够的重视。至少从弘治年间开始,有志于乡土历史撰写的广东士大夫就开始注意到女官的价值,他们都不约而同地为其立传,比如对黄惟德籍贯的记载。黄佐在其编纂的《广东通志》中注明是依据《顺德县志》②《双槐岁钞》③ 参修。这说明弘治年间广东文献对女官已有所记载。黄惟德至少在弘治年间已被《顺德县志》收录,但该志现已散失,无从查阅。但嘉靖时黄佐在编《广东通志》为女官立传时还是将其籍贯记载为南海,之后几乎所有的《南海县志》心照不宣地记载了黄惟德。如万历三十七年(1609)刻本的《南海县志》卷 11《人物列传·列女》对黄惟德的记载,其文字几乎完全照抄黄佐。此后的崇祯十五年(1642)刻本《南海县志》卷 11《人物列传三·列女》、康熙三十年(1691)刻本《南海县志》卷 13《人物下·列女》、乾隆六年(1741)刻本《南海县志》卷 17《人物志三》和道光十五年(1835)刻本《南海县志》卷 41《列传十》对黄惟德的记载均与万历版一致,充分显示了南海官宦对黄惟德的情感,他们很自觉无

---

① (清)屈大均:《女官传》,欧初、王贵忱主编《屈大均全集》第 3 册,第 105 页。
② 嘉靖之前,《顺德县志》有两部:一为成化年间钱溥撰,一为弘治年间吴廷举修、李承箕撰。咸丰《顺德县志》卷 17《艺文略》,《广东历代方志集成·广州府部》第 17 册,2007,第 403 页。
③ 《双槐岁钞》为明代广东香山黄瑜著。作者自序该书始于景泰七年,完成于弘治八年,前后达 40 年之久。(明)黄瑜:《双槐岁钞》,第 70 页。

视了政域的变革而把黄惟德归属于南海县。

从南海分立出去的顺德,自然不会无视这份文化资源,在独立成县后也需要塑造本县的文化沿革,所以顺德设县之后,也开始纂修方志。现存最早的《顺德县志》为叶春及主持修纂的万历十三年(1585)刻本,该书卷10《杂志》在"女官黄惟德"条中除抹去"南海人",改"顺德人"外,对黄惟德记述的文字内容与黄佐基本一致,同时省去了黄惟德与梁储的关系。① 此后几乎所有版本的《顺德县志》都很自觉地将黄惟德的籍贯归入顺德。咸丰《顺德县志》卷28《列女》对黄惟德形象的塑造不遗余力,不仅肯定黄的籍贯是顺德,而且细化到了顺德的甘竹堡,"黄氏名惟德,甘竹人,幼读书,通文词,未许聘"。同时,又对记载黄惟德的原因发表了一番明显带有自豪感的表白:"今惟德历事四朝,以恭俭隆受恩遇,始终尽礼,其出处进退,视贤士夫不愧矣。故补传。"可见,顺德设县之后对黄惟德记述的热衷,暗示了他们对历史名人"归属"权的重视,彰显了顺德士人的文化价值取向与心态。

清康熙十二年(1673)刻本的《新修广州府志》首次记录了广东所有女官,但在记载黄惟德时兼顾两家,同时出现了南海、顺德两地说,该志卷41《列女传》记载:

> 女官黄阿妹,顺德大学士梁储母夫人之外祖姑也。洪武二十年选入后宫,为司宝,锡之敕命,赐名惟德。宠眷甚隆。宣德七年乞骸南归,皇太后为诗赐之。梁夫人临终语其少子忆(亿)曰:汝外王父母无嗣,今为之后者,家业陵替,伤哉。汝异日富贵,毋俾汝外王父母及祖姑为馁鬼,则吾可以瞑目矣。亿后第进士,官至广西少参,致仕,追念遗命,为之立祠以祀云……
>
> 女官黄惟德,南海人,洪武二十年选入宫,命为司宝,初名阿妹,永乐初赐今名。信任益隆。宣德七年乞骸归南海,时皇太后命图

---

① 万历《顺德县志》卷10《杂志》,《广东历代方志集成·广州府部》第15册,2007,第110页。

及为诗赐之……其侄女即少师大学士梁储母也，亦累赠至一品夫人。①

从内容来看，这里将黄阿妹和黄惟德当成了两个人，前者着重于黄阿妹与顺德大学士梁储之关系，后者则抄录了黄佐之说。其实，稍加辨析就会发现，顺德的黄阿妹、南海的黄惟德根本就是一个人。值得关注的是，顺德黄阿妹在细节上出现了省志所没有的故事情节，既继承了黄佐讲述的她与梁储母亲黄氏为本家，又添加了梁母对黄家衰落的伤感，牵出梁储弟弟梁亿疑似"过继"黄家的关系。

可惜现存康熙《新修广州府志》为残本，无法知晓编纂者身份，也许南海、顺德士人皆参与了编修，出于地方文化资源之利益而导致了两个黄惟德的出现。乾隆《新修广州府志》卷43《列女一》记载的所有女官，内容几乎照录康熙府志，但对黄惟德仅录了南海说。其他如康熙《广东通志》卷20《列女》和道光《广东通志》卷306《列传三十九·列女一》均认为黄惟德为南海人。然而，光绪《广州府志·列女》又出现了黄惟德为南海、顺德两地说，前者在卷142《列女一·南海》，言明"据黄通志修"；后者在卷147《列女六·顺德》，言明"据顺德志修"。

从上述分析可以看出，黄惟德其实只有一位。她在洪武时期被选入皇宫充当女官时，籍贯应该是南海，后来顺德县成立，其籍贯所在地被划入新成立的顺德县。所以，从万历朝开始，历代编修的《顺德县志》都将黄惟德纳入顺德。只不过由于南海、顺德两地对于女官这种地方文化资源的争夺，才出现了各种不同的说法。

明初入宫的广东女官的籍贯问题，随着时间的推移，除了有黄惟德的南海、顺德两地说外，还有陈司彩的番禺、增城两地说。女官陈二妹在万历《广东通志》记载中为番禺人，康熙《番禺县志》卷13《列女》进一步明确为"居沙堤新塱"。②之后的《番禺县志》《广州府志》几乎都照抄康熙版的内容，只在极少数字句上有出入。据考察，陈二妹居住的沙堤大

---

① 康熙《新修广州府志》卷41《列女传一》，《广东历代方志集成·广州府部》第3册，2007，第991—992页。
② 康熙《番禺县志》卷13《列女》，《广东历代方志集成·广州府部》第18册，2007，第516页。

约在康熙年间被划入增城，康熙二十五年（1686）《增城县志》记载甘泉都下辖沙贝、沙村、东洲、西洲等村。① 但直到乾隆十九年（1754）《增城县志》才首次出现"明司彩陈氏"的记载，② 内容与康熙《番禺县志》大致相同。可能是因为沙堤一地政域变化的时间较晚，所以才未出现像黄惟德那样关于籍贯归属地的争夺。而曾花费较多笔墨记载陈司彩的乾隆《增城沙堤陈氏族谱》，是广东唯一涉及女官的族谱。其谱序云："五世少冢宰讳大震公、六世副使讳息卿公，贵叔侄归隐陈家林，卜居番禺沙村。比明中，拨沙村籍隶增城，而聚族日益盛焉。"③ 陈二妹籍贯于此明了。

而屈美人的籍贯也令人迷惑。屈氏一直将这位屈美人称为自己屈氏的祖姑，但屈大均在《女官传》中对屈美人来自番禺产生了怀疑：

> 吾屈氏迁番禺者，只有沙亭一族。美人祖姑既生番禺，则必为沙亭之族，然未知其父兄何人。是时吾八世从祖仲舒，当洪武初，从东莞伯何真归命，官任景元帅府总护，出镇紫荆。子伯民、孙兴世袭。伯民以军功升任京都督府都总护。仲舒之弟季舒，以子伯通军功，赠神武卫指挥使。其侄志浩以阀阅点充吏员，征巴蜀有功，官辽东百户。美人祖姑，是谁所生女子乎？于京中被选乎？抑于番禺被选乎？④

他梳理了明初屈氏一族在珠江三角洲地区的生存繁衍，甚至在朝廷任职的经过，提出疑问，在明初的这几代人中，根本不清楚屈美人是哪位先人所生。所以他认为，屈美人祖籍或许在番禺，此支系后入京师为官，因此屈美人到底是在京师还是在番禺被选入宫，难下结论。王司彩和叶女官为番禺人，似乎没有引起争议。

即便如此，我们仍可确定，明初在广东选取女官几乎在省会附近展开。根据女官制度，她们应是乡村良家女性，在地方文献中均被形塑为才

---

① 康熙《增城县志》卷1《舆地》，《广东历代方志集成·广州府部》第31册，2007，第383页。
② 乾隆《增城县志》卷16《人物三》，《广东历代方志集成·广州府部》第32册，2007，第266页。
③ 乾隆《增城沙堤陈氏族谱》，《序》，第2页。
④ （清）屈大均：《翁山文外》，欧初、王贵忱主编《屈大均全集》第3册，第105—106页。

德、贞孝兼备的正面形象,对当地社会充满了教化意义。她们的存在能够完美地诠释当地文化的深厚与渊源,成为儒家文化在该地传播兴盛的力证,这也是本地士大夫对类似文化名人进行争夺的主要原因。士大夫在挖掘本地传统文化,为大力塑造本地文化而不懈努力之时,这些女官自然而然就成为他们推出的代表甚或文化代言人。

四　黄惟德其人其事及形象塑造

黄惟德入宫后担任尚服局内的司宝,负责保存宝玺、印信、符契、图籍,与宫中宦官十二监之一的尚宝监打交道。《明史》记载:"凡用宝,外尚宝司以揭帖赴监请旨,至女官尚宝司领取,监视外司用讫,存号簿,缴进。"① 可见,宦官的尚宝监与女官的尚宝司之间明显存在制衡关系。六尚的尚服局下设司宝二人,正六品,后又增设掌宝、典宝各二人,均为正七品。司宝女官编制、职掌遂成定制。黄惟德在宫中历经洪武、建文、永乐、洪熙、宣德五朝,又经历了明代京师由南京到北京的变化,在宫中一直深得信任,始终"充司宝"一职。

黄惟德久居宫中,与后宫关系密切,在离宫时还得到了皇太后作图赠诗。黄佐最先记载此事,后来的士人基本沿袭此说,清初屈大均说:"黄归时,皇太后尝作图及诗赐之……皇太后是诗,其徽音亦《关雎》之遗也。"② 黄佐和屈大均所说的皇太后都应当指的是张太后,然而,清代咸丰《顺德县志》的编撰者从《皇都赠别图》的序和钤宝揣测是孙皇后赠图与诗,引述如下:

> 惟德以谙练典掌裕如,宫闱每倚重之。历洪熙、宣德,递事四朝,弥加勤慎,岁得禄赡其家。先是,宣宗将择配,彭城伯夫人籍永城,言主簿孙忠女贤,召入,育于诚孝后。及婚,台官奏后星值鲁分野,时济宁胡荣女楼居,红白气绕户,选为妃,以孙嫔之。孙阴子宫

---

① 《明史》卷74《职官志三·宦官》,第1819页。
② (清)屈大均:《女官传》,欧初、王贵忱主编《屈大均全集》第3册,第107页。

人子，宠甚。宣德二年冬，胡后表请让位。三年三月，孙遂得册立为后，惟德侍后左右，每多启沃，后善待之，恩遇始终不替……七年三月，惟德以年老援例请，许之。后亲画《皇都赠别图》，诗题其端，赐焉。至今黄氏尚世守之。①

诚孝后即明仁宗朱高炽之原配张皇后，明宣宗朱瞻基之母。朱瞻基的第一位皇后为胡氏，后被废，继立孙氏为皇后。从上述记载可知，黄惟德在宫中时，应该与张皇太后、胡皇后、孙皇后均打过交道，甚至在离宫前的最后四年与孙皇后形影不离。同时，咸丰《顺德县志》还就图绢的内容、钤印之宝的形制和大小进行专门的论证：

> 图绢方尺有奇，画青绿金碧，山水殿阁，界画精严。城外官道有肩舆，舁夫四，河有舟，正燕都景也。卷首粉红笺篆题"敬制《皇都赠别图》"字，图后系七古诗，有序。白纸，书用赵孟頫体。序略云："女官黄惟德，历事四朝，以恭谨称。予正位中宫，日侍左右，兹悯其老，赐归乡里，以随侍之久，写图并诗赐之。"末系宣德七年三月。通体装龙文白绫，骑缝各钤宝曰"顺德之宝"……序所谓"正位中宫"、"随侍之久"，出后所自言，则赐图为孙后无疑。而《嘉靖通志》乃云："惟德南归，太后作图送行。"是误以孙后为太后矣。又明志皇后宝文曰："皇后之宝方五寸九分。"今卷所钤宝曰"顺德"，广不满三寸，非册宝可知。志又称皇贵妃有册无宝。宣德元年，帝以贵妃孙氏有容德，特请于皇太后制金宝赐之，自是妃遂授宝为故事。然送惟德在正位后，不应用前授妃宝，且以后宝文语律之，则妃宝文亦当曰"贵妃之宝"。今图所钤宝，并非册妃时所授，意其随意为之，若今之私印然与。②

---

① 咸丰《顺德县志》卷28《列传八》，《广东历代方志集成·广州府部》第17册，2007，第667页。
② 咸丰《顺德县志》卷28《列传八》，《广东历代方志集成·广州府部》第17册，2007，第667—668页。

那么，赠图与诗到底是何人所为？黄惟德于宣德七年（1432）返乡，离宫时的皇太后为张氏。《明史》记载，张氏在洪武二十八年（1395）被封为燕世子妃，永乐二年（1404）封皇太子妃，仁宗册为皇后，明宣宗时被尊为皇太后，英宗尊为太皇太后，正统七年（1442）去世。宣宗即位初，"军国大议，多禀听（皇太后）裁决"，①因此张皇后在仁、宣两朝政事中扮演了重要角色。②而另两位可能与赐图有关的皇后，废后胡氏死于1443年，继后孙氏死于1462年。

掌管司宝的黄惟德在宫中任职之时，"以谙练典掌裕如，宫闱每倚重之"，倚重她之人指的应该就是张太后。黄惟德在宫中服役的最后七年，不仅受命于张太后，而且还侍奉过宣宗的皇后胡、孙两人。"宣庙即位，胡为皇后，孙为贵妃……宣德丁未，孙诞长子，胡上表让位，退处别宫，号静慈仙师，而孙正位中宫……张太后怜胡贤德，令入居清宁宫，燕飨必居孙上。"③宣德丁未即宣德三年（1428），孙氏因诞子而由贵妃进位皇后。孙皇后与张太后关系非同一般，其父孙忠曾任张太后家乡永城县主簿，时张太后母亲彭城伯夫人"时时入禁中，言忠有贤女，遂得入宫"，即孙氏入宫在程序上就不合规制。

孙氏入宫时仅十余岁，明成祖令时为太子妃的张氏抚育，两人之间形成了虚拟的母女关系。后济宁胡氏于永乐十五年（1417）被成祖钦定为皇太孙妃，宣宗即位后封为皇后，孙氏为贵妃。宣德三年（1428）三月，胡皇后被迫"上表逊位"。同时，宣德时期的朝政多由张太后掌握，《明史·宣宗本纪》说，宣宗在《遗诏》中还要求时年九岁的英宗即位后，"大事白皇太后"。④学者认为，张太后在明初宫廷政治中扮演了重要角色，而孙皇后在废胡皇后及夺门之变中则扮演了不光彩的角色。⑤与几位太（皇）后关系密切的黄惟德肯定对其中的权力斗争极为了解，尤其是从孙皇后册立为皇后之后，"惟德侍后左右，每多启沃，后善待之，恩遇始终不替"

---

① 《明史》卷113《仁宗诚孝皇后张氏传》，第3511—3512页。
② 林延清：《仁宗张皇后与明初政治》，《史学月刊》2003年第8期。
③ （明）黄瑜：《双槐岁钞》卷4《台官占后星》，第70页。
④ 《明史》卷113《后妃一》，第3512页。
⑤ 林延清：《仁宗张皇后与明初政治》，《史学月刊》2003年第8期；林延清：《宣宗孙皇后与明代中叶政治》，《江南大学学报》（人文版）2002年第1期。

的描述来看，在这场宫廷内部的废立之争中，甚或黄惟德也有参与，而张太后也应该清楚这场宫变的内幕。但从黄惟德与张太后、孙皇后的关系以及上述图序中"正位中宫""随侍之久"来看，依然无法确切判定究竟哪位是作图与赠诗之人。

但笔者更倾向于是张太后所为，一是因为她在明仁宗时就有"正位中宫"的经历；二是明宣宗时她以太后身份干预朝政，地位远在皇后之上；三是张氏自洪武二十八年（1395）被封为燕世子妃开始，到四年后被封皇太子妃，在宫中经历了太子妃、皇后、皇太后的位置变化，到黄惟德于宣德七年（1432）离宫，如果黄能够一直陪伴张太后的话，那时间就长达37年，两人一起经历了宫中诸多诡异变幻，黄惟德办事"弥加勤慎"，成为张太后的"倚重"对象。因此，黄惟德与张太后形同母女的孙皇后自然也早就熟识，所以在孙皇后"正位中宫"之后才能被张太后放心地放在孙皇后身旁随侍4年。但从"以随侍之久，写图并诗赐之"的言辞来看，黄惟德陪伴孙皇后的四年自然无法与陪伴张太后的37年相比。

明初又有规定，"皇后金宝金册，贵妃以下有册无宝"，直到宣德元年（1426）五月，"帝请于太后，制金宝赐焉，贵妃有宝自此始"。[①] 明代的皇妃有印无宝，印文为"皇妃之印"，均由朝廷颁发。[②] 即明宣宗宣德元年时赐给孙氏之宝应是贵妃之宝，而且是经过张太后同意才颁发的，两年后即宣德三年（1428）孙氏被立为皇后才有了自己的金宝。同时，皇后宝印也有一定规格尺寸要求，即文中所说的"五寸九分"，而"顺德之宝"的宝印是"不满三寸"，也就是说这个钤宝肯定不会是皇后册封之后的金宝。考虑到当时孙氏已贵为皇后，她如果钤印的话应该使用自己的册宝而非私章。那么使用私章且又是宝印的，就极有可能是身为太后的张氏，也只有她才有资格使用这种不是皇后金宝但能称为"顺德之宝"的私章而又不违规僭越。故张太后为赐图之人之说更合情理。

抛去黄惟德在宫中是否参与过的诡谲宫斗，以及她在后宫妃嫔地位的起伏中扮演的角色，她在地方文献的刻画中始终是一个积极而正面的形

---

① 《明史》卷113《宣宗孝恭皇后孙氏传》，第3514页。
② 郭福祥：《明代后妃宝印》，《紫禁城》1995年第3期。

象，而且士大夫借她的身份地位和家族关系做出了很多文章。广东士大夫在建构明初女官形象时，对女官原生性的家庭有时会轻描淡写，但对她们与位高权重仕宦之社会关系极为看重，甚至不惜重墨来多方虚饰她们与官方大员所谓的"亲缘关系"。以黄惟德为例，她与正德年间曾担任首辅的顺德人梁储的关系就引起了士大夫的极大兴趣。

梁储，字叔厚，顺德人，陈献章的门徒，成化十四年（1478）会元，历仕明宪宗、明孝宗、明武宗三朝，担任过内阁首辅、武英殿大学士兼太子太保等职，权重位高，"立朝四十年，多自蔽掩，不夸其功，施德于人，不责报"，[①] 成为南海士大夫在朝堂上的领袖人物，在朝野均有相当大的影响力。[②] 关于黄惟德与梁储的关系，黄佐在《广东通志》中仅有梁储之母为黄惟德的侄女之言以做简单交代。晚明以后的广东地方志多照抄黄佐的说法，直到康熙十三年（1674）刊本《顺德县志》才首次出现黄惟德与梁储之母关系的新信息：

> 黄女官，名阿妹，大学士梁储母黄太夫人外祖姑也。太夫人未字时，极荷女官钟爱，太夫人德之。洪武二十年选入后宫，太祖高皇帝命为司宝，锡之敕命，赐名惟德。宠眷甚隆。宣德七年，乞骸南归，皇太后为诗赐之。太夫人临终，语其少子亿曰："汝外王父母无嗣，今为之后者，家业陵替。伤哉！汝异日富贵，毋俾汝外王父母及祖姑为馁鬼，则吾可以瞑目矣。"亿后第进士，官至广西少参，致仕，追念太夫人遗命，为之立祠以祀云。[③]

这段史料与康熙十二年（1673）刻本《新修广州府志》卷41《列女传》的记载大同小异，但与之前如黄佐《广东通志》的史料记载相差较大。两者相比，值得关注的地方有三处：一是将原来由永乐帝赐名，改为

[①] 嘉靖《广东通志初稿》卷12《宦绩上》，《广东历代方志集成·省部》第1册，2007，第260页。
[②] 罗一星：《明清佛山经济发展与社会变迁》，第81—85页。
[③] 康熙《顺德县志》卷9《列女》，《广东历代方志集成·广州府部》第15册，2007，第410—411页。

洪武帝赐名；二是特别强调黄惟德与梁储母亲黄太夫人关系的密切，但这段史料模糊地记载黄惟德是梁储之母的"外祖姑"，而黄佐《广东通志》则记载是梁储母之姑；三是透露了黄惟德父亲"无嗣"的情节，又强调梁储母亲黄氏因为在父家时得到过黄惟德的特别关爱，所以一直感念不忘，因而梁储母亲才会在弥留之际，一再嘱咐其"少子"梁亿日后要为无嗣的黄家及黄惟德立祠，代黄家行祭祀之责。但黄太夫人为何不交代梁储或其他儿子，而要其"少子"梁亿负责，也成难解之谜。

其实，我们只要仔细分析就会发现其中有不少破绽，难以自圆其说。广东士大夫建构黄惟德的社会关系基本上围绕梁储的母亲展开，康熙《新修广州府志》记载的黄惟德籍贯有顺德、南海两说，对其与梁储母的关系也是两说并存，顺德为"外祖姑"，南海则暗示为姑，节录如下：

> 女官黄阿妹，顺德大学士梁储母夫人之外祖姑也……梁夫人临终语其少子忆（亿）……亿后第进士，官至广西少参，致仕，追念遗命，为之立祠以祀云。
>
> 女官黄惟德，南海人……其侄女即少师大学士梁储母也，亦累赠至一品夫人。①

编者对顺德、南海两县黄女官的记述尽管以不同名字出现，且与梁储母亲关系的说法也不一致，但实际是同一个人。编者这样做的目的，可能是不愿意破坏已有的地方文化资源格局。但由于现存康熙《新修广州府志》为残本，缺少编纂者姓名，笔者也无法了解编者两说并存的用意。

晚清咸丰《顺德县志》对黄惟德形象的塑造，比前代进了一大步，地方士人通过采访对其事迹增添了新内容。该志主修者为署顺德县事郭汝诚，但真正编修者均为顺德籍的士大夫，比如梁廷枏、冯奉初、温承悌以及罗家政等人。咸丰《顺德县志》卷一《例目》中说：

---

① 康熙《新修广州府志》卷41《列女传一》，《广东历代方志集成·广州府部》第3册，2007，第991—992页。

至庚戌之冬，而后奉初、承悌、（严）显、廷枏、（陈）淦相约，连袂冲寒，围炉呵冻，就创开之定式，拟纂辑之大凡，简点不间，暝晨编摩，早逾旬月。会廷镛继至，乃荟萃汇存之新迹，撮钞历著之旧文，事系其名，人缀其实，都为底册，用备传言。廷枏乃得仿史氏之专，兼依刘书之附合……间有见闻弗尽、宗旨未安者，又时时与显委婉熟商，绸缪曲譬，既得以襟提领挈，求当乎文省事增矣。入此岁后，奉初、承悌复为之连番浏览，半载摩挲，聚十八省志之全，求三百余年之缺，更欲以弥缝罅漏，搜别歧疑，再与廷枏辨体制所从来，明据依而胥协，俾缕陈用意，弁著发凡，遂告厥成，有如今志焉。……今则此乡同志，咸秉和衷，但载笔简而有征，斯对梓桑而无愧。是役也，罗教授策未衰之杖履，驶遍历之车航，踵集缙绅，肩谋资费，而驻局者又能括囊众有，只字不遗，按段区分，终场匪懈……①

梁廷枏时以内阁中书衔任澄海县训导，冯奉初时任潮州府教授，温承悌时为员外郎衔庶吉士改刑部主事，罗家政为五品衔教授，还有时任觉罗官学教习的举人严显、举人陈淦和胡廷镛等，这些人都是顺德籍的士大夫，他们对挖掘和弘扬当地的文化做出了不懈努力。该志对黄惟德和梁储关系的记载为：

惟德有侄女嫁石碌之梁，即大学士储母也。初归，储方幼稚。惟德奇之，亲为教迪，其后储自筮仕迄入阁，所知朝廷掌故，闻于母族为多；储亦怜其无子，以弟亿子之。惟德既耄，每追念家世式微，以祠祀属亿，咸体其意而行。②

此处关于梁储之弟梁亿的记载与康熙十三年（1674）《顺德县志》的记载又不完全相同。首先，咸丰《顺德县志·梁储传》中将黄惟德与梁储

---

① 咸丰《顺德县志》卷1《例目》，《广东历代方志集成·广州府部》第17册，2007，第4页。
② 咸丰《顺德县志》卷28《列传八》，《广东历代方志集成·广州府部》第17册，2007，第668页。

之母黄氏的亲密关系换成了梁储,说黄惟德刚从宫中返家,亲自教导的是时为幼童的梁储而非黄氏。其次,将之前的梁储之母黄氏叮嘱梁亿为母族黄氏和黄惟德立祠祭祀的内容改为梁储主动将自己的弟弟梁亿过继为黄惟德之子,黄惟德感慨黄家式微,叮嘱梁亿主持祭祀,梁亿则悉照其意行事。梁亿,雍正《广东通志》卷32和卷33《选举志》记载,"顺德人,储弟",弘治八年(1495)举人,正德六年(1511)进士。光绪《广州府志》卷121《列传十》记载:梁亿,字叔永,大学士梁储弟,授兵部主事,寻改工部,历礼部郎中。嘉靖五年参政西粤,颇有政绩,"寻致仕,其兄储正当国时也",著有《怀元集》《洪武辑遗》《罗浮志》等。

梁储的恩师、明成化年间的首辅刘吉曾应梁储之请为梁储父母撰写合葬墓志铭《封翰林院编修文林郎梁君合葬墓志铭》,①上有关于梁氏一族较为详细的记载。梁氏之祖为宋代某州司户,后代又曾任监库、县尉、国子监生,是一个身处基层的小官宦读书之家,直至明梁储一代才迅速崛起。梁储之父梁迟庵生于永乐十七年(1419),卒于成化二十三年(1487),享年69岁;母亲黄氏生于永乐十三年(1415),也卒于成化二十三年,享年73岁。夫妇俩生育6个子女、孙子孙女若干:"任,贡士,备冠带听选;次即储,会试第一人,居官清慎,得请敕推封父母;次效,隐居授徒;佃,干盅;亿,邑庠生;皆孺人出。女一,适何,侧室出。孙男十八人,长次抡习举业。孙女八人。"

梁氏的崛起完全是因为梁储博取功名,担任位高权重的首辅,梁储的父亲梁健和母亲黄氏之所以能够得到推封,也是因为梁储的功名。刘吉的《封翰林院编修文林郎梁君合葬墓志铭》也详细介绍了梁储之母黄氏,并提到了对黄氏产生极大影响的黄惟德:

> 孺人出番禺旧族,性柔婉淑慎。其祖姑有选为女官者,甚见重于宫闱,后归老于家,仪范整肃,诸姑有为莫知系妻者;治家教子井井有法。孺人幼皆亲承其教诲,故《女诫》诸书悉通大义。及归梁氏,

---

① 碑文为成化二十三年至弘治五年间的内阁首辅、太子太师刘吉撰。现藏佛山市南海区博物馆。

主馈养姑，得妇道甚。姑或不悦，起敬起孝，无敢懈息。相夫以勤，岁时宝祭之需、吉凶问遗之礼，悉检点而后行。夫弟妹婚嫁皆出己资，奁以助之。教诸子俾各力学。家人有小失，时或容恕。至诸子有过，常以闻于君，俾惩治，曰："子有过而父不知，其渐至不可救药。"以故诸子咸底成立。至于怜贫恤老，不忘故旧，乡邻感惠者尤多焉。距生永乐乙未，得年七十有三。

据该墓志铭可知，黄氏生于永乐乙未，即永乐十三年（1415）。黄惟德洪武二十年（1387）30岁时入宫，宣德七年（1432）75岁时从京城回到家乡，时梁储母17岁，尚未出嫁。黄惟德晚年从宫中归来，整肃闺门，教授家中的女性晚辈读书，所读书目为《女诫》等女教书籍。当时梁储的母亲黄氏应该尚未出嫁，也在其中，且得到了亲切教导。三年后即宣德十年（1435），黄惟德去世，享年78岁。从年岁上分析，黄氏与黄惟德相差58岁，两者应该不会是姑侄或者"外祖姑"的关系，黄惟德只能是黄氏的祖姑。这样一来，诸多方志中所称的黄惟德与黄氏为姑侄关系就不成立了，而梁储更不可能与黄惟德相遇。据明代史料记载，梁储卒于嘉靖六年（1527），享年77岁。[①] 据此，梁储出生于景泰元年（1450），时黄惟德去世已15年之久。咸丰《顺德县志》中叙述的黄惟德与黄氏的关系、与梁储的关系，甚至由梁储做主将弟弟梁亿过继给黄氏为嗣等情节，有很大的可能性是主观臆测而来，并未认真核实。

除此之外，方志编纂者不仅无中生有地将梁储了解朝廷掌故之功归于黄惟德，"其后储自筮仕迄入阁，所知朝廷掌故，闻于母族为多；储亦怜其无子，以弟亿子之。惟德既耄，每追念家世式微，以祠祀属亿，咸体其意而行"，还将梁亿为黄家立祠也直接改为黄惟德的请求。由此推断，咸丰顺德志编纂者前述关于孙皇后赠图说可能也是臆测成分居多。之所以说咸丰志对黄惟德的记载是臆测，还可从该志在黄惟德传后的"按"中得到印证："诸志自叶志外，余不为惟德立传。盖入志者，皆贞节妇女，且未

---

① （明）雷礼辑万历《国朝列卿纪》卷12《内阁行实》，《四库全书存目丛书·史部》第92册，第636页。

知先朝彤史之有光巾帼、争辉志乘，又不能集考其事迹，缺漏宜矣。刘向传列女非尽嫠妇。今惟德历事四朝，以恭俭隆受恩遇，始终尽礼，其出处进退，视贤士夫不愧矣，故补传。"①

叶志即叶春及主持编写的万历《顺德县志》。显然，咸丰《顺德县志》的编撰者没有看到康熙十三年《顺德县志》，上面其实是有黄惟德的记载。而万历时的叶志恰恰又略去黄惟德与梁储关系的内容。咸丰版《顺德县志》对黄惟德形象塑造的重心是说她"始终尽礼"。其实，黄惟德除了"尽礼"，还坚守贞节，这就是为什么屈大均在《女官传》中感叹她"以贤不以色，在宫中久犹处女"，"岂非幽闲贞静之淑女乎哉！"而坚守贞节也是守礼、尽礼的重要表现，所以屈大均在文中还说："广州旧志，黄佐氏不列于传，谓叶氏、王氏选为女官，其行无闻焉。然叶氏以孝敬，王氏以媜妇坚辞御幸，则贞节之德可嘉矣。"②

尽管负责修纂咸丰《顺德县志》的冯奉初、温承悌、梁廷枏等多位顺德名士，在黄惟德传后特别注明参阅了《明史》《黄志》《五山志林》等前人著述，实际上并不尽然。如顺德罗天尺于雍正年间应官府邀请参与《顺德县志》《广东通志》编纂，在此过程中私著《五山志林》，其中"黄女官"条说："《邑志》云：黄女官名阿妹，大学士梁储母黄太夫人外祖姑也。太夫人未字时，极荷女官钟爱。"③《邑志》是县志还是通志，未详，但雍正前的广东方志均记载黄惟德与梁储母有关系而非梁储本人。咸丰志的编写者力图追述黄惟德与梁储有直接的联系，甚至添加梁亿为黄惟德嗣的情节，极有可能是为了"争辉志乘"，除了想说明黄惟德有显赫的社会关系外，还希望从其嘱托梁亿立祠反映其尽孝的社会形象。

五　女官读书识字与士人推行女教

上述女官籍贯归属在地域上的争夺和改动看似细微，却暗示明中叶之

---

① 咸丰《顺德县志》卷28《列传八》，《广东历代方志集成·广州府部》第17册，2007，第668页。
② （清）屈大均：《女官传》，欧初、王贵忱主编《屈大均全集》第3册，第107—108页。
③ （清）罗天尺：《五山志林》，（清）吴绮等撰《清代广东笔记五种》，第51页。

后，广东不同政区的士大夫开始争夺历史名人的"归属"，以增加、彰显本地的人文价值，背后明显有利益的关联。这些女官的人文价值，与士大夫对女官形象的建构不无关系。广东女官均是有才华的知识女性形象，黄惟德的才华在明嘉靖到清前期的广东地方文献中没有明确说法，直到咸丰《顺德县志》卷28《列女八》才说她是"甘竹人，幼读书，通文词"。那么，明初广东其他女官的才女形象又如何？清初屈大均记载："屈氏，番禺人，洪武二十二年以才色被选入宫，擢为美人，奉侍敬谨……当选时，实以知书有才藻，非仅容色之美……其初实以选为女官进宫。"[1] 屈氏显然才色俱佳。

番禺陈二妹入宫后，因才艺双全且出众，被宫中嫔御称为"女中君子"。从万历《广东通志》卷26可知，陈二妹完全是一位好学上进、知识广博的才女形象。陈司彩甫一出生就与众不同，满月即"左取印右取笔"，刚会说话，父亲教她读书，就能强记不忘。自幼学女红，也是过目即会。父亲专门为她聘请女师，教她潜心研读《孝经》《内则》《列女传》《女戒》等各种女教书。陈二妹受到的这些良好教育，为她以后在宫中施展才华创造了条件。她入宫后，因善六书、精女工，以致出现"嫔嫱皆师事之"的现象。这才会有永乐帝即位之后，再次召回"熟知典故"的陈二妹回宫服役。屈大均在《女官传》中说她幼时"左手取剑，右手援笔"，七岁"就女师"读书。入宫为官后，"后宫多师事之，称女君子，亦曰女太史"。她在宫中时以《内则》辅佐马皇后管理后宫，"司彩祖姑以《内则》佐高皇帝后母仪一世"。

陈二妹还严守礼教，入宫之前，一直"深居闺阃"，入宫后回家省亲，也是"阃范严肃，人罕见其面"。可见，她是一位文化知识水平高且严守妇道的才女形象。永乐四年因"病终于宫，帝后为之涕泣，遣中使护丧归葬香子之山陈家林"。[2]

女官叶氏和王氏也都是读过书的女性，她们的才华也得到了广东士大夫们的肯定，甚至将她们与明初广东名士相比肩。叶女官少时就精通《列

---

[1] （清）屈大均：《女官传》，欧初、王贵忱主编《屈大均全集》第3册，第105页。
[2] （清）屈大均：《女官传》，欧初、王贵忱主编《屈大均全集》第3册，第106—107页。

女传》。洪武二十四年闻其孝敬，选其入宫，擢为女官。王司彩也是"有文学，能诗。盖宋昭容之流而持操过之。所作宫词至今人犹传诵，以为类唐句云。王司彩宫词：'琼花移入大明宫，旖旎浓香韵晚风。赢得君王留步辇，玉箫嘹亮月明中。'"①

与陈二妹读过《孝经》《内则》《列女传》《女戒》相比，叶女官仅通《列女传》，其女官职务不明。她们在年少时所读的书主要是儒家女教书，士大夫记载她们所读书目不尽一致。屈大均说，叶女官"通《列女传》《女论语》"，并由此将广东女官与孙蕡等名流并列，"国初广东甫定，一时贤人君子若孙蕡、黄哲之流，联翩筮仕，而十余淑女与之同升诸朝，亦一时运会使然哉！"② 孙蕡、黄哲是元末明初珠江三角洲地区著名文人，在广州南园结社，被后人誉为"南园五先生"。女官的人文价值形象于此得到凸显。王司彩是广东唯一一位守寡入宫的女官，入宫不久，就被明成祖宠信的权妃举荐"同辇之爱"。如果王司彩借助这个机会而受宠，极有可能升入嫔御之列，但她婉拒了永乐帝的示好。屈大均评价说："王氏以孀妇坚辞御幸，则贞节之德可嘉矣。"③ 从权妃举荐王司彩来看，女官与嫔妃来往密切。王司彩为善吹箫的权妃作《玉箫宫词》，"是时，贤妃权氏、顺妃任氏、昭仪李氏、婕妤吕氏、美人崔氏，皆朝鲜人。权尤秾粹，善吹玉箫"。④

清初谈迁记载王司彩的宫词作于权妃死后，"永乐中，贤妃权氏……俱朝鲜国王李芳远所进。权妃秾粹，善吹玉箫，见幸。永乐八年从征，还至临城薨，谥恭献……权氏薨后，司彩王氏作宫词……盖指权妃也"。⑤ 康熙时朱彝尊说："司彩王氏，南海人，宣德中女官。"⑥ 如此，则王司彩自永乐二年入宫直到宣德时仍在宫中服役。明清士人对王司彩的才德评价甚

---

① 嘉靖《广东通志》卷63《列传二十》，《广东历代方志集成·省部》第4册，2006，第1654页。
② （清）屈大均：《女官传》，欧初、王贵忱主编《屈大均全集》第3册，第108页。
③ （清）屈大均：《女官传》，欧初、王贵忱主编《屈大均全集》第3册，第108页。
④ （明）黄瑜：《双槐岁钞》，第58页。
⑤ （清）谈迁：《枣林杂俎》，第270页。
⑥ （清）朱彝尊撰，姚祖恩辑《静志居诗话》卷1《宫掖》，《续修四库全书》第1698册，第102页。

高，黄佐认为她的诗作、节操超过唐代"女学士"宋若华、宋若昭姐妹。①明代文人顾起纶评价她说："宫词遒丽，亦椒庭之艳发者。"② 屈大均说王司彩的《宫词》被"宫女恒歌之"，又评价说："其才与上官昭容、花蕊夫人不相上下，节操则过之矣。"③可见，王司彩在贞操方面的表现，与陈二妹"阃范严肃"如出一辙。

由此而知，广东女官不仅才华出众，而且恪守妇道。她们在文献中之所以以这样的形象出现，一则可能本身确实具备这样的特质，二则可能和士大夫的努力塑造有关。当地士大夫在接受了中原文化之后，为尽快与中原文化融合，花费了很多心思，希望将女性塑造成"贞孝节烈"的官方形象。为此，他们在家乡大力推行女教。明代之前，广东即有宋代梁观国的《壶教》、明代黄佐的《姆训》与叶时的《阴教书》等，这些是专门规范女性言行的女教书。

梁观国，字宾卿，番禺人，生于宋哲宗元祐三年（1088），殁于宋高宗绍兴十六年（1146），享年59岁，是极少能进入《宋元学案》的粤人之一。关于梁观国的生平，比他小10岁的胡寅④在《斐然集》卷26《进士梁君墓志铭》专门予以介绍：

> 观国君，名其，字宾卿。本陇右人，五季南徙，遂为番禺人。宾卿始业儒，挺挺屹屹如孤松立石。凡再预州荐，辄报闻罢。年益壮长，退而取经书熟复诵之。浩然叹曰："嗟夫！圣贤垂教，乃使人哗于口吻诞于纸笔。小而干泽，大而迷国，此荆舒公用以盲瞶天下者。可守而弗变耶？"衷所作科举文畀诸火，励志求道，沉浸浓郁，殊途百虑，一归于正。资之深，持之久，确乎其不可夺也。尝谓学而畔道

---

① 宋若华、宋若昭姐妹皆是唐代著名的女文学家，关于她们的介绍，可参见《旧唐书》卷16《穆宗本纪》，中华书局，1975，第484页。
② （清）朱尊彝辑《明诗综》卷84《司彩王氏》，中华书局，2007，第4106页。
③ （清）屈大均：《女官传》，欧初、王贵忱主编《屈大均全集》第3册，第109页。
④ 胡寅（1098—1156），字仲仁，建宁崇安人。宣和间，中进士甲科，靖康初，召除秘书省校书郎，后迁起居郎。复召为起居郎，迁中书舍人。因素与秦桧不合，故坐讥讪朝政，安置新州。桧死，得复官。卒，谥文忠。学者称致堂先生。著《斐然集》《读史管见》等。《宋史·艺文志》有录。（南宋）朱熹、李幼武：《宋名臣言行录·别集》上，卷8。

皆由异端惑之，乃力排老佛二氏，穷其指归，摘其蛊祸。若言若行若事必折以正理，食息语默未尝忘也。……其遗文存者……《壶教》十五卷，付其女弟为女师，训间巷童女以守礼法，勿徇俗溺也。①

胡寅有关梁观国生平的记载，毕竟是同时代记述当时之事，可信度较高。这一记载为以后梁观国事迹的各种版本所沿袭，如嘉靖十四年（1535）《广东通志初稿》卷14《儒林·梁观国》，对梁观国的记载除在措辞上略有不同外，其他均同于胡寅之说。② 至于梁观国撰有《壶教》授予女弟以教女童的说法，最早也来自胡寅。

《壶教》一书已佚，无法知其确切内容，只能根据人们传抄所记，断定它是梁观国在接纳了理学思想后，将自己心目中女性应遵守的规则和理想形象著书来加以表达。他将此书交付妹妹，让她教导街坊间巷中的女童。当然，根据胡寅的说法，他除了"训间巷童女以守礼法"外，还劝导当地人"勿徇俗溺"。

但在后来的记载中，虽然多与胡寅相同，却不见了胡所说的"勿徇俗溺"字样。如嘉靖十四年《广东通志初稿》卷14《儒林》记载为："（梁观国）遗文有《归正集》二十卷；《议苏文》五卷；编《丧礼》五卷；《壶教》十五卷。"③ 万历年间郭棐《粤大记》记载："其遗文有《归正集》二十卷；《议苏文》五卷，驳其羽翼异端者；编《丧礼》五卷，革用道释者；《壶教》十五卷，付其女弟，为师训间巷童女以守礼法。凡师事梁观国者丧葬不用缁黄，一时风俗赖之丕变。其所为书，真德秀、王应麟辈皆称之。"④ 这种说法亦为明末清初屈大均所沿用，"《壶教》者，宋南海人梁观国所撰，凡十五卷。授其女弟为师，使训间巷童女，以守礼法。真德

---

① 胡寅：《斐然集》卷26，文津阁《四库全书·集部》第380册，第224—225页。
② 对梁观国，在毛庆耆主编《岭南学术百家》（广东人民出版社，2004）第92—96页有详细介绍。
③ 嘉靖《广东通志初稿》卷14《儒林》，《广东历代方志集成·省部》第1册，2006，第279页。
④ 嘉靖《广东通志初稿》卷18《风俗》，《广东历代方志集成·省部》第1册，2006，第339页。

秀、胡寅常称其书"。①

真德秀②、王应麟③均是晚于梁观国百余年的著名学者，相较而言王应麟更晚一些。王应麟《困学纪闻》记载："梁观国有《议苏文》五卷，驳其羽翼异端者。或问地狱之事于真文忠公，公曰：'天道至仁，必无惨酷之刑；神理至公，必无贿赂之狱。'"④ 士大夫专门提到胡寅、真德秀、王应麟等对梁观国的赞许之辞，无疑是想借他们之名以提高梁观国的地位。生活在嘉靖年间的戴璟对梁的评价甚高，认为："自梁观国以礼敦俗，故其民重正道而陋黄缁。"⑤ 但从王应麟的著作并未提到《壶教》看，极有可能此书传播范围有限，仅在珠江三角洲地区流传。不过，至少从南宋时珠江三角洲的女性已经开始正式接受儒家礼教的熏陶。

在当地推行儒家文化的人物中，宋末元初的顺德人区适子也是一大功臣。万历十三年（1585）《顺德县志》记载，区适子"字正叔，登洲人也。父玙仕宋为德庆参军，廉介有声。适子幼俊爽，能文辞，经史皆通大旨。及长，重厚寡言笑，以博学洽闻称。学者多从之游"。区适子所居之乡之前叫鼍洲，因他自号登洲，后来此地干脆更名为登洲。区适子生活在宋元之交，时政局动荡甫定，身为宋遗民的他拒绝出仕。有人问其原因，他回答说："吾南人操南音，安能与达鲁花赤俯仰耶？"人们在赞誉他有气节的同时，最为津津乐道、引以为豪的就是他撰写了《三字经》，"故老传今《三字经》，适子所撰也，童蒙多诵之"。⑥ 即认为在民间广为流传的著名启蒙读物《三字经》是区适子所撰。

区适子撰成《三字经》之后，元代南海人黎贞对之训诂作《三字训》，

---

① （清）屈大均：《广东新语》卷11《文语》，欧初、王贵忱主编《屈大均全集》第4册，第300页。
② 真德秀（1178—1235），字景元、景希、希元，号西山，福建浦城人。南宋庆元五年（1199）进士，官至户部尚书、参知政事。理学家，撰《大学衍义》等书。卒谥文忠，祀孔庙。传见《宋史》卷437。
③ 王应麟（1223—1296），字伯厚，号深宁居士，进士出身，是南宋著名学者。祖籍河南开封，后迁居庆元府鄞县（今浙江鄞州区），历经南宋理宗、度宗、恭帝三朝，位至吏部尚书。
④ （宋）王应麟著，（清）翁元圻等注《困学纪闻》卷20，上海古籍出版社，2008，第2188页。
⑤ 嘉靖《广东通志初稿》卷18《风俗》，第339页。
⑥ 万历《顺德县志》卷7《人物志一》，《广东历代方志集成·广州府部》第15册，2007，第62页。

成为广东妇孺喜爱的读物。① 明初广东《三字经》经海南传到江南，乾隆时，经学家邵晋涵为浙江渔民赋诗："全家生计渔舠上，识字才教记姓名。读得黎贞《三字训》，便称渔浦小书生。"自注："《三字经》为南海黎贞所作。赵考古自琼山携归，以授村塾。"② 赵考古即赵谦，洪武时浙东大儒。可见，元末明初珠江三角洲地区的读书热是女官识字的社会背景。

不过，故老相传《三字经》似为宁波人王应麟所撰。针对这一说法，从明代开始，珠江三角洲地区的学者如黄佐、屈大均，甚至清末与区适子同县的李文田等学者均对区适子的真实性进行过考察。顺德博物馆李健明专门从《三字经》与《小学绀珠》内容的差异、《三字经》方言特点等方面论证，认为这本家喻户晓的童蒙读物《三字经》确定无疑出自区适子的手笔。③ 当然，无论是古人还是今天的学者，他们对此的津津乐道，肯定夹杂了某种私人情感，即无非希望借此证明：珠江三角洲地区具有深厚的文化积淀，是中国启蒙文化的发源地之一。

明朝建立后，中央王朝与岭南地方官府的关系日益密切，科举入仕的士人迅速增加，随之而来的是士绅队伍的成长与壮大。其中一些人通过考取进士而获得进入中央为官的资格，在朝堂之上相互提携，终于造就了南海士大夫集团的崛起。所谓"南海士大夫集团"，罗一星定义为明中叶崛起的南海籍官僚群体。他们以科举出仕，以宦绩成名，继而相连成势，互抱为团。在京城曾参与制定国典国策；在任职地曾实行重大经济改革措施（如"一条鞭法"）；在家乡大多亲手整合宗族组织，制定宗族制度，成为明中叶后广东宗族发展的重要推动力量。④ 他们通过自己的权力与学识，热心向民众推广理学与礼教，对当地的社会风俗和文化传播产生了巨大影响，此时的代表人物有叶时、黄佐等。女性在士大夫强力推行的文化攻势下，情愿或不情愿地接受了礼教设计的"贞""孝""节""烈"形象，切身实践了女训的教条。

---

① 李健明：《〈三字经〉作者细考》，《学术研究》2007年第8期；李健明：《〈三字经〉主要版本内容研究》，《学术研究》2008年第8期。
② （清）邵晋涵：《南江诗钞》卷1《姚江棹歌一百首》，《续修四库全书》第1463册，第616页。
③ 李健明：《〈三字经〉作者考》，《图书馆论坛》2006年第1期。
④ 罗一星：《明清佛山经济发展与社会变迁》，第81页。

其中广东归善县人叶时也是一位在家乡推行女教的重要人物，我们从万历《粤大记》对其事迹的记载，可以了解其生平及其对女教的重视，引述如下：

> 公生而颖异，年十五补郡弟子员。与友人杨易天祺、刘梧、叶天祐均以持正为麦登所构，削士籍。后学究施公儒、给事中李公文凤知登奸状，白公之诬。礼部尚书夏公言以闻，诏下。郡守蒋公淦欲起公，公谢曰："圣贤之学，惟求诸心，心苟不欺，则穷居不损。"乃力辞，退而益讲明心性之学，于世味澹如也。……嘉靖辛丑诣阙，上十八策。归，值父病，侍汤药唯谨，及卒，丧葬一依文公《家礼》，哭墓哭忌，终其身。平居恂恂守礼，与吴孺人相敬如宾，家庭之间戢戢如也。又著《阳教书》以训男，著《阴教书》以训女，集古先正格言以训初学子弟。惠阳称家范者，以叶氏为首。弼唐庞先生讲学罗浮，公从之游。中离薛先生过惠，公馆之西湖禅林，与之讲辨，益信良知之学。作《大学解》，又集濂溪、明道、象山、白沙、阳明、中离六先生见道诗合为一编，其所造可知也。叶春及曰："惠江之学，造端于夫妇。"杨起元曰："叶先生与先人同志，是真道学。"人以为确论。①

据记载看，叶时于嘉靖二十年（1541）觐见嘉靖皇帝，他的主要活动时间应在嘉靖年间。此后对叶时的记载多宗于此而加以增减。② 屈大均对他著书教导儿女之事记载较为详细，"尝著《阳礼书》以教子，《阴礼书》以教女若妇。诸女归，书醮辞于策，令习之。祭祀，夫妇洒扫涤器，菹醢必亲。朔望，先生率男、孺人率女妇谒祠；退，登堂相拜，乃据坐，儿女上谒受教。及儿女长，两人春秋高矣。日揖让如宾，诞迭宾主再拜上寿，然后儿女更上寿，尽欢而罢"。估计是叶时为教育家中女性所著的《阴礼书》在当时当地取得了良好效果，与之相善的叶天祐之子叶春及称之云：

---

① （明）郭棐：《粤大记》卷14《献征类·叶时》，第394页。
② 雍正《归善县志》卷17《儒林》，雍正二年（1724）刻本，第594—595页。

"惠江之学，造于夫妇，盖以身行其《壶教》者。"① 如今，无论是用于教导男性的《阳礼书》，还是教导女性的《阴礼书》都已亡佚，仅存其名。

黄佐写过一部专门教育女性的著述——《姆训》。清初屈大均说："香山黄佐有《姆训》一书，以《内则》《曲礼》《诗》《传》为主，而《列女传》《女戒》《家范》皆采入焉，皆淑正风化之要典也。"② 可见，黄佐《姆训》是在当时流行的女教书基础上编纂而成。此书已佚，仅余书目，文津阁《四库全书》之《明史》卷96即有记载。黄佐于嘉靖四十年（1561）刊刻《广东通志》，其中有他的学生梁有誉③为《姆训》所作之序：

> 业师泰泉先生辑《内则》《曲礼》及《列女传》诸书为《姆训》一卷。……灿然可睹已。弟子有誉因请刻焉，遂序诸末简。曰：诗书之言，女德尚矣，贤妃助国，君之政，贞女隆家，人之道，自古记之。盖风俗之美恶、家国之成败，于此焉肇。可不慎与？《易》之"家人"，于初爻则曰：闲有家，悔亡。夫闺门之内，恩不容以掩义，家责而后教，志变而后治，则虽严亡益，故能闲于始则悔亡矣。……夫昔贤之著述，或出于激愤，或成于忧虑，非空言亡事。实要之，咸有裨于世，至后之散儒，哓哓然肆其辞说，以求胜于天下，使人厌其辨之险而忘其用，故抗而言之则病谬，俯而言之则病庸，殊戾古人之旨。先生行纯圣则，学穷道奥，覃思六籍，诸所著述，必求切于用，以诲乎世之人。若是书则不必自为论说，据经传箴史以为鉴式，远绍前贤之意，近裨今日之风化，实有戚然不能自已者，大雅君子必有以

---

① （清）屈大均：《广东新语》卷11《文语》，欧初、王贵忱主编《屈大均全集》第4册，第300页。
② （清）屈大均：《广东新语》卷11《文语》，欧初、王贵忱主编《屈大均全集》第4册，第300页。
③ 梁有誉（1519—1554），字公实，别号兰汀。明嘉靖二十二年（1543）中举，二十九年中进士，授刑部主事，故世称"梁比部"。曾与欧大任、黎民表、吴旦、李时行同师事黄佐，结社南园，故列"南园后五先生"。学者称其为兰汀先生。36岁得寒病而卒。有《兰汀存稿》（也称《比部集》）八卷存世。参见万历《顺德县志》卷8《人物志》，第88—89页。

知其意之所由起云。①

郭棐在《广东通志》中也记载了《姆训》，内容沿袭黄本。细观梁有誉之序可知，黄佐《姆训》是辑《内则》《曲礼》《列女传》等书编写而成，目的是"求切于用，以诲乎世之人"。从"远绍前贤之意，近裨今日之风化"这种隐晦的表达看，当时的社会风气在这些士人眼中或许不容乐观。

经过广东士大夫的努力，儒家文化在珠江三角洲地区广泛地传播开来，对女性的束缚和要求也越来越多，女性在接受儒家女训教条的同时，也不断地汲取儒家文化来愉悦自己，并将此作为必备的一种才华。这就导致明初入宫的五位女官都是知书识礼的才女形象，而且都被标榜了"贞""孝""节"等特质。之所以会如此，与士大夫的努力是分不开的。

小　结

明初女官属宫廷管理人员之一，正史、政书记载简略，笔记、文集对女官制度虽有较详细的描述，但未涉及女官的生活情形。通过对广东地方文献的考察，明初女官制度的种种规定，在广东女官身上都得到了体现。她们均出身良家，入宫年龄不同，都有一定的文化知识，有的文化水平还甚高。她们在宫中既与宫女打交道，也与嫔妃乃至皇后、皇太后关系交往密切，其行为得到了后宫的赞许，而她们返乡期间的行为又得到了家族与地方社会的肯定。这一切都表明女官在程朱理学盛行的大环境中仍有自己独立的活动空间。

明初广东女官的出现，在某种意义上还说明，随着宋代以后北方移民的南下，珠江三角洲地区社会经济的开发已经日趋深入，儒家文化开始在这一区域逐渐普及，一些士大夫有意识地向底层社会的妇孺推行儒学正统教育，明初女官的知识即源于此。明清广东地方文献记载了黄惟德等五位

---

① 嘉靖《广东通志》卷42《艺文志上》，《广东历代方志集成·省部》第3册，2006，第1065页。

明初女官，虽然不成系统，却为我们了解具体的女官形象提供了到目前为止最为详细的资料，它们对女官在入宫前后及其宫中的生活有较清晰的记载，在某种意义上可以说，弥补了正史和典章制度记载的不足。明初广东女官的籍贯，因明中叶以后地方政区的调整，由最初的南海和番禺，衍生出顺德、增城，进而引起四地文献对之竞相记载，以表明本地女性服务过皇室的特殊经历，凸显本地女性的才华、淑德，以此作为本地女性社会形象之荣耀代表。

各地文献在记述女官时，均利用地方性知识建构了不少正史无法表达的女官生活内容，尽管表述各不相同，但主旨都围绕着女官制度而展开，凸显了女官知书达礼、贤淑贞孝的鲜活形象。明中叶以后，珠江三角洲地区社会快速发展，但道德风气下滑，士大夫试图构建符合正统礼教的社会规范。在他们心目中，女性应是孝行与贞节并重，因此黄佐将女官置于《列女》，与《明史》将女官归入《职官》不同。黄佐的意图是突出女官节孝，"烈女胜丈夫信矣，故今采录皆其处变有大过人者。若夫在室则顺父母，既嫁则宜家人，有子则慈以教，夫死则称未亡人以终其身，是其职之常也，然犹取其表表者焉，作列女传"。[①] 其做法被后来的方志效仿，女官几乎均入《列女》。

明代以来，广东仕宦非常重视对妇女进行孝行和贞节的形塑，以期达到社会教化的效果。[②] 说明地方文献在建构女官形象时更注重其教化的目的，女官在士大夫笔下几乎都有强烈的女德意识，所读的书也是儒家女教书，言行也严格遵守正统规范。将女官纳入列女行列，是出于树立父权、夫权下的纲常礼教之需，女性不应该与权力、地位、名利相挂钩。广东仕宦对女官形象的建构过程，反映了地方社会渴望通过女官将本地纳入王朝正统系统的意愿，说明国家意识形态通过士大夫的努力已逐步在地方社会得到了传播。

女官来自民间社会，其形象在明清社会变迁中不断被官民所构建。明

---

① 嘉靖《广东通志》卷63《列传二十》，《广东历代方志集成·省部》第4册，2006，第1646页。
② 参阅刘正刚、乔玉红《贞女遗芳与明清广东仕宦塑造的女性形象》，《史学月刊》2010年第3期。

中叶以后，广东仕宦与民间社会从各自的角度发掘女官资源。官府在不同时空中描述的女官形象也不尽相同，如黄惟德就出现南海、顺德两说，对其与梁储关系也越描越离谱。地方官府和民间百姓对制度落实中的某些元素进行了选择性的记忆。人们从各自利益出发进行筛选，各取所需，将不同时空中的故事嫁接，以争取对当事者有利的元素，女官形象在书写与传播中渐渐变异。仕宦阶层试图以符合王朝观念的方式紧紧围绕王朝正统书写女官形象，推陈出新；普通大众则从自身利益的角度以开放态势口口相传不断给女官形象添加新元素。

第三章

妇德何尝在识字
—— 儒而好贾的李晚芳

清代康熙、雍正、乾隆三朝处于王朝社会、经济、文化发展的鼎盛时期，学术界名之盛清。但在中国历史上，一直到20世纪初，社会识字率都相当低，可以说是个半文盲的社会。[①] 在能够识字的极少数人中，女性所占比重更小，但明清女性识字率似乎处于上升期。[②] 传统中国家庭的社会分工历来受"男主外女主内"的思想观念主导，女性受此影响，几乎很少公开从事长距离的商贸活动，但她们是地方性市场买卖的重要力量。[③] 经济较为发达的珠江三角洲地区亦是如此，女性在社会文化、经济生活中有着重要的地位和作用。由于明代商品经济的推动和文化的交流，关于女性获取知识的正当性就成为一个极为暧昧的问题。士大夫之家倾向或者说鼓励女儿成为能读会写的才女，这样的女性在同一阶层之间构成的婚姻市场中成为双方家族文化的象征和骄傲。虽然社会上依然有"女子无才便是德"的言论，但流于了形式。于是，明清时期社会上整体出现了才女辈出的现象，这其中自然包含珠江三角洲地区。本书讨论的女官已经说明了这

[①] 〔英〕科大卫、刘志伟：《宗族与地方社会的国家认同——明清华南地区宗族发展的意识形态基础》，《历史研究》2000年第3期。

[②] 美国耶鲁大学教授孙康宜认为，始于明末清初的"女子无才便是德"口号就是因此时出现大量才女而出现，这个口号的产生不但没有反映妇女受压迫的现象，反而显示了一些卫道士对才女文化的日渐兴盛而产生的威胁感。参见孙康宜《妇女诗歌的经典化》，《文学经典的挑战》，百花洲文艺出版社，2002。

[③] 刘正刚、侯俊云：《明清女性职业的商业化倾向》，《社会科学辑刊》2005年第3期。

一点。乾隆时期顺德龙江的李晚芳更是著书立说，成为珠江三角洲地区才女的代表。

一　李晚芳其人其事

李晚芳，清代顺德县人，康熙三十年（1691）十二月十五日出生于顺德龙津堡，卒于乾隆三十二年（1767）十月十五日，享年虚岁七十七。她是广东顺德龙津处士李心月次女，以儒学著称。其祖父，字兴松，号心同，以善医名世；其父李心月秉承家学，也以行医为生，生五子二女。五子皆业儒，长女富于学问，受聘于碧江苏家，未嫁夫死，守节获旌；次女即晚芳，于康熙五十年（1711）20岁时出嫁到与龙津堡毗邻的龙头堡碧江梁家，其夫梁永登，字远略，婚后即生活在此。两人婚后生"子一人，名炜，贡生，原娶苏氏，继娶王氏。女二人，长适沙湾乡王洪进，国学生；次适谢恩乡李福，国学生"。①

李晚芳晚年将其所居之家园命名曰"菉猗"，自号"菉猗老人"。嘉道之际，出任两广总督的阮元称赞她："以圣贤之学自期，敬事舅姑，勤相夫子，晚年注释经史，好学不倦，教其子炜分田以赡亲族，人称女宗。"②咸丰《顺德县志》卷29《列传九》也以"远近称为女宗"赞誉她。李晚芳晚年自号"菉猗老人"，自命其居曰"菉猗"，后人辑其著作曰《李菉猗女史全书》，包括《读史管见》《女学言行纂》和其子梁炜秉承母命为照顾宗亲而写的《菽堂分田录》三种。③ 其子梁炜曾撰《先慈行迹录》④较为详细地记载了她一生的事迹：

> 先慈赋质清粹，天性笃孝，好读书，寡言笑，动必以礼，事亲尤谨。甫六岁，受学于姊，姊即苏门贞妇也，授以《孝经》、《小学》，

---

① （清）李晚芳：《女学言行纂》，乾隆五十二年（1787）谧园藏版，《叔母李孺人墓志铭》。
② 道光《广东通志》卷308《列传四十一》，《广东历代方志集成·省部》第21册，2006，第4932页。
③ （清）李晚芳：《李菉猗女史全书》，刘正刚点校，齐鲁书社，2014。
④ （清）李晚芳：《菽堂分田录》。以下引文未注出处者，均出自是书中梁炜的《先慈行迹录》，第347—351页。

一读辄成诵,《论》、《孟》、戴《记》亦然。其诸描绣镌镂女红等事,入手即精妙无比。然性独乐书史,在阁十数年,自《左》、《国》、秦汉及唐宋大家之文,无不遍览。自龙门扶风以下诸史,无不淹贯。时或出其特见,评论古人,详究文义,多前人所未发,集为一记,即以所居园名曰"菉猗女史",亦自怡悦,不以示人。姊贞妇常称道之。

从她们所读书目来看,几乎包括了传统的经史子集。由此也可以看出,李氏家庭藏书的丰富,亦可借此初步了解清代顺德女性在家庭中的学习情况和氛围。从李晚芳幼读的书目来看,其兄弟姐妹七人所读的书均为儒家的经典书籍,也就是说,他们从小就接受了良好的儒学教育。

李晚芳到了读书识字的年龄,其父就让她和兄长、姐姐一起读书。由此可以推测,在传统社会,女孩很小的时候就开始接受由父母、家人或专业塾师进行的教育,以培养良好的素质与才华。香港学者熊秉真先生在一次演讲时指出,男女在幼童时期其实接受的教育是相同的,并没有多少性别上的差距。① 而且,可能小女孩在童年时期会获得比男孩更多的爱。这一点可以从李晚芳《〈女学言行纂〉自序》中得到印证:

> 平治之道基于家齐,齐家之道责成夫妇。男治乎外,女治乎内,厥职维均,皆不可不学。然男子终身皆学之日,女子自成童以后,所学不过十年,即于归而任人家政,事舅姑,奉宗庙,相夫子,训子女,和娣姒伯叔诸姑。齐家之务毕集,皆取给于十年之学,故学于女子为尤亟。②

可见,女性在成童至婚嫁前的十年,是学习的黄金期。李晚芳秉承传统社会"女主内、男主外"的观念,强调男女皆有学习的权利。学习的最终目的应该是,男女结成夫妇后,可以齐家,进而达到治国、平天下的愿望。不同的是,男子一生皆可学习,而女子读书的黄金时间在成童之后的

---

① 香港中文大学熊秉真教授于2010年3月26日在中山大学做了《记得当时年纪小——再访近世中国的性别与童年》的报告,其间反复强调了这一点。
② (清)李晚芳:《〈女学言行纂〉自序》,《李菉猗女史全书》,第197页。

十年内。所以，她呼吁"学于女子为尤亟"。她自己正是抓住了这十年的宝贵光阴，在学习之余完成了《读史管见》的著述。

李晚芳20岁时嫁给碧江梁永登为妻，碧江梁氏为当地大姓，据说在南宋中叶已定居于此。① 其姐的未婚夫家苏氏亦是碧江望族，与梁家世姻，李晚芳家庭与苏氏也有姻亲关系。除了姐姐许字碧江苏氏外，李晚芳的婆婆苏氏为苏珥②之祖姑；儿子的姑母是苏珥的房嫂；儿媳是苏珥叔父的次女；李晚芳的孙女又嫁给了苏珥另一位叔父的次子。可见李、梁、苏三家之间交织错杂的姻亲关系，也显示传统社会婚姻圈的地域具有一定的限定性。

不过梁家在清初已经开始没落，李晚芳嫁到梁家之后，婚后生活就已经处于较贫困的状态。时顺德连值荒歉，丈夫梁永登为维持生计无暇读书，只得经商以作养家之用，由此也管窥清代顺德地区的重商风气。但不幸的是，梁永登因经商必须常年奔走在两粤之间，有一次饮酒之后，夜宿于外，受到高山大泽、毒岚瘴雾侵入，患上足疾。李晚芳婚后只能暂置诗书，全身心投入家务劳动中。她悉心奉养公婆，"亲供菽水，必精必洁，务得两大人欢"。同时，她也不得不"竭力女工，夜以继日，刻无少懈，计给饔飧"。在这样困苦的环境之下，她依然保持着自尊和自强。其娘家的父母兄姊闻其力作过苦，时不时会派人询问，每次她都从容对答，还特地准备丰盛的食物，以示家庭宽裕有余而不让父母兄姊担心。

梁永登之母即李晚芳的婆婆苏氏信奉佛教，李晚芳尽管不信禅道，但她并未因此与婆婆发生冲突。相反，她曲意承顺，其姑拜佛时她也跟着拜，其姑跪时她也跟着跪。此事传到了其姊耳中，姊笑曰："是辟佛倔强者，为姑故通融若此，得柔顺之道矣。"李晚芳婚前应是极为反对佞佛甚至避之不及，但婚后为了顺从迎合婆婆，能够通融做到这种程度，说明她完全领会了儒家所说柔顺之道的真意。其姊专门写信对李晚芳的这种做法表示肯定。

---

① 苏禹：《历史文化名村碧江》，人民出版社，2007，第8页。
② 咸丰《顺德县志》卷25《列传五》记载，苏珥，碧江人。乾隆三年（1738）中举，著述颇丰。（清）李晚芳《女学言行纂》记载，苏珥曾为李晚芳作《梁母李孺人八开一寿序》。

李晚芳的父亲李心月病重之时,她曾专门归宁返家照顾父亲,"视寝膳,依依如童稚时"。父亲去世时,李晚芳痛哭失声,三日水米未沾,与其姊一起为父亲治丧,尽遵古人之礼。即便过了丧期,她们仍悲痛不减当初。母亲去世之时,李晚芳姊妹亦是如此。凡是遇到双亲的忌日,李晚芳"无不凄然陨涕,其天性厚也"。于此也可见姐妹二人在心灵上的相通。

随着年龄的增长,李晚芳丈夫梁永登足疾愈益严重,此时他的身体状况已经不允许他再继续从事经商活动。无奈之下,他到距离顺德很远的清远县改业行医,"侨居清邑以糊口"。此时李晚芳在家上侍二老,下育儿女,一人承担起家庭的各项重担。在这种情况下,她依然豁达自嘲作诗曰:"食贫并无贫可食。"为了生存,30多岁的她带领女儿"并力从事"家庭手工艺纸业,以供家用,当时年仅11岁的儿子梁炜也被她分派"出市就贩,获升合以相济",即出外经商,以补贴家用。这段岁月可能是李晚芳所经历的最艰难的时期,但她为了不让公婆担心,"虽力尽终宵,粮无隔宿,未尝有几微困苦见于颜面,凡朝夕进见及劝餐佐馂,无不欢畅温婉,和气满容",就像家里一向丰足富裕一样。

婆婆苏氏背部曾长出毒痈,经旬不能饮食,晚芳不解衣带侍奉左右,婆婆"怜其弱质",且为家庭操劳过甚,强劝之睡,说了多次后,她才"假寐一息"。但即便如此,只要一听到婆婆的声音,她就马上起来到床前照顾而毫无倦容。后来,苏氏背部毒疮开始溃烂,血脓交杂,流得浑身上下都是血水。晚芳轻手拭抹,没有任何嫌弃之念。医生来家里诊治时提出治疗方案,希望能有人把毒疮中的余毒用嘴吮吸干净,这样再下药的话效果会更好。晚芳听后,"欣然抚背嗒之,毒尽乃止"。医生惊叹曰:"孝能动天,足活汝姑矣。"数日后其姑果然痊愈。苏氏在梁炜长大后还时常指着患处告诉梁炜:"微汝母,不饿亦死矣。"

李晚芳的公公晚年患脾泄之症,虽多次延请名医医治仍不见好转,老人病中"日夜遗矢十数次",李晚芳每次都"易以干洁衣裳,即溺器溷盘,亦必躬亲浣涤。如是者月余"。尽管李晚芳多方调护,甚至"日夕劳苦,神枯气索,步履失常",但她的付出并没有扭转老人的病症,李晚芳为此"忧形于色,含泪呜咽"。老人宽慰李晚芳说:"勿怖。死,命也。汝之事我,至矣。年将八十,饥馑荐臻,汝之爱敬愈笃,常阅古来名媛孝妇,未有过汝者。微汝力，殍于野久矣，至今日乎！惟愿汝子克肖，他日娶媳事汝，一如汝事我者。"老人语毕遂卒。此时梁永登远在清远，晚芳督促儿子梁炜等人"必诚必信"地操办丧事。

梁永登听说父亲逝世的消息后，"一恸几绝"，足疾因此加重。"后数日，炜始以蓝舆迎归。自恨不能视袝跪含，哭泣过哀，疾愈剧。"受父亲去世的影响，梁永登过于悲痛，结果病情加剧，经过李晚芳的多方开解，才稍有起色。但其病已入膏肓，一开始，梁永登的足疾仅一年发作三四次，"久则月作一次。作时痛苦莫状，然疾瘳犹能扶杖强行"。梁永登在失去父亲和家庭贫困的交织下，"既已哀毁，又复伤贫，自是根枯节瘘，手足挛曲不能持行，竟成卧病"。此时，李晚芳的女儿已出阁，儿子梁炜逐贩省城，只有她日夜侍于丈夫床侧，"以医以养，心一如事父母舅姑之心，色亦不渝事父母舅姑之色。常数夕疲劳不寐，犹强自振刷，不形困苦以伤夫子心"。儿子梁炜回家看望他们时，李晚芳反过来劝儿子宽心，自己所受艰苦和为难之处绝口不提。

在李晚芳的精心照料下，即便是在贫病交加的情况下，梁永登又与病魔搏斗了七年，才安然走到生命的尽头，"逸豫以终天年"。临终时他对儿子梁炜强调，其母实为"一家全赖者"。他说："我自悔少时不慎构此恶疾，自分为沟中瘠矣。幸得力为扶持，延命到今。病势若此，明知不济，尚劳心劳力，日夜不宁，以冀万一。孝子事亲不过如是，愿汝努力为人，以报其劳。"李晚芳阻止丈夫不要多说，梁永登知道自己天命将尽，当着儿子的面讲述了李晚芳对梁家之大德，"汝尽道事予，不欲人知，固汝隐德也。宁而子亦不欲其知耶？今将永诀，吾不敢没汝之善"。是夕，梁永登卒。一年之后，晚芳的婆婆也撒手人寰。面对亲人接二连三的逝去，她在悲痛之中仍镇定沉着，"动援古制，殡葬皆如礼"。

李晚芳自小从学于其姐，可以说她一身的才学从其姐身上所获尤多，因此这位姐姐对李晚芳的一生来说影响极大，是亦师亦姐的存在，是她仰慕和学习的榜样。李晚芳之姐未嫁而未婚夫早逝，她和那个时代的大多数节妇一样，到婆家奔丧并守节终身，于此也可见她对从一而终观念的执着。清朝旌表制度规定，女性30岁前夫死并守节超过50岁，即可旌表。乾隆年间，晚芳之姐在60多岁时因病去世，守节时间超过40年，她在弥留之际，得到了朝廷旌表。据说她令人预先备好殓具，然后召李晚芳上前立下遗嘱："吾气绝，汝即亲扶入棺，不可从三日礼。女子示人以亵，非全妇矣。"次日晨起，沐浴梳头后又说："吾一妇人，受恩旌表，当望阙叩谢。"家人勉强扶她起来，"北面肃拜，返寝，从容而逝"。晚芳遵其遗命，盖棺而后受吊。① 这里除了显示姐妹俩关系亲密外，还说明两人都时刻以理学家的贞节观约束自己。梁炜在《菽堂分田录》中对母亲与姨母诀别的场景有感人的描述：

> 姨母疾亟，使人召先慈。先慈至，涕泣不能止。姨母笑曰："何泣为？我为亡人久矣，只为苏氏存一块肉，故犹未耳。六十余年，历遭磨劫，苟延至今，吾事毕矣，正乐得从良人地下。但以虽死，义不可辱男子手。又蒙圣恩旌表，自顾名义，故呼汝来嘱后事。气一绝，汝即亲扶入棺，不可从三日礼。女子示人以亵，便非全归矣，何泣为？"因咏《小旻》诗数次。越日早辰，亟呼仆妇治香汤，又命先慈梳栉。先慈请俟少瘥，曰："《礼》妇人不饰，不敢见舅姑，况谢圣恩乎？"遂强起沐浴严装，北面再拜，反席须臾而殁。先慈悉遵遗命入棺，一举而起，盖棺后方受客吊。先慈如丧父母，期而哭不止，恒食素，三年不饰。炜请曰："姊妹，期服耳，得毋过乎？"曰："吾过也与哉！吾心丧吾师也。"②

李晚芳从 6 岁开始跟姐姐学习，其姊去世之时李晚芳也近 60 岁，但两姐妹感情极深，再加上李晚芳时刻以姐姐的言行和学识为榜样，所以她在姐姐去世之后极为悲痛，如丧考妣，即便是过了丧期依然哭而不止，甚至为此长年食素，三年不佩戴任何装饰物。她自己所言的"吾心丧吾师也"，表明她在文化知识及思想观念方面受其姐影响颇深。

值得注意的是，李晚芳于 6 岁就学读书，16 岁完成《读史管见》的著述，60 岁又完成《女学言行纂》的编著，一生都坚持不懈地读书写作。这期间，她又始终以家庭经济为中心，除了自己亲力亲为地劳作，还令幼小

---

① 咸丰《顺德县志》卷 29《列传九》，《广东历代方志集成·广州府部》第 17 册，2007，第 684 页。
② （清）李晚芳：《李萰猗女史全书》，第 350 页。

的儿子入世就贩。这固然与其公婆年迈多病、丈夫残疾等家庭因素有关，也就是说，解决生计是最重要的问题。但她对读书从来没有放弃的念头，不仅自己如此，而且在让儿子经商的过程中，一再叮咛儿子要保持读书种子。这似乎也反映了在商品经济发展的大潮中，人们对读书、经商的某种纠结。我们从李晚芳的人生简历中可略见一斑。

李晚芳，康熙三十年（1691）十二月十五日，出生。

康熙三十六年（1697），六岁。受学于姊。

康熙四十六年（1707），十六岁。作《读史管见·序》。

康熙四十九年（1710），十九岁。作《读史摘微》。

康熙五十年（1711），二十岁。嫁与碧江梁永登为妻。

康熙五十二年（1713），二十二岁。生长女。

康熙五十五年（1716），二十五岁。生梁炜。是年，父亲李心月去世。

雍正五年（1727），三十六岁。梁永登足疾发作，寓居清远行医。令11岁的梁炜市贩。是年，公公去世。丈夫梁永登因悲痛过度而卧床不起。

雍正十二年（1734）前后，约四十三岁。丈夫梁永登去世。

雍正十三年（1735），四十四岁。婆婆苏氏去世，劝子外出经商。

乾隆十五年（1750），五十九岁。其姐去世，受姐姐委托处理姐姐丧事。

乾隆十六年（1751）五月，六十岁。编纂《女学言行纂》三卷。年末，拒儿子梁炜贺寿之请，训示恤族建祠。

乾隆十八年（1753），六十二岁。因姐去世而恒食素，三年不饰。

乾隆二十年（1755），六十四岁。李家破败，指示儿子梁炜割名下产业三分之一与表兄弟，助娘家重振家业。

乾隆二十六年（1761），七十岁。拒儿子梁炜与乡绅为她祝寿，劝子分田赡族。

乾隆三十二年（1767），虚岁七十七岁。逝世。

乾隆五十二年（1787），《女学言行纂》和《读史管见》刊刻。

二　珠江三角洲地区的商业化氛围

珠江三角洲地区长期以来就具有典型的海洋经济特征。秦汉时期，因为"处近海，多犀、象、毒冒、珠玑、银、铜、果、布之凑。中国往商贾者，多取富焉。番禺，其一都会也"。① 这表明以番禺为中心的珠江三角洲地区在秦汉时就已是一个海洋贸易的重要城市，因此，商业贸易已经融入了这一区域百姓的基因中。宋代《太平御览》卷 845《饮食部三》转引唐代《岭表录异》记载："大抵广州人多好酒，晚市散，男儿女人倒载者，日有三二十辈。生酒行，即两面罗列，皆是女人。招呼鄙夫，先令尝酒。盎上白瓷瓯谓之瓽刮，一瓽三文。不持一钱，来去尝酒致醉者，当垆妪但笑弄而已。"② 由此可知，广州市场上当垆卖酒的都是女性，甚至有老妇人在番禺墟市公开叫卖相思药的情形：

> 有在番禺逢端午，闻街中喧然，卖相思药声。讶笑观之，乃老媪荷揭山中异草，鬻于富妇人，为媚男药，用此日采取为神。又云，采鹊巢中，获两小石，号鹊枕，此日得之者佳。妇人遇之，有抽金簪解耳珰而偿其直者。③

这是宋人转引唐代《投荒录》的记载，说明至少从唐代开始，珠江三角洲已有女性于端午时节在大街上公然叫卖相思药者，且买卖双方都是女性，这一现象使中原士人惊异不已。这意味着当地女性在两性关系中处于主动地位且对爱情和婚姻幸福主动追求。女性在户外贸易在广东沿海地区相当盛行，宋人秦观在《雷阳书事》中描写当地妇女趁墟场景说："旧传日南郡，野女出成群，此去尚应远，东门已如云，蛮氓托丝布，相就通殷勤，可怜秋胡子，不遇卓文君。"《海康书事》又云："粤女市无常，所至辄成区，一日三四迁，处处售虾鱼，青裙脚不袜，臭味猿与狙，孰云风土恶，白州生绿珠。"④ 可见，这些靠近海滨的墟市皆因妇女聚集而成。

中原士人对女性在珠江三角洲社会中的特殊表现感到诧异的同时，也试图给出他们认为比较合理的解释，宋代周去非在《岭外代答》中说：

---

① （汉）班固：《汉书》卷 28 下《地理志》，中华书局，1983，第 1670 页。
② （宋）李昉等编《太平御览》卷 845，第 3778 页。
③ （宋）李昉等编《太平广记》卷 483，第 3982—3983 页。
④ 黄雨选注《历代名人入粤诗选》，第 165、168 页。

南方盛热，不宜男子，特宜妇人。盖阳与阳俱则相害，阳与阴相求而相养也。余观深广之女何其多，且盛也。男子身形卑小，颜色黯惨；妇人则黑理充肥，少疾多力。城郭虚市，负贩逐利，以赡一夫，徒得有夫之名，则人不谓之无所归耳。为之夫者，终日抱子而游，无子则袖手安居，群妇各结茅散处，任夫往来，曾不之较。至于溪峒之首，例有十妻，生子莫辨嫡庶，至于仇杀云。①

周氏把南方男女差异归结为气候所致，因阳阳相害、阴阳相养，所以男性卑小、女性"少疾多力"，妇女也因此在经济和社会生活中居主导地位，"负贩逐市"成为此地乡村特有的风景。从多女共赡一夫看，此时的婚姻家庭中尚无中原严格的嫡庶之分。

宋代该地区妇人贸易、男人守家的分工格局，在宋代《太平寰宇记》卷159《岭南道三》中也有记载，循州"织竹为布，人多僚蛮。妇市，男子坐家"。宋代《舆地纪胜》卷91《广南东路》记载："风俗织竹为布，人多蛮僚，妇人为市，男子坐家。"这一现象被明初南海士人归纳为"耕夫贩妇"。② 明末清初，广东一些地方仍是妇女劳作甚于男子，"厥夫菑，厥妇播而获之。农之隙，昼则薪烝，夜则纺绩，竭筋力以穷其岁年。盎有余粟，则其夫辄求酤家矣，故论女功者以是为首。增城绥福都亦然。妇不耕锄即采葛，其夫在室中哺子而已。夫反为妇，妇之事夫尽任之。谓夫逸妇劳，乃为风俗之善云"。③ 士大夫并不以此为陋俗，相反还说"乃为风俗之善"。

李晚芳生活的顺德县位于商业经济繁荣的珠江三角洲地区，"县四至与南海、番禺、香山、新会诸县接壤，多犬牙交错之区"。④ 顺德属于典型

---

① （宋）周去非：《岭外代答》卷10《蛮俗门》，张智主编《中国风土志丛刊》第61册，第351—352页。
② （明）黄佐：《广州人物传》卷12，广东高等教育出版社，1991，第290页。
③ （清）屈大均：《广东新语》卷8《女语》，欧初、王贵忱主编《屈大均全集》第4册，第246页。
④ 咸丰《顺德县志》卷1《图经》，《广东历代方志集成·广州府部》第17册，2007，第10页。

的水乡,河道纵横,商业相当发达,咸丰《顺德县志》卷3《风俗》记载:

> 在在皆水乡,舟航所达,川流四绕,阡陌交通,故力农尤便。至于桑田鱼池之利,岁出蚕丝,男女皆自食其力。贫者佃富者田而纳其租,惰安者盖少矣。其他为匠、为圬、为场师,又或织麻鸣机、编竹作器,一艺一业,往往遍于乡堡,相效成风。大率耕六工二,余则贸迁。其事诵读而试有司者不及十一焉。①

在咸丰年间的顺德士人眼中,顺德是以珠江三角洲地区流行的桑基鱼塘为主的农业社会,妇女和男性一样也要通过"自食其力"进行劳动。蚕丝业是当地社会的主流产业,除此之外,顺德地区的工商业相当发达。可能正是因为顺德工商业的发达,所以读书应试做官在当地反而退为其次。顺德以耕为主的农业也具有浓厚的商业倾向,这一现象与明清珠江三角洲地区社会经济的发展颇相吻合。②

李晚芳婚前所在的顺德龙津堡,有以陈村为中心的商业贸易集散地,当地以水果生产及加工为主业。"周围四十余里,涌水通潮,纵横曲折……居人多以种龙眼为业,弥望无际,约有数十万株。荔枝、柑、橙诸果居其三四,比屋皆焙家,取荔枝、龙眼为货,以致富。"③ 陈村的水果加工业带动了当地商业的发展,居民因此致富。李晚芳夫家所在的龙头堡商业也颇发达,"龙头治楮,勒竹治灰,赤花通粜,有墟焉,夹水而肆,百货萃之,俗呼赤花正者,墟名也。余多农商之业,弦诵在在有之"。④ 可见,至少在康熙时期,顺德地区的商业已经有了地域的分工,龙头堡主要以纸业生产为主,这些地区通过河道两岸的墟市进行交流,从"百货萃之"来看,贸易相当繁荣。这一现象在当时的珠江三角洲地区极为普遍,连雍正帝也感

---

① 咸丰《顺德县志》卷3《舆地略·风俗》,《广东历代方志集成·广州府部》第17册,2007,第74页。
② 刘正刚:《话说粤商》,中国工商联合出版社,2008,第13—16页。
③ (清)罗天尺:《五山志林》卷7《辨物》,(清)吴绮等撰《清代广东笔记五种》,第153—154页。
④ 康熙《顺德县志》卷首《图经》,《广东历代方志集成·广州府部》第15册,2007,第175页。

叹说："广东本处之人惟知贪射重利，将土地多种龙眼、甘蔗、烟叶、青靛之属，以致民富而米少。"① 可见，珠江三角洲的农业属于明显的商业性农业。

明清时期，随着顺德本地商业的繁荣，顺德商人也在不断崛起。其商贸地域不断扩大，触角深入国内的许多重要市场，他们将顺德与国内市场紧密地联系在一起，在全国许多通都大邑建立了自己的商业性会馆组织，或与广州府商人合建会馆。② 顺德地方志也记载了一些商人活动的个案，如康熙《顺德县志》卷9《人物·行谊》记载，龙津人欧福庆"家贫贩果桂于广"；乾隆《顺德县志》卷13《行谊》记载，陈村人林嗣艮"少从伯兄业贩江湖"，逢简人梁昕"随父司铎兴宁"，羊额人何钟景给族侄"贷以厚赀，使贩吴越"，桂洲人吴国璋"尝商于西粤贸"。很显然，清代顺德地方社会已具有明显的重商逐利的社会风气。李晚芳之夫梁永登很早就开始奔走于两粤之间经商，李晚芳之子梁炜自11岁起就开始经商也显得正常了。

顺德的重商与海外贸易密切相关。鸦片战争以前，清朝实行广州一口对外通商政策，珠江三角洲地区处于对外贸易的中心地，地方经济日益商业化、市场化，从事商业活动的人愈益增多。乾隆年间，顺德人龙廷槐对广州府各县的产业结构进行分析，他说："南海县地亩十之二，商贾十之六，工作十之二，其大镇为省城、佛山、石湾……顺德县地亩十之三，商贾十之四，工作十之三……省会、佛山、石湾三镇。三镇客商，顺德之人民居其三。"③ 以此来看，顺德地区的工商业从业者至少占70%。顺德商人在广州、佛山从事商业的人数也占到从商人数的三成。而广州和佛山则是明清时期岭南地区重要的工商业中心地，有学者称之为岭南区域的两个中心市场，前者是洋货和土特产的集散中心，后者是广货和北货的集散中心。④ 与此同时，一些外地商人也进驻顺德。道光十五年十二月，关天培

---

① 《宫中档雍正朝奏折》第8辑，台北："故宫博物院"印行，1979，第25—26页。
② 参阅刘正刚《广东会馆论稿》，上海古籍出版社，2006。
③ （清）龙廷槐：《敬学轩文集》卷2《初与邱滋畬书》，广西师范大学出版社，2007，第418页。
④ 罗一星：《明清佛山经济发展与社会变迁》，第243页。

在一篇奏稿中记载，官兵在陈村玉田查访到一所福潮馆，铺主系福建人沈姓，还有一间店铺，系潮顺字号，也是福建客人居住，"并查潮顺铺系一陵水妇人名海南三，招得福建人在店生理"。① 可见，陈村的外地商人至少涉及福建、潮州和海南三地，这些商人均属于明清时期的海商系列，与海外贸易极为密切。所有这些极大地加剧了顺德社会的重商倾向。

女性在珠江三角洲繁荣的商业贸易中也扮演着重要的角色，她们甚至直接与外国商人打交道。1821年9月，美国船"急庇仑号"在广州黄埔装货时，一名卖水果的番禺妇女与美国船上一名叫德兰诺瓦的水手"因买卖水果，价钱讲不成"，发生争执，并被打伤落水而亡。德兰诺瓦说，"为了摆脱她的啰嗦并叫她将艇开走，不慎将瓦坛投掷打中她的头，以致其坠水淹死"。道光初年编纂《东成案初编》卷3《斗杀共殴》记载了这个案件。道光元年（1821）十月，两广总督阮元据番禺知县汪云任禀报说，八月二十八日有美利坚国花旗夷人向民妇郭梁氏买果争闹，用瓦坛掷伤郭梁氏落水身死等情。事后，美国商人及其十三行保商不承认为美国商人掷伤致死。但中方调查后认为，"民妇郭梁氏系被夷人掷坛打伤落水溺毙，当时有郭梁氏之女郭亚斗及稍谙夷语之船妇陈黎氏在船目击，喊同粤海关差役叶秀横教不及，尸夫郭苏娣捞获尸身，报经该县传齐该国大班及夷商船主人等眼同相验，郭梁氏实系受伤落水淹死"。美国水手在珠江河面呼喊郭梁氏等妇女将小船划近夷船，"将钱五十文贮于水桶，用绳坠下指买蕉橙。郭梁氏收取钱文，将蕉子、橙子各十余枚仍贮桶内吊上夷船"，美国水手"嫌少索添，郭梁氏稍谙夷语，答称须再给钱方可添果"，双方因此争执，美国水手遂顺取船上瓦坛从上掷下，"打破郭梁氏头戴箬帽，伤及偏右翻跌落河"。广东官府根据清朝律例做出判决：将打死郭梁氏的美国水手"照例绞决，以彰国宪"；同时指出，夷人在广州买取食物，"向系官给买办，今民妇郭梁氏私将蕉橙卖给夷人，殊属不合。业已被伤身死，应毋庸议"。②

---

① （清）关天培：《筹海初集》卷3《闽盗曾武果否溷迹陈村请饬县飞速查覆稿》，沈云龙主编《近代中国史料丛刊》第43辑，第422册，台北：文海出版社，第609页。

② 台北"故宫博物院"辑《清道光朝外交史料》第1册，台北：成文出版社，1968，第22—23页。

有意思的是，在番禺县知县到"急庇仑号"船上公开审讯德兰诺瓦时，美方和中方证人各执一词。中方证人是被溺死妇人的丈夫、碇泊海关艇的妇女及两个8岁至12岁的儿童。而"这个妇女似乎是主要的证人，可以用英语向我们讲，因为她通晓英语远比通事好"。[1] 为了能与洋人做交易，女性甚至学会了外语，即"稍谙夷语"。当时并没有专门的外语学校，相信这些女性是在长期与洋人打交道的过程中自学成才的。

像这一类在珠江上以贩卖水果为生的女性有不少。屈大均《广东新语》卷9《事语》记载，端午节"士女乘舫，观竞渡海珠，买花果于疍家女艇中"。乾隆时李调元也说："广为水国，人多以舟楫为食。……中妇卖鱼，荡桨至客舟前，倏忽以十数。"[2] 这些女性甚至因为常和外国人接触，因而也被记载下来。长期生活在中国的美国牧师丁韪良说："我们访问了广州。……一行人坐着一条由一个大脚（即未经缠足摧残的）女人摇橹的小船，穿越密林般的中国式帆船，前往哈巴安德先生的房子。"[3] 在他们的记述中，以划船为职业的广州女性不在少数，她们所划的船是一种手工摇橹的船只，而非帆船，要求划桨者有力气。当然，这些女船工是收费作业的。这些女船工除了渡客外，还兼营水果买卖。19世纪30年代，法国人老尼克描述自己遇到的珠江内河的女船主时提到："她们穿着轻便的衣裳，一眼就能看出是女孩。艰辛的工作使女孩们的肌肉过早地出现；蓝色长裤下露出赤裸的双腿……有时女船夫也是出售橘子和香蕉的流动商贩。"[4]

清代珠江三角洲地区全民皆商的繁荣景象，也引起了一些知识女性的关注，她们用文字表达了自己对商业发展的态度。生活于道光年间的顺德籍知识女性刘慧娟，字湘舲，晚号幻花女史，21岁嫁与顺德黄连举人梁有成为妻。其在著作《昙花阁诗钞》中记载了这样一段文字："士农工商，舟车旅邸，须谨慎详察，辨别安危，不堕骗局盗薮，不入赌肆娼楼。大则

---

[1] 〔美〕马士编《东印度公司对华贸易编年史》卷4，区宗华译，中山大学出版社，1991，第26页。
[2] （清）李调元：《南越笔记》卷16，（清）吴绮等撰《清代广东笔记五种》，第386页。
[3] 〔美〕丁韪良：《花甲忆记——一位美国传教士眼中的晚清帝国》，沈弘等译，广西师范大学出版社，2004，第7页。
[4] （法）老尼克：《开放的中国：一个番鬼在大清国》，钱林森、蔡宏宁译，山东画报出版社，2004，第5—6页。

有关性命，小则损资财、坏品行也。金银珍玩勿露人眼，趋吉避凶，遇君子固家亲近之，即小人亦只宜远之，不可形于声色，恐挟怨怀仇，祸生不测。"① 身为家庭主妇能注意到经商时的细节，想必与其耳濡目染商道有关，因而才会将经商过程中应注意的事项记入自己的著作中。

三 李晚芳教子先贾后儒

除了那些直接参与商业经营的女性外，还有一些女性尽管自己不直接参与家庭之外的商业活动，但她们一方面在家庭内从事工商，以解决生计；另一方面又鼓励支持家庭男性出外经商，希望能通过经商致富，重建家族组织，凝聚家族力量。生活在盛清时期的李晚芳就是这样的例证。

李晚芳的丈夫梁永登家素贫，且梁永登从小就开始经商养家，甚至在奔走的过程中得了足疾。在儿子梁炜 11 岁时，梁永登因足疾发作无法再经商，只好到清远行医以帮衬家里。这时李晚芳不得不命儿子梁炜接过父亲的担子，开始"出市就贩"。梁永登去世之后，女儿出嫁，40 多岁的李晚芳只能与十八九岁的儿子梁炜相依为命。梁炜因自己之前一直在外经商，无法分担母亲一人照顾父亲的辛劳，所以此时希望结束在外经商的生涯，回到母亲身边尽孝，以弥补之前的遗憾，同时希望能从母业儒，但李晚芳打消了儿子这一念头，要求他先贾后儒。她说：

> 丈夫志在四方，观汝平素非局局乡园者，况吾愿未了，正欲藉汝少壮之力，以报汝宗祖在天之灵。束手敝庐，母子穷死无为也。吾外侄某，汝中表也，贾于吴，汝往从之。或有所获，俟稍毕吾愿，乃与偕隐，随读未尽之书。我尚强健，汝当亟从，此亦养志一端也。

李晚芳所言的"吾愿"是指发展梁氏家族，关于这一点，李晚芳曾在多种场合多次提及。如她劝儿子外出经商时说："汝家多业儒，汝质亦有

---

① （清）刘慧娟：《昙花阁诗钞》，光绪十六年刻本，方秀洁、〔美〕伊维德主编《美国哈佛大学哈佛燕京图书馆藏明清妇女著述汇刊》第 3 册，广西师范大学出版社，2009，第 153 页。

造,虽然,窘甚矣,食贫不足怪,顾所欲无由济,若之何?"梁炜回答母亲说"然则服贾欤?"李晚芳马上给予了肯定:

> 汝其勉之:一筹莫展无为贵知也,肇牵车牛亦《书》所云也。且横经负耒,昔人所兼。若于懋迁之余,不废书卷,亦奚不可者?昔汝曾伯祖礼部主事二吉公以耕农出仕,汝伯祖孝廉周士公亦发于阛阓。汝其勉之:莫辞本分内事,要为名教中人,无论所操何业,皆当自致焉尔。①

李晚芳之所以这么做,应该与梁家境遇困顿和家族没落有关,毕竟生存是首位。从她自己所说的"束手敝庐,母子穷死无为也"看,操办完丈夫梁永登和婆婆苏氏的丧事之后,家里的情况应当更拮据了。所以她才会极力鼓励儿子外出经商,说明她对经商改变家境抱有很大希望。更何况梁家有经商的传统,梁炜的"伯祖孝廉周士公亦发于阛阓"。李晚芳一位兄长的儿子即其外侄早已在江南经商,故她鼓励儿子投靠这位表兄弟。从她所言"汝当亟从,此亦养志一端也"看,很显然李晚芳鼓励儿子把外出经商当成培养心志的一种手段。她认为在贸易之余完全可以手不释卷地读书,而如果想成为"名教中人"即成为儒家体系的一员,也不一定非要读书考取功名,无论从事何种职业,哪怕是经商,如果努力的话也完全可以达到目的。虽然这些言辞是李晚芳为了劝勉儿子暂停读书转而经商所说,但对于李晚芳而言,此时让儿子经商挣钱确实要比教子读书以博取功名更为重要。

在母亲的要求之下,梁炜"泣别强行,经营一十余载,虽不无所获,而母发已皤然矣"。即自此在外经商往来11年,"去而逐末东之吴会,往来豫章,所获赢余,归以备述先慈"。梁炜在《菽堂自纪》中云:"炜少弗学,痛父卒于贫,遂竭力治生,跋涉江湖间者十余载。"② 咸丰年间编纂的《顺德县志》也记载说,梁炜幼受读于母,"以孤贫,不能竟学,去而事

---

① (清)李晚芳:《菽堂分田录》,《梁炜序》,第332页。
② (清)李晚芳:《菽堂分田录》,《菽堂自纪》,第346页。

贾，走豫章、吴会间，遂致巨富"。① 梁炜按照母亲的意愿，十多年在外地经商打拼，然后回到顺德家中，其母李晚芳时已50多岁。

与梁家世交的区广川是梁炜挚友，因而经常往来梁家，与李晚芳亦是熟识。他在《菽堂分田录序》中记录了晚芳命儿子外出经商之事："震科亦聪慧好学，能承母志。后太君以亲老家贫，不得已，命子徙业就贾，子亦知逐末非母本意，于是以贾而读。虽风尘扰攘中，书卷未尝释手。故家渐裕，而业亦渐进。"震科即梁炜，他刚开始经商时因急于去贫，故事事亲力亲为，算无遗策而始行，且锱铢必较。乾隆十二年（1747），梁炜外出行李都准备好了却因突发疾病而无法外出经营生意。李晚芳劝梁炜让自己娘家侄子代替他经商，梁炜不同意，认为"彼能代儿之力，不能代儿之心"。晚芳不解其意，认为侄子从事这一行业也有年头了，为什么会比不上？梁炜告诉母亲："儿善算。"即会精打细算多挣钱。当时李晚芳正在吃饭，闻言放下筷子叹曰："古所谓工心计，晰及秋毫者。汝真桑弘徒矣。算极锱铢，无微不至之谓善。天道恶善，非夭则绝。是以长者行事，每留余地以处人。先辈才识，非不汝逮也，惧天道夭绝之罚，故不为尔。孔子不云乎：富贵在天，望善算可致耶？汝不速改，吾食不下咽矣！"李晚芳教育儿子做生意不能锱铢必较，应该像长者一样每每留有余地给别人，这样才不会受天道的责罚。梁炜闻教，遂改变经营策略，"病后改为长者行，而家道亦未为少损"。②

梁炜在外经商多年，终于使梁家进入了富裕行列。按梁炜自己所言："爰将生平所创会计，共置得沙田、潮田、熟地共五顷八十余亩，基塘铺业共置一千余两。"③可见，十几年来梁炜积累的财富还是不少的，这些产业分散多处，生意遍布省内外，在广州就有固定的店铺长丰店，只可惜乾隆四十一年（1776）冬天因火灾而毁。梁炜于乾隆三十八年（1773）划拨过一次"恒产"即不动产分给戚友，这意味着他可能还有一定量的动产。此后梁炜在乾隆四十三年（1778）、乾隆四十四年（1779）、乾隆四十六年

---

① 咸丰《顺德县志》卷27《列传七》，《广东历代方志集成·广州府部》第17册，2007，第654页。
② （清）李晚芳：《菽堂分田录》，《区广川序》，第326页。
③ （清）李晚芳：《菽堂分田录》，《梁炜序》，第332页。

(1781)、乾隆四十七年（1782）等多次拨田赠给自己的老师梁景璋，[①] 拨给四邻用于备荒，拨给戚友以救助，拨出义祠尝田等，这些资产应该都是他在母亲指导下经商所得。

李晚芳身为女性，又受到儒家文化的约束，她不可能过多涉足闺门之外，但家庭内外的商业活动多在她的授意下由儿子完成。换句话说，梁炜从商多是遵从母训而行。可以说，在梁炜经商的一系列活动中，少不了其母亲的幕后指导。梁炜是幕前从事贸易的忠实执行者，晚芳则在背后给予了极大的支持。

虽说李晚芳在儿子梁炜11岁时就让儿子放弃读书转而经商，但这并不意味着她完全放弃了让梁炜读书的想法，而是把梁炜的人生规划为几个阶段，每个阶段的着重点不同。如早期阶段在家庭贫困之时，李晚芳就认为经商振兴家业比读书更为重要，所以才有"懋迁之余，不废书卷，亦奚不可者"之语，意即让梁炜在经商之余读书。等到梁炜经商有成，家业积累到一定程度之时，李晚芳命令梁炜分田赡族，至此振兴家族的心愿完成了，李晚芳又开始指导儿子认真读书，甚至鼓励其考取功名，以完成自己和儿子"为名教中人"的目标。可以说李晚芳对儿子的人生规划相当严格，梁炜也完全按照母亲规划的人生路线来走。正如她自己在《女学言行纂·四德》中谈到妇德时讲到的："母德虽以慈为贵，但不可专事姑惜而过于慈。过于慈，则类于禽犊之爱，酿成凶德，而蹈败子之愆矣。"[②]

李晚芳对于梁炜就是这么严格要求的。梁炜在《敬送莪轩业师田记》中写道："炜少贫，不能就外傅，受书于母，得通训诂。比长失怙，徙业而贾，母谓读书种子不可断绝，时以其暇辄加提撕。"[③] 由此可见，因小时家贫无力延请老师读书，梁炜的启蒙老师其实就是母亲李晚芳。李晚芳60岁时，35岁的梁炜以一己之力为家族建立祠堂，完成了李晚芳恤族建祠的初步愿望，她才允许梁炜不再远游，在家读书。她告诉儿子："自今后汝

---

① 梁景璋，字尚男，伦教人，号莪轩，乾隆十年（1745）进士，曾任户部河南司主事、余杭知县。未几遽谢归，在凤山书院讲席十余年。梁炜遵母命馈腴田二十亩绵其祀。（咸丰《顺德县志》卷25《列传五》）梁景璋在李晚芳著作的刊刻及梁炜分田等事情中起到了相当大的作用。
② （清）李晚芳：《女学言行纂》卷下，《引证妇德·四曰教子之德》，第290页。
③ （清）李晚芳：《菽堂分田录》，《敬送莪轩业师田记》，第338页。

勿远游，吾将与汝尽学力，以俟天命矣。"为梁炜规划了十年的读书生活。为了指导儿子读书，李晚芳专门将自己以前所读之书从书籍箧函中找出，"拂尘扫蠹，旦夕端坐，举少时所得于姊者，为炜讲解，夜深不辍，有疑必剖，有义必晰"。从此之后，李晚芳开始全心全意指导儿子读书。

李晚芳本身喜爱阅读儒家的经典，她也要求儿子多读史书和经书。有一次她见到梁炜在读申不害、韩非子等诸子之书目，就责问儿子："何为久读此？"梁炜回答说是因为"爱其文，愿熟之耳"，即喜爱这些书的文采，想熟读一下。李晚芳当即对他进行了批评："古人谓读刻薄书，必将为刻薄事。汝识见尚浅，恐非所益。若于文，《五经》外有《左》、《国》、贾、董、太史诸书在，终身取益不尽也。此等书只可备览，志其病足矣，不可熟习也。"她的意思很简单，就是先读儒家经典著作，等有一定学力后，再读申、韩一类的书。她发现梁炜的书柜中存有所谓"六才子者"之书后，遂批评说："此何书？乃与圣贤经史并藏耶？先儒有言曰，案头无淫书，方是好子弟。"马上命梁炜将这些书烧掉。①

遗憾的是，尽管李晚芳严格督促、指导梁炜的阅读与学习，但因为梁炜之前一直奔波经商，"半生混迹污浊中"，学习的根基并不扎实："自获兹教，深悔几负一生，几不获厕足于士林。"面对儿子的懊恼，李晚芳宽慰儿子说："莫辞本分内事，要为名教中人。汝力行此两言，无愧为人矣。"为了激励自己，梁炜亲书母亲之言于厅壁，以提醒自己不要忘记。②然而梁炜在参加当地举办的考试时依然屡屡败北。

有一位同宗之人见此就给梁炜出了个主意，让他落籍鹤山，就是把籍贯迁到鹤山，然后再以鹤山生员的身份参加科举考试。鹤山县建立于雍正末年，应考人数有限，竞争比较小，因此可能容易考过。梁炜将此事报告母亲，却遭到李晚芳的严厉批评。她当即反问儿子："汝属顺德耶？"梁炜回答说"人谓此籍易于科举尔"。李晚芳严肃地说："操此念便不可入圣贤之道。君子行己立心，当光明正大，始谋进步，也自暧昧若此？汝祖若宗占籍于龙十余世矣，今以易于科举故而遂背之，是忘祖也。身生本邑，舛

---

① （清）李晚芳：《菽堂分田录》，《区广川序》，第326—327页。
② （清）李晚芳：《菽堂分田录》，《先慈行迹录》，第351页。

名异籍以求售，是欺君也。忘祖不孝，欺君不忠。虚名未获，实行先丧鄙志，患得亦一念之差耳，可令廉者闻乎？"[1] 李晚芳其实是在培养儿子诚实的本性，要求儿子"立心当光明正大"，反对为博取功名而欺君忘祖，这与之前她批评梁炜在商业中"算极锱铢"一脉相承。

李晚芳反对儿子冒籍鹤山参加考试，但并不代表她不想让儿子梁炜取得功名。为了解决这个矛盾，她决定采用正当的渠道和方法帮助儿子参加科举考试，即"援例北雍，取隽于棘闱，或者小敌怯，大敌勇也"。[2] 也就是让儿子援例捐资成为北京国子监监生，然后直接以监生的身份参加考试，希望他只是小的考试成绩不好，在大的考试中能超常发挥取得功名。"炜如命，三赴秋闱，虽不售，先慈亦颇色喜。姨母亦闻而笑曰：犹及见炜之得为儒生也。"梁炜按照母亲的安排捐资成为监生，虽然三次参加乡试却依然未能中举，但毕竟也取得了监生的资格，完成了由商人到士人的身份变化。在这个过程中，李晚芳对儿子的影响可谓极大。

四　女性振兴家庭（族）的责任感

李晚芳在命令梁炜外出经商时多次提到"吾愿未了"，对儿子强调"正欲藉汝少壮之力，以报汝宗祖在天之灵"。她所谓的"吾愿"就是振兴家族。乾隆三十八年（1773），梁炜在《菽堂分田录》的序中讲述了父母平生的三大心愿：

> 先君子念本支昆弟贫窭散失，常诵敬宗、收族二语，三复不能置。先慈从傍倾听，谓此本分内事，未知何日得以遂志也。相对絮语，屡发长吁。炜时尚少，异而问之，曰："俟汝长，将以告也。"……先慈曰："所以听汝徙业者，非徒谋自给也。族人之困饔飧、滞昏聘者，及时恔焉，拯急解悬，不可缓也。"炜受命行之，如是者有年，所获渐以裕，窃计可以稍有为，则请曰："本分事孰为大？"先慈

---

[1] （清）李晚芳：《菽堂分田录》，《区广川序》，第326页。
[2] （清）李晚芳：《菽堂分田录》，《先慈行迹录》，第349—350页。

曰:"微汝问,固将告汝。建祠以妥先灵,置尝业以供祀事,分田以赡周亲,使各有恒产。此三者,敬宗收族之要也。"①

可见,李晚芳夫妇一生最大的心愿就是建祠堂、置尝田、赡亲族,但此时梁家经济破败,无力应付其中任何一项。李晚芳中年丧夫,家庭经济难以为继,儿子梁炜"稍长时,本支愈不振"。就是这个原因才促使她决定终止儿子专攻举业的计划,命其外出经商。直至儿子经商略有所得,她才向儿子传达了自己敬宗收族的愿心。

乾隆十六年(1751),李晚芳年届六十,梁炜拟延请亲友共同庆贺母亲花甲之寿诞,同时想不再外出经商,于是和母亲商量:"先慈花甲初周,欲延戚友进觞,且卜归养。"晚芳得知后告诫儿子说:

汝不必以虚文费实事。称觞上寿,虽属孝思,然此乃家给人足所为。古人云:"一人向隅,举座不乐。"今嫡侄某某等力不能娶,从侄某某等并未能聘,向隅止一人乎?何不移此上寿之赀,为彼完娶纳聘,则子侄有室家之乐,吾亦少致笃亲之情,孝思不更大乎!

李晚芳认为大肆操办祝寿是富裕人家所为,而自己所处的梁氏家族依然有许多困苦之人。与其把钱花费在为自己祝寿上,不如帮助梁氏子弟中无力娶妻或者无力完聘者。这样既帮助了子侄,又体现了自己的爱亲之情,更是体现孝思的一种方式。梁炜答应母亲出资给各房兄弟婚聘,并请示"诸弟婚聘而后举行可乎?"李晚芳仍没答应,希望儿子能够出资修建梁家始祖祠:"吾阅汝家乘,县尹公望斗翁为江南无锡巨族,自元季入粤占籍于斯,历年四百,未有一椽以妥先灵,汝力果有余,可速建祠宇,盖财非易得,用须有道,何可以虚文浪费为?"② 为此她追问儿子到:"向者与汝父絮语长吁,盖谓分当如是,而深叹力不从心也。今汝自度若何?"梁炜根据收入情况思考后回答:"一时并举,恐未之能,请先建祠可乎?"

---

① (清)李晚芳:《菽堂分田录》,《梁炜序》,第332页。
② (清)李晚芳:《菽堂分田录》,《先慈行迹录》,第349页。

得到母亲的同意后，梁炜"于是卜地庀材，鸠工诹日，凡六阅月而落成，约费白金六百余两，奉祀县尹公以下至泰如祖十一世"。①

然而，对于李晚芳来说，三大愿望只完成了建祠，还剩下置尝田、赡亲族未能完成，"幸举一事，斯二者，今虽未能，其力图之，毋第抱虚愿了"。梁炜答应母亲将"竭蹶经营"。由此李晚芳才同意儿子不再外出经商，专攻儒业，同时她还亲自指导儿子读书。不过，李晚芳置尝田、赡宗族的愿望从来没有放弃。

乾隆二十六年（1761），梁炜与乡绅再次筹划为古稀之年的母亲庆祝七十大寿，并得到地方士绅支持。"先慈寿臻古稀，炜所获交缙绅先生复申制锦之议。孝廉乡先生苏瑞，一博学慎言君子也，首为文以表其行；进士赵申堂表叔祖又作诗歌，倡同人为永年之祝。炜袖其文稿归，跪请卜日举行。"但令梁炜没想到的是，李晚芳读毕惨然曰："母子相处数十年，尚未知我心乎？我自念平生子道、妇道，多有未尽。所谓大廷可欺，幽独难昧也。又不幸识字，一读一赧然，恍如严师在上，句句督我罪过也。为我敬谢先生，却而焚之，毋使我对而惭恧，获惠多矣。"李晚芳再次严厉批评了梁炜，仍以心愿未了而拒绝祝寿活动，她说：

> 汝祖、汝父、汝祖母皆卒于贫，未尝得一日安享。我得美食即心痛于其食，我得美衣即心痛于其衣。回念七十余岁，舅姑食不饱、寝不安艰难之况，至今耿耿梦寐中。每一感动，血泪难干。我之罪多矣。汝时幼小，不能知也。今一旦稍得赀财，即为此虚夸之事，是重吾罪耳。……今我所欲为者甚多，恐汝力不足，故未遽以命汝。汝不见伯叔弟侄之嗷嗷者乎？五服之内，力不能举火者七八家；五服之外，一脉之亲未免饥寒者亦不下十家。同是祖宗子孙，有余安可自享？今虽月助以米，终非久远之谋。汝虽天性不薄，但恐我旦暮入地，无人留心提点，久而渐忘。万一伯叔弟侄有一不得其所，冻馁至死，何以告无罪于祖宗？吾愿汝多置田地，各分拨以实业，期之昆弟人予若干亩，功之昆弟人予若干亩。五服之外，则置一二百亩以为蒸

---

① （清）李晚芳：《菽堂分田录》，《梁炜序》，第332页。

尝,以为教育子弟,以济穷乏,以养孤寡,以备荒歉。此愿何时可满?此财何日得足?故我朝夕所需,不敢厚以自奉,恐伤汝有用之财,又何必以数日歌燕,动费中人数家之产为也?汝当释此力彼。愿须臾无死,以观汝所成就,而满吾愿焉。……汝力行之,荣我多矣,孝莫大焉!

李晚芳说完就将士绅为自己所写的贺寿文稿投入火中,梁炜请求存留以示后人,她则说:"吾示后自有道:莫辞本分内事,要为名教中人,足以示子孙矣。奚用此为?徒令有识者齿冷。"① 梁炜见母亲意决,不敢强请,遂遵母命,发奋治产收族。可以说,李晚芳晚年最大的心愿就是敬宗收族,认为此乃"名教中人"应做的分内事,唯如此才足以示子孙、传后世。"宗族的实践,是宋明理学家利用文字的表达,推广他们的世界观,在地方上建立起与国家正统拉上关系的社会秩序的过程。"② 李晚芳饱读理学著作,其热心敬宗收族正是基于此。

李晚芳不仅关注梁氏家族,要求儿子敬宗收族,对于娘家的情况也时刻关注,要求梁炜于关键时刻伸出援手。乾隆二十年(1755),李晚芳64岁。李家破败,"舅氏家连遭大丧,表兄某又值数奇不济,几破家矣"。李晚芳要求梁炜帮助李家渡过难关,走出困境:"是与汝素同袍,称莫逆者,狼狈若此,忍坐视乎?汝当力为安全,择一术可以复兴者,与之共事。汝名下割三之一焉,倘有成功,外祖父亦应鉴汝心也。"李晚芳指示儿子梁炜割名下产业三分之一与表兄弟,帮助娘家重振家业。梁炜遵从母命为李家奔波并提供帮助,不过十年,其表兄果振兴有成。梁炜将这个消息告诉李晚芳时,她兴奋地说:"吾有以报我父兄矣。"③

在李晚芳的带动与示范之下,梁炜按照母亲的教诲努力践行"分内事"。他曾说:"昔晏子一狐裘三十年,所沐君赐,波及三族,亲戚无冻馁者。先慈读古至此,未尝不抚卷嘉叹,谓:如此用财,上可挽国俗之奢,

---

① (清)李晚芳:《菽堂分田录》,《先慈行迹录》,第351页。
② 〔英〕科大卫、刘志伟:《宗族与地方社会的国家认同——明清华南地区宗族发展的意识形态基础》,《历史研究》2000年第3期。
③ (清)李晚芳:《菽堂分田录》,《先慈行迹录》,第350页。

下可振民风之吝,俭于身而厚于施,其圣贤之徒欤?宜孔子乐为缔交也。因顾炜曰:'吾人力弱,虽不可以效其全,亦当随分以师其意。庶几已无暴殄而于物有所济焉。'"李晚芳时常将赡助亲友的愿望传达给梁炜,受到母亲的影响,梁炜也一直认为这些事情都是"分内事耳,何敢尽让古人?"① 李晚芳去世之后,梁炜一直努力按照母亲的遗愿分田赡族,其资助对象甚至扩大到梁氏一族、苏氏一族、李氏一族、老师、父亲的朋友等多人。

乾隆三十八年(1773),李晚芳去世六年之后,恰值梁炜的次子成亲,时年57岁的梁炜将自己平生收入核算之后,第一次将这些田产家产析分捐赠,其内容如下:

> 共置得沙田、潮田、熟地共五项八十余亩,基塘铺业共置一千余两。将一项零三亩拨为县尹公尝业,递年所入除供祭外,以为子弟束修应试及矜孤恤寡诸费,有余则贮之,以备荒歉、济贫乏。凡属县太公苗裔附祖而居者,均得与焉。以一项八十亩分给周亲暨宗子曰焯、曰炽,先叔世登子也;曰耀、曰炯、曰炘,先叔绍登子也,各予一十亩。焯则倍之,以其长也;炘亦倍之,以其业儒也。曰绵,先叔祖能士孙也;曰煜,先叔祖超士孙也;曰恭垂,先叔祖楚士嗣曾孙也;曰朝,先外祖夔士长孙也;曰田,先曾伯祖二吉嗣曾孙也,各予一十亩。曰彬,曰翰,夔众孙也,共予十亩。曰汝励,泰如祖邕孙也,予五十亩,代代永为宗子业,俾得以当门户焉,重宗子以尊祖也。其余三百亩零则予三子平分之:櫄也、樵也、模也,各得百亩焉,笃所生也。勤力其中,衣食亦足供也。基塘铺业则存为先君、先慈尝业,三子轮流管值,恪供祀事,报所生也。②

由上段文字可以看出,第一次拨田共六百余亩,其中一项零三亩五分五厘用作始祖县尹公尝业,三项给自己三个儿子,还有近二百亩都分给了

---

① (清)李晚芳:《菽堂分田录》,《拨送戚友田记》,第340页。
② (清)李晚芳:《菽堂分田录》,《梁炜序》,第332—333页。

族中的兄弟，以作宗子业田或用作养赡。分田对象涉及梁氏一族的诸多同宗，甚至包括元代入粤的梁氏初代县尹公的后代、外祖之孙。拨田原则是业儒的加倍于其他梁氏子孙。除田地之外，还有一些基塘铺业，梁炜将之用于父母的尝业，由自己的三个儿子轮流管辖，以供梁永登和李晚芳的祭祀之用。尤其是对于始祖县尹公的尝田，有专门规定，递年收入除了供祭祀之外，还可以用来支付族中弟子的学费、鳏寡孤子的养赡费用，如规定：

> 一、子弟训蒙从师，每人岁支束脩一两。
> 一、子弟出馆从师，每人岁支脩金四两。
> 一、县试，每人支卷金五钱。
> 一、府试，每人支卷金五钱。
> 一、道试，每人支卷金一两。
> 一、科岁考，每人支卷金一两。
> 一、考遗才，每人支卷金一两。
> 一、入闱，每人支卷金二两。
> 一、进黉宫，花红金一十两。
> 一、发科，花红金二十两。
> 一、会试程仪五十两。
> 一、发甲花红金三十两。
> 一、寡妇无藉者，月支米三斗。
> 一、孤儿无靠者，月支米三斗。
> 一、老年无靠者，月支米三斗
> 一、废疾无养者，月支米三斗。
>
> 岁底，本支子弟有贫难，未能遍及田惠，看租所余，酌支相助，俾得温饱过年，共乐升平。亦不可溢，必余一余三以备荒歉。①

从梁炜自己拟定并书写的这个开支细则看，其对梁氏子弟读书的资助

---

① （清）李晚芳：《菽堂分田录》，《并将始祖岁所入之租应支开列》，第337页。

力度最大也最为全面，全力支持梁氏子弟读书业儒。对鳏寡孤独之人的恤养力度较大，尽量保证他们能维持正常的生计。针对特别贫困的家族成员，在年底还会酌量资助。

乾隆四十三年（1778），梁炜再次析田以助亲友，这次资助范围扩大到梁氏家族以外的困难亲友。当年五月，梁炜撰《拨送戚友田记》记载了此次分田的安排。自己的姐姐嫁到沙湾王氏一族，但姊丈以赌荡而破家身死，姐姐亲生儿子已死，只能将妾所生之子养育以做嗣子。然而这个儿子不争气，和父亲一样嗜财放荡，因此很难指望能善养嫡母。为了帮助胞姐，梁炜遂"酌拨田九亩以赡养之，减于昆弟十之一，以别内外焉"。梁炜继娶妻沙湾王氏，岳母韩氏因丈夫早故且无子，"所遗只一土屋，并无寸田，今虽接养在家，终非久远之计，酌拨田五亩，比昆弟而半之，生得以养，死得择继也"。又梁炜祖母苏氏家的舅祖表叔俱殁，所遗一孙名国章，贫而多病，乾隆二十年（1755）李晚芳在世时曾命梁炜割名下产业三分之一对其资助，虽经过十年努力情况略有好转，但"今虽为之安身立室，恐食力不能养家，亦比昆弟之半予之五亩"。梁炜父亲梁永登的至交胡蕃昌，其子贫难无以自立，"亦酌拨五亩助之。但彼世居鹤邑，侨寓省城，拨田似非所宜。将五亩折价约值百余金为之买一屋一铺，屋以安身，铺得收租助食"。① 可见，此次梁炜分田对象已经扩大到了梁家许多亲朋好友。

乾隆四十四年（1779），63岁的梁炜再次分田，此次赠田的对象是自己的老师梁景璋。梁炜在母亲去世后仍专心科举考试，不曾松懈。他分析自己屡试不售的原因是"执业不专，未能与时角胜也"。他在《敬送莪轩业师田记》中说："古人有言：业患不能精。向之战而辄北者，未经取裁于有道也。闻莪轩家夫子受邑大夫聘，主凤山讲席，多士景从，遂偕从弟炘、长子樾同往问业。是时，炜年五十有八矣。夫子教其齿虽暮而志不衰也。提命特切，或疑有异闻焉。"但梁景璋家境也较贫困，按梁炜说，"夫子廉吏也，自余杭谢政归，粮无三月之聚，晏如也，而取与分明，未尝轻受人惠"。梁炜58岁以主讲凤山书院的梁景璋为师，从学五年之久，为了

---

① （清）李晚芳：《菽堂分田录》，《拨送戚友田记》，第340页。

答谢师恩,他从三个儿子所属的田地之中割出二十亩送给老师梁景璋,以"备饘粥"。顾虑到梁景璋未必会要,他又专门找与梁景璋关系亲近之人去游说。

同年夏至,梁炜写下《拨送四邻备荒记》,记载自己赠给莪轩业师二十亩土地原载龙头五十二图七甲梁成业户下,用于四邻备荒的田地三十亩之事。此次分田亦是由于李晚芳生前对梁炜的盼咐:

> 先慈在日,尝训炜曰:邻里有相周之义。汝先人世居于此,所接四邻非旧姻即世好,未可漠视也。古者任恤之风遍于闾巷,缓急相济,夫人能之田足以给也。后世田不井授谊日以薄,间有好行其德,往往病其难继,岁或不登,邻有菜色,是为沟中瘠,谁之咎也?善睦邻者于赡族而外,别置余田一所,以为救灾恤邻之备。他日力苟能为其,必勉之。递年出入,则延里内二三厚重者老司理之,岁或歉收,则集议设法散给可也。

在布置这项任务之时,李晚芳甚至连义田、尝田的运转方式都为儿子做出了规划。李晚芳去世后,梁炜终于完成了母亲的遗愿,于乾隆四十四年(1779)捐田三十亩,以备四邻赈荒之用,"炜于乾隆癸巳(乾隆三十八年,1773)设尝分田而未及此者,非忘之也,盖以省中所开长丰一铺赀本尚饶,行将次第举之。讵料丙申(乾隆四十一年,1776)仲冬(十一月),回禄为虐,省铺一烬为之。虽力有不能置之,则愿实未了。爰与三子谋,各割所得田十亩,凑成三十亩,以成其事。设处一如慈训,庶不负其平昔之志。故勒之石以识之"。梁炜让三个儿子每人从自己分得的田地中各割十亩出来用于四邻备荒。为了保证其实施,他专门将拨田刻石以记,同时又于乾隆四十六年(1781)三月十二日将赠予业师的二十亩田地契递送县衙备案,乾隆四十九年(1784)再次将此事刻石以记。①

乾隆十六年(1751)李晚芳60岁时曾命梁炜出资六百两建梁氏宗祠,乾隆四十七年(1782)五月,梁炜在《拨出义祠尝田记》中记载:

---

① (清)李晚芳:《菽堂分田录》,《拨送四邻备荒田记》,第339页。

继绝之事，为其人衍后裔，绵血食，义甚重也。乃有势不能尽继者，限于丁之不足也。将择诸同姓异脉者乎？然鬼不享非祀，民不祀非族，非我种类则气不相属也。然则遂恝而置之乎？亦非仁人之用心也。炜先慈于是有义祠之建，以奉同始祖所出高曾伯叔列祖未嗣之主。是举也，萃十二代已涣之神，复数百年久剥之祀，祗荐岁事，仍以宗子主祭，犹是一本云初，俾高曾伯叔嗣虽绝，而血食长绵，在天之灵庶几其周侗焉。先慈之用心诚远矣。但祠虽建而尝业未设，岁时祭祀皆于祠内所办之馔移而暂用，甚非专敬九原伯叔之礼。先慈实未慊于心，然未尝以是命炜者，倘亦虑炜之力不能一时并举也。

鉴于此，梁炜默体母志，"俭积多年，得银一百五十两，买同邑李与广兄弟土名聚奎沙龟冈脚实田六亩九分，拨为义祠烝尝。岁所入租，除供祀外，留为贫老孤寡送死衾棺之助"。同时将此事刻石以记，希望后人能世世照行，这样才能不负母亲创建之心。[①]

梁炜数次所拨义田、尝田，是多年来在母亲指导下经商所得。他在分田赡族、救济四邻之时，也一再强调自己诸多善举是按母亲教导办事，自己是在努力完成母亲的嘱愿，"奉贤母之遗言"，"推贤母之素念"。[②] 梁景璋为《菽堂分田录》作的序中说："（震科）暇日以其捐尝给族三百亩之田，斟酌条款，自记其事。将刊刻，尔后拜求序于予，蹙额而进曰：'是母志也。母所及见者，建祠耳。今兹之举，弥留时仍谆谆命之。恨母不能见矣。'因泣下沾襟。"咸丰《顺德县志》卷27《列传》也说，梁炜"建祠置尝产，以田分内外"，是"体母志"。

梁炜晚年终于实现了母亲遗愿，完成了敬宗收族、捐田赡养等诸多义举，因此梁炜受到了当地政府的表彰和士人的一致称赞。由于梁炜和戚友的宣扬，李晚芳的"贤母""女宗"之名也在当地传播开来。时任顺德县儒学教谕的韩江人杨联长赞曰：

---

① （清）李晚芳：《菽堂分田录》，《拨出义祠尝田记》，第343页。
② （清）李晚芳：《菽堂分田录》，《联恩盖印存案公呈》，第345页。

甚哉！世风之难也。锱铢所在，悖议遗亲，执鞭以求，不恤也。囊橐既充，性命依之，子孙守之，垂死自爱，毫无设施。每见兄弟阋墙，兴讼师于尺土；父子改爨，校轩轾于分文。骨肉且然，何论其他！余自司铎来思得一笃实推恩慷慨好义者，急为表暴，以挽颓风，率不可得。即有之，或勉于当道之奉檄赈荒，或谋于绅士之撰文乞匾。施寺院者为祈福也，修道梁者多沽名也。求其推所尊及所亲，捐田分产以活亲族者，未之前闻。龙岩梁子震科，闻人也，授书于母，以其所自置之田六百亩，剩其半以养所生，建祠立厩祖县尹公蒸尝，赡厩祖子孙，贫乏以杀而分亦三百亩焉。是举也，初闻之而疑，疑其未必有是人也。再闻之而骇，骇其果有是人也。噫！当今之世而得是人焉，以佐王治邦国，必冰清玉白。已溺已饥，而子惠元元，天下赖之。吾恐求之近今而难得，即溯于在昔而亦难得也，可风也。或者曰："此即古义田之说。梁子亦犹行古之道也。"曰："似也。"然犹有进物之不由于所苦者，不足为珍；事之或出于众者，则见其易。吾闻梁子孤者也。十一岁贩于市，长而梯山帆海，一丝一粒皆自拮据中来。来之也难，则宝之也重。梁子之田，宜不知如何吝惜，性命依之，子孙守之，而乃义捐之易易。夫非性天之笃而学问之纯，能若是欤！于是思达之有司，详于上宪，以之风励当世，非妄也。乃梁子闻之，瞿然谢曰："此非仆之所自为也。母命也。"如曰母命，则母诚通经明道，京兆母之伦也。盖尤难也。①

梁炜的同学、碧江人苏梦篆，曾任琼州府儋州学正、湖南长沙府益阳县知县，于乾隆四十年（1775）五月为《菽堂分田录》作序云："梁子俭于自奉，见义则趋，积之有方，散之有道。所置田约六百亩，而所捐几三百亩，尤人情之所难。世之田连阡陌者亦多矣，而能捐十之二三者谁乎？况几去其半乎……梁子之分田与前人之义田，规画不必尽同，而同归于赡族之义，且记中所未及又能毅然为之，安在古今人不相及也。"②

---

① （清）李晚芳：《菽堂分田录》，《杨联长序》，第325页。
② （清）李晚芳：《菽堂分田录》，《苏梦篆序》，第328页。

东莞人陈梦元之前就曾耳闻梁炜尊祖、敬宗、收族的事迹,他于乾隆四十一年(1776)在凤山书院读书,在梁景璋门下结识了梁炜,遂询问其事。梁炜"方恂恂然不敢自为功,而归其功于母氏"。陈梦元感叹曰:"夫妇德何尝在识字,至代夫以教子,则识字要矣。贤母当教以贤子。至贤子而始困商贾,终乐儒业,且也顺亲睦族,信友尊师,其为贤抑又奇矣。是无论孝养承先,子母同符。然执此以求诸宇宙,数百年间而始有之。"①

梁炜对梁氏宗族的行为也让族人引以为荣。梁炜的族叔、明经进士即选司训梁锡爵自豪地说:

> 震科,余族侄孙也。孝友性成,其父永登赍志早丧,母李氏素博经史,明大义,痛早失所天,遂以其学督力教子。以故震科未尝出就外傅亦博闻强识,能文章,品重乡评,名称国士。积尝业而祠建小宗,置腴田而产分群从。他若囊金不惜,圣庙增修,桥木将倾,石搭孔固,诸凡美举,屈指孔多,独表尽伦,以示奖劝。书之家乘,明其所学之渊源,知母教之为功巨也。他日太史驾到采风,必有过庐而式者,视世之伤廉妄取、伤惠浪与,相去为何如也?②

像李晚芳这样以女性之身反馈宗族的例子在当地并不少见。她们不仅承担家庭生活重担,甚至还以勤苦所得的多余部分反馈宗族和社会。如黄连何祖雄妻李氏,28岁时夫死,儿子刚出生三个月。李氏抚孤成长,临终时将数十年积蓄的数十两金子交给儿子,嘱咐儿子用此赈济地方生活困难者。其子根据母亲教导,经常周济贫民,受到士林敬重。③ 何氏系陈村苏德贤妻,丈夫去世时她才19岁,矢志抚孤孀守。为了保证女性的贞节令名,她规定:奴仆13岁以上不许入中堂,家中服役多是妇女。在她80岁时,其子又先亡,她抚养两孙,延师教读,又设蒸尝以祀先人,办置学田以垂后世。她规定将学田收入用来资助族人读书进学者,只要入学就给谷

---

① (清)李晚芳:《菽堂分田录》,《陈梦元序》,第330页。
② (清)李晚芳:《菽堂分田录》,《梁锡爵序》,第331页。
③ 康熙《顺德县志》卷9《人物传三》,《广东历代方志集成·广州府部》第15册,2007,第408页。

20石，以资灯火。①

又有温颖妻简氏，龙山人，20岁成婚，七年后夫故，公婆在堂，孤子在抱。她仰事舅姑、抚育幼子，勤于女工。康熙五十二年（1713）发生饥荒，她捐粟赈济，使很多人得以存活。乾隆元年（1736）官府恩给粟帛，90岁时去世。②张化度妻刘氏系龙江人，28时夫亡守节，孝事翁姑，面对久病的婆婆，她亲尝汤药，左右侍奉达九年而不懈息。张家条件并不富裕，但刘氏经常周济贫乏、施舍棺衾，恩惠及于里间。乾隆十三年（1748）建坊旌表。③桂林梁彦占妻欧氏，举人瑞珍母。中年夫死，子幼家贫，但她极为勤俭。乾隆五十一年（1786），大饥，欧氏典衣得十千钱，全部拿来倡捐赈粥，后守节二十四年而卒。④吉祐黄仕元妻简氏，道光二十一年（1841），族人因欠别人钱粮数百金，被对方诉诸公堂，多人受到株累，简氏令儿子出资代输。后来遇上饥荒，族众想强毁祠堂瓜分物料以换取食物，简氏估算自家财产不足以解决大家温饱，于是拄着拐杖到祠堂痛哭，众人愧悔，祠堂赖以恢复，享年95岁。⑤

五　李晚芳著述的成就

李晚芳能留名千古，一个重要的原因就是儿子梁炜对她敬宗、收族、恤邻等愿望和行为的宣扬，再一个就是李晚芳本人的学识与著述成就。咸丰《顺德县志》卷29《列传九·列女二》记载，"晚芳少从姐受经"。嘉庆二十四年（1819）权顺德县事、知茂名县王勋臣在《〈李菉猗女史全书〉序》中也说，李晚芳姐妹与五兄弟一起读书，"菉猗甫六岁，从姊受学，

---

① 康熙《顺德县志》卷9《人物传三》，《广东历代方志集成·广州府部》第15册，2007，第412页。
② 乾隆《顺德县志》卷14《人物列传三》，《广东历代方志集成·广州府部》第16册，2007，第583页。
③ 乾隆《顺德县志》卷14《人物列传三》，《广东历代方志集成·广州府部》第16册，2007，第573页。
④ 咸丰《顺德县志》卷29《列传九》，《广东历代方志集成·广州府部》第17册，2007，第685页。
⑤ 咸丰《顺德县志》卷29《列传九》，《广东历代方志集成·广州府部》第17册，2007，第692页。

颖悟不凡，自少至老，女红之暇，未尝废书"。① 李晚芳的族侄梁景璋在《叔母李孺人墓志铭》中说，李晚芳"父曰心月先生，笃学不仕。孺人五兄一姊皆读父书，姊尤淹博，为碧江苏门贞妇。孺人幼清粹，有至性，事亲尤谨，六岁受学于姊，姊即苏门贞妇也，授以书，过目成诵，雅尚程朱宗旨，以圣贤之学自期，在阁十数年，时出特见，注释经史，评论古今，多前人所未发。今其子炜所梓《读史孩见》，其一斑也"。②

可见，李晚芳的父亲是个读书人，而且对子女的教育很重视。其家庭藏书也较丰富，且多以儒家正统书籍居多。这种家庭环境造就了李晚芳广博的学识，为她撰写《读史管见》《女学言行纂》等著作打下了坚实的基础。而李晚芳之姊，作为妹妹的老师，其学识当不在李晚芳之下。姐妹俩尽管生平皆博览群书，多于著述，但生前从未示人，仅为两人间"自怡悦，不以示人"。李晚芳之姊的著作，除了"惟其妹晚芳时得见之"外，未给后人留下片言只语。李晚芳著述除了流传下来的《读史管见》和《女学言行纂》外，还有亡佚的《乡俗居丧辟谬》《续女诫》《释古周礼》等。这些亡佚的著述极可能与姐妹俩"不以示人"的态度有关。

《读史管见》当属李晚芳代表作之一，是她出嫁前在娘家阅读《史记》时的体悟之集成。康熙四十六年（1707）十月，十多岁的李晚芳完成了《读史管见》，她在该书的自序中交代了其少女时代阅读和评述《史记》的大致经过：

> 昔班昭以一女子，缵父兄之业，成汉代之书，与龙门颉颃千古。才固天授，亦由其遇使然也。使昭生长穷乡，无父兄为先路，何由得纵观朝廷典制，为圣主信任，以大肆其手笔哉？余尝细阅其所续《表》、《志》，与父兄之书，如出一手，知其耳濡目染于家庭之学深矣。盖史体创自龙门，固之《汉书》宗之，父彪先浚其源，至昭又踵其成，彬彬然机杼一家，实渊源于龙门者也。余本村落一女孩尔，女红是欺，何暇齿及学问。幸五兄一姊俱读父书，织纴之余，窃随兄姊

---

① （清）李晚芳：《女学言行纂》，《王勋臣〈李菉猗女史全书〉》序》，第189页。
② 《读史孩见》即《读史管见》。见（清）李晚芳《女学言行纂》，梁景璋：《叔母李孺人墓志铭》，第317页。

后，留心稽古，雅慕昭之为人，奇其才，嘉其遇，喜读其书。因溯源而读龙门之书，玩索久，若渐知门径，不揣孩见，随所得而识之，先哲之评，惬鄙怀者悉登之，仍不敢自信也。以之示人，敢乎哉！①

李晚芳因读书识字的缘由，由读东汉女史班昭之书，进而追溯到开创"史体"的司马迁。从她的记述中大致可了解，清代女性在少女时代是享有读书机会的，所读之书不限于女教书一类，而是被后世称为正史的《史记》《汉书》等。李晚芳正是在读《汉书》的过程中，了解到班昭续《汉书》的经过，也因此立志向班昭学习。她敏锐地发现了班昭之所以成名，是因其独特的家庭背景，又得"圣主信任"，所以能大手笔续修其兄班固未完成的《汉书》。与班昭相比，李晚芳自谦不过是"村落一女孩"而已，既没有显赫的家世背景，也没有纵观典制的机会。她的日常生活本以女红为主。但她骨子里又仰慕班昭，由读班昭之书又溯及司马迁之书，"留心稽古"，遂敢于提出一己之见。应该说，李晚芳家庭良好的读书氛围，是她这个乡村女孩对学问"渐知门径"的主要原因，终于完成了传世之作《读史孩见》，后来刊刻改为《读史管见》。李晚芳自称"孩见"，自然是出于谦虚，但她年少且无社会阅历，说是"孩见"，也未尝不可。

不过，后来的士大夫在阅读她的著作时，则给予了应有的评价。乾隆时梁景璋在李晚芳墓志铭中称赞她："在阁十数年，时出特见，注释经史、评论古今，多前人所未发。"② 这一评价应该是指李晚芳的《读史管见》。但李晚芳的这部著述在她生前一直没有刊刻行世。她在出嫁之前，仍在不断地充实该著作，说明她的见解并非真的孩见，而是有一定深度的思考。康熙四十九年八月，她又作了《读史摘微》一文，再对《史记》进行评说：

> 司马迁作《史记》，志在上继麟经，其识甚高，其学甚博，而其才又足以济之，故其文峻洁雄伟，自成一家。而属辞比事，亦深得《春秋》大意，宜其书炳烺千古，后世作史者奉为圭臬也。独惜其立

---

① （清）李晚芳：《读史管见》，《自序》，第9页。
② （清）李晚芳：《女学言行纂》，梁景璋：《叔母李孺人墓志铭》，第317页。

意措辞，多有愤悐不平之过，或谓其遇使然，亦由其立心褊蔽，未闻圣人之大道也。昔孔子之作《春秋》也，心天地之心，法帝王之法，据事直书而善恶自见，由其心无执着，平如止水，正如悬衡。学者平心会之，各如己意之所欲出。而迁则挟一不平之意据于中，虽未必借立言为泄发，而灵台未净，则系累偏僻之私，往往吐露于字里行间而不自检，故其书肆而不纯，谐而多怨。究其大本所失，失在自是而不知其过。自是则偏，不知其过则蔽。深惜迁有如是之才，使其得闻圣人大道，则心胸洞豁，必无救李陵之误，又何致愤悐不平若此哉。孔子之教人也，曰"内省"。孟子之教人也，曰"自反"。使迁内省则知降敌在所不赦，平日虽有他长不足以盖，必不轻言渎主为之救解。甚或笃于友谊，不忍不言，以冀君开一面，不幸因而罹罪，亦当反己自责。罪实由己，于人何尤？即终老蚕室，以著书立说，如文王之衍《周易》，孔子之修《春秋》，安在不可以见圣贤学问。乃君不徇其请则怼君，人不如其意则悐人。尝观其《报任少卿》一书，怼君者十之六七，悐朝臣朋友者十之二三，全无一言反己内咎。所谓自是而不知其过者，非欤！其褊蔽也甚矣。操是心而修国史，大本已失，故《平准》《封禅》尽属谤书，诸传诸赞半借以抒其愤悐不平之气。如是而欲上继知我罪我之心法，愚未敢轻信也。但其才大学博，驱驾古今如自己出，足令读者喜其文而不觉其过，往往为之惋惜，不以为伊戚之自贻，反以为君待之过刻。予惧其倒常而逆理也，故摘而自识焉。《传》曰：好而知其恶。予窃附之，以俟识理之名媛折衷焉。①

《读史摘微》中的"微"，既有微言大义，也有批评《史记》之不足的含义。她肯定了司马迁的卓识，但也批评他"自是"，尤其点名指出其中篇章的偏颇，进而出现"倒常而逆理"。由于司马迁才大学博，"读者喜其文而不觉其过"。但细心而勤于思考的李晚芳发现了这一点，尽管她自谦为"自识"，希望"识理之名媛折衷"。于此可见，一个少女在读《史记》时能自有主见，显示了李晚芳的学识。从最后一句话还可判断，当时

---

① （清）李晚芳：《读史摘微》，《读史管见》，第10页。

顺德乃至珠江三角洲地区女性读史颇为流行,《史记》是这些才女们最喜爱的读物之一。

事实也是如此。乾隆年间,与李晚芳同县的顺德才女陈广逊就写过一首九言诗来记载和自己同宗的一位女子。"客有鬻《汉书》者,吾宗闺秀拔金钗易之。未几下世。时绘小图以传其事。"这一事件在陈广逊的著作《静斋小稿》一书《题金钗换汉书图》中有记载。陈广逊曾为此图题写九言诗一首:

> 在昔汉家青史班姬续,流传百代照耀名山麓。迩来少妇斗宝尚铅华,谁展古书据案日三复。吾宗淑媛怢怢独超群,质比幽兰节并凌霄竹。陡尔抛却妆楼金雀钗,为美汉史新从市中鬻。购来高置蛮藤六尺床,下尽浊酒千杯还秉烛。但愿含今茹古祖班家,不愿浓妆致饰随流俗。夫何青鸾倏驾返蓬壶,半空环佩珊珊鸣结绿。前身应是嫦娥旧侍书,风鬟雾鬓飘然辞世局。只今遗编堆榻尚依然,谁忍拂尘踞坐临风读。吁嗟柳絮飞残蕙帐寒,惟有嗜古芳徽留锦轴。①

陈广逊是清代岭南著名的才女,顺德人。经过陈广逊的宣传,这件事引起了顺德籍士人的极大关注。著名学者黎简亦知"金钗换汉书"一事,并在诗作中有反映:

> 一轴金钗买史图,读时相伴梦时须。闲居白首应潘岳,风叶丹心有小姑。忆我苦吟成岛瘦,避人寻画逼倪迂。烦君是处真倾倒,好色怜才两事俱。②

于此可见,清代顺德的才女似乎对《史记》《汉书》一类特别关注。从李晚芳在《读史管见》所作《序》看,该书是她在康熙四十六年(1707)

---

① (清)陈广逊:《题金钗换汉书图》,《静斋小稿》清乾隆刻本,广东省立中山图书馆善本库藏,第10—11页。
② 钱仲联主编《清诗纪事》乾隆朝卷,《寄潘茂才潮生》,江苏古籍出版社,1989,第7044页。又见《五百四峰堂诗钞》卷9己亥年,第44页。

128

16岁时开始点评,到康熙四十九年(1710)19岁时小有所成,此时的李晚芳尚未嫁为人妇。这是她读书最愉快的时期,诚如她晚年在编著《〈女学言行纂〉自序》中所云:"平治之道基于家齐,齐家之道责成夫妇,男治乎外,女治乎内。厥职维均,皆不可不学。然男子终身皆学之日,女子自成童以后,所学不过十年,即于归而任人家政,事舅姑,奉宗庙,相夫子,训子女,和娣姒伯叔诸姑。齐家之务毕集,皆取给于十年之学。故学于女子为尤亟。是以古昔盛王,男女并教。"这应该是她自己读书生活的真实写照。

尽管《读史管见》完成的时间很早,但在李晚芳生前一直没有刊刻。其原因主要是她自己认为是"孩见",所以"不敢自信也。以之示人,敢乎哉"。梁炜在《先慈行迹录》中追述母亲读书、著书时也说:母亲著书,"集为一记,即以所居园名曰菉猗女史,亦自怡悦,不以示人"。李晚芳去世后,乡绅梁景璋要求梁炜赶紧刊刻其母著作,梁炜面露难色地说:"付梓非母本意,临终犹兢兢戒以勿泄于人为嘱,言犹在耳。"① 直至乾隆五十一年(1786),梁炜才下定决心拜请自己的老师、乡绅梁景璋对母亲著作校刊,梁景璋在读过李晚芳著作后疾呼:"此人伦风化之书也,当梓久矣。"② 乾隆五十二年(1787),李晚芳的几部著作才终于付梓。因李晚芳自命其居曰"菉猗",晚年自号"菉猗老人",故其著合刊曰《李菉猗女史全书》,包括《读书管见》、《女学言行纂》和《菽堂分田录》三种。③ 该书为顺德谧园藏版,应是顺德本地刻书坊所刻。版内扉页上有"顺德龙津菉猗女史李晚芳著,叔李履中介堂、侄梁景璋荗轩校订,男梁震科敬梓"等字样。嘉庆二十五年(1820)前后又重新刊刻。日本安政三年(1856),日本陶所池内校订,由京摄五书堂翻刻了李晚芳《读史管见》一书。1937年,北京至德周氏师古堂据清代嘉庆刻本影印了《李菉猗女史全书》。

《读史管见》并不是李晚芳阅读《史记》的全部记录,但李晚芳肯定是在通读《史记》的基础上,根据自己的阅读兴趣,采撷其中最感兴趣的

---

① (清)李晚芳:《读史管见》,《梁景璋序》,第8页。
② (清)李晚芳:《女学言行纂》,《梁炜序》,第199页。
③ 《李菉猗女史全书》收录的《菽堂分田录》初刻于乾隆三十八年(1773),《读史管见》和《女学言行纂》初刻于乾隆五十二年,谧园藏版,嘉庆年间补刻。

篇章进行评论。其内容如下。

首卷

1. 五帝本纪赞
2. 项羽本纪
3. 高祖本纪（节录）
4. 三代世表序
5. 六国表序
6. 秦楚之际月表序
7. 高祖功臣年表序
8. 封禅书

二卷

1. 平准书
2. 曹相国世家（节录）
3. 伯夷列传
4. 管晏列传
5. 苏秦列传（节录）
6. 白起王翦列传（节录）
7. 信陵君列传
8. 范雎蔡泽列传
9. 廉蔺列传
10. 鲁仲连列传（节录）
11. 屈贾列传（录屈）

三卷

1. 李斯列传（节录）
2. 淮阴侯列传
3. 郦生陆贾列传
4. 魏其武安列传
5. 汲郑列传
6. 酷吏列传

7. 货殖列传
8. 附报任少卿书

从这 27 篇目录看,李晚芳是在熟读《史记》的基础上,从中挑选出她认为有违常理的篇章进行评述,"予惧其倒常而逆理也,故摘而自识焉"。作为李晚芳的代表作之一,《读史管见》是她出嫁前在娘家阅读《史记》时的体悟之集成,这与历史上女性文人多以诗词咏史见长极为不同。在中国历史上,研究和书写历史的权利几乎由男性掌握,女性尽管与男性共同创造了历史,但难于介入书写历史。李晚芳以女性特有的视角,对《史记》加以评判,如《读史管见》首卷《封禅书》开头即点出汉武帝封禅之由来:

> 武帝雄才大略,只以不死二字私据胸中,以为古真有不死之人如黄帝等,必欲观之,冀得其秘。痴心牢结,甫挑则动,屡破仍迷,于是言神仙则信神仙,言致神仙必由郊祠则信郊祠。一时郊畤、郊雍祠、太一祠、五帝诸事纷然,遂浸寻而及封禅。

李晚芳承认汉武帝是一位拥有"雄才大略"的君主,但他痴迷于追求长生,进而相信神仙之说,建郊祠以祭拜太一、五帝诸神,最后又谋求封禅。她指出司马迁明知封禅与求神仙不是一回事,但出于当时已是"主信国从,明著令典",为了保证《史记》的"信史"地位,也不得不将此混为一谈,说明了司马迁处处为汉武帝"回护"的心态。她说:

> 案此书,封禅乃古帝王用报受命之典,与求神仙以祈不死者,有何关涉?太史亦知其无关涉也,但以身常扈从,亲见当时历历实有其事,虽属荒唐,业已主信国从,明著令典。职司载笔,若阙一不纪,何足为信史?故借此大题目而详写之。开手引《尚书》为主脑,以舜之类帝禋宗,望山川,遍群神,觐后巡岳为硬证,又连举夏商周之贤君暴辟,修德致祥,悖德致妖,将古之禨祥符瑞神怪巫鬼之类,错落埋伏于前。见武帝当日所行,皆古帝王大礼,绝非无典要者,当时之

言禨祥，言符瑞，言神怪，言巫鬼，皆古时所有，古人所行，亦非尽属不经者，处处遥应，大力为武帝回护，为当时解免，此太史公经营之苦心也。

李晚芳对汉武帝时期流行的种种追求长生不死的怪诞做法，直抒胸臆，认为这是由汉武帝"痴心胜"所引起。李晚芳本人对长生不死之说是抱着怀疑和否定态度的。她说：

> 但武帝此举，虽启于诸儒之附会，诱于方士之诡诞，实成于自己之痴心。附会之词，尚不失雅驯。若方士全不识《诗》、《书》，不知祀典，以肤秽之词，传猥琐之诞，令人见欲掩目，闻亦作呕，乃入天子之耳，而倾心不厌，何也？由其挟一不死之黄帝为歆动。武帝志在黄帝之不死，故虽秽以为雅，虽诞以为真，惟恐其言之不详，而已信之之不笃。于是由黄帝而及安期羡门，由安期羡门而及海上神山，言虽诞，尚可诳周中材。至于祠神君、祠灶、祠巫神、祠越鬼、祠鸡卜，愈出愈奇，实愈趋愈下，乡党自好者不为，乃天子为之而恐不及，痴心胜也。痴心胜，则不特受欺于附会诡诞之徒，且自欺而又以欺人也，故少君病死，而以为化，文成伏诛，隐之以为食马肝，及五利败露伏诛，快矣，仍不悟。复溺于公孙卿之诞词，以为神山必可到，仙人必可见，不死之药必可得，痴心不了。
>
> 太史亦如其痴心，以不了写之，曰欣然庶几遇之，曰益遣冀遇之，曰羁縻勿绝，冀遇其真，不一而足。嗟乎！天子纵一痴心，遂幻出无数诬幻之人，幻出无限诬幻之事，幻成数十年诬幻之世界，如狂如谑，如梦呓，如儿噉。究之，黄帝安在？安期羡门安在？海上之蓬莱、方丈、瀛洲、不死之药又安在也？

李晚芳对生死之见解在当时乃至当下无疑都具有超前性，直接点破了汉武帝的玄幻之梦。同时，她肯定武帝晚年对当年追求长生不死的忏悔，认为他和秦始皇不同，"终不失为雄才大略之主"。她说：

太史于有意无意间，以"其效可睹"四字轻轻点破，隐将全篇之妖祥神怪万余言文字，括此四字内，一举而空。词若未了，而断案斩然矣。他日武帝亦曰："天下岂有神仙，尽妖妄耳。节食服药，差可少病而已。"数言也，竟举从前数十年之痴惑尽扫，而归之无何有之乡。亦曰"其效可睹"云尔，有此悟，所以异于沙邱之始皇，终不失为雄才大略之主也。

从李晚芳评阅《封禅书》中对封禅一事的历史回顾，可以了解到康熙时广东知识女性的阅读范围相当广泛，其对中国文化相当熟悉，进而才会形成自己独特的看法：

愚思封禅既为历古祀典，何以古文不少概见？即管仲所见十二君，无怀为首，至帝喾，《书》传无存，固不足论。自尧舜之后，禹也，汤与周也，皆《诗》、《书》所载。虞夏以来之文可考而知，亦未见有所谓封禅者。大抵封禅即古柴望郊祀之义。古圣王德参天地，道赞幽明，升中于天而天神降，瘗埋于地而地祇出，其成民致神，俱从钦翼之心相感，故天人孚而祥瑞应。管仲所谓设事，如麟凤嘉谷之报，实有其验。后世人主，如始皇辈，只用以自夸，其受命之符，侈镌功德，全是骄心，去古已远。武帝踵之，以求神仙长生，从痴心出，益又远矣。

李晚芳最终的结论是《封禅书》是"谤书"。文中"处处微词点讽"，武帝当然逃不了干系，只是司马迁将其"笔力纽合"的"痕迹俱化"而已。她说：

太史用笔力纽合，由典礼而入禨祥，由禨祥而入符瑞，由符瑞而入方怪，由方怪而入神仙，将唐虞历代祀典与封禅牵合为一，将封禅与神仙牵合为一，将封禅、神仙与白麟、宝鼎、房芝、德星牵合为一，将河决、匈奴、两越诸事与求仙牵合为一，处处微词点讽，以为眼目，全用活笔描写，虚字翻弄，通篇无一实笔，无一板句。事本镜花水月，文亦镜花水月，虽有附会纽造之奇，绝无附会纽造之迹。论其事则千头万绪无一同科，格格若不相入。读其文则横冲直撞，无不凑合，节节而若相粘，一气呵成，痕迹俱化，笔力雄也。结句含蓄淡速，令佞神者意兴索然，如水浇背。则自三代以下及秦数君之佞神者，皆当作如是观也。

李晚芳用这样一句话给自己对《封禅书》的评论进行结尾："规格与《平准书》同。二篇俱可为作史写时事之法。"① 史学家逯耀东指出："《封禅书》将这个在当时与以后都发生重大影响的历史事件，客观地记录下来，翔实地保存这批重要的史料，这是《史记》常用的方法。"② 那么，李晚芳对《平准书》又是如何评阅的呢？她在《读史管见》卷二《平准书》点评中开篇就对汉武帝时期的国家财政政策给予评价，指出武帝行平准是"求利"，而司马迁取平准是"救亡"。

> 天子不言有无。平准者，笼天下财物归于县官，贵即卖，贱则买，是天子下同商贾。卜式所讥，为坐市列肆，贩物求利者也。而太史若有取焉，非取平准也，取平准之能救亡也。武帝兴利之法多矣，鬻爵赎罪也，铸钱更币也，煮盐铸铁也，算轺车也，算船也，均输也，皆与天下为难。至告缗之令出，是国家竟同盗贼，而与天下为仇矣。使百姓皆恶富而倖贫，非恶富也，恶富之所以贾祸也。昔秦之亡也，杀天下以贼，而汉则杀天下以官，亡可翘足待矣。及桑宏羊立平准之法，而赏赐用帛、金钱，一切胥取给大农，所谓不加赋而天下用饶，虽笼络人主之计，然自此不复告缗，是宏羊者，虽兴利之罪魁，亦救缗之功臣也。

李晚芳认为，汉武帝和秦始皇的许多政策如出一辙，但秦亡而汉存，这既与武帝重儒有关，也与武帝"天性笃厚"有关。

---

① （清）李晚芳：《读史管见》卷1《封禅书》，第58—59页。
② 逯耀东：《抑郁与超越：司马迁与汉武帝时代》，三联书店，2008，第11页。

第三章 / 妇德何尝在识字

> 余读《平准书》，至选举陵夷，吏道杂，公卿大夫谄谀取容，及穷治狱，作见知法、株送法、腹诽法，甚而为沉命法，深叹秦皇汉武，后先一辙。然而或亡或不亡，人以有幸有不幸，非也。
>
> 昔人谓儒为国家元气，而富则国家胃气。秦皇以刻薄之资，信李斯，烧圣人之书，坑杀学士，已将元气斫丧殆尽，而又穷兵黩武，淫刑暴敛，土木繁兴，下民贫贴，是胃气又斩绝矣。元气丧，胃气绝，欲不亡，得乎？
>
> 汉则不然，武帝天资原厚，即位之初，表章孔子《六经》，招致天下儒士，极一时彬郁之盛，元气厚矣。虽屡为多欲所累，纷扰中时露清明。如山东被灾，恻然下诏，使饥民得所，及嘉汲黯矫诏赈饥等事，皆出自本心，厥后轮台之悔，尽悉前非。非天性笃厚，何以得此？此所以不亡也。

司马迁把汉武帝的平准政策，放在秦朝弊政之后。然而，武帝因"多欲"使西汉高祖到景帝时的"极盛"出现危机，最后不得不推出"平准"。李晚芳认为司马迁对此"详书不讳"，目的是"儆当时而鉴后世"。她说：

> 平准乃武帝时事，而太史以接秦之弊开端，确有深意，早为武帝悬一影子矣。夫以秦之极衰，而高惠文景能使之极盛，不知一祖三宗，几经谨节，有以致此。武帝以多欲耗之，耗之尽，遂不得不设法以充其耗。于是不端之人群起言利以投其意。兴利则必用酷吏以济其恶。利臣用，酷吏用，则必致盗贼，以为天下害。盗贼多，吏不能捕，府畏累，吏畏诛，于是不得不上下相匿，以文辞避法，而盗兹多，天下靡有宁日矣。
>
> 平准最后出，平准出，一切兴利之法始罢。太史详书不讳，所以儆当时而鉴后世深矣。平准非美政也，犹曰此善于彼云而。呜呼！高惠文景之天下，何以变为平准之天下乎？必有任其咎者，其旨微矣。

所以李晚芳指出，《平准书》是"谤书"，将武帝时的种种弊政"痕迹俱化"。在《史记》"八书"中，唯《平准书》"出神入化"，以致在当时和后世皆被奉为"信史"。她同时极力赞扬了司马迁敏妙的笔力和出神入化的写作技巧：

> 此谤书也。当时弊政甚多，将尽没之，则不足为信史，若直书之，又无以为君相地。太史于是以敏妙之笔，敷绚烂之辞，若吞若吐，运含讥冷，刺于有意无意之间。使人赏其绚烂，而不觉其含讥；赞其敏妙，而不觉其冷刺。笔未到而意已涵，笔虽煞而神仍浑。前用隐伏，将种种包孕，如草芽之在土后，用翻笔、显笔，而节节回应，若绿缛之逢春，每于提处，或推原，或突起，用凌空之笔，醒纷更之不一，每段小驻，或绾或含，用慨笔，留不尽之神，令人远想其味外之味。将数十年种种弊政布于万余言之中，乱若散钱而不可收拾，乃或离或合，忽断忽接，或错综叙去，或牵连并写，起伏转接，痕迹俱化，浑如一线穿成，是何笔力！
>
> 《八书》中，惟此《书》出神入化。骤读之，无一语径直；细案之，无一事含糊；总括之，无一端遗漏。使当时后世皆奉为信史，而不敢目为谤书，煞是太史公惨淡经营之作。①

尽管李晚芳在评《封禅书》和《平准书》时不断称赞司马迁的写作技巧和良苦用心，但她还是指出司马迁两篇"书"是曲笔批评汉武帝的"谤书"。尤其在对《附报任少卿书》的评点中，更直接地对司马迁及其《史记》进行批评。她认为《报任少卿书》"'舒愤懑'三字是此本旨"。之所以如此，是"因救友陷刑，满肚皮佛郁不平之气，借此发泄"，"故篇中处处皆愤懑之辞"。由此认为司马迁不仅"重游侠"，而且本身就是"侠士"。

> 此篇与自叙，俱原作史之由。自叙重承先继圣，此重惜死立名；自叙悲惋，此则沉郁雄健。其操纵起落，俱挟浩气，流行如怒马奔

---

① （清）李晚芳：《读史管见》卷2《平准书》，第70—71页。

驰，不可羁勒，与《史记》之雅洁稍异，是史公另一种豪放激宕之文。

盖因救友陷刑，满肚皮怫郁不平之气，借此发泄。书中"舒愤懑"三字是此本旨，故篇中处处皆愤懑之辞。纵横跌宕，慷慨淋漓，转折提接虽多，却如一气呵成。挣眉裂眦而写之，骤读无不为之惋惜。然文情虽甚佳，文理则甚悖。太史公，侠士也，人言其重游侠，而不知其本身即侠。观其力救李陵之一段侠衷，有谁可及？因自念与陵原非相善，重其才品，尚且力救，陷罪不辞，而况与己相善如所谓交游左右亲近等辈，竟无一人如己之救陵者救之。此其所以愤也。愤之极，故不禁率臆而谈，冲口而出，成此悖理之文，而不自觉其过。但挺身救陵，虽为友热心，然陵兵败降敌罪在不赦，切切曲为回护，冀主上屈法贷宥，褊矣。乃主上不徇其情，群臣共议其非，置诸宫刑，乌得不愤？愤则怨，正在无所抒怨之时，适少卿书来，以"推贤进士"劝之，遂将此四字，反复辨驳，极情尽致痛写之，以为其救李陵即推贤也，进士也，乃反婴重罪。在职如此，被刑后尚何可言？此所以指为刺谬也。满纸怨词，较乃甥南山诗，不啻加倍，而杨恽族，太史不族，或者宣帝刻酷不及武帝宽大，或亦少卿到底君子，非同曾宗小人不能藏隐，而暴露于帝未可知也。

李晚芳指出，司马迁在《报任少卿书》中为李陵"曲庇"处甚多，但最重要的"莫谬于得当报汉一语"。

篇中曲庇李陵处甚多，莫谬于得当报汉一语。陵心中即有此意，尚不敢宣露左右，乃兵败降敌，距京师万里外，太史何由知之？而遽信之，不亦自诬以诬君乎？议为诬上，情真罪当，何谓媒孽？

或又疑陵于未出师时，已预商此意于迁，故迁执以为是，而进说于君。此真童稚之见者。夫李陵，名将也，其自命为何等人，而肯豫为不祥之言，而苟作非夫之计乎？决无此意！

李晚芳认为，自司马迁之后，南北朝的士人对李陵投降之事进行过篡改，并杜撰出了《答苏武》一书，居然还选入了《昭明文选》。①

> 又后人因此言伪撰《答苏武》一书，明引曹沫、范蠡为比，更为不通之极。君子论事，当设身处地。鲁国虽弱，土地甲兵完固，得人则强。勾践虽败，越土依然，又有文种、计然诸人辅佐，此曹范所以卒能雪耻复仇。今李陵只身在单于掌中，左右前后莫非单于心腹之士，陵纵有是心，亦决不能成是事。况既降单于，又欲于中取事，是怀二心以事人者，豫让犹耻之，而陵之品地，岂出豫让下乎？亦不称国士之名矣。据此则李陵当并无此意。此书大抵出宋齐间不肖叛臣之手，如褚渊等辈，作此以自便其私耳。昭明孺子，知识未深，妄取入选，贻误至今。不特文体不如西汉，以知其伪，即其发言立论，殊多悖逆，大非李陵本心。尝观李陵对苏武，自认与卫律皆罪通于天，是良心未曾尽丧，岂肯为此叛伦怼上之言，以答忠臣良友哉！必不然矣。秉著述者，不可不亟为删除也。②

李晚芳的《读史管见》初稿，尽管在康熙四十六年（1707）已经成形，但该书的刊刻直到乾隆五十二年（1787）时隔80年才告成，时李晚芳已经去世多年。她生前一直反对刊刻自己的任何著作，致使这部著作在完成后差不多80年才问世。由于李晚芳生前没有付梓的想法，所以她对《史记》的评阅，更多可能是率性而为，没有太多雕刻的痕迹。当然，或许也与她当时正值豆蔻年华率直活泼不无关系。李晚芳之子梁炜在刊刻母亲的著作前动用了各种社会关系为行将刊刻的著作集序。这些写序者既有男性也有女性，既有官员也有乡绅。从这些序跋的字里行间可以管窥时人对《读史管见》的评价。

18世纪是广东才女成长的一个时期，这些才女大多读史，因而对《读史管见》的评价颇为中肯。乾隆五十一年（1786），女史谢方端在为李晚

---

① 郑文认为，《昭明文选》收录的李陵《答苏武书》和李陵《与苏武》三首诗，是后人假托的，时代大约是南北朝。见郑文《论李陵〈与苏武〉三首诗的假托》，《西北师大学报》（社会科学版）1981年第4期。

② （清）李晚芳：《读史管见》卷3《附报任少卿书》，第177页。

芳《读史管见》作序时提到自己带领儿子一起阅读《史记》的情形："曩者，侍家君观察公，颇学吟咏，亦尝粗涉诸史，而未竟其学。今数十年来，每藉此以自娱焉。客岁从长子游龙门，其学署多藏史书，因得细读《史记》，爱其笔力疏荡有奇气，为诸史冠，每与儿辈挑灯纵论，然不能有所发明。"她把李晚芳和班超相提并论称赞说：

> 自古名媛多以诗词显，而著述则罕闻焉。曹大家继父兄志续《汉书》，上拟龙门，闺阁之杰也。夫史才良难，以龙门之才，班氏讥其多所抵牾。则后之读史者，非驰骋古今，未易上下其议论。今读顺德梁李孺人《读史管见》一书，其摘微辨论，实能洞悉深奥。而乃出于闺帏手著，斯亦奇矣。昔曹大家上继史迁，今李孺人论注《史记》，古今辉映，令人不敢薄视弱质，其以此哉。

从谢方端为《读史管见》所作序可知，她最喜读的史书也是《史记》，而且经常和儿孙辈讨论读书心得。谢方端应该对《史记》也颇有心得，但未能成卷。在读过李晚芳的著作之后，谢方端认为自己的识见不能和《读史管见》相比："今读李氏孺人书，则余之所论及者，与所未议及者，瞭如也，以视雕虫小技，岂可同日语哉？其足以传后，而为吾辈光者多矣。遂叙之。"①

谢方端是雍乾时广东西部阳春县的著名才女，幼年丧母，随父宦游，聪慧善读，著有《小楼吟稿》一书，书前有乾隆时广东督学李调元及翰林院编修官冯敏昌所作的序、传。她生活的时期应当比李晚芳晚了40余年。谢方端对史部书籍的阅读亦可印证笔者之前的推论，即在清中期的珠江三角洲地区，才女们对于《史记》等书的阅读和评阅应极为普遍，这和其他地区"自古名媛多以诗词显"的情况极为不同，成为当地才女文化的一大特色。同时，广东才女在18世纪与同时期江南才女文化呈现衰落的迹象相比，仍保持着充沛的读书、著书热情。

---

① （清）李晚芳：《读史管见》，《谢方端序》，第6页。

谢方端对李晚芳的评价相当高,她认为能读《史记》者,不是才学足以驰骋古今之人,就无法发表其深刻的见地。由此可见,李晚芳具有广阔的知识视域,她对《史记》的辨论"实能洞悉深奥",所著《读史管见》和班昭续写《汉书》"古今辉映",足以传之后世,令人不敢再鄙视女性。

乾隆五十年(1785)九月,梁景璋在校勘《读史管见》作序时说:"妇之所贵在德,原不必以才见长。"但"有德者必有言"。又说:"余叔母李孺人阃德纯备,事亲、相夫、教子皆协伦常极。"其德堪与孟母、唐之河东、宋之庐陵诸贤母相比,甚至"有过焉无弗及者。其德洵足不朽矣"。然而,细观李晚芳所为"释经评史诸书,句梳字栉,将圣贤心法、治法、作法无不阐发尽致,且语语出自心性,而又权衡于人伦物理之中。盖由其平日治心、修身,胥取给于经之精、史之腴,于是由躬行发为议论,故言自亲切而有味焉"。

乾隆四十一年梁家遭遇火灾,"诸经悉归灰烬"。在梁景璋的不断敦促下,梁炜终于同意刊刻李晚芳的著作。梁景璋接着说,一般人读《史记》都被其文笔之雄而折服,但李晚芳则细究出其"理之谬",诚如梁景璋所撰跋云:"太史此书,气魄大,笔力雄,所以历二三千年光泽如新,读者靡不赞赏。余亦自少服膺,凡遇课期,先一夕辄朗诵数十遍。到临文时,自有奇气从指头笔底泻出,每每以此角胜。向亦只谓得力于其文之雄耳,未尝细究其理之谬也。今得李氏叔母细细辩出,令阅者心眼迸开,即起史公于九原,平心勘认,亦应自悔为愤时过火文字,而不敢置喙。自汉迄今,从未有人指出,洵有功名教之论也。非平日深于圣人精义之学,乌能有此特识?愧杀须眉矣。"

自称与梁炜同年的欧功焕评价《读史管见》说:"读古人书,要服古人,还要使古人服我。阅所评,俱从大纲大伦勘出,指其谬,未尝不赏其佳。的确之论,平允之辞,古人可作,当亦心折。"言下之意,李晚芳对《史记》的评价是中肯的。乾隆五十一年(1786),李晚芳娘家族人李履中在羊城广州,梁炜带着母亲的《读史管见》赴羊城见李履中说:"君,母外家也,愿得一言为跋。"李履中在跋中说:"予思左氏而后,惟《史》、《汉》盛行,然《汉》不如《史》。自陈卧子辈鹿门徐崐山外,世多选本,然或得或失,了无完书。孺人淹贯百家,独出己见,精明详备,为史家力开生面，诚诸选所不逮。"①

清嘉庆二十二年（1817），李晚芳著作被再次刊刻，时广州府龙门县知县伍鼎臣在《〈读史管见〉序》中指出："凡读书不可无见，而读史尤不可以无见。古称作史有三长：曰才，曰学，曰识。吾谓必具此三者始能作史，亦必具此三者乃可与读史。"就《史记》而言，"语其才则有余，而学与识时形其不足。自非好学深思心知其义，鲜有不为太史公所愚者。此读史所以贵有卓见也"。他认为李晚芳阅读和评价《史记》已经具备了史家"三长"的素质：

> 善哉！其李孺人《读史管见》之书乎。孺人生自名宗，渊源家学，间于女红之暇，留意书史，而《史记》一册尤服膺不能释，久之而熟其文，久之而绎其旨，又久之而以己之才与学与识参酌焉，而抒其所见，而于是提要钩元、崇论闳议，或集人之见以为见，而见不妨同；或据己之见以为见，而见不嫌异；或深予马迁之见，而以己见題之；或深非马迁之见，而以己见驳之，其他姑不具述。如所批论《报任少卿书》，极斥李陵生降之非，因罪太史公救陵之不得为是，直使君臣大义炳然天壤，此固非有大才、大学、大识不能为斯论者，而乃由一妇人发之。呜呼！孺人之所见正矣，孺人之所见大矣。

伍鼎臣在序的最后说，自己因读了《读史管见》，"窃喜其见之有以益拓予见也，故乐为之序"。② 这句话是否出自真心，我们不得而知，但是他自己确实明白写到《读史管见》中的见解是对自己有所帮助的。

李晚芳的《读史管见》在晚清时期流传到日本，求读该书的人较多。安政三年（1856）日本华顶王府侍读池内奉时撰《刻〈读史管见〉叙》，对李晚芳及其著作评价甚高：

> 清菉猗女史李晚芳，就龙门之史，拔于其萃，阐发辨驳，以抒己

---

① （清）李晚芳：《读史管见》，《李履中跋》，第180页。
② （清）李晚芳：《读史管见》，伍鼎臣：《〈读史管见〉序》，第7页。

见，著此书曰《读史管见》。其辞义稳雅，评骘精细，可为读史之縠率矣。夫晚芳一女子，而灵心如衡，慧眼如炬，论断之明晰，识见之卓伟，起史公于九原质之，亦应首肯。非贯穿百氏而邃于性命之学者，所不能辨也。呜呼！龙门史家之巨擘，古今之至文，而其所慊者，惟未闻君子之大道耳。兹以史公之才学文章，修正谊明道之训，得若董子，则其是非自不至谬于圣人矣，岂容区区一女子之指摘也哉。抑女子之具有慧性、弄笔墨、工词翰者，世不乏其人。今晚芳针线余事，有此著述，真巾帼而须眉者欤。余旧藏一本，而人之借求者多，不能遍应所求，遂覆刻以置诸家塾，读者由是以长其识见，则一百三十卷，迎刃而解矣。顷者梓人告成，乃书此，以弁其首。①

日本人池内奉时所作之序对李晚芳所作之《读史管见》应该是一个较为中肯的评价。他在序中称赞李晚芳以一女子而"灵心如衡，慧眼如矩"，论断明晰、识见卓伟，认为李晚芳是一饱学百家、精于学业之人，所以她才能辨析得如此透彻。以外国人的身份看到这部书并带回日本珍藏，可见其书之价值，正如池内奉时所言，"其辞义稳雅，评骘精细，可为读史之縠率"。此书流传到日本后，在学术界颇有影响，很多人找池内奉时求阅此书。供不应求之下，池内奉时不得不将之专门翻刻以满足大家借阅的需要，帮助读者"以长其识见"。

康熙年间，在商品经济较发达的珠江三角洲地区顺德县，李晚芳以不到二十之龄阅读《史记》，有感而发，留下了传世的《读史管见》，其见解甚至影响到海外。《读史管见》在清人研究《史记》中是唯一一部被学者广泛认可的女性著作，有学者将《读史管见》与郭嵩焘《史记札记》、章学诚《文史通义·古文十弊》并列。② 其价值能被后人提升到如此高度，可见在18世纪的珠江三角洲地区，《史记》应该是时人流行的必读书目之一，同时反映出清代《史记》刊刻及其流通的广泛，由此也说明司马迁所著《史记》对后世影响十分深远。而从李晚芳所言《史记》中有不少篇章

---

① （清）李晚芳：《读史管见》，〔日〕池内奉时：《刻〈读史管见〉序》，第5页。
② 董焱：《清代〈史记〉的研究成就》，《社会科学论坛》2007年第4期。

属"谤书"来看,恰恰又不经意地披露了司马迁《史记》对当时社会的实录式描述,为后人研究汉代历史提供了重要依据。

《女学言行纂》是李晚芳流传下来的另一部著述,这是她出于家庭与社会责任感编写的,也是清代较早的一部由女性编著的女教书。清代由女性编纂的女教书极为少见,《女学言行纂》是其中较重要的一种,也是较早的一部女教书,后来才有山东女性王照圆所著《列女传补注》,但李晚芳去世时,王照圆才4岁。可见,《女学言行纂》比王书早许多。[1]

李晚芳认为女性著书立说,尤其是写出《读史管见》之类的书,确非一个尽职的主妇所为,已僭越了男女的界限。但她著书显然又是出于齐家治国的愿望,乾隆十六年(1751)五月上旬,时年60岁的李晚芳亲自为《女学言行纂》作序,写明了自己编写此书的目的:

> 平治之道基于家齐,齐家之道责成夫妇。男治乎外,女治乎内,厥职维均,皆不可不学。然男子终身皆学之日,女子自成童以后,所学不过十年,即于归而任人家政,事舅姑,奉宗庙,相夫子,训子女,和娣姒伯叔诸姑。齐家之务毕集,皆取给于十年之学。故学于女子为尤亟。是以古昔盛王,男女并教。戴《记》曰:"妇人先嫁三月,祖庙未毁,教于公宫;祖庙既毁,教于宗室。教以妇德、妇言、妇容、妇功。"《周礼》"九嫔:掌妇学之法,以教九御,妇德、妇言、妇容、妇功,各帅其属,而以时御叙于王所。"化起宫帏,下逮《汝坟》、《江汉》,士庶妇女莫不知学,以成太和之治。惜其书不传。后世妇女无由详读,以被先王之泽。而世俗父母又以生女为贱,恶以其无功名事业之责,而不肯导之使学;或姑惜容纵,以读书为烦苦无益,而不忍拘之就学。幼而不教,教而不严,任其骄憨自放,而不知尽道以事父母。他年为妇、为母,亦何由知事舅姑、奉宗庙、相夫教子、和睦家人之道哉。甚矣!女子不可因古训之不传而不之教也。

> 近世所传虽有班氏《女诫》、刘向《列女传》、郑氏《女孝经》、

---

[1] 宋清秀:《清代才女文化的地域性特点——以王照圆、李晚芳为例》,《浙江师范大学学报》(社会科学版)2005年第4期。

若华《女论语》以及《女训》、《女史》、《闺范》、《女范》诸书,类皆择焉弗精、语焉弗详,即经有宋周程朱张诸大儒,皆以风俗人心为己任者,间亦议论及此,而卒未有全书,是亦闺教一缺憾事也。

余不揣固陋,谨纂周汉以来名儒淑媛之嘉言善行,可以补《周官》、戴《记》之阙,而有裨于齐家之助者,采辑成书,间附以己意,名曰《女学言行纂》。自知辞义浅俚,难登大雅之堂。但世俗女孩,浅则易入,俚亦不厌,将少而习之,长而弗忘,老而弥笃,可以尽子道,可以尽妇道,可以尽母道。三道尽而家齐矣。

余固以之自勉,亦愿推之一乡一国,凡为女子皆知所勉而各齐其家。程子曰:"天下之家正,则天下治矣。"于以默赞圣朝之盛治,或不无少补焉。①

李晚芳认为女孩子在父家的学习尤其重要,出嫁后面临的所有事情都有赖于成童之后十余年间的学习。但是因为种种原因,如贵男贱女、恶其无名等,女孩子的学习无人重视。为了有助于女子出嫁后的齐家之功,李晚芳才将周汉以来名儒淑媛的嘉言善行采辑成书并附上自己的观点,撰成《女学言行纂》,以弥补闺教之"缺憾"。她希望以此自勉并教子女的同时,能够将之推行于乡里,以助于教化。这从另一个角度也说明,珠江三角洲地区女性读书识字不是个别现象。

时年李晚芳已60岁,她从修身齐家平天下的视野出发,结合自身的理解,对前人留下的女教书进行改编,使其通俗易懂。梁炜也提到:"《女学言行纂》,先慈为教炜姊妹而著也。但存草稿,未经厘正。炜姊妹稍暇,即著将此稿随事体认,务使一句一字明白于心。炜受教遵行,由是家日渐昌。"可见,这本书又非专门针对女性而言。但在编写之初,李晚芳并不想将之刊刻,仅限于家庭内流传。梁炜曾在母亲在世时跪请刊刻此书:"愿母厘正成书,以示雅观,且免日久舛讹之误。"但被李晚芳拒绝了:"但得汝等粗知大意,身体力行,当法者赴如弗及,当戒者毋使加身,以勉强而几自然,上可为贤人君子,次亦不失为寡过之人,此稿便足。"当

---

① (清)李晚芳:《女学言行纂》,《〈女学言行纂〉自序》,第197页。

她看到儿子因此闷闷不乐时，又说："据汝意，将毋欲我泽以丰腴之美，灿以华采之光，而后慊于心欤？我思非欲夺主司之目，而虑磨勘之精核。又何必句雕字琢，重劳我老人精神为也？"在李晚芳的严词之下，梁炜不敢再提此事。

梁炜有一位表弟黄云蒸，是梁炜外祖母的侄孙、李晚芳的表侄，两家素有来往。黄云蒸听闻有此书后向李晚芳请求抄阅，但李晚芳以书稿未定为由加以拒绝。没过多久，黄云蒸科举得中前来拜见，又再次请求，李晚芳同样拒绝了。梁炜对此难以理解，就询问母亲："彼亦中表子侄，拒之再三，毋乃过于峻乎？"李晚芳回答说：

> 吁！是非汝所知也。我妇人所学，能行几何？不幸寡居，手迹岂宜宣露？汝又卑贱，素无雅望服人。且篇中所论，皆人伦大经，古人先行后言，未至其地虚语其事，谓之剩言。我自顾躬行多所不逮，乌容自欺？若宣露于人，人将执我之言，绳我之行，剩言之訾，其何能免？今我腼然著为此书，非故冒耻妄谈，实欲汝等步步谨循古人成迹，努力修为。倘获慊志之日，幸而德成名立，余将藉汝见长，即穷约终身，亦不因而见短。此吾不与云蒸，即不肯厘正之意也。①

因此，直到李晚芳去世，和《读史管见》一样，《女学言行纂》也没有刊刻。而梁炜囿于母亲之命，对是否应该刊刻母亲著作也一直犹豫不决。乾隆五十一年（1786），距李晚芳去世已有19年之久，此时梁炜年届古稀。之前妻死再娶，婆媳之间、子媳之间，矛盾不断，梁家面临一系列问题："子媳渐多，各挟私心，分别门户，大有悖先慈教者，衰之兆也。"梁炜"回念母在，姊妹环侍受教时景象，邈不可得，因涔涔泪下"。面对这种家庭困境，梁炜感觉颇为无助。姐姐得知后劝他："勿怖。亟将母所著《女学》，请茗轩师改正梓之，且夕呼若辈在母寝堂讲解，乘其天良未尽泯灭，必有应者。"《女学言行纂》成为梁家改变门风的尝试手段。但梁炜因母亲之前的决绝，仍未能下定决心。姐姐遂强调："非逆母也，以救

---

① （清）李晚芳：《女学言行纂》，《梁炜序》，第198页。

衰也。"①

　　经过姐姐的劝说，梁炜醒悟，下定决心将《女学言行纂》缮写完毕后送于同族乡绅、自己的老师梁景璋并泣请校刊。梁景璋读后鼓励梁炜说："此人伦风化之书也，当梓久矣。但吾才不逮若母，固不能改，亦不必改，如其稿而梓之。毋失其真，庶几精灵常萃，以教子媳，当无不从。从则昌可复矣。何泣为？"②梁景璋的劝说给了梁炜极大的信心，他请梁景璋为《女学言行纂》写序，然后将之刊刻。这个过程与刊刻李晚芳的《读史管见》同出一辙，梁景璋在为《读史管见》所作的序中也提及："妇以不炫才为德，子以不没亲善为孝，固并行而不悖者。"③

　　《女学言行纂》《读史管见》等著作在刊刻时，应梁炜之请，有不少地方仕宦为之作序，这些男性仕宦大致可分为两类：一类是本地士人或相识的男性戚友；另一类是在职的官宦。如比李晚芳辈分高的族叔李履中和族叔梁锡爵，前者属李晚芳的娘家，后者属夫家；其余大多是梁炜同辈的戚友、同学、师友，如苏珥、区广川、苏梦篆等。

　　梁景璋，字尚男，号莪轩，顺德伦教人，乾隆九年（1744）举人，乾隆十年（1745）进士，致仕之后主讲凤山书院十余年，梁炜之师。他时因同姓缘故，自谦与梁炜同辈，称李晚芳为叔母。梁炜割田孝师，使梁景璋不遗余力地帮助梁炜刊刻母亲遗著，并利用曾为仕宦的身份，邀请仕宦为李晚芳著作写序。可以说，他在李晚芳著作的刊刻、梁炜母子形象的塑造上起到了巨大的作用。嘉庆九年（1804）时，他在为《女学言行纂》所作序中写道：

> 辞章非妇道所贵，乃为风云月露者言之耳。若著书垂训，为人伦风化之不可少者。虽出自巾帼，曷得不与圣贤经传并垂哉。盖圣贤教人千言万语，无非欲人识理明伦。苟立言有以补其所未备，而申明其所未详，使圣人教人之旨点滴不漏，是亦圣贤之徒也。
>
> 余叔母李孺人闻德纯备，学问素优，悯闺教无完书，使乡落妇女

---

① （清）李晚芳：《女学言行纂》，《梁炜序》，第198—199页。
② （清）李晚芳：《女学言行纂》，《梁炜序》，第199页。
③ （清）李晚芳：《读史管见》，《梁景璋序》，第8页。

146

虽德性深厚者，亦无由被圣人之泽，而卒为俗女之归，于是覃思殚精作为此书，名曰《女学言行纂》，首揭四要为纲，随缀以事父母、事舅姑、相夫教子之道，博引经史子传及古来贤妇淑媛之嘉言善行证明之，每断以正论。至于德言容功之四德，其目虽见于《内则》、《周礼》，而独阙其详。念后学无从下手，乃独出己意，逐款发明，又远征近取，分类印证，于圣人教人之旨，略者详、阙者备，令读者开卷了然，洞若观火。使童而习之、长而行之，彬彬然质有其文，不特深厚者易成令器，即浅薄者亦有以自淑，而不终于俗女之流，洵渡凡入圣之慈航也。孺人之用心远矣。其有功于人伦风化大矣。且语语皆由躬行发出，虽浅而至理寓焉。宜易从而可久，非圣人之徒而能若是乎？

余每卒读，辄深有味乎其言而不忍释。因手录一编为传家秘宝。又思：与其私于一己，曷若公诸天下？遂命吾弟震科梓而惠世。倘值轺轩君子，以人伦风化为任者，必赏余言为不谬。将跻诸不朽之籍而共珍之，以视沾沾于矜华斗丽为词，辄号曰才女，殆天渊矣。何足贵哉！何足贵哉！①

从序中可看出，梁景璋在敦促梁炜坚定信心刊刻李晚芳遗稿之事上起着积极的推动作用。他把李晚芳的《女学言行纂》推崇到了与圣贤经传并列的高度，认为李晚芳足可以一女子身份而成为圣贤之徒。他把李晚芳与那些"沾沾于矜华斗丽为词"的才女区分开来，以为两者有着天渊之别。可见其心目中真正的才女应该是这类能"著书垂训，为人伦风化之不可少者"。他对《女学言行纂》也极尽表彰之言，甚至手录一编作为传家之宝。

李履中，李晚芳外家李氏族人，他在乾隆五十三年（1788）为《女学言行纂》所作序中说："箓猗女史，碧江梁上舍震科母，吾族犹子有德而能言者也。"再加上落款有"族叔"两字，由此判断李履中在李氏族人中辈分应该较高，可能是李晚芳的族叔一辈。他说："箓猗生长龙津……女红之暇，肆力于先世图籍，淹贯鸿博，自少已然。所著《读史孩见》，卓识宏议，一

---

① （清）李晚芳：《女学言行纂》，梁景璋：《〈女学言行纂〉序》，第191页。

轨于正，已附枣梨，兹复将《女学》授梓，予深维此书重礼义，尚节烈，大有裨于闺教，不独绿窗女子当切奉行，即须眉丈夫亦当置之座右，而后修齐有本。"①他所言正好符合梁炜之词，李晚芳此书的作用不仅在于训诫家中女性，对于男性同样有益。

伍鼎臣，广州府龙门县知县，他应该与梁家有姻亲关系。他在嘉庆二十二年（1817）自己所作的序中引经据典，将李晚芳与历史上的才女如班昭、谢道韫、白金銮、花蕊夫人等并称。但在礼法兼崇等方面，他认为李晚芳更应当是闺闱之人应该学习的榜样：

> 龙津梁李孺人者，聪明赋性，绸直表躬……每当针黹余闲，兼及诗书大业。等身饶著作，无非经籍之光；传世富文章，端珍言行之纂。原夫闺仪失教，女学谁传？类四德之无闻，或微才之足录。兰香醉草，传雅什于孙媛；柳絮因风，耽清吟于谢女。簪花仿西邸之格，字可名家；设障解小郎之围，谈能屈座。刊金銮之紫石，年仅十龄；挹花蕊于青城，词高百首。迹其才华独擅，亦巾帼之所难；何如礼法兼崇，尤闺闱之所尚。是以孺人虑徽音之莫缵，悼壶范之终湮。采懿行于前修，奉为圭臬；缀微言于末幅，藉寓箴铭。首尊父母，俾为女者咸修女德，可作门楣；次孝姑嫜，庶为妇者知懋妇功，毋忘瀡滫。笃薰莸之爱，齐眉举案，不教戏以卿卿；冀儿女之成，画荻和丸，宁遽听其尔尔。拓将余论，觉女子应推理学之宗；约以四端，知闺门实基王化之始。②

苏献琛，顺德杏坛人，清嘉庆十三年（1808）进士，与梁炜同年参加过科举。他在为《女学言行纂》所作序中剖析李晚芳不愿将著作示人的心理时说："今孺人语其嗣君曰：'我腼然著为此书，自顾躬行多所不逮，岂容自欺？'窥其意，若不敢以手迹示人，而亟思所以自勉者，岂真言行之犹有负疚哉？自古圣贤省身克己，常若不足，要赖此歉然不自是，欿然不

---

① （清）李晚芳：《女学言行纂》，李履中：《〈女学〉序》，第194页。
② （清）李晚芳：《女学言行纂》，伍鼎臣：《〈女学言行纂〉序》，第196页。

148

自足之心，用以寡尤悔，而束身于名教。孔子言子臣弟友，而皇然于所求之未能，诚为此也。孺人之言，盖有以观其深矣。"①

这些出于男性仕宦之手的序，公开肯定了知识女性的价值。李晚芳死后，其著作得到了仕宦阶层的普遍认可，进一步提高了梁家在地方社会的地位，反过来也传播了其贤良多才的形象。梁炜也因其分田赡族等义行得到官方的赞许。更多的外地士绅或者在职官宦参与到李晚芳著作的刊刻、事迹的记载、形象的塑造中来。

乾隆五十三年（1788）四月，山阴人陆溶为《女学言行纂》作序："世所称女宗闺秀者，大都自相夫鬻子、综理家政之外，间亲文史、弄翰墨，便共推习礼敦诗，风高林下矣。至于格言懿行，永垂模范者，或反视为缓图，即案置一编，不过夏簟冬缸，偶供翻阅，孰是能遵特维谨者乎？"所以他称赞李晚芳说："太君以茕茕未亡之身，独知以剩言为愧，宜令嗣君震翁先生暨令爱君克承慈训，而家道日昌也。且即以操觚论世之弋科名、拾青紫者，莫不殚心制义一道，然亦仅事春华而鲜秋实，虽复斟酌尽善，只期一当衡文之意，其有挺肰自立，以成一家言者，几人乎？"陆溶认为，李晚芳之行为，足可称为"阃内之渊骞，闺中之曾史"。她所作之《女学言行纂》，也"足与《女诫》、《女孝经》、《女论语》并传不朽"，而贤士君子必然乐于观之，乐于"助成其德业者"亦不会少。②

曾任雷州府知府的会稽人宗圣垣听闻李晚芳的事迹，于乾隆五十四年（1789）二月初一为李晚芳的小像作赞曰：

> 庄服端居，神明肃穆。七十年来，著书满屋。不涉华藻，不事文绮。静夜一灯，高楼读史。眼光达幽，道气内腴。述作具识，巾帼所无。大家而后，千载一母。母训母仪，并垂不朽。③

嘉庆二十三年（1818），仁和人许乃济主讲粤秀书院，他受梁恒性、

---

① （清）李晚芳：《女学言行纂》，苏献琛：《〈女学言行纂〉序》，第192—193页。
② （清）李晚芳：《女学言行纂》，陆溶：《〈女学言行纂〉序》，第190页。
③ （清）李晚芳：《女学言行纂》，宗圣垣：《菉猗女史像赞》，第186页。

梁恒恂兄弟①所托,为梁氏再版之《李荸猗女史全书》写序,此时梁炜已经去世20余年。许乃济读完李晚芳的著作后评价说:"济取而观之,一曰《女学言行纂》,取《六经》之训及古人嘉言懿行有关壶教者,厘为三卷,间附以论断。其言质实晓畅,是与漳浦蓝氏《女学》并行。一曰《读史管见》,为批点《史记》之作,其议论正大,文律精严,则归太仆不是过。此皆李孺人之所作,以视吟弄风月、专工词华之闺彦,异矣。"② 同时为梁炜作《梁震科先生传》。

嘉庆二十四年(1819),时任顺德知县王勋臣在序言中说,李晚芳的《女学言行纂》,"荟萃古之圣妃贤后、大家名媛、贞女孝妇,以淑身而教人,不托空言。而《读史管见》一书尚论卓识,有名士宿儒所不能见及者,得荸猗摘微发伏,为千古是非得失之定评,巾帼人而蕴蓄若此,讵易量也哉"。因此他感叹:"才人常有,才女子亦常有,寓才于德,匪直不欲人知为有才,并不欲人知为有德,此非世所常有。"故而他以一县之主的身份,决定将李晚芳纳入县志中,"李荸猗以女子而立百年之令德,顺志中不可无此女行谊、女儒林、女文苑也。观其言曰:'莫辞本分内事,要为名教中人',才之云乎,德之云乎"。③

小 结

李晚芳以女性之身,在奉养公婆、照料丈夫、养育子女之余,虽未步出闺闱,但以一己之力指导儿子,践行于男性垄断的读书、经商等领域。她不但通过儿子完成自己收族敬宗、恤养四邻的心愿,还写下《读史管见》这一史学评论名著,以及《女学言行纂》这一女训著作。因此,对于儿子梁炜来说,李晚芳对他的影响不只在于母亲的身份。他在母亲去世时悲恸欲绝曰:"痛哉!呜呼!人之丧母独母而已。炜之丧母则举父也、师也而并丧焉。彼苍者天曷其有极!炜其无意于人世矣。"区广川劝他不要

---

① 梁恒性、梁恒恂兄弟是梁炜儿子之孙。此时已经是李晚芳之后的第五代、梁炜之后的第四代子孙。此次刊刻,是乾隆五十二年之后的再版。
② (清)李晚芳:《女学言行纂》,许乃济:《梁震科先生传》,第187页。
③ (清)李晚芳:《女学言行纂》,王勋臣:《李荸猗女史全书序》,第189页。

过于悲伤,梁炜又恸哭曰:"母也,父也,师也。一时并丧,此痛曷极耶!"① 可见,李晚芳以一人之身承担了母亲、父亲、业师的三重角色。从其行事风格看,她是一个符合礼教要求的孝妇贤妻,所做的一切都按儒家"妇道"行事。但细观其一生,又非全然按"出嫁从夫、夫死从子"的古训行事。她娘家祖、父辈均从医,到李晚芳一辈兄弟五人均业儒。这种家庭其实就是从商与业儒并存,走了一条先商后儒的道路。李晚芳将这个模式带入夫家,其子梁炜一生就是最好的注脚。她为了养家而指导儿子先贾后儒,这与传统"万般皆下品,唯有读书高"的价值观相悖。她尊奉儒家理念,孝敬公婆,抚育子女,中和夫婿,但又热衷读书,既写诗作词又涉猎历史研究,无意之中又跻身男性擅长的行列,这是她同时代的女性难以望其项背的。

李晚芳以男性的气魄指导儿子经商、业儒,重振家族事业,但始终默默居于幕后;她敢于挑战男人垄断的史学领域,提出自己的见解,但又将著述秘不示人。她的一生不同于高彦颐笔下江南才女的成名之路,她和清初福建才女余其人、江南杭州才女徐德音不同,余其人被母亲有意像儿子一样养大,徐德音则将自己想象成男孩。② 李晚芳则是在一个正常家庭长大,自小跟随兄姊学习知识,亦无任何男性的着装与意识倾向,但她著书立说、主持家政又行使着男性的职权,做着本应属于男性的事,逾越了闺房的范围。

因为性别与身体的限制,李晚芳不可能像真正的男人一样走出家门,只能借助儿子实现自己的理想,儿子于是就成为她延伸于家庭之外的手臂。她在婚后的家庭中扮演了"女丈夫"的角色,不仅"女有男才",更是女行男事。③ 由此看来,其实她是一个充满矛盾的个体,既在心中恪守传统的妇德,又时常在无意识间逾越了男女的界限。李晚芳很清楚地认识到了这一点,所以她明智地拒绝了儿子为自己刊刻著作,要求儿子分田赠

---

① 〔清〕李晚芳:《菽堂分田录》,《区广川序》,第327页。
② 〔美〕高彦颐:《闺塾师——明末清初江南的才女文化》,第151页。
③ 高彦颐在《闺塾师——明末清初江南的才女文化》一书中将那些不符合旧的社会性别类型的女性划分为女史、女士、女丈夫、女而不妇这四种类型。其中女丈夫的定义即为"女有男才",第125页。

族。这些行为获得了士大夫的肯定和赞扬,最终使她赢得了社会各阶层的认可。儿子梁炜在她的指导之下,亦成为当地贤良善行的表率,为梁氏一族赢得大量社会尊重和较高地位。这一切都显示在商业化不断加剧的环境中,女性展示才华的社会空间得到了扩展。

下篇

第一章

珠江三角洲贞节女性的生活境遇

宋明以降，男性制造的贞节枷锁层层加码地套在女性身上，一些女性开始自觉地落入男人设立的圈套，严格按照"三从四德"的理想标准要求自己。学术界通过地方志中《列女传》研究女性史已有不少成果，涉及女性的贞节观、节烈旌表制度、女子贞节教育、节烈行为等方面。① 在这些研究中，沈海梅博士依据光绪《云南通志·列女传》分析了明清云南列女群生相。云南处西南边疆，境内民族众多，其列女群生相反映了明清士大夫的主流话语已经深入边疆地带。

广东在明清时期也属王朝的边疆地带，与云南不同的是，广东属沿海省份。明清时期，广东既是海禁的重点区域，也是王朝与海外文化交流的最重要口岸。在这个集边疆、沿海和商贸中心于一体的地域，王朝有关女性的话语到底在多大程度上为女性所接受？明清士大夫在地方志中专门开辟"列女传"对当地列女的事迹予以记载，并旗帜鲜明地予以褒奖。通过此类记载，笔者得以梳理民间社会中"节烈贞孝"女性的生存状态，并发现其实王朝话语在地方社会的贯彻存在宽松的空间，地方社会民众有选择地灵活运用王朝的政策，也为女性主动选择自己的生活方式提供了便利。

---

① 王传满：《明清节烈妇女问题研究综述》，《广播电视大学学报》（哲学社会科学版）2008年第3期；安介生：《清代山西重商风尚与节孝妇女的出现》，《清史研究》2001年第1期；沈海梅：《明清云南妇女生活研究》，云南教育出版社，2001；王晓崇：《徽州贞节牌坊与节烈女》，《社会科学评论》2007年第3期。

这就造成妇女的守节行为与王朝主流话语相吻合的表面之下，实际上存在类似珠江三角洲地区女性守节与"自梳"的共存现象。

一 广东士人对节烈的推行

明王朝建立后，积极推行宋代理学家倡导的贞节观。明太祖继承元代的规制，下诏："凡民间寡妇三十岁前夫亡守节，五十以后不改节者，属旌表之列。"① 这一政策在地方的具体落实，在《明史·列女传》也有记载："明兴，著为规条，巡方督学岁上其事，大者赐祠祀，次亦树坊表，乌头绰楔，照耀井闾，乃至僻壤下户之女，亦能以贞白自砥。……呜呼，何其盛也！"② 王朝的这一政策在各级官府的大力推行下，取得了明显成效。据董家遵对《古今图书集成》所录历代烈女统计：先秦7人，占总数的0.06%；汉代19人，占总数的0.16%；魏晋南北朝35人，占总数的0.3%；隋唐29人，占总数的0.24%；宋辽金155人，占总数的1.27%；元代383人，占总数的3.15%；有明一代则有8688人，占总人数的71.46%；清初至康熙末年（1644—1722）的78年间有2841人，占总数的23.37%。③ 明清两代节烈女性人数的递增令人震惊，这与王朝的提倡不无关联。

除了王朝政策外，明代女教书籍的推广，也是贞节观普及的重要原因。明成祖朱棣的皇后徐氏作《内训》、明代王集敬妻刘氏著《女范捷录》等，都为女教的宣传和女性贞节观的深化立下了巨大"功劳"。因为造纸业与印刷术的发展，女教书大量出现，女性接受教育的途径开始多样化。高彦颐说："因为雕版书籍商品化大量流通，阅读不再是传统精英上层等级的特权。繁荣的出版业不但推动了女性读者兼作者的诞生，也导致了一个读者大众群的出现。"尤其在明代后半期，书籍的供应量和需求量更是剧增，价格急降，引起全国范围内前所未有的繁荣。④ 这种多样化且是自上而下的女性教化体系突破了原先局限于上层社会女性的范围，将礼法思

---

① （明）申时行等：《明会典》卷79，《续修四库全书》第790册，第425页。
② 《明史·列女传》，第7594页。
③ 董家遵：《中国古代婚姻史研究》，广东人民出版社，1995，第246页。
④ 〔美〕高彦颐：《闺塾师——明末清初江南的才女文化》，第29、36页。

想推广到了社会最基层。官方提倡和鼓吹的意识形态对女性的生存世界产生了重大的影响且将其强力灌输给女性，又同家族、社区等基层结合起来，造成女性对正统观念的全面接受。

但事实上，在明朝中后期，整个社会充斥着离经叛道的思想观念和越礼逾制的生活方式。一些激进的"异端"士人对礼教的反思强烈地冲击了妇女的思想，促使她们反叛个性的产生。台湾学者林丽月指出，明代基层社会部分女子的贞节观并不强烈，她们有的会利用女性的弱点行骗，尤其是女棍、牙婆、卖婆使妇女"商品化"，被卫道之士视为世风日下。所以明清时期下层的人民，与士大夫有着相当不同的贞节观。[1]

就明正德、嘉靖以后社会而论，与此前相比就有四大不同："一是逐利，二是纵欲，三是僭越，四是不守妇道。这实际上反映出当时的社会特征，所谓逐利，便是商品经济的发展；纵欲则是对于传统禁欲主义的一种反叛；僭越说明传统的等级标志失去了旧有的价值，金钱开始发挥作用；妇女活动的增多，一定程度上也反映出了传统礼法的破坏。"[2]此时士大夫已经将女德提高到了"风俗之美恶、家国之成败"的高度。

针对珠江三角洲地区来说，随着科举考试的兴盛，一大批士人通过科举入仕，形成了"南海士大夫集团"。[3]庙堂上的功业促使这些人反过来通过自己的权力与学识，热心向家乡民众推广理学与礼教。而珠江三角洲地区女性与中原传统女性形象的不同，不断刺激着他们以天下为己任的敏感神经，使士大夫们忧心忡忡，更觉得有责任引导当地风俗的改变。女性在士大夫这种强势文化的攻势下，情愿或不情愿地接受了礼教设计的"贞""孝""节""烈"形象，开始由被动转向主动地实践女训的教条。

男性对女教的推行取得了颇为有效的成绩。乾隆年间编修的《番禺县志》就颇为自豪地提到："今粤中女子多知书能文词，虽小家儿女亦识字能读歌曲本。"[4]由是可知，前述几部女训著作为儒家文化在女性中的普及

---

[1] 林丽月：《从〈杜骗新书〉看晚明妇女生活的侧面》，《近代中国妇女史》1995年第3期。
[2] 商传：《明代文化史》，东方出版社，2007，第26页。
[3] 罗一星：《明清佛山经济发展与社会变迁》，第81—82页。
[4] 乾隆《番禺县志》卷17《风俗》，《广东历代方志集成·广州府部》第19册，2007，第397页。

做出了极大贡献。首先是女性儒学化程度提高，她们多能知书识字、写诗作文；其次普及面较广，成效深入民间，即便是小家儿女亦能认字、读诵歌曲本。最明显的是，广东地区符合官方理念的女性多了起来。据阮元于道光二年（1822）主持刊刻的《广东通志》第306—325卷收录的列女人数来看，有明一朝荣登《列女传》的女性总共约有1056名，远远超过宋元之前数千年间总共的62名。

尤其是清朝建立之后，与明朝对贞节的旌表制度相比，更是有过之而无不及。顺治元年（1644）七月，上谕要求按照《明会典》的标准表彰节孝："恤其子孙，旌其门风，以励风节。"① 从顺治四年（1647）起，清廷每到节庆日发布"恩诏"时，都会加入要求地方有司注意咨访节妇的内容。除了名誉上的嘉奖外，也予以物质奖励，规定受旌者除政府给银建坊外，还可赈给米粮。到后来政府还一度规定，民人之妇自20岁守节至40岁者，亦可准予旌表。② 清末顺德人简朝亮在编写《粤东简氏大同谱》时，将明至清王朝对列女各项旌表条例进行了详细记录。他说：清因明代之制而制会典，令"京师暨各省、府、州、县、卫，各建节孝祠一。祠外建大坊厅，旌表者题名其上，身后设位祠中。各省由督抚学政会题取具，册结送部核实，咨部题准后，令地方官给银三十两建坊。如奉有御赐诗章，匾额缎匹由内阁交部发提塘赍送督抚，行地方官给领"。对于守节的具体规定，他有如下记载：

> 守节之妇不论妻妾，自三十岁以前守节，至五十岁或年未五十身故，其守节已及十五年（道光间例改十五年为十年），果系孝义兼全，阨穷堪悯者，俱准旌表。其循分守节合年例者，给与"清标彤管"四字匾额于节孝祠，另建一碑镌刻姓氏，不设位，不给坊银。妇人因子受封，准与旌表。因夫受封，守节者不准旌表。夫妇未成婚，流离失散守节，至老合卺者，准与旌表。建坊用"贞义之门"字样。孝女以父母未有子孙，终身奉亲不嫁者，如孝子例。未婚贞女合年限者，如

---

① 《清世祖实录》卷6，顺治元年七月，中华书局，1986，第66页。
② 郭松义：《清代妇女的守节和再嫁》，《浙江社会科学》2001年第1期。

节妇例。其有在夫家守贞身故及未符年例身故者，一体旌表。……

到光绪十四年（1888），广东采访局开列事例，将旌表条例再行放宽：

> 节妇不论妻妾，年在三十岁以前夫死守节至五十岁，或年未五十而身故者，其守节已及六年者，均准旌表。又云：贞女在夫家守贞，现存，至五十岁方准请旌。如未符年例而身故者，亦准请旌。近查礼律变通，例册无论现存、已故，未符年例者亦有奉特旨允准。凡遇贞女有事绩可风者，务须详叙开报，由局申请核办。又云，节妇夫死毁容自誓不二，或有异行可矜者，近年新例不拘年限奏请旌表。①

简朝亮的记述表明，在清政府大力提倡下，见诸各种文字的列女大量涌现。据学者对《清实录》的统计，从顺治九年（1652）起到顺治十八年（1661），共旌表节妇403人，烈妇175人，两者相加，年平均57.8人（节妇年平均40.3人）。康熙一朝61年，旌表节妇4822人，年平均79人。其中的烈妇、烈女，因康熙二十七年（1688）五月下诏，以人命重大，轻生从死，事属反常，对未婚夫死而妇人随之自殉之事，则实行"永远严禁"，故停止年终汇集题拟，但至当年止，上报烈妇也有239人。② 终清一代，据估计，受到旌表的贞节烈妇有100万人，还有因种种缘故合例而未得旌表者，亦当有此数。至于在旌表大潮影响下甘愿守孀而未能熬满年头，或年过三十却格于规例而不得旌表的人，应该更多。③

二 女性守节与改嫁的张力

明清时期，年轻女性一旦遭遇丧夫之痛，其命运就将彻底改变。《明

---

① （清）简朝亮：《粤东简氏大同谱》，《北京图书馆藏家谱丛刊》第42—44册，北京图书馆，2000，第899—902页。
② 郭松义：《清代妇女的守节和再嫁》，《浙江社会科学》2001年第1期。
③ 郭松义：《伦理与生活——清代的婚姻关系》，商务印书馆，2000，第413—414页。

史·列女传》对寡妇的生存状态进行了三个层面的描述："其一从夫地下为烈，次则冰霜以事翁姑为节，三则恒人事也。"第一、第二两个层面，即殉夫、守寡，以此可博得朝廷旌表和舆论赞扬，但其中经受的艰难困苦，毕竟不是一般俗女所能承受。因此，大多数寡妇选择的应是第三个层面"恒人事"，即再婚改嫁。即使是那些死后荣登正史、方志或族谱《列女传》《节妇传》的传主，在守节期间，多数人会在不同程度上受到家庭、亲属和社会要求她们改嫁的压力。[1] 以咸丰《顺德县志》为例进行统计，《列女传》中记载的守节女性，其中清以前105人中有11人、清以后296人中有20人，都明确地遭到各方逼迫改嫁的压力。

这些受到改嫁压力的女性，有不少是丈夫死后，公婆要求她们改嫁的。明成化年间，龙江钟禧女嫁给广州左卫指挥程富为妻。夫死时，她才17岁，公婆怜其无子，欲令改嫁，钟氏誓死不从，孀居40余年。[2] 陈白沙[3]作诗表之曰："风俗当年坏一丝，直到如今腐烂时。欲论千古纲常事，除是渠家节妇知。"陈白沙为一个节妇作诗，一方面说明这一事件确实令人钦佩；另一方面也不排除陈白沙借此表达自己对贞节妇女的态度，以期引导更多的妇女走上守节的道路。从陈白沙诗句中很明显地能看出，当时的社会风气应当是不容这些士大夫们乐观的，甚至到了极为严重的地步，这恰与上文提到的明代社会风气中纵欲和不守妇道、离经叛道等现象相吻合。但从方志记载的语气中可以判断，当时钟氏与其公婆之间因改嫁和守节问题，发生过严重的冲突，公婆的理由是夫死无子，而钟氏能够决心守节不嫁，孀居40余年，可能与程家家境不错有关。钟氏誓死不从，终于获得在夫家守节的权利。

这一现象在守节妇女中大有愈演愈烈的趋势，而且守节愈惨烈，就愈

---

[1] 陈剩勇：《理学"贞节观"、寡妇再嫁与民间社会——明代南方地区寡妇再嫁现象之考察》，《史林》2001年第2期。
[2] 万历《顺德县志》卷8《人物志三》，《广东历代方志集成·广州府部》第15册，2007，第91页；康熙《顺德县志》卷9《人物传三》，《广东历代方志集成·广州府部》第15册，2007，第406页。
[3] 陈白沙，即陈献章，本新会下都会村人，少时随祖父迁居白沙乡，后人尊称"白沙先生"，其学说则称"白沙学说"或"江门学派"。参见黄明同《陈献章评传》，南京大学出版社，1998。

第一章 / 珠江三角洲贞节女性的生活境遇

能博得社会同情和支持。顺德平步何玮妻周氏22岁时，夫亡，家甚贫。她孀居教子，通过纺绩来支撑家庭生活。公婆命其改嫁，她指天自誓而不能夺。80岁后，被授予"慈节"的匾额，官府派人具礼荐问其家。① 周氏公婆命其改嫁的原因可能是家里生活困难——尽管她已经生育了儿子。周氏以纺绩为生，差不多守了60年的节，最终赢得了官府的具礼荐问。又如大良人冯文显妻李氏，婚后因家贫，其夫以雇工度活，并无叔伯兄弟，只有年老的婆婆。李氏自己吃糠，用好的食物奉养婆婆。后其夫染病卧床不起，李氏卖衣鬻簪为其治病。文显去世之后，因家贫没有余财，李氏靠沿门乞讨才将丈夫安葬。婆婆念其才29岁，又无子，且家贫如洗，就劝她改嫁。李氏以死自誓，以帮别人洗衣养活婆婆。婆婆死后，她负土成坟以葬。晚年力衰，又为庙祝糊纸自养。闲暇时，口吟《摸鱼歌》讲述自己的一生困苦，闻者为之心酸。还有的寡妇在守节期间，因夫家突然发生变故，也被公婆劝嫁。如古楼人梁万兴妻黎氏，年二十六夫故，万兴去世前，佃耕富室田地数十亩，因突然病故而致田地歉收。但富室仍要梁家照旧纳租，梁家生活因此更加窘迫，其公公劝她改适，黎氏不听，并择侄入继，守节一生。②

上面的例子说明，明清时期公婆要求守寡的儿媳改嫁的理由很多，这一现象或许掩盖了寡妇改嫁在当时社会较为普遍的事实。但总体来看，公婆迫使守寡的儿媳改嫁，主要可能还是年龄问题，因为她们毕竟很年轻，所以希望她们出嫁以"恒人事"。这类例子还有很多，如南海凌氏18岁嫁顺德桂林梁希贤，一年之后生子梁珩，儿子刚满月，丈夫就去世了。公婆怜其年少，劝她改嫁，凌氏矢节不二。梁珩长大后娶妻生子源，在梁源8岁时，梁珩也死。凌氏又将孙子抚养长大，卒年95岁。时人赞曰："阶前草萋萋，阶下虫唧唧。残月照破帏，令人三叹息。"③

---

① 康熙《顺德县志》卷9《人物传三》，《广东历代方志集成·广州府部》第15册，2007，第408页。
② 乾隆《顺德县志》卷14《人物列传三》，《广东历代方志集成·广州府部》第16册，2007，第583页。
③ 康熙《顺德县志》卷9《人物传三》，《广东历代方志集成·广州府部》第15册，2007，第411页；乾隆《顺德县志》卷14《人物列传三》，《广东历代方志集成·广州府部》第16册，2007，第568页。

羊额人梁宗可之妻卢氏,婚后两年而夫卒,遗腹生一子。其公公欲夺其志,卢氏以死自誓。其外孙即举人方民怀欲将她守节之事上报,她却说妇道就应该是这样,予以推辞。后来其曾孙庠生尚赤将她的事上报,官府于是旌表其门庭。① 大良梁澜长妻胡氏,婚后丈夫和公公一起赴两湖做生意,不幸在路途将资产丢失,家境变差。数年后,婆婆与丈夫因病去世,时胡氏24岁,她卖掉自己的陪嫁物品,以此办理丧事。公公因家道衰落劝她改嫁,遭到胡氏拒绝。②

一些寡妇的亲生父母面对守节的女儿,出于怜惜心情,极力规劝女儿改嫁,但父母的好意往往遭到守节女的坚决拒绝,有的节妇甚至为此与父族绝交。杨斌士妻冯氏系古楼人,婚后夫家十分贫困,又接连生育了三男二女,家里几乎揭不开锅。就在这节骨眼上,丈夫暴毙。冯氏哀求贡生潘孩直施舍棺具一口,才将丈夫殡葬。冯氏的父亲见女儿生活如此贫苦,屡次劝她改适,冯氏不从。为了生存下去,她不得不将一男一女送人抚养,自己辛勤纺绩,抚两男一女长大成人。③ 从冯氏已生育5个孩子来判断,她守节的年龄可能在30岁上下。而这在梁德球之妻刘氏身上得到印证,刘氏婚后生育3个子女,28岁孀守,家中赤贫。父母想让她再嫁,但遭到拒绝。她靠村里好心人的周济才将几个孩子抚育成人。④ 黄连乡张发友妻吕氏,从少读《女史》《七诫》等书,20岁时出嫁,婚后直到29岁才生有一子,但就在这一年丈夫去世了。母亲试探她是否想改嫁,她说:"弃老姑为不孝,背死夫为不义,舍幼子为不仁。不孝、不义、不仁,何以自立?"⑤ 从冯氏、刘氏、吕氏来看,寡妇在30岁左右仍被父母规劝改嫁,

---

① 康熙《顺德县志》卷9《人物传三》,《广东历代方志集成·广州府部》第15册,2007,第411页;乾隆《顺德县志》卷14《人物列传三》,《广东历代方志集成·广州府部》第16册,2007,第576页。
② 咸丰《顺德县志》卷29《列传九》,《广东历代方志集成·广州府部》第17册,2007,第682页。
③ 乾隆《顺德县志》卷14《人物列传三》,《广东历代方志集成·广州府部》第16册,2007,第583页。
④ 咸丰《顺德县志》卷29《列传九》,《广东历代方志集成·广州府部》第17册,2007,第687页。
⑤ 乾隆《顺德县志》卷14《人物列传三》,《广东历代方志集成·广州府部》第16册,2007,第581页;咸丰《顺德县志》卷29《列传九》,《广东历代方志集成·广州府部》第17册,2007,第681页。

于此可以推断，改嫁或许在当时当地是一件被人们认同之事。

当然，一般来说，被要求改嫁的寡妇大多是年轻女性，伦教人郑氏受聘马冈佘讷斋，后父母发觉婆家太清贫，就想和女儿商量毁去婚约，郑氏泣曰："此等不仁不义，愿勿以教。"父母尊重了她的选择，"至今子孙蕃衍，簪缨济济"。[①] 陬前宏妻潘氏，大良人，自幼许配前宏。后前宏生病，竟成风瘫，潘氏之父想推掉这门婚事，但潘氏坚持嫁给前宏。合卺之夕，前宏因病重而不能行房事。婚后，潘氏将自己的嫁妆典卖，以此作为丈夫的医药费用。一年后，她生下儿子统报，意为上天以报贤妇潘氏，两年后又生一女。丈夫去世时，潘氏28岁。[②] 这两个例子的女主人皆是在婚前父家就有毁婚约的意图，但遭到女儿的反对。

还有很多例子是女性在婚后一二年内丈夫去世，从而遭到父家的改嫁压力。江尾人欧阳宜伯妻胡氏，婚后不到半年，就遭海寇劫乡，其夫遇害。胡氏悲号饮泣，上吊自尽，但绳子断了。时胡氏已有两月身孕，她焚香祷告说："苟生男，誓与夫抚之。如女，则从夫于地下。"后果生男。但胡氏母亲想让她改嫁，她大书"曹令女"[③] 三字送给母亲说："此何人也？"最终她守节一生，78岁时卒。[④]

明代大良罗昌期妻李氏的故事颇为典型。李氏婚后不满一年，其夫在田中刈薪时坠水而死，李氏痛不欲生，月余后遗腹生子，命名曰存。她母亲上门规劝她说："家凉独，奈何用饥饿自苦？"李氏泣曰："有子，岂忧终饥饿哉？且姑在，去之不可言孝；子生，舍之不可言慈；夫死，背之不可言妇。"她拒绝母亲说："嗟！母而知女耶？吾矢不后羞。"她广蓄鸡豕，

[①] 康熙《顺德县志》卷9《人物传三》，《广东历代方志集成·广州府部》第15册，2007，第415页。

[②] 乾隆《顺德县志》卷14《人物列传三》，《广东历代方志集成·广州府部》第16册，2007，第581页。

[③] 据皇甫谧《列女传》记载，三国魏夏侯文宁之女，嫁给曹爽堂弟文叔。文叔早死，她担心因年少无子而被改嫁，故断发明志。后家人果"欲嫁之"。她以刀截两耳、断鼻曰："闻仁者不以盛衰改节，义者不以存亡易心。"传见（西晋）陈寿《三国志》之《魏书·诸夏侯曹传第九》，中华书局，1959，第293页。

[④] 乾隆《顺德县志》卷14《列传三》，《广东历代方志集成·广州府部》第16册，2007，第580页；咸丰《顺德县志》卷29《列传九》，《广东历代方志集成·广州府部》第17册，2007，第678页。

又为邻人做雇工，夜晚纺织，尽心尽力地养姑抚幼，年七十三卒。① 李氏的故事被顺德各个版本的县志收录，而且内容已有些微变异，如康熙《顺德县志》说她"矢志奉姑，纺绩供食，始终不二。足不越闺门，亲邻罕见其面"。和前志为雇工有所矛盾，这些赞美之词可能是一种套话，但李氏守节不渝，确实得到了官方旌表。嘉靖十八年（1539）在她60岁时，乡民将她的事迹上报，官府表其门曰"贞节"。② 咸丰《顺德县志》记载李氏的故事在细节上又增加了一些神异色彩，说昌期之弟坠水死，昌期赴救亦溺，"李氏闻走哭，俄顷两尸浮出"，她"解簪珥营葬，举遗腹子命之曰存"。其母暗中劝她改嫁，李氏泣曰："吾夫死于弟，而妇不能死于夫者，存后嗣耳，且姑在去之不孝；夫死背之不义；子生舍之不慈。女志决矣。"③ 李氏守节的故事再次说明，随着时代的变化，地方官绅会对故事的内容不断添加新元素，使其守节的情节更加感人。

　　类似李氏新婚不久就守寡，面对亲生父母规劝改嫁而无动于衷，甚至讥讽父母的不孝行为，地方志多有记载。地方志之所以屡屡记载这些故事，是因为这些女性的艰难守节、为夫家行孝，符合王朝宣传的女性角色特征。但父母出于对女儿的真心关爱，即使女儿嫁给功名之家为媳，但只要她们守寡，父母也会规劝她们改嫁。泮浦人梁氏系吉安府同知梁栋隆之女，生员佘翼泰之妻，年十九出嫁，时丈夫已重病在身，两人尚未圆房，丈夫就死了。其父母想让她改嫁，连着三次让其叔劝之，均遭到她拒绝，守节20年，在40岁时去世。④ 庠生余国玺妻曾氏，20岁成婚，生育一子尚在襁褓中，丈夫去世。她经常受到丈夫的异母弟刁难，父母鉴于这一情况，极力规劝其改嫁，但也遭到曾氏拒绝。她守了70多年的节，于94岁

---

① 万历《顺德县志》卷8《人物志三》，《广东历代方志集成·广州府部》第15册，2007，第92页。
② 康熙《顺德县志》卷9《人物传三》，《广东历代方志集成·广州府部》第15册，2007，第407页；乾隆《顺德县志》卷14《列传三》，《广东历代方志集成·广州府部》第16册，2007，第575页。
③ 咸丰《顺德县志》卷28《列传八》，《广东历代方志集成·广州府部》第17册，2007，第670页。
④ 乾隆《顺德县志》卷14《列传三》，《广东历代方志集成·广州府部》第16册，2007，第577—578页。

走完人生。①甘竹贡生胡为翰之妻陈氏，出嫁六年而夫故。父母怜其年少，劝她改适，陈氏矢志不从，她说："吾不愿衣文绣、食膏粱……抱稚女事奉耄姑以待亡而已。"父母见其意坚，遂从之。孀居30余年，雍正四年（1726）获旌表。②生员吴翔妻霍氏是霍韬孙女，19岁嫁给吴翔，生一子。25岁时，吴翔卒，她悲恸欲绝。其母想让她改嫁，霍氏不仅拒绝了母亲的要求，而且终身不再返母家探亲，82岁去世。③这些年轻守寡女性，因夫家具有科举功名头衔，估计家境不会太差，在守节期间，可能不为生活所困，所以才能有底气拒绝父母的改嫁要求。

明清时期，守节寡妇的改嫁压力既有来自父家的也有来自夫家的，还有来自社会其他方面的，这至少说明社会对寡妇改嫁还是相当宽容的。明代大良人罗昌儒妻苏氏，婚后五年，丈夫病重，苏氏有孕在身。昌儒对她说："吾负汝，天不汝负。遗腹必子也。虽然姑老矣，汝而能养，吾无憾而死。"苏氏答："诺！病苦戒耗言，第君自全神，万有不讳，吾何敢负？"不久，丈夫卒。苏氏生一女。其父欲夺其志，让其改嫁，并劝女儿回娘家，苏氏大恸曰："女生为罗氏妇，死为罗氏鬼。何敢言归？"从此她拒绝与父亲见面。④昌儒女儿长大后，嫁给陈姓为媳，生下二子后，其夫亦卒，苏氏听闻后慨然曰："夫死守节，妇之常也。更复何言？"母女两人共同守节，受到官府旌表。⑤桂洲人胡撽者妻陈氏，其夫嗜饮好赌，把家中财物典当一空，还不时下重手打她。丈夫病卒时，陈氏29岁，两个儿子都很幼

---

① 康熙《顺德县志》卷9《人物传三》，《广东历代方志集成·广州府部》第15册，2007，第416页；乾隆《顺德县志》卷14《列传三》，《广东历代方志集成·广州府部》第16册，2007，第569页。
② 乾隆《顺德县志》卷14《列传三》，《广东历代方志集成·广州府部》第16册，2007，第570页；咸丰《顺德县志》卷29《列传九》，《广东历代方志集成·广州府部》第17册，2007，第688页。
③ 咸丰《顺德县志》卷28《列传八》，《广东历代方志集成·广州府部》第17册，2007，第673页。
④ 万历《顺德县志》卷8《人物志三》，《广东历代方志集成·广州府部》第15册，2007，第92页；康熙《顺德县志》卷9《人物三》，《广东历代方志集成·广州府部》第15册，2007，第407页；乾隆《顺德县志》卷14《人物列传三》，《广东历代方志集成·广州府部》第16册，2007，第574页。
⑤ 康熙《顺德县志》卷9《人物三》，《广东历代方志集成·广州府部》第15册，2007，第407页。

小,于是有人劝她改嫁。陈氏曰:"有死而已,何嫁为?"族人怜其志,赠谷十余石,她又佐以纺织,抚二子成立。① 冼花花原为龙涌杜氏婢女,后被谈氏纳为妾。但遭到谈氏正妻的虐待,于是有人劝她改适,冼曰:"既不幸为婢,又见逐于人,命贱,正当自安,肯再醮失义耶?花花虽微,愿勿以此言入耳。"②

区登瀛妻何氏系潭村人,康熙二十六年(1687),丈夫出外赶考,客死异地。何氏之兄想让她改嫁,但遭到拒绝。她通过纺绩供养两子一女的生活,有时难以为继。而何氏兄家颇富饶,她想去赊贷,其兄怒骂曰:"人之丧夫者,不知其几也。谁不嫁!穷酸已极,尔犹恋恋。既不听吾嫁,吾亦无钱贷!"何氏忍泪而回,从此再也不登兄长门。康熙三十六年(1697)时饥荒,她将赈济物资全部留给子女,自己活活饿死。生员区青英曾有挽诗曰:"十载独栖悬磬室,孤情遥寄采薇歌。"③

龙津人陈福茂妻关氏,19岁嫁福茂,时丈夫已抱病在床,她过门后晨夕侍汤药,百日而丈夫病死,两人实际上并未同房。父母想让她再嫁,公婆也因其年轻表示同意,并已受欧某的聘礼。关氏誓死不二,并私下拿出簪珥命婢持往欧家还聘礼所值。父母与欧某知其不可夺,遂听之守节。陈家为其另筑一室让她居住,六年后,其侄尚志出生,入继给关氏。关氏鞠育备至,孀居二十一载而卒。④

上面列举的数十位寡妇在守节过程中受到来自各方要求改嫁的实例显示,明清时期,夫死守节似乎只是官绅提倡的一种理想家庭模式,民间社会并没有一味主张寡妇守节。当然,地方志中描述的出自节妇的言语,有

---

① 乾隆《顺德县志》卷14《人物列传三》,《广东历代方志集成·广州府部》第16册,2007,第573—574页。
② 咸丰《顺德县志》卷28《列传八》,《广东历代方志集成·广州府部》第17册,2007,第674页。
③ 乾隆《顺德县志》卷14《人物列传三》,《广东历代方志集成·广州府部》第16册,2007,第581—582页;咸丰《顺德县志》卷29《列传九》,《广东历代方志集成·广州府部》第17册,2007,第677—678页。
④ 乾隆《顺德县志》卷14《人物列传三》,《广东历代方志集成·广州府部》第16册,2007,第579—580页;咸丰《顺德县志》卷29《列传九》,《广东历代方志集成·广州府部》第17册,2007,第678页。

些可能是士人按照理想想象的结果。①也许区登瀛妻何氏之兄的话"人之丧夫者，不知其几也。谁不嫁！"更能代表民间社会的主流意见。也可看出，明清时期乡村社会再嫁之风颇为盛行，这在某种意义上也表明女性守节在当时并非主流。还有许多女性的传记中未有迫嫁的记载，但这并不意味着她们没有面临改嫁的抉择与压力，只是因为材料记载所限，我们不能详知而已。从方志记载还可以看到，一些女性在丈夫死后立志守节时会出现"不再归宁"之举，这一现象似乎暗示娘家是规劝寡妇改嫁的一个重要力量。从上述节妇被劝改嫁例来看，由父家提出的有12例；夫家提出的有9例；其他人提出的有4例。也就是说，母家劝女改嫁居于首位，她们希望女儿改嫁，更多出于情感的考量；而夫家则多因家贫而让寡妇改嫁。或许这从另一侧面暗示，明清顺德父家对女儿的干预性依然较强。

三 守节女性的生存来源

女性在丈夫死后守节，一般需要承担起养老抚幼、支撑家庭生计的重担。有学者在研究明清徽州的节烈妇女时指出，这些女性大多自食粗粝，而以精细之食奉养老人。在舅姑生病或发生危险时，她们有的旦夕扶持、衣不解带，百般呵护；这些节烈妇女对幼小的鞠育，有时并不局限于自己的子女，往往兼负着养育丈夫及自己幼弟、侄儿侄女甚至孙辈等的责任。无子的女性为了延续宗祀，往往要为夫家立嗣，有的还兼负有为娘家立继的义务。丈夫去世后，她们不仅要料理丧事、奉主入祠和祭祀、为夫立继、处理债务，还得参加各种劳动以维持家庭基本生活。她们往往要变卖金银首饰等嫁妆或借贷，才能归葬夫榇。为了让丈夫和祖先的神主牌位能入祠祭祀，她们或置办祀田，或捐产捐资给祠堂。②事实上，这种现象并非徽州一地存在，不同版本的《顺德县志·列女传》也有不少此类事迹被记载，显示出传统社会贞节文化渗透的广泛性。

---

① 刘正刚：《明代方志书写烈女抗暴"言论"模式探析》，《暨南学报》（哲学社会科学版）2014年第2期。
② 王传满：《明清徽州妇女群体性节烈行为之主体性因素探究》，《山东科技大学学报》（社会科学版）2008年第5期。

如碧江赵居平妻李氏，婚后百日，丈夫亡故。时李氏20岁，矢志相从于地下，后念婆婆杨氏已逾七旬，膝前无人侍奉，只好忍死守节，赡养婆婆。家人或亲友在遇到寡妇殉夫时，也多以这些社会与家庭责任开导、要求她们。何允让妻叶氏，三桂人，家中贫无立锥之地，丈夫佣工于外，其公公年迈，叶氏日夜以针织等女工所得换取日常所需。婆婆王氏腿脚有病，出入由叶氏背负。叶氏于24岁时生一子，刚周岁，丈夫就暴病卒。她痛哭欲殉夫，有人劝她说："舅姑老、子幼，若从夫死，谁为事畜？"叶氏于是肩负起照顾一家老小的重担，卒年83岁。又如孙五衢妻罗氏，大良人，出身大族，自幼习诗书，18岁嫁到孙门，一年后生子，而夫亡故。她哭泣欲绝，几次想以死相殉，但公婆以抚孤大义劝解，公公为她置田十亩作赡养之资。公婆相继亡时，她又把田卖了一多半安葬舅姑。丈夫弟弟不久也去世，无子，她典当财物殡葬。孀婶无依，罗氏接之同居，照顾其饮食。[①]

又梅元兴妻陈氏，龙山人，22岁成婚，两年后生子盈九，子未周岁而夫故。她誓以身殉，妯娌劝曰："上有翁姑，下有弱子，非死节时也。"在众人劝慰下，她立志守节，日夜纺绩以供菽水。十余年后，公婆相继亡故，她丧葬尽礼。盈九长大后娶妻，仅生有一女就去世了。她抚养孙女成人，寿八十三。何德周妻曹氏，三桂人，22岁成婚，丈夫时常读书到半夜，她则坐在灯旁伴读。后丈夫患肺疾，卧床三年，她亲调药饵，衣不解带地照顾。雍正元年（1723），29岁时，丈夫病亡，公婆对她谕以抚孤大义，她才坚强地活下来。其翁年老失明，家中有薄田数亩，仅能供日常饮食。她勤苦劳作，卖麻丝以供家用。其姑体弱多病，加上丧子之痛，病况更加严重。雍正八年（1730）春，婆婆病得不省人事，曹氏仰天祈祷三昼夜。据说，其婆婆忽然醒来说："吾得女请于帝，不死矣。"曹氏生有一子一女，女儿早夭，她将儿子抚育成立。邓朝瑞妻张氏，龙江人，21岁出嫁，婚后仅八月而朝瑞病故。张氏欲以身殉，时已有五个月身孕。邻妇劝解说，如果殉夫则丈夫就没有后了。于是她把嫁妆拿出来变卖为丈夫办理

---

① 乾隆《顺德县志》卷14《人物列传三》，《广东历代方志集成·广州府部》第16册，2007，第580页。

葬殡，守节抚孤。①

由此可见，女性在夫死之后所面临的困境与压力远远大于男性，她们不仅要治丧理葬，还要操持家务、孝养舅姑、下育子女。因此女性守节对于一个家庭来说尤为重要，她们肩负代夫尽孝、为夫家延续后代的责任，这正是儒家文化赋予女性生存的价值使命。

如果这些女性出身于或者嫁入小康甚至富贵之家，守寡生活自不会过于贫苦，生活也会较为优裕，她们只用全身心教育子女、奉送公婆即可。但如果出身于贫困家庭，那么这些守寡之人的生活压力和苦难将会被无限放大，过着常人难以想象的生活。鹭洲人劳氏20岁嫁给区理卿，三年后夫死，无子。劳氏痛夫早逝，誓不他适，母、姑皆不能夺其志。她通过纺绩养活婆婆。15年后，婆婆去世，她又可怜丈夫的嫂子早丧，把其六个子女抚育长大，并为之婚嫁。守节到70岁时，宗党称她为"节孝君子"。方志编纂者认为，劳氏有四难："早孀，一也；无嗣，二也；糟糠不厌，三也；养姑抚侄，四也。"②

李氏系县学生员李应魁之妹，19岁嫁龙头堡寓城东儒士梁梦阳，婚后一年夫故，李氏欲从死，但因家贫翁姑在堂无亲可靠，她又有孕在身而作罢。她矢志守节，纺绩以孝养公婆，抚育儿子。公婆去世时，她以礼安葬。其事迹得到官绅肯定，颁发"茹苦流芳"匾其门，又奉旨旌表"节孝之门"，县里照例支给官银，由李氏自建牌坊。在她存活时还优免其家两丁赋税，以用于侍养。③

有些寡妇在失去丈夫后，可能因夫家生活原因，她们回到娘家为丈夫守节一生。桂洲人叶孟仪妻李氏，20岁成婚。未几，丈夫死，她遗腹生子，守节到85岁去世。而叶孟仪孙子叶伯玉妻罗氏，19岁成婚，仅一个月，丈夫就死了。罗氏请伯叔为夫立嗣，然后回父家守节。公公去世时，她返回夫家奔丧。罗氏孀守二十余年而死，形成一门双节的悲剧。又如马

---

① 乾隆《顺德县志》卷14《人物列传三》，《广东历代方志集成·广州府部》第16册，2007，第583页。
② 康熙《顺德县志》卷9《人物传三》，《广东历代方志集成·广州府部》第15册，2007，第410页。
③ 康熙《顺德县志》卷9《人物传三》，《广东历代方志集成·广州府部》第15册，2007，第412页。

冈冯觉夫女冯氏，20岁嫁鹿门文士李宗球，出嫁仅两载宗球卒，无子。因夫家无至亲可依，她回到父家纺绩守节，60岁卒。①

容奇生员黄介妻李氏，29岁夫故，家贫，她守节抚养幼子长大。李氏有一婢女姓许，陪同李氏纺织度活。李氏去世以后，其子黄榕因之废读，许氏到亲戚家泣诉，愿以女红所得为学费供榕读书。黄榕终入县学，并学有所成。许氏七十多岁去世，黄家专门为她设神主祭祀，以报其德。②陈村苏通洽妻沈氏，20岁成婚，一年后夫亡无子。公婆去世时，沈氏用纺绩所得筹办丧事，又抚恤孤侄成立。③

由此可见，女性守节并支撑家庭生活，除了某些家庭较富裕外，一般是通过辛苦纺绩的收入来供养一家人的生计。如何璞斋妻梁氏，三桂人，23岁成婚，其夫久病瘫痪，临终时泣告父母，梁氏尚为处女。公公因子去世感伤成疾，六载不离床席。婆婆吴氏又患骨疼之症，走路需人扶持，梁氏左右奉侍无间言。家中仅有田四亩，她纺绩以佐饮食。后立夫弟之子为嗣。梁氏于康熙五十五年（1716）以93岁寿终。④陈学彦妻杜氏，龙涌人，善事翁姑，对已经97岁的太姑郑氏尤谨。郑氏说："杜事我敬且勤，愿其福寿过于我。"丈夫去世后，杜氏孀居数十年，训诫子孙。雍正和乾隆初年，两次获恩赐。她每次都把赐品拿出一半做祭品，率子孙曾辈望阙而拜，剩下部分则充纺绩之资。杜氏于乾隆五年（1740）以99岁寿终。⑤

李安性妻胡氏，25岁成婚，三年后才有身孕，不料丈夫重病在身，临终前问她："吾病难愈矣，汝何以自处？"胡氏答曰："舅姑之志弗敢有违，吾分内事也。以君之灵，倘得生男，教之成立。"夫故，遗腹生子佑昌。舅姑去世后，她严谨自持，以纺绩陪伴儿子夜读。佑昌于乾隆六年

---

① 康熙《顺德县志》卷9《人物传三》，《广东历代方志集成·广州府部》第15册，2007，第414—415页。
② 咸丰《顺德县志》卷29《列传九》，《广东历代方志集成·广州府部》第17册，2007，第692页。
③ 乾隆《顺德县志》卷14《人物列传三》，《广东历代方志集成·广州府部》第16册，2007，第578页。
④ 乾隆《顺德县志》卷14《人物列传三》，《广东历代方志集成·广州府部》第16册，2007，第579页。
⑤ 乾隆《顺德县志》卷14《人物列传三》，《广东历代方志集成·广州府部》第16册，2007，第563页。

(1741)中举。主试官御史陈大玠旌表胡氏:"令德裕后。"① 李匡朝妻梁氏,古楼人,家贫,仅有田三亩,其岁入除供食外难有盈余。24岁守寡的她靠纺织帮补家计。婆婆年老时得脾泻之病,卧床数年,臭秽满室,她朝夕为婆婆更衣,无半点嫌弃。公婆去世时她也是竭力营葬。②

由上面这些女性的例子可以看出,由于顺德地处水乡,桑基鱼塘较为发达,再加上商业的发展,女性多从事养蚕纺绩来维持家庭的经济来源。尤其是蚕丝,它是清代广州国际贸易市场上的大宗商品之一,妇女在种桑养蚕、缫丝等行业中扮演了重要角色。嘉庆时,顺德龙山堡流传的《竹枝词》云:"呼郎早趁大冈墟,妾理蚕缫已满车。记问洋船曾到几,近来丝价竟何如。"③ 这里交易的商品主要是蚕丝,"洋船"则意味着顺德与国际市场发生着密切联系。

国际市场对生丝的需求,刺激了珠江三角洲地区的蚕桑业发展,缫丝已成为农家普遍的家庭手工业。南海县九江一带几乎家家户户种桑养蚕,乡村社会传唱的《竹枝词》对此多有描述:"佃得东家数亩塘,阿侬耕种在家乡,四时力作饶生计,卖罢鱼花又采桑。"④ 随着蚕桑业的发展,顺德容奇出现了专业性的茧市,建有茧栈百余家。⑤ 顺德龙山的大墟成为远近闻名的"桑市"聚集地,也成为重要的丝业交换场所。嘉庆《龙山乡志》卷4《田塘》记载,龙山"乡大墟有蚕纸行,养蚕者皆取资焉。每岁计桑养蚕,有蚕多而桑少者,则以钱易诸市。桑市者,他乡之桑皆集于此也。所缫之丝率不自织而易于肆"。可见,蚕丝业的发展还带动了当地蚕纸行的兴盛,而大墟的桑市居然成为周边地区交易的集散地。

养蚕纺织等工作成为女性守节生活中赚取生活来源的一个重要途径。此外,女性也从事"女工""女红"等手工劳动,比如造纸、晾纸等,也

---

① 乾隆《顺德县志》卷14《人物列传三》,《广东历代方志集成·广州府部》第16册,2007,第583页。
② 乾隆《顺德县志》卷14《人物列传三》,《广东历代方志集成·广州府部》第16册,2007,第580页。
③ 嘉庆《龙山乡志》卷12,张臣《竹枝词》,嘉庆十年金紫阁藏版。
④ 光绪《九江儒林乡志》卷21《杂录》,《中国地方志集成·乡镇志专辑》第31册,江苏古籍出版社,1992,第675页。
⑤ 顺德市地方志编纂委员会编《顺德县志》,中华书局,1996,第182—183页。

有帮人洗衣赚取佣金以自活的。

清代顺德盛行刻书业，其工作也多由女性操刀完成。清人孙杬在《余墨偶谈节录》中说："广东顺德县刳劂手民，多系十余岁稚女捉刀。余之初集，友人寄刊，以其价廉而工速也。惟讹误之字，殊不少耳。"[1] 顺德马冈几乎是广东乃至全国的刻书中心地之一，女性成为工匠的主力。咸丰《顺德县志》卷3《舆地略·物产》记载：

> 今马冈镂刻书板，几遍艺林，妇孺皆能为之。男子但依墨迹刻画界线，余并女工。故值廉而行远。近日苏州书贾往往携书入粤，售于坊肆，得值则就马冈刻所欲刻之板。刻成，未下墨刷印，即携旋江南，以江纸印装，分售海内，见者以为苏板矣。[2]

顺德马冈妇孺皆能镂刻书版、工价低廉，其名声远扬，很快吸引了外地书商，所以才会出现苏州书商携书入粤到顺德马冈翻刻，再带回江南冒充苏版售卖，以图重利的情况。这在当时士人中已广为人知，李应中有诗云："红闺新样纷迭出，唐版宋刻无光辉。"作者自注曰："今顺德马冈村多刻字为业，而女工尤盛。"何惠祖诗云："江浙书坊甲五都，坊板半出南方沽。""马冈攻木亦绝技，可必尺寸师公输。"[3] 这既说明了顺德刻书业的发达，也显示了女性在商业性刻书活动中的重要性。

刻书业带动了造纸业的发展，为女性提供了大量就业机会。嘉道时，碧江人苏鹤创作的《碧江廿四咏》，有多首描绘了碧江百姓从事造纸业的相关场景，如"碧江江水浸烟霞，春树浓阴一万家。最是去乡游子少，野塘绿竹半生涯"。竹子是顺德地区造纸的重要原料之一，当地除了产花亦产笔，因此竹子买卖和花木买卖均是碧江重要的贸易项目："昆岗沙口渡平阳，艇子招摇送客忙。问客买花还买竹，竹场四面卖花香。"当地人用

---

[1] （清）孙杬：《余墨偶谈节录》卷4，虫天子编《香艳丛书》第5集，人民文学出版社，1992，第1494页。

[2] 咸丰《顺德县志》卷3《舆地略·物产》，《广东历代方志集成·广州府部》第17册，2007，第81页。

[3] （清）阮元等：《学海堂初集》卷14，羊城简书斋、富文斋刻本，第22页。

竹造纸，需把细嫩的竹竿放到池中，以石灰腌透，再捣烂成纸浆。腌竹用的池子俗称"灰塘"。"野塘绿竹"，指的是制造竹纸的特色产业。古云人离乡贱，碧江人则根本不用外出谋生，因为靠本地的土制竹纸行业已足够生计。而本地也有大量女性从事造纸的相关工作，如"凫履石前落日斜，白头闲坐说年华。织帘少妇炊烟起，巷口扶翁四五家"。凫履石，是当地荫老园内的小山凫石岗。织帘指的是编织抄纸用的竹帘，可见有不少女性以制作抄纸用的竹帘为业。又如"双峰连翠似屏环，家染云笺赛五蛮。借问浣花溪畔女，何如侬住碧江湾？"这里的双峰，是指碧江境内的上村岗和下村岗。也就是说，很多纸张的进一步加工如染成云笺，都是靠女性在家完成的。又如"南北山头多鬼风，鬼风吹纸入云中。劝郎一一勤收拾，且待明朝见日红"，这首诗歌描述了女性参与晒纸的情景。①

种桑养蚕是明清顺德重要的经济来源之一。养蚕需要大量的蚕纸，"蚕置于用芦苇编成的蚕箔上喂养，蚕箔之下垫以纸，清理残叶与蚕粪时中人需抽出垫纸，及更换新纸，两张纸轮流晒太阳起消毒作用，既卫生又方便"。②所以大墟出现了蚕纸行。顺德女性李晚芳的儿子梁炜曾回忆说"幸吾乡有艺纸之业，妇女可家居力作，所获可食一二人。先慈督家姊并力从事"，以改善家庭生计。李晚芳从事的"艺纸"是刻书用纸还是蚕纸已无从知晓，但无论哪种纸业都会给困顿中的李晚芳一家带来赚钱糊口的机会，用其所得来供养一家人的生活。

除了蚕桑、纺织、造纸等相关工作之外，许多女性甚至直接参与了对外贸易中的加工业生产。一位英国商人在考察广州河南某制茶场后报告说："我到达广州后得悉全部制茶过程……我们进入工场时，眼前呈现着一种奇异的景象：现场上挤满了妇女和儿童，都在忙于从红茶中拣别茶梗和黄色及棕色的叶子。……在广州茶的制造很普遍，郊外很多地方都有，而茶行最多又最好的都在河南。我们坐船渡过珠江，进入一短程运河，便把我们引到人烟稠密的郊区。很多大的茶行就在眼前，据向导说这正是我们要访问的对象。这些茶行都是宏大而宽敞的两层楼的建筑。下层堆满了

---

① 苏禹：《历史文化名村碧江》，《顺德文丛》第2辑，人民出版社，2007，第196—201页。
② 王菊华：《中国古代造纸工程技术史》，山西教育出版社，2006，第243页。

茶叶和操作工具，上层挤满了上百的妇女和小孩从事于拣茶和把茶分为各种各类的工作。"① 正常的家庭以这些手工劳动作为经济来源，许多守节的妇女更是借此以养家糊口。如辛楚叔妻劳氏，北滘人，18岁成家。因家中贫困，全靠其执女工糊口，七年后夫故，留下一子，她辛勤抚育其成人，不料儿子婚后生下一子，也去世了。她与孙子孤寡相伴。② 郑氏系林头梁代盈妻，29岁时遇到地方动乱，丈夫因此死亡，郑氏悲痛抚孤，靠给人做针黹度活。她绣的翎毛草虫在乡中堪称一绝，人们争相求购，儿女婚嫁的费用也靠她辛苦劳作而来。她守节44年而卒。③

又有严氏，16岁时嫁与罗贵恒为妻，婚后事翁及后姑尽孝，17岁时夫亡，时儿子才出生两个月，她绩麻缝鞋度活，抚养儿子成长并婚配。儿子在40岁时与媳妇一起去世，她又抚两岁幼孙长大。④ 马宁人李氏嫁夫麦绍庄，其婆婆长年生病卧床，李氏日夜奉姑起居。25岁时夫丧，她勤女红以养老抚幼，未到60岁就去世了。其孙麦应泰在顺治八年（1651）中举，人称之为"节妇余庆"。⑤

在艰苦的岁月里，守节女性用柔弱的肩膀为家庭撑起一片天。如果家庭条件较好，她们还可以专心守节，养老育孤，从事女性闺内的工作；如果家贫无依，她们还要身兼男职、挣钱养家。一夫一妻组成的小家庭在缺少支柱的情况下，担子完全落在女性的身上，其艰难可想而知。所以佘象斗⑥说："节义之重，比忠孝贯天日。盖以闺阁女子，目未尝穷典籍，身未尝亲圣贤。或及笄而奔丧，或早年而夫殁。夏日冬夜，苦雨凄风，终始一

---

① Rober Untune, *A Residence Among the Chinese*（London，1857），转引自彭泽益编《中国近代手工业史资料》第1卷，三联书店，1957，第483—486页。
② 乾隆《顺德县志》卷14《人物列传三》，《广东历代方志集成·广州府部》第16册，2007，第571页；咸丰《顺德县志》卷29《列传九》，《广东历代方志集成·广州府部》第17册，2007，第689页。
③ 民国《顺德县志》卷21《列传六·列女》，《广东历代方志集成·广州府部》第18册，2007，第271页。
④ 康熙《顺德县志》卷9《人物传三》，《广东历代方志集成·广州府部》第15册，2007，第415页。
⑤ 康熙《顺德县志》卷9《人物传三》，《广东历代方志集成·广州府部》第15册，2007，第417页。
⑥ 佘象斗，字公辅，号齐枢，马冈人，顺治十八年进士，授刑部主事，曾参与编修康熙十三年刊刻的《顺德县志》。

节，岂不甚难卒之？父母弗能夺其志，贫穷弗以易其守。非具冰霜之操、柏舟之节者，曷克臻此？"①余象斗尽管很客观地描述了女子守节所面临的种种苦处，但他始终站在男性要求女性从一而终的角度出发，从来没有真正体会女性所面临的各种困难与折磨。正如万历《顺德县志》所说："妇人之善岂出壶外？忠臣易，孝子节妇难。风雨之朝，星月之夕，独处空帏，至老而不易其心，易能哉！"②但即便是在这样艰苦的生存条件之下，女性们还是义无反顾地挑起家庭的重担，在养老育孤之余，尽全力身体力行地帮助别人，为后代做出表率。她们的作为，为基层社会的稳定发展带来极大助力。

四 贞女、孝女现象的盛行

明清时期珠江三角洲地区贞女、孝女现象颇为盛行。所谓贞女，多指女性立志不嫁以养父母子侄，或未嫁夫死而立志守贞者。史籍记载岭南最早的贞女为唐代贞元年间（785—804）四会文氏，她是一位为未婚夫守贞而受士大夫赞颂的女性。北宋初，有关文贞女的故事，与"文氏"并无关联，乐史《太平寰宇记》卷157《岭南道一》记载："贞里在（四会）县南。昔里女许嫁，未成婚，其夫因虎而死，乃誓不嫁，而身归夫家，奉养舅姑，晨昏不倦，人美其行，故名其里。"③乐史模糊地说在四会县贞里有一位女性，姓氏和具体生活年代均不详，但她自愿守贞不嫁，身归夫家奉养舅姑，其品性受到美誉，与儒家强调的贞、孝品行一致。

《贞烈祠记》是文贞女故事的最完整记载，撰写者为宋代陈公奉。贞女不仅出现了姓氏，而且记载了她由人升格为神成为地方神祇的过程，引述如下：

> 自仙羊而上，入绥水六十里，为四会县。逾水之二十里近西楼

---

① 康熙《顺德县志》卷9《人物传三》，《广东历代方志集成·广州府部》第15册，2007，第405页。
② 万历《顺德县志》卷8《人物志》，第91页。
③ （宋）乐史：《太平寰宇记》卷157《岭南道一》，中华书局，2007，第3020页。

峰，林峦蔚然荣长而森秀，崇冈突下，四望平远，是为贞山烈女之祠。旧记：唐贞观元年（627）建妙虚宫，岁久为墟。没一百六十年，实贞元三年（787），有女文氏，父母已许鲍生，未嫁，生樵山毙于虎。文氏匍匐赴其丧，服衰三年，事公姑谨洁甚而感怆，忽然归遁于山之阴，不与世接，影响冥邈，人莫迹其处。贞元十七年高秋九日，天气澄澈，俄有异云起西南，幡幢管磬，拥一妇人于杳霭间，欢谓文氏女仙去。今升仙坛具存，即其下为祠，晨香夕灯，岁时不懈，遇水旱祈祷，罔不昭答。公奉到官数月，春向深不雨，令尹陈侯希默相率拜祠下，佥曰兹祠尚矣。旧记不足以传远，请更而镌诸石，令尹举手见嘱，越翌日，雨大作。……绍熙三年四月一日。①

陈公奉，福建罗源人，"字叔璋，祚之孙，号竹畦，集《周礼论解》"，淳熙十四年（1187）举进士科，② 淳熙年间（1174—1189）担任四会主簿之职。③ 由于历代转引，这一祠记文献难免存在偏差错漏。对照康熙二十七年（1688）《四会县志》卷20《艺文》记载，落笔时间为绍兴三年（1133），早于陈公奉中举入仕，明显是错误的。《贞烈祠记》的写作时间可能是南宋绍熙三年（1192）。

从陈公奉撰写的碑记看，众人求雨于文氏，而文氏显然有借此要挟地方官员为其刻石宣传，借之树立自己正统祭祀地位之嫌。如果没有成仙之前守贞的那些行为，估计文氏也难逃脱作为淫祀而祭祠被拆毁的命运。因为官府这次的求雨行为，加上未嫁守贞的身份背景，文氏贞仙终于在建祠300多年后被确立合法地位。当然，这种要挟讲价行为不可能是文氏所为，应与当地持此信仰的士绅、乡民的运作有关。

当地还有一位徐氏贞女，其故事叙述完全同于文氏，究竟两人是不是一个人，是否因误记而变成两人成了谜。光绪《四会县志》编写者对此颇

---

① 崇祯《肇庆府志》卷28《艺文三》，《广东历代方志集成 肇庆府部》第3册，2009，第724页。
② 万历《罗源县志》卷5《选举志》，国家图书馆出版社，2013，第2—3页。
③ 康熙《四会县志》卷5《秩官》，《广东历代方志集成·肇庆府部》第17册，2009，第27页。

第一章 / 珠江三角洲贞节女性的生活境遇

感疑惑，但"然考旧志仙佛篇，徐尚在文前"。在未得究竟的情况下，只好遵从旧说，将文氏与徐氏作为两个人来处理。①但无论文氏和徐氏是两个人还是一个人，都不妨碍她们的贞节与成仙的传说，事实上这些传说对女性守贞和尽孝行为的渲染充满了教化的意味。所以卢苇菁提到陈公奉评论文氏的神力来自上合于天的不朽精神时说，陈赞美文氏的"纯介之行"，暗示她升天成神就是因为品德高尚，文氏遂成为第一个被神化的贞女。后来在明清时期，这样被神化的贞女还有一些，她们的德行赋予了她们神秘的力量，人们把她们转变成膜拜的对象。②

在珠江三角洲地区的地方志记载中，类似文氏这样得到后世立祠祭拜的例子有很多，如前文讲的顺德地区宋代的吴妙静和邓六娘等。古代婚姻的缔结，父母之命、媒妁之言是男女婚嫁的必要条件，儿女所能做的就是听从父母安排，父母的权威不容挑战。但是当未嫁守贞的"处女烈"掀起后，以夫家为中心的礼教观对父权的权威性造成相当大的冲击，有不少女性为了履行对一纸婚约的承诺而不惜违背父母的意志，甚至与自己的家庭决裂，这一点与珠江三角洲地区流行的"自梳女"和"不落家"现象并存，以致形成了两种不同的极端现象。

明清时期，顺德地区违背父母意愿，坚持对未婚夫从一而终的女性不胜枚举，她们成为另类的一种贞女。如明代杏坛苏兆侯妻胡氏快完婚时，胡氏之父因盗葬女婿家的祖茔而涉讼。胡父怒而背婚，胡氏无奈闭户自缢，但被及时发现而得救。胡氏最终还是嫁到了苏家，纺绩以终其身。③顺德人谭品佳在开建县南丰圩从事贸易，与同在圩市经商的郭奕舆交好，为此，品佳为儿子谭显畅聘下郭家女儿为未婚妻。不久，品佳死了。郭奕舆后悔这门婚事，就和女儿商量退婚。郭氏不从，但奕舆盛怒之下还是接受了覃氏之聘，定于道光十四年（1834）九月二十四日完婚。郭氏无奈，每天以泪洗面，正好此时郭氏姐姐归宁，遂与姐姐商量计策。姐妹俩认

---

① 光绪《四会县志》卷7《人物志·列女》，《中国方志丛书》第58号，台北：成文出版社，1967，第391页。
② 〔美〕卢苇菁：《矢志不渝——明清时期的贞女现象》，第27页。
③ 咸丰《顺德县志》卷28《列传八》，《广东历代方志集成·广州府部》第17册，2007，第671页。

177

为，覃家迎亲花轿一定会从显畅家店铺经过，就要求显畅先预备好花烛。姐姐叮嘱郭氏说："妹欲终归谭氏，至中途，闻有大呼'此谭显畅家者'。妹须自舆中出，方能如愿，否则徒死无益也。"到了婚期，郭氏之姐先往，按之前谋划，郭氏果然闯出花轿，由其姐引入显畅店与其成亲。郭奕舆以夺婚罪到官府控诉，时客居开建的顺德人都为郭氏的节义感动，公呈作证，郭氏亦到堂自首，最终得以申冤，遂与显畅一同回到顺德。①

一些女性在订婚以后，未婚夫突然死亡，她们仍然冲破重重阻碍，在自己家或者到未婚夫家守节。黎村东街周东皋女周贞姑，受沙亭屈敏中之聘。不料婚事刚定下来，敏中就死了。贞姑听闻后，悲痛异常，枕席时有泪痕。贞姑之父东皋与敏中的父亲素友善，两家儿女很小时就订有婚约，敏中虽然死了，但其父请求以次子续婚，东皋也因无害于义而许之，只是不让贞姑知之。到婚期时，屈家以彩舆将贞姑迎归，贞姑表情正常，但偷偷将素帛藏于袖中，等到轿子一抬起来，贞姑就开始以帛蒙面哭其夫，说愿以死殉夫。屈家父母大悔先前所做决定，贞姑坚决请求为未婚夫守义，东皋闻之又将贞姑接回，她终身不嫁。东皋的子孙为贞姑节义所感，从而祠之。南海教谕孙羽仪撰文记其事，并于康熙四十八年（1709）勒石于祠。② 水藤人罗世娘也为未婚夫守贞一生。县志记载，罗世娘16岁时受麦氏之聘，未嫁而麦氏子死，父母想把她改聘别人，世娘以死反抗，独居室中68年，卒葬于马湾。③ 刘昆炽聘妻张氏，龙山人，13岁许配昆炽。没过多久，昆炽外出经商，11年音信断绝。康熙四十二年（1703），张氏已26岁，父母欲令改适，她说："一言已定终身以之。今虽外出，岂无归日？可背义而登他人之门乎？如不相容，惟一死耳。"父母不能夺其志。两年后，张氏父母相继亡故，婆婆把她接到家中，她靠纺绩奉姑，姑殁，她据礼理丧。④

---

① 民国《顺德县志》卷21《列传六》，《广东历代方志集成·广州府部》第18册，2007，第272页。
② 民国《顺德县志》卷21《列传六》，《广东历代方志集成·广州府部》第18册，2007，第270页。
③ 万历《顺德县志》卷8《人物志》，《广东历代方志集成·广州府部》第15册，2007，第91页。
④ 乾隆《顺德县志》卷14《列传三》，《广东历代方志集成·广州府部》第16册，2007，第601页；咸丰《顺德县志》卷29《列传九》，《广东历代方志集成·广州府部》第17册，2007，第682页。

又如泮涌生员梁国献二女儿梁氏,从小跟父读书,《孝经》《仪礼》无不娴熟。14岁时,受横岩乡袁德恭聘,后未婚夫病故,她23岁,奔丧守节,纺绩度日,孝事翁姑,孀守40余年。① 云步罗华厚女罗氏,受聘本乡李俨,17岁时,未婚夫病故,她矢志奔丧,父母不能改变其不嫁的态度。她到达夫家后,亲自料理丈夫的丧礼,以纺绩供养婆婆。婆婆为她选择嗣子,所有亲戚家有喜庆事,她都不参与。她说:"未亡人守死而已。"年七十卒,官旌其门曰:"高节纯贞。"② 甘竹谭端衷的长女谭氏18岁,尚未出嫁而未婚夫病故,她挺身奔丧,父母不能阻。她先以吉服见舅姑,然后拂棺痛哭,从容有礼,35岁卒。③ 龙江蔡振君聘妻萧氏,未婚夫是孤儿,母叶氏把他抚养长大,但弱冠时死。当死讯传到萧家时,萧氏故作镇静,私下央求邻人带她到婆婆家。正在痛哭的婆婆被她吓了一跳,邻妪告之故,萧氏即拜见其姑,更换素服,披发跪抚夫尸。时未婚夫尚未瞑目,萧氏以手摩挲而合。她婉语慰姑,下阶跪谢伯叔诸亲,表示要守节度过余生。她在婆家亲操井臼,侍奉婆婆,为其养老送终。83岁去世。黄连人何氏系碧江赵文光聘妻,文光未娶而身故,何氏想奔丧守节,赵家因家贫而力辞,何氏剪发自誓,以尽从一之义。父母怜其困苦,劝她在娘家守节,她说:"祖翁姑俱年逾古稀,姑亦半百,忍其饥寒不顾耶?"坚持到了赵家,刺绣纺绩,以供菽水。到祖翁姑去世时,她尽礼尽哀服丧。④ 邓瑶昇聘妻黄氏系龙山人,18岁时未嫁而寡,也坚持到未婚夫家守贞,理由是:"吾闻夫家贫,无期功之亲,堂有老姑,吾遽死,如姑何?"于是饮泣奔丧,纺绩

---

① 乾隆《顺德县志》卷14《列传三》,《广东历代方志集成·广州府部》第16册,2007,第597页;咸丰《顺德县志》卷29《列传九》,《广东历代方志集成·广州府部》第17册,2007,第689页。
② 乾隆《顺德县志》卷14《列传三》,《广东历代方志集成·广州府部》第16册,2007,第598页;咸丰《顺德县志》卷29《列传九》,《广东历代方志集成·广州府部》第17册,2007,第680页。
③ 乾隆《顺德县志》卷14《列传三》,《广东历代方志集成·广州府部》第16册,2007,第599页;咸丰《顺德县志》卷28《列传八》,《广东历代方志集成·广州府部》第17册,2007,第671页。
④ 乾隆《顺德县志》卷14《列传三》,《广东历代方志集成·广州府部》第16册,2007,第601页;咸丰《顺德县志》卷29《列传九》,《广东历代方志集成·广州府部》第17册,2007,第682页;咸丰《顺德县志》卷29《列传九》,《广东历代方志集成·广州府部》第17册,2007,第683页。

奉姑以终。① 这些贞女们尽管没有完整的婚姻程序,但她们守节时基本履行了儿媳的应尽义务,为公婆养老送终,尽了儿子、儿媳的双重孝道。

一些贞女在未婚夫死后,到婆家守节,除了赡养公婆外,还抚育年幼的小叔子,或为夫家代立子嗣,传承香火。明代人谭氏系龙江马观鹏聘妻,观鹏以军功累升为参将,领军赣州时阵亡。谭氏奔丧招魂以葬,哀感邻里。一年后,谭氏之姑去世,她鬻衣饰以为丧葬,与年幼的小叔孤苦相依,纺绩度活。有人悯其穷困,想劝她改嫁,可一见她面就无颜开口。还有人哀其志,赠送钱米,她也婉言拒绝,后八十多岁无病而卒。② 龙山李仲朝聘妻黄氏,年十九而未婚夫死,她矢志奔丧,母亲担心她年纪太小而不让去。她哭着说:"姑抚弥月之孤以有今日,忍令垂暮茕独乎?"母不能夺其志。她来到婆婆家,与之相依为命,后抚族兄之子沛球为嗣。③ 龙山人谭氏为康帝辅聘妻,未字时父母已双亡,遗下幼弟,她将弟弟拉扯成人。19岁将要成婚之时,未婚夫故,她奔丧守贞,纺绩养姑,又从族人中过继一子为嗣。④ 沙富连大方之女连氏,受生员陈仕魁之子国球聘,婚期将近,国球不幸病故。连氏时尚未成年,闻报后径奔陈家,欲刎颈以殉,被父母劝说而守节。其公公仕魁身故时,家贫财乏,连氏竭力殡殓。之后,她侍奉婆婆,恪尽妇道,抚育丈夫两个年幼的弟弟成人。⑤

又甘竹李商琏聘妻谭氏,未嫁而未婚夫身亡,其父母把讣讯封锁起来不让她知晓。她私下了解后,偷偷约邻妇陪同前往李门奔丧,抱棺大恸,

---

① 乾隆《顺德县志》卷14《列传三》,《广东历代方志集成·广州府部》第16册,2007,第601—602页。
② 乾隆《顺德县志》卷14《列传三》,《广东历代方志集成·广州府部》第16册,2007,第602页;咸丰《顺德县志》卷28《列传八》,《广东历代方志集成·广州府部》第17册,2007,第672页。
③ 乾隆《顺德县志》卷14《列传三》,《广东历代方志集成·广州府部》第16册,2007,第602页;咸丰《顺德县志》卷29《列传九》,《广东历代方志集成·广州府部》第17册,2007,第685页。
④ 乾隆《顺德县志》卷14《列传三》,《广东历代方志集成·广州府部》第16册,2007,第603页;咸丰《顺德县志》卷29《列传九》,《广东历代方志集成·广州府部》第17册,2007,第685页。
⑤ 康熙十三年刻本《顺德县志》卷9《列传一》,《广东历代方志集成·广州府部》第15册,2007,第415—416页;乾隆《顺德县志》卷14《列传三》,《广东历代方志集成·广州府部》第16册,2007,第598页。

第一章 / 珠江三角洲贞节女性的生活境遇

见者垂泪。她劝慰翁姑曰:"有媳在,可以代夫孝养。"此后,谭氏承顺无违,深得二老欢心,又育嗣子成立,雍正二年(1724)获旌。龙山温元沾聘妻陈氏,18岁时未婚夫亡,她听到讣信后拿刀自割其舌,发誓奔丧,父母不能夺其志。到夫家后,改装易服,孝事翁姑,抚育丈夫弟弟长大,守节三十余年卒。① 龙山康氏许聘龙江教谕肖嘉元子梦全。康氏19岁时梦全卒,她闻讣吐血数升,但嘱婢勿告父母,奔丧时抚棺大恸数绝。此后,她纺织养姑,以侄齐锡为嗣。② 又有康氏受龙江蔡社庇聘,蔡死,康氏年十七,奔丧,孝事舅姑备至。小叔时在襁褓,康氏抚养成立,孤守四十年而卒。大良生员罗孙廷次女罗氏,陈滋杰聘妻,未嫁而未婚夫卒,她闻讣奔丧,孝养公婆。婆婆亡故以后,两位小叔和小姑年纪都很小,她将他们抚养成人。③ 龙山冯简祁聘妻巫氏,20岁时,未婚夫死在四川。巫氏闻讣奔丧,纺织养姑,教育嗣子奉初成立,书声与纺织声相间。嗣子奉初于嘉庆十三年(1808)中举,巫氏依然勤苦劳作,年六十七卒。④

还有一些在父系家族中守节的女性,在坚贞自誓的同时,又为父家的繁衍和稳定做出贡献,为父家立嗣,抚养子侄。如伦教人郑琼枝,许字勒流伍姓,未嫁而未婚夫死于龙州,只剩下寡母在堂,琼枝时年十八,奔丧守节,事姑尽道。婆婆卒时,她执礼如子。无奈夫家没有近亲,她只好返回娘家守节。又念父家数代孤零,遂抚养侄子应连长大成人,为其娶妻,但应连30岁时尚无子,她又百计张罗为侄立妾。没过多久,终产一子,琼枝乃卒。⑤

在守节的贞女中,如果家境允许,有的则会选择遁入空门以坚守节之

---

① 乾隆《顺德县志》卷14《列传三》,《广东历代方志集成·广州府部》第16册,2007,第596、600页;咸丰《顺德县志》卷29《列传九》,《广东历代方志集成·广州府部》第17册,2007,第679、688页。
② 咸丰《顺德县志》卷29《列传九》,《广东历代方志集成·广州府部》第17册,2007,第682页。
③ 咸丰《顺德县志》卷29《列传九》,《广东历代方志集成·广州府部》第17册,2007,第685页。
④ 咸丰《顺德县志》卷29《列传九》,《广东历代方志集成·广州府部》第17册,2007,第692页。
⑤ 民国《顺德县志》卷21《列传六》,《广东历代方志集成·广州府部》第18册,2007,第273页。

志。如甘竹黄氏许字麦文则，未字而未婚夫卒，她闻讣奔丧守节，翁姑顾虑她年轻而不许。她欲自尽以明志，但想到父母无嗣，自己一死，恐伤父母心，于是披剃为尼。其父和公婆在屋旁筑"建善"小庵让她居住。婆家为其夫立嗣，嗣子长大后，多次请求她返家归养，她回答说："我发为尔父削，莫作我存观可也。"她坚持不随嗣子返家，恬然自适，人谓其"甘节"。[1] 上直何杜莩聘妻陈氏，莩父贩荔江南，陈氏之父同往，暴卒。未婚夫把未来老丈人的棺椁从江南运回顺德，一年后也病卒。陈氏认为未婚夫千里归还父骨，此情难报，遂急切奔丧，誓以死报。后来她独居一楼，供观音和未婚夫像，朝夕茹素唪诵，守节三十余年，择满照为嗣，56岁时无病而卒。[2]

其实，在顺德士人编纂的志书中，编纂者记载的贞女有些可能就是"自梳女"与"不落家"。如容奇人侯阿莲与陈汝赤订婚不久后，父母就去世了，陈家也因贫困无力迎娶。后陈汝赤生病瘫痪，于是让媒人劝侯阿莲另嫁，但她坚贞自矢，通过纺织挣钱，请邻妇把自己赚的钱送给未婚夫家做帮衬，这样过了三十余年。汝赤去世时，她不仅以妻子身份"奔丧"，而且拿出积蓄营葬，购屋存放木主以祭祀。65岁时去世，族人为其立嗣。[3] 侯氏订婚30多年没有过门成亲，而是在父家生活，极有可能是"不落家"。虽然编纂者不可能直接暴露她们的身份，但可以想象这在当地确实是一个被广泛接受的事实，无论士绅愿意与否，这种现象都广泛而且真实地存在。县志的编写者在描述这些贞女时，多从另一角度出发，如强调贞女们普遍都是孝女。我们在阅读这些材料时，有时会因她们的孝行而忽略其不嫁的事实。士人们按照儒家的标准将之改造为贞孝形象，这也成为她们得以入选《列女传》的原因之一。

各种方志中都记载了不少以孝著称的女性，其中不乏侍亲不嫁、为父

---

[1] 乾隆《顺德县志》卷14《列传三》，《广东历代方志集成·广州府部》第16册，2007，第603页；咸丰《顺德县志》卷29《列传九》，《广东历代方志集成·广州府部》第17册，2007，第685页。
[2] 咸丰《顺德县志》卷29《列传九》，《广东历代方志集成·广州府部》第17册，2007，第686页。
[3] 咸丰《顺德县志》卷29《列传九》，《广东历代方志集成·广州府部》第17册，2007，第686页。

育孤、以死殉孝甚或刲股疗亲之人。宋代龙江人吴妙静、邓六娘和水藤人罗世娘的故事,前文已有介绍,吴妙静和罗世娘皆因未婚夫死而誓不再嫁,邓六娘则直接不字在父家为父立后并将之抚育成人。在人们看来,吴妙静与邓六娘两人比罗世娘更应该为世人所传诵,因为她们尽管和罗世娘一样守贞终身,但她们守贞是为父立嗣,为父家延续香火,这一点是罗世娘所没有的。事实上,从宋代开始,女性矢志不字在父家孝养父母的现象在珠江三角洲地区就已不少见,大量的"自梳女"与"不落家"是此类现象的一个变种。此现象是否受到吴妙静与邓六娘等人的影响未可知,但这种风气对珠江三角洲影响甚大则可以肯定。

如元代伦教人梁佑娘,也是一位自誓不字、替父完祀的孝女。按《顺德县志》所说,梁佑娘出自名门,祖父梁昭平曾任宋度宗时大理寺正卿,"父鉴殷,宋末解元,上勤王策,文信国[1]为诗赠之。佑娘生元大德己亥(1299),抚幼侄不字,以奁田五十亩备祀费,年四十五而死"。[2] 明万历年间,曾任顺德知县的归善人叶春及在其著作《石洞集》中也记载:"伦教梁鉴殷女佑娘,不字,抚其侄彦。"[3] 只是他讲的故事被咸丰《顺德县志》更加故事化、细节化而已。

守贞不嫁在父家行孝的事例,进入清代逐渐增多。嘉庆年间,大良游华章之女游三姑,其父游华章准备往安南经商,三姑百计张罗,凑钱资助。后父亲在外身故,遗下三个年幼的弟弟,三姑遂决定守贞不嫁,抚育诸弟成人。[4] 道光二十年(1840)出生的简岸人简翠蝉也以孝著称。她是简承达的三女儿,承达无子,她生而右手无掌,父戆直知医,在她7岁之时,就授以《女孝经》;12岁时授以《医经》,15岁授以卜书。随着翠蝉渐渐长大,父母张罗给她找婆家,翠蝉却说:"女子亦子也,今家贫,两

---

[1] 文信国即文天祥,梁佑娘之祖父梁昭平、父梁鉴殷均未查到具体传记,文天祥赠诗也未见,待考。
[2] 咸丰《顺德县志》卷28《列传八》,《广东历代方志集成·广州府部》第17册,2007,第667页。
[3] (明)叶春及:《石洞集》卷10《吴妙静邓六娘传论》,文津阁《四库全书》第430册,第21页。
[4] 民国《顺德县志》卷21《列传六》,《广东历代方志集成·广州府部》第18册,2007,第270页。

姐于归，儿又许字，谁为子养乎？"她矢志不嫁，"资女医及卜得钱，供父母甘旨"。她还省吃俭用，买来一个婢女。翠蝉右手虽无掌，但父母的馈食一定亲自烹煮，父母衣裳也亲自洗涤。即便是父母老病，"中裙遗矢"，也完全由她包办。有人劝她："汝使婢，畜之奚为？"翠蝉答曰："父母，我之父母也，而使他人事之，安乎？吾畜婢，使得侍色笑，父母不落寞耳。"大姐因夫死子幼，生活比较穷困，二姐生活也贫穷，翠蝉"岁时恤之"。父母心疼她，"以女兼顾为难，偶嗟叹"。翠蝉为了不让父母担忧自己，就暗地帮助两位姐姐。翠蝉对在公共场合抛头露面，"虽鱼龙百戏近在里社间，士女游观未尝往。日入闭门，虽有急者百呼不启"。即使出外就诊，必以一名老媪相伴，而且出诊的范围也是乡邻而已。她解释说："乡邻不远，旋往旋返，若夙夜远行，非女也，且父母何依？"在翠蝉的孝敬下，简承达夫妇渐渐忘记无子的遗憾，"颜色泽腴，年逾八十不衰"。同宗之人称赞翠蝉："有子者弗如也，成人者亦弗如也。"光绪十四年，简承达卒，年八十六，及殓面如生。此时翠蝉49岁，为父守丧三年。父卒后五年，翠蝉母亦卒，年八十九。光绪十五年（1889），简朝亮将翠蝉之事上报官府并请旌表。光绪十六年（1890）获旌表建坊，并在节孝祠内题名设位。①

其实，明清时期顺德地方文献除了记载守贞女性为父母尽孝外，不少已嫁女为父族所做的贡献，也屡屡可见。顺德女性无论是"不落家"还是落家，都对父族有着强烈的责任感，并得到社会的认同。伦教郑永宜妻胡氏，其兄无子，遂以侄为嗣。但嗣子不务正业将家产荡尽。胡氏听闻，长叹曰："吾兄鬼馁矣。"于是约集父老告官，判令嗣子归宗，拿出自己的妆奁，资其生计，然后又"别立侍卫簪朋为兄后"。②又有大良陈氏，教谕黄懿之继室，从少孤苦，生母养以成人，既无兄弟又无期功亲。嫁给黄懿后，因自己的祖父母、父母五丧未举，高曾祖父母之墓遭水蚁侵蚀，她"躬历小湾堡相公冈遍觅之，墓碣模糊，割指滴血，噏然乳合，相地营葬，

---

① 民国《顺德县志》卷21《列传六》，《广东历代方志集成·广州府部》第18册，2007，第274页。
② 咸丰《顺德县志》卷29《列传九》，《广东历代方志集成·广州府部》第17册，2007，第687页。

位置井井"。然后又拿出自己的私蓄购置产业设立神主,为父择继入嗣。乡人称其为孝女。勒流人伍成娇,同胡氏、陈氏一样也为父族做出巨大贡献,但她的结果与前两者大不相同。她幼小父母双亡,依兄嫂生活。长大后嫁给廖氏,没过几年,兄嫂相继去世,遗下四个年幼孤儿。她"慨然辞归,以抚孤以己任"。经过二十余年的辛苦操劳,她为三个孤儿娶妻营产,只剩下最小的一个还未娶亲。咸丰四年(1854),龙山堡三合会众起事,各乡堡纷起响应。时伍成娇的四个侄子也想入会,她得知情况后,"一日,乃集族党呼四人前申禁之,因大哭,四人亦哭"。但四人终究没有听她的话,她上吊以死规劝。四人仓皇自外归,伏地大哭,咸呼曰:"吾负娘!吾负娘!"并厚殓之,由是稍稍自我约束。龙江薛葵容的父亲薛维翰早死,无子。她和祖母及母一起居住,长大后许字同乡蔡氏,但蔡氏贫穷无力迎娶,后又客死他乡,夫家没有公婆及期功叔伯之类的亲属。母亲想把她再许配给他人,薛葵容"泣不可,愿奉二母以老,议遂寝"。薛家也贫困,完全依赖葵容针黹以供朝夕生活。她50岁时,母亲去世,因念祖母尚在,强颜欢笑侍奉祖母。过了一年祖母继殁,丧葬已毕,她对别人说:"吾今可从吾母于地下矣。"遂自缢身亡。①

孝的极致是割股疗亲,这一现象在未婚女性中更为流行。据王旭光考证:割股疗亲肇始于秦,兴盛于唐宋元明清,民国间才慢慢绝迹。② 割股疗亲是"孝"观念极端外化和无限推衍的产物,具有很强的煽动性和趋同性,因此孝女、孝妇以近乎宗教的迷狂,不惜主动放弃个人利益,持刀戕害自我,造成严重的身体损伤和精神损伤,甚至付出生命的代价。③ 如弼教杜豪长三女杜南娘,年十八尚未出嫁,其父因病无力求医。适值南娘的两位姐姐归宁探望,姐妹商量割肱疗亲,南娘即斋戒祷神,割左肱,和食以进。直到第二天才告诉母亲实情,其父至死也不知道南娘割臂之事。又有羊额何韵姑事嫡母黄氏尤孝,16岁时,嫡母生病,韵姑遂偷割臂肉以进,嫡母食后病愈。韵姑创伤渐愈后,嫁给潘斐将为妻,嫁后约四年,韵

---

① 民国《顺德县志》卷21《列传六》,《广东历代方志集成·广州府部》第18册,2007,第271页。
② 王旭光:《陋习割股》,《文史知识》1999年第5期。
③ 方燕:《宋代女性割股疗亲问题试析》,《求索》2007年第11期。

姑卒。乾隆年间，古楼张孔孚季女也是孝女，其父年近50岁而无子，只生三个女儿。长、次都已出嫁，只有她未嫁待字。乾隆十四年（1749）其父身染重病，她割股以进，父病愈，她却因伤重而殒。[①] 罗天尺称赞她说："噫！年来我邑多伦常变，大义不明于须眉男子。张氏女以弱龄稚齿，扶纲常于不坠，令人知有亲，虽过于情，亦中流之一柱也。"[②] 上直何静远之女何氏系关凤祥聘妻，快出嫁时母亲病危，何氏割臂和药以进，母亲病遂愈。家人察知此事后急忙用药医治，何氏终无恙。[③]

另有杨作仪系大良监生杨灏源女，其父病重，杨氏女刲股杂药以进；其母区氏又病，祷天请以身代，后母病愈，但杨作仪在母亲病好后就去世了。又逢简人梁氏，未嫁时因母生病，也曾割臂奉母，以疗母病。她18岁嫁给桂洲胡陟衢，29岁时夫死守寡，她一面敬事舅姑，一面教导儿子梁斯醇读书。大良人冯日永之女冯氏，年十七，值父病，她偷偷割股肉以进，父病即愈。后许字同村潘鹤鸣，未嫁而鹤鸣卒，冯氏奔丧守节，孝养舅姑，直到72岁去世。[④] 又有龙江康允智女群英割臂和药疗父病、桂洲杨文藻妻严凤厅割臂和药治母病、麦村梁培颜割臂疗母等，她们均被乡里称为孝女。高村乡人何月爱系槎涌孝廉黎冠芳妻，14岁时，母得重病将死，何氏夜半祈祷，偷偷割左臂肉进母，因伤创较大，倒地几绝，祖母及诸姊还以为她得暴疾，遂救以药却不见效，直至血迹湿到襟袖之间，祖母诸姊才惊惶觉之。[⑤] 这些割肉疗亲的女性大都是待字闺中的年轻女性，在亲情面前，她们做出看似愚蠢的举动，其实正是历代《列女传》所宣扬的结果，表明王朝正统妇道观已深入社会底层。

关于类似贞女和孝女的故事，文献记载中比比皆是。其中大量的孝女

---

① 乾隆《顺德县志》卷14《列传三》，《广东历代方志集成·广州府部》第16册，2007，第593页；咸丰《顺德县志》卷29《列传九》，《广东历代方志集成·广州府部》第17册，2007，第683页。
② （清）罗天尺：《五山志林》卷2《识今》，（清）吴绮等撰《清代广东笔记五种》，第73页。
③ 咸丰《顺德县志》卷29《列传九》，《广东历代方志集成·广州府部》第17册，2007，第687页。
④ 咸丰《顺德县志》卷29《列传九》，《广东历代方志集成·广州府部》第17册，2007，第693页。
⑤ 民国《顺德县志》卷21《列传六》，《广东历代方志集成·广州府部》第18册，2007，第275页。

第一章 / 珠江三角洲贞节女性的生活境遇

和贞女混淆不清,从中我们可以看到珠江三角洲地区特有的"自梳女"和"不落家"现象,有的记载甚至直接点出女性"不嫁"或"不落家"的事实。如上直何裕远妻陆氏,26岁时夫死,无子,公婆年纪很大,她勤于女红以资饮食。但她丈夫的妹妹不字在家,生性刻薄,甚至给嫂子毒草吃。但陆氏仍矢志不二,奉养公婆更加谨慎。后姑与小姑继亡,其公公不久亦卒,陆氏哀毁成病。为使丈夫有后,以从侄何显为嗣,嫡侄不满,争为嗣子,几乎诉诸公堂。不久嫡侄亡故,人们都佩服她有先见之明,年五十七卒。陆氏的小姑不字在家,应该就是一位典型的"自梳女"。① 又如胡砥隅因妻杨氏归宁不返,也就是"不落家",无奈娶罗氏。丈夫去世后,杨氏返回争夺嫡妻位,尽管官府早已判定杨氏为不落夫家,但罗氏仍虚左以待,根本没和她争嫡妻之位。后来杨氏以嫡妻身份开始虐待罗氏,罗氏也跪受无怨。虽然她们不住在同一房间,但每天早晨罗氏必定率领诸子去向杨氏问安。杨氏生病时的医药全是她亲自煎制。众亲戚因她总受杨氏凌虐,纷纷为她抱不平,罗氏却善为解劝,让众亲戚反怒为愉。后罗氏积劳成疾,50岁时去世。②

上述故事中的陆氏小姑、归宁不返的杨氏等,就是顺德广为人知的"自梳女"及"不落家"。虽然文人记载褒贬不一,但她们的存在不容忽视。乾隆《顺德县志》在《风俗》篇中就专门说:"女多矫激之行。乡中处女每与里女结为姊妹,相为依恋,不肯适人。强之适人矣,归宁久羁,不肯归其夫家,甚或自缢自溺……"③ 黄芝《粤小记》中也记述了"不落家"现象:

> 广州村落女子多以拜盟为姊妹,名曰相知,父兄不能禁。出嫁后即归,恒不返夫家,至有未成夫妇礼,必俟同盟姊妹嫁毕,然后各返夫家。若促之过甚,则众姊妹相约自尽。此等弊习,南、顺两邑乡村

---

① 咸丰《顺德县志》卷29《列传九》,《广东历代方志集成·广州府部》第17册,2007,第686页。
② 民国《顺德县志》卷21《列传六》,《广东历代方志集成·广州府部》第18册,2007,第271页。
③ 乾隆《顺德县志》卷3《风俗》,《广东历代方志集成·广州府部》第16册,2007,第305页。

居多。昔贤县令曾禁之，众女闻知，以为闺阁私事扬之公庭，殊觉可耻，一时相约自尽无算，弛其禁乃已。①

从史料记载来看，顺德女性的"自梳"与"不落家"现象相当普遍，她们的这种行为并不会被当地人视为异端而加以禁止。虽然外来的士大夫不止一次发表感言抨击此种现象，还三令五申予以禁止，但屡禁不止。有些大户人家的父母"怜惜女儿，不愿其婚后受制于人，会同意女儿自梳，还会分给部分房屋财产，使她们在往后的独立生活中有所依靠"，女性的这种做法还会得到家庭和社区成员的认可。② 如顺德伦教大儒梁廷枏之女梁媞玉矢志不嫁，守贞奉养祖母。梁家遍请乡族亲戚宣告此意，梁廷枏还专门为女儿作《守贞说》以勉之，并题字"莹楣"。③ 后来，梁廷枏为其亡女建孝女祠，并撰写《孝女祠记》。④

咸丰《顺德县志》在讲述选择节孝女性入志标准时有这样一段话：

> 顺德分南海去治最远之村落以为县。乾隆以前，土俗颇与会城殊。今归宁不返之习，已化除净尽，而守节者视他县独多。自来举报，往往为吏胥诈索，有心风化者。但当择其境地艰难，奋志殉节，心如止水，无所为而为者，举之以阐发幽光。而恋金兰，囿乡俗者不与焉。⑤

编纂者在文字中专门强调：在乾隆以前，顺德盛行"不落家"之风，后经外来官员和本地士绅的共同努力，这种习俗"已化除净尽"。但真的像县志的修纂者说的已"化除净尽"了吗？嘉庆十八年，新任顺

---

① （清）黄芝：《粤小记》，（清）吴绮等撰《清代广东笔记五种》，第442页。
② 〔美〕萧凤霞：《妇女何在？——抗婚和华南地域文化的再思考》，《中国社会科学导刊》（香港）第14期，1996年春季卷。
③ 咸丰《顺德县志》卷29《列传九》，《广东历代方志集成·广州府部》第17册，2007，第691页。
④ 冼玉清：《梁廷枏孝女祠记》，《艺林丛录》第4编，商务印书馆香港分馆，1975，第279页。
⑤ 咸丰《顺德县志》卷14《节孝表二》，《广东历代方志集成·广州府部》第17册，2007，第347页。

德知县李澐就不断干预"自梳女"与"不落家"之现象,"旧习:女子未嫁,与邻姐妹处,谓之金兰。嫁则视夫如仇敌,率数日返。岁以时节至,必食母之食,强之则以死誓",因此而发生的讼诉案很多。李知县遂"逮其父兄至,墨涂其面以辱之"。①事实上,从诸多材料里我们可寻出端倪,这种风俗并未销声匿迹,甚至还顽固地存在。之所以有"化除净尽"之语,有可能是经过编写者的有意选择或改头换面,将"自梳女"和"不落家"换了种方式进行记载,甚至其女因守节或尽孝之名而跻身县志之中。

其实,对于当时生活在珠江三角洲的人们以及后世的研究者来说,很难真正清晰地区分史料中记载的那些"孝女"和作为聘妻、奔丧守节的"贞女"中,有多少是真正的"自梳女"、多少是真正的"不落家"。比如像杨氏那样仅在丈夫去世后才去夫家守节之人,我们从目前的记载中根本无法区分,县志记载本身就在故意淡化她们的区别。

萧凤霞的《妇女何在?——抗婚和华南地域文化的再思考》一文提到了一个23岁夫卒奔丧守节的周氏。萧氏指出,23岁早已过了正常的婚龄,她认为把其归为"自梳女"和"不落家"更为贴切。②笔者在梳理地方文献时发现,珠江三角洲有不少二十多岁的女性是许字未出嫁,一旦她们的未婚夫去世,这些在当今社会可被称作"大龄"的女性就会以妻子的身份从娘家来到夫家奔丧守节,成为夫家的主妇。如梅载德未婚妻邓氏24岁、奔丧守节的梁国献女梁氏23岁,均以聘妻身份去夫家祭拜,年纪最大的甚至达28岁。③

这样的人究竟有多少我们难以估算,但两者的转化在操作层面上确实极为随意,只要聘夫一死,她们的角色马上就可以从"孝女""不落家"变成守节的"贞妇"。于是大量隐性存在的"自梳女"与"不落家"现象

---

① 咸丰《顺德县志》卷21《列传一》,《广东历代方志集成·广州府部》第17册,2007,第501页。
② 〔美〕萧凤霞:《妇女何在?——抗婚和华南地域文化的再思考》,《中国社会科学导刊》(香港)第14期,1996年春季卷。
③ 乾隆《顺德县志》卷14《列传三》记载:龙山左昌文聘妻罗氏26岁奔丧守贞;何肇永聘妻吕氏28岁奔丧守贞;龙江蔡言可聘妻卢氏24岁奔丧守贞。类似事例在文中多有描述。

在士大夫的塑造下，由士绅们深恶痛绝的传统陋习转变为礼教努力宣传的贞节孝行。当记载者故意淡化这类女性的某些特征而突出表扬另一方面的特质时，她们就由禁止的对象摇身变为儒家理想中妇女节烈的典范。我们阅读史料记载的这些女性事迹时，极容易受到编写者的误导，只看到她们凭借着"孝"与"贞"被写入《列女传》，而忽略她们不嫁或者"不落家"的事实。

五　女性对家族和社会的回馈

西汉刘向《列女传》分母仪、贤明、仁智、贞顺、节义、变通、孽嬖七篇。刘向在篇目编排上将母仪、贤明、仁智排在首位，体现女性对社会的责任。明清《顺德县志》编纂者在编写《列女传》时，主要以从一而终作为入选标准，但对那些为社会做出巨大贡献的女性也十分重视。万历《顺德县志》中有一句话讲得较为公允："女行有四，容工言德。节则德之一也。世人惟此之求，何哉！"[①] 也就是说，对女性来讲，守节只是她们一生追求的"四行"之中"德"的一部分而已，世人若只求此一部分，就会显得偏窄。像前文提到的陈妙圆、吴妙静等女性，就是这样的例子，她们或者捐田建桥，或以义服人，或以才华传世，为基层社会、自己所在家族乃至王朝的发展做出了巨大贡献。

有些节妇经过辛勤劳作和合理支出，不仅使家庭渐渐走出困境，甚至还有可能小有积蓄。她们利用手中的资财救助宗族、赈济乡里，回馈父母家族，为基层社会的稳定做出极大贡献。苏麟千妻梁氏，28岁时丈夫病卒。婆婆何氏患下腹结块病，伴有胀、痛、异常出血等症状，梁氏旦夕侍奉汤药。为养家糊口，她命儿子佣耕挣钱，自己纺织帮补。日积月累，终于以积蓄购地10亩以供祭祀。到73岁去世前，她还叮嘱儿子，即便遇到荒歉之年，也不能将祭田变卖。[②] 又大罗黎代伟妻劳氏，18岁出嫁，后生

[①] 万历《顺德县志》卷8《人物传》，《广东历代方志集成·广州府部》第15册，2007，第93页。

[②] 咸丰《顺德县志》卷29《列传九》，《广东历代方志集成·广州府部》第17册，2007，第691页。

有一女。公公病故时，婆婆也年岁已高，起坐均需人照料，全赖她精心照料。咸丰初，顺德遭遇寇乱，接着又是饥荒，夫患病而亡。劳氏竭力筹措殡殓之费。安葬完丈夫后，她欲死以殉，被妯娌劝解才打消念头。等到其婆婆逝世、女儿出嫁后，她也进入了暮年，但里党亲旧有患难、疾痛、死丧等事，她一定亲自赴救。晚年时，劳氏已薄有蓄积，择继奉祀，享年82岁。①

在这类事例中，女性的贡献既有对家族的，也有对社会的。如林氏系桂洲周裕后妻，20岁守节，孝养舅姑，教训嗣子，又因父家贫困，置田五亩专门资助祭祀，年九十三卒。林氏为父家置办祀田，显示其对父家的责任感。这一现象在顺德并非孤例。唐宾灿妻卢氏，公婆很早就去世，夫兄已亡且无子嗣。卢氏27岁时夫亡无子，唐家一门绝户。在这种情况下，卢氏矢志守节，立了一个四岁继子，将之抚养长大。卢氏父母年老失明，家中赤贫，亦无子，卢氏经常回去照顾，其身后事也是她靠纺绩赚来的钱办理。② 梁氏系扶闾廖英焕妻，27岁守节。家中赤贫，她外出为人佣工舂米抚养两个儿子，苦节四十余年，临终时嘱子曰："吾父母贫而无嗣，汝倘稍裕，鬼不馁而是在汝矣。"其子秉遵母亲教导，为外祖父择嗣，建屋以栖其神主，梁家也赖之有祀。除了为夫家、父家的家族利益考量外，还有女性出于社会责任感而行善。桂洲周善堂妻岑氏，生有孪生子，27岁时丈夫病卒。她守节自律甚严，经常施舍，遇天气炎热时，就施茶、赠送葵扇，年六十一卒。又水藤区沃文之妻邓氏，道光十四年（1834）地方发生水灾，出现大量饥民，她捐银五百两买米赈灾。同乡的区如海妻梁氏也捐赠五百两银子赈灾。③ 很显然，这些女性的行为已经由家族延伸到了社会。

康熙十三年编纂的《顺德县志》中记载的宋代羊额秘书郎何世忠之妻李氏，是位极具政治眼光的女子。开宝三年（970），宋太祖命潘美、尹崇珂征南汉，宋军在白田驻扎时军粮缺乏，李氏义捐粟饷军七日，才稳定军

---

① 民国《顺德县志》卷21《列传六》，《广东历代方志集成·广州府部》第18册，2007，第271页。
② 乾隆《顺德县志》卷14《列传3》，《广东历代方志集成·广州府部》第16册，2007，第581页。
③ 咸丰《顺德县志》卷29《列传九》，《广东历代方志集成·广州府部》第17册，2007，第684页。

心。宋朝统一后，封李氏为恭人，赐浮连冈永泰里山田三万亩。李氏去世时，朝廷命地方官主持安葬。有评论曰："穷乡寡妇，礼抗万乘，名显天下，岂不伟哉！"① 又有一说是，羊额何氏原居广州南濠，后在十四世德宽时迁居顺德羊额。其先世历传显宦，至何世忠时已颇为富饶。何世忠卒，李氏孀守，她勤政督耕，知大义，恪守妇道。南宋理宗宝庆中，何氏在香山大沙的田庄征收佃谷，回乡之时，道经黄圃浮墟冈。"先是增城贼陈二者，聚党肆劫掠，所司督兵剿之，累岁月不能平。至是通连海盗，飘忽不常。官兵逐之，及浮墟冈，粮尽不继。"正在紧要关头，李氏恰巧带着运谷船经过，她知情后慨然曰："百姓所以得安居粒食者，恃军力为之捍卫也。"于是尽以舟粟饷军。军士就地掘灶造饭，一鼓作气将贼寇歼灭。当地人在浮墟为她建庙祭祀。至嘉庆年间，香山还有沙名为大小屯饭，就是因济粟得饭而得名。②

李氏的故事最初源自万历年间编写的《何氏族谱》，今已失传。雍正年间编纂《广东通志》时，编写者在审核过程中也提出不少疑问，如"（《何氏族谱》）李氏传云：宋开宝三年，潘美、尹崇珂提兵二十万讨南汉，锒依山谷坚壁老宋师，美军深入，挽运不断乏食。李氏居城中，计宋师日食，倾廪献粟支七日，遂擒锒。事闻，封恭人。民建庙，饭屯冈尚在。语与万历旧谱不合。《宋史》固无其事。军食七日，计逾二十万石，非一寡妇婴城拒守时所能运出城外者。且事在羊城，立庙乃在香山，亦滋疑窦。自叶《志》至《五山志林》并只云饷军，不云宋初，亦不能考饷军在何地何事"。③ 尽管考虑到故事的叙述有诸多疑点，但假设李氏真有犒军捐饷之举，那么这位李氏首先要财力雄厚，其次要对这些财产有处分权，最后要有远见卓识。符合上面三点，李氏在家族中的地位之高已毋庸置疑。而她的这一举动又带来了良性循环，在为家族带来荣誉的同时，又合法地占有了三万亩山田，从而奠定了家族在地方上的势力基础。

---

① 康熙《顺德县志》卷9《人物传三》，《广东历代方志集成·广州府部》第15册，2007，第405页。
② 咸丰《顺德县志》卷28《列传八》，《广东历代方志集成·广州府部》第17册，2007，第666页。
③ 咸丰《顺德县志》卷28《列传八》，《广东历代方志集成·广州府部》第17册，2007，第666—667页。

第一章 / 珠江三角洲贞节女性的生活境遇

香山黄氏是明清时期广东著名大族。从刘志伟《从乡豪历史到士人记忆——由黄佐〈自叙先世行状〉看明代地方势力的转变》①可知,黄家早期历史没有多少可靠文字记录,其家族到了明代黄佐祖父黄瑜时才有专门的文字记录。黄瑜,号双槐,生于明宣德元年,成化五年授惠州府长乐县知县,其成功与妻李氏有极大关系。李氏为香山大榄乡人,生于宣德八年,嫁给黄瑜后,承担治家重任。族谱收录了黄瑜长子黄粤洲为母亲所写《先妣孺人李氏圹记》,再现了李氏在男性世界中的特立独行的性格。照录如下:

> 先妣孺人李氏,讳观娘,世家香山之大榄乡,为著姓。曾祖觊祥、祖原逊、父英妙、母周氏。宣德癸丑(八年,1433)闰八月二十九日生,孺人性严重,有智识。方黄寇乱,草盗乘时窃发,谏父请迁居避之,父不肯,遂为所害。孺人易服逃匿以免。事定后,与兄智间关求父尸葬焉,时年十七。先考闻其贞烈,聘之,甫笄归于黄氏。先考举乡进士,如京师,维舟江西水暴,至乱流,避之岸,极斗峻,舟人请援。叱曰:吾溺尚可,安以援为?蔽面而登,无惧态,万目所属,讶以为难。邻舟士夫啧啧曰:女中师也。及居太学八年,穷冬供爨不以委婢仆,十指冰裂为之流血,其相与也如严宾焉。及任长乐,先考以张方伯提去,孺人请曰:勿仓卒,当理会印信文书。乃以先考命库吏收领县印及阴阳医学诸印,凡六颗而自收其钥,又取案卷箱匣,以铁长锁连环锁之。先考遂行,未几,仇民黄新欲帅人行劫,其谋中沮,署印经历黎献闻其事,以为丈夫有不如云。孺人性默然,善应变,类如此。故先考得以循良称者,其襄助多矣。正德丁卯(二年)十月卒,寿七十有五,子男二,长镦[字宗大,号粤洲],老于庠序,娶宪副提学陈公政女,生男佐为郡庠生;次广,娶阮氏,先孺人卒己巳十二月,癸酉启先考之藏而合藏焉。②

---

① 刘志伟:《从乡豪历史到士人记忆——由黄佐〈自叙先世行状〉看明代地方势力的转变》,《历史研究》2006年第6期。
② 《香山黄氏家乘》卷5《事迹》,《北京图书馆藏家谱丛刊·闽粤卷》,第5册,北京图书馆出版社,2000,第493—494页。

从碑记可看出，李氏未出嫁时已属"有智识"的女性。黄萧养叛乱时，17岁的她规劝父亲外出避乱，父亲因坚守家园而遇害。她本人遂"易服"出逃。这与地方志描述在战乱期间为保护家中男性出逃而主动留守家中或自杀殉节的烈女明显不同。在官府平定黄萧养之乱后，她和哥哥李智回家找到了父亲尸体并埋葬。事情至此，撇开其扔下父亲不管，自己易服出逃求生不谈外，即使说她出逃带有害怕在战乱中受到性侵害的元素，[①]尚可纳入"贞"的行列，那么"烈"则几乎看不出来。但粤洲却说其父亲因听说母亲李氏"贞烈"后，才决定娶她为妻。这一点多少可以反映作为晚辈的儿子，有为亲者讳的味道。

我们从李氏在父家以及夫家时的所作所为，大约可以理解儿子为何说她"性严重"了。其实，她不仅管理家庭的所有事务，不轻易让婢仆插手，而且对丈夫的公务加以插手。成化年间，黄瑜任广东长乐县知县，在离任之时，李氏对象征权力的"公文""印"的处理，再次凸显其非凡的眼光。她告诫即将离任的丈夫，"勿仓卒"，要把"印信文书"处理好。她甚至亲自上阵，"乃以先考命库吏收领县印及阴阳医学诸印，凡六颗而自收其钥，又取案卷箱匣，以铁长锁连环锁之"。这些事务的处理本来应该是知县的职责，因为随后要与下一任进行交接。而她对公务的插手，不仅没有引起男性的责难，反而受到男性的赞扬，"署印经历黎献闻其事，以为丈夫有不如云"。她的儿子粤洲则称赞母亲这样做是"善应变"，并说父亲黄瑜之所以能得到"循良"官吏的称号，主要是因为母亲"襄助多矣"。

岭南大儒湛若水母亲陈氏本住增城甘泉都沙村，到陈氏之父始迁西洲村，"以赀雄于乡"，与沙贝村的湛家门当户对。陈氏嫁入湛家后，和"刚强少款曲"的丈夫以及"性悍戾"的庶姑相处很好，孀居之后，长主家政。[②]她善于理财，湛若水"凡交际礼币俸人，必以归陈。及病革，遗命罗（谷七）百石，为建义仓于坟所，以赈甘泉、清湖二都之贫者。时耕而贷，时获而敛，贷以平斗，而蠲其息，敛以尖斗，以补亏耗。又佥公正乡

---

① 刘正刚：《明末清初战争中女性遭受性暴力探析》，《妇女研究论丛》2004年第1期。
② （明）蒋冕：《湘皋集》卷29《明封太孺人陈氏墓志铭》，第14上—16上页。

194

老,以掌出纳之数。其约:若九人不完,甲长催并之,一人逋负,九人共督之,其有捐匿者,九人代赔。例以为常,民甚德之"。这个义仓名叫"荷塘义仓",在甘泉都,"具为条约,请里中耆艾之雅行者主之,而湛氏不得私焉",是湛母"虽垂殁而犹有遗惠以及夫乡鄙"的一个社区福利基金。陈氏命湛若水"出其家粟,市田若干亩,岁入谷二百斛,立小宗义田。其法:凡小宗之亲,婚嫁丧葬,则给助之有差。又置宗子田若干亩,岁入粟二十斛,为祭服具,俾世守之不替。乡人翕然称重,以为女中豪杰"。① 这是一个宗族性的福利基金。湛母对于湛若水的成功,居功至伟。她命中举后的湛若水到江门师从白沙陈献章,已是极高的见识,维持了湛家庞大的产业,赢得了乡人宗族的爱戴。湛若水之所以能"增田宅庄店,岁入数千金",并在南京、溧阳、扬州、池州、徽州、福建武夷、湖南南岳以及广东多处众建书院,广置馆谷,看来受到母亲的达识和乐善行为启发和影响不少。他的兴学养士,也可以说是其母惠爱宗族、乡党的延伸推广。②

明清时期,科举制是男子进取的重要途径之一,但因家庭贫困等原因,很多人无钱读书或无力支付赶考费用,一些极具善心的女性就以各种方法为学子创造条件。冯氏,23岁嫁给顺德桂林梁林建。成婚刚七个月,丈夫去世,她遗腹生子廷佐,守志不再回娘家。与夫弟梁林庆之妻郑氏、梁友廷之妻何氏同居孀守,纺织抚孤,被称为"双白璧"。官府表其闾曰:"节孝。"梁廷佐中举后到海南担任定安教谕,但母子情深,他不忍离母而去,不久把冯氏接到海南孝养。冯氏到达海南后,发现琼州士子参加秋试常遇到资费匮乏的情况,于是拿出自己平日治办的绢葛若干匹,又卖掉簪珥首饰,令儿子置田三百亩,每年以田地所入来资助应考的学生。诸生对冯氏感恩戴德,共同为她建立生祠,题名曰:"食德。"康熙三十五年(1696)题闻官府。③ 明末清初的士人钮琇记载了这个故事:

---

① 嘉靖《增城县志》卷7《人物志·贤母类·湛母陈氏传》,《广东历代方志集成·广州府部》第31册,2007,第57页。
② 朱鸿林:《明代嘉靖年间增城沙堤乡约》,《燕京学报》新8期,北京大学出版社,2000,第116—117页。
③ 康熙《顺德县志》卷9《列传一》,《广东历代方志集成·广州府部》第15册,2007,第411—412页;乾隆《顺德县志》卷14《列传三》,《广东历代方志集成·广州府部》第16册,2007,第568页。

琼士之赴省试者，越海溯川，途经三千里，往往困于裹粮，多至中阻。顺德梁廷佐为定安教谕，迎养其母冯氏。冯目击其艰，呼廷佐而语之曰：汝忝为人师，教与育皆汝事也。今定安之士贫不能应试，而汝能漠然乎？我手治丝葛得绢布若干匹，并鬻我簪珥，买田于是邑，取其入以供往来行李，俾单寒士子俱踊跃于功名，则我之留此方者，较之贻尔子若孙为久且大矣。廷佐遵命置腴田三百亩于居丁庄，诸生群感其德，即于庄之左为冯建立生祠。康熙辛未落成，设位于内，至者千有余人，属屈翁山题其额曰食德，志弗谖也。冯年二十娠廷佐，七月而寡，抚廷佐慈而严。皇朝制应剃发，剃则令廷佐藏之，积盈数缶。廷佐亦于祠侧筑藏发陇焉。考之妇人生祠前所未闻，今适与冼夫人庙相邻。冼受禄保民，冯置田育士；冼以功显，冯以节成，岿然海南，允堪并峙。①

钮琇记载的内容比县志丰富，但略有出入，县志记载她23岁出嫁，钮琇说她20岁生下廷佐。抛去细节不谈，单是屈大均题字以及梁廷佐剃发，读起来就多有深意。从冯氏的生祠于康熙三十年辛未（1691）落成来看，冯氏的活动年代在明末清初，经历了明清易代在广东的烽火。因此，钮琇笔下暗含了处在明亡清兴时女性甚至是作者自己所具有的故国之思。

清军入关后推行了严格的剃发政策，以民众剃发与否作为是否臣服的标志。于是剃发就成了关系"归楚或降汉"的政治大事，是关系生死存亡的天大事情，清政府甚至认为"剃发"是完全心理征服的契机。②从冯氏对儿子头发采取的做法看，显然有着不愿言明的理由，即对故朝的怀念。只是作为普通民众，无法左右历史的进程，只有顺应历史发展大势，求得社会经济稳定发展，才是真正价值取向所在。他们无论情愿与否，最后都

---

① （清）钮琇：《觚剩续编》卷2《人觚》，顾廷龙主编《续修四库全书·子部》第1177册，上海古籍出版社，2002，第114—115页；（清）罗天尺：《五山志林》，（清）吴绮等撰《清代广东笔记五种》，第67页

② 王冬芳：《清代剃发政策探源》，《北方民族》1997年第1期。

196

接纳了清朝的统治。① 冯氏隐含哀思的做法,恰好得到了明清之际存活下来的明遗民如屈大均等的共鸣。或许这也是冯氏于康熙三十五年(1696)被题闻,康熙三十七年(1698)获旌建坊,②但在康熙、乾隆、咸丰等各版本的《顺德县志》中都故意略去这部分记载的真正原因。

我们从文献中时常能读到女性的善良、正直。明代龙津人欧公池妻冯氏是一位深明大义的女性。其夫为家中嫡子,两兄皆庶出。冯氏的公公准备在分家产时多给嫡子一些,就召冯氏商量,冯氏的回答却是一种循循善诱的反问。她请教公公:"嫡、庶子为父母服有差等乎?"公公曰:"无。"冯氏又说:"三子皆君舅所生,服无差等,财产其可异哉!若是非妾所愿,亦非后人福也。"其公公嘉叹而从之。明代还有一位家住龙头的徐氏,"其夫与恶少谋为盗"。徐氏听说后,一日做下美食酌酒劝其丈夫吃,其夫以酒醉饭饱推辞。徐氏趁机劝他说:"只鸡斗酒之不尽,何苦舍生为?"夫感悟,不与偕行。后恶少事发服罪,只有其夫独存。③

这些看似家庭内部的琐事,其实折射出女性在正义、公平面前的处事态度。她们有些在社会恶势力面前,没有屈服,而是勇敢地走进公堂,诉诸法律以求公道。南明永历年间,江尾(家谱作三华)欧阳赵玉妻李氏,其夫疾恶如仇,因此与不少人结下冤仇。后来盗乱,有人挟怨杀其夫家男女大小十八口,李氏因归宁古冈而获免。她归家后发现惨祸,立即到衙门告状,终于使官府捉到凶手并绳之以法。④ 乾隆年间,罗天尺从古冈人李天木处听到这则故事,将之记入《五山志林》,其描述更为详尽。顺治二

---

① 刘正刚、乔玉红:《在清与明之间徘徊:顺治时期广东社会考察》,《暨南史学》第 6 辑,暨南大学出版社,2009,第 325 页。
② 冯氏"贞节坊"位于佛山市顺德区北滘林头村,建于康熙三十七年(1698),以粗面岩为石料,四柱三间。前后两面装饰图案,匾额文字相同,图案纹饰包括龙、凤、麒麟、云鹤、梅菊、萱草、西番莲等,刻工精细流畅。牌坊上"圣旨""贞节""顺德县知县何玉度"等字仍清晰可见。
③ 万历《顺德县志》卷 8《人物传》,《广东历代方志集成·广州府部》第 15 册,2007,第 93 页;康熙《顺德县志》卷 9《列传一》,《广东历代方志集成·广州府部》第 15 册,2007,第 410 页;(清)罗天尺:《五山志林》卷 1《述典》,(清)吴绮等撰《清代广东笔记五种》,第 40 页。
④ 咸丰《顺德县志》卷 28《列传八》,《广东历代方志集成·广州府部》第 17 册,2007,第 674 页。此故事在(清)罗天尺《五山志林》卷 5《阐幽》亦有记载,但说欧阳家被杀为 15 口,家谱记为 18 口。县志应是据家谱而修,但家谱未见,无法确知。

年（1645），"村乡扰乱，群凶肆毒，一日，惨杀其家男女大小十五口，妻李氏回娘家古冈探亲而免灾。会伪永历立肇庆，李氏击登闻鼓讼冤，王悯之，捕党，廷鞫得实，将正法。适我朝兵至，永历出奔，群凶脱狱，然计其毙于杖夹者已逾十五之数矣"。可以看出，李氏"击登闻鼓"的地点不在顺德，而在南明永历王朝所在地肇庆。于此可见李氏的魄力和胆量，罗天尺赞她："李氏以一女子于离乱中能挺身歼贼，亦奇矣哉！"①

明清时期，程朱理学占据王朝意识形态主流地位，他们宣扬女性要从一而终，但与此同时，社会上一些思想较激进的士人开始宣扬反礼教的妇女观。② 尤其在明代中后期，社会上的离经叛道观念和越礼逾制的生活方式不断出现在实际生活中，导致部分女性对贞节观的反叛，因此，明代下层民众的生活和道德观念，与士大夫之间明显存在差异。③ 明代社会既涌现出大量的贞节烈女，也出现了不少女性主动追求婚姻幸福与肉体欢愉的现象。就地方士大夫的视角出发，他们必须与王朝在女教方面保持主旋律的一致，因此，各地方志在记载本地"人物志"时，肯定少不了列女部分。这在地方志编纂体系较为完备的明清时期，更是如此。明清顺德士人编纂的地方志记载的守节寡妇数量，随着朝代的下移，人数不断攀升。尽管这些守节的寡妇，与顺德社会的妇女总数相比，只是微不足道的一部分。但是，通过这些节妇数量以及士人描述的她们生活状况，笔者发现明清以来顺德女性在被士大夫书写进历史之中时，已经被他们按照儒家化的形象进行了形塑。

社会的稳定离不开家庭的稳定，而家庭的稳定是以家庭存在为前提。当家中主要劳动力男性死亡时，守节的女性就担当起了男性的职责，代替男性奉养公婆，抚育幼小。如果丈夫死时无子，女性的生存意义又体现为立嗣，只有家庭有了男性继承人，节妇的价值才算真正实现。身为寡母，在奉养公婆之外，还能将男性子嗣教育成人，甚至取得功名，这个母亲在

---

① （清）罗天尺：《五山志林》卷5《阐幽》，（清）吴绮等撰《清代广东笔记五种》，第120页。
② 赵崔莉：《明代妇女的二元性及其社会地位》，《辽宁大学学报》（哲学社会科学版）2004年第5期。
③ 林丽月：《从〈杜编新书〉看晚明妇女生活的例面》，《近代中国妇女史研究》1995年第3期。

礼教的标准下才算完美。女性在这种来自各方面的压力中顺应了社会与礼教的改造，将自己塑造成为完美的节妇与烈女，成就了男性的占有欲与控制欲。

从顺德文献记载的列女可以发现，父权与夫权的冲突一直在通过女性进行较量。在父族要求守节女儿改嫁或许聘女儿改字时，县志记载的女性多会违背父母意志而以夫家为重，似乎是夫权战胜了父权。但县志中记载的这些列女和明清顺德女性总量相比，终究是极少部分。从这点上看，父权未必不占上风。再从顺德本地存在的"自梳女""不落家"现象看，女性完全站在父族立场行事，她们以养育自己的家庭为中心规划自己的人生，可以未嫁女身份处理父家事务，孝养父母，甚至为父母立嗣，则完全是父家本位的表现。但无论是父权还是夫权当政，女性永远都是其中的一枚棋子，即便是能在家中有一席之地、能在一定范围内自主选择命运的"自梳女"，也面临着太多的无奈。她们只能在保全贞节的前提下按自己的意志行事，而非当今社会上那种真正意义的"女强人"。

第二章

民间社会建构的女官形象
——以陈司彩为例

明清以来,女官已经成为士大夫形塑社会文化兴盛的代言人,也成为民间社会争取资源的重要法宝。尤其是士大夫在建构家族发展脉络的过程中,需要利用一切可能的元素以获取更多的社会资源和权力,珠江三角洲地区入宫的女官自然就成为家族崛起的重要一环。比如增城沙堤陈氏家族就极力打造家族祖姑陈司彩,因为她的女官身份曾为家族带来大量的利益,但随着社会的变迁以及家族的不断整合,其地位也在不断地发生变动,女官的形象和祭祀形式由此在民间社会发生了变化。由此,在珠江三角洲地区的民间传说中,亦出现了大量以女官、女性入宫为背景的故事,代表着民间社会对女官的历史记忆。

一 陈司彩的家族背景

之前已经介绍过,陈司彩原籍番禺沙堤,康熙时这一区域被划入了增城,自此才有了增城沙堤陈氏。乾隆年间编写的《增城沙堤陈氏族谱》(残本)是迄今所见唯一一部和明代女官家族有关的民间文献。该族谱记载了女官陈司彩家族自宋代至清前期的变迁史,为研究社会基层的一个家族与地方社会变迁提供了新视角。

陈司彩于洪武二十四年(1391)回籍省亲,永乐初再次入宫。尽管陈司彩的父亲并未获得功名,但从二妹读书识字来看,其家有良好的文化积淀。陈司彩第一次入宫为女官，官阶为正六品，其家人可获得朝廷每月发给十石米。① 永乐元年，她再次入宫，官复原职，其家庭也照例免除杂泛差役。陈司彩出身于沙堤②陈氏，居于今增城区新塘镇的沙村、西洲一带，属珠江三角洲地区。宋代以前，尚属地广人稀的水泽地区，在滩涂不断淤积的过程中，这块区域渐渐变成人户错居的村落。这期间，元朝可能是至关重要的时期，迁居此地的居民围堤造田，将沙坦开辟为耕地，陈氏聚居的沙村与西洲正是在筑堤造田过程中由海而江、由江而涌，不断淤积成陆地而渐成村落。

像多数珠江三角洲的家族一样，沙堤陈氏也声称自己的祖先来自中原。其始祖陈铎为北宋汴梁人，因靖康之难南下入粤，寓居广州大市街仙麟巷，入粤五世时分为炎震上房、大震下房。陈炎震为知临安府粮料院事，③ 陈大震为南宋宝祐元年进士，曾师从番禺李昴英，后知广西全州军征吏部侍郎。在陈家上、下两房中，下房因仕宦之故，成为日后地方的重要势力。嘉靖初，陈氏外孙黄佐参照《陈氏家谱》（今已佚）及《雷州志》为陈大震作传：

  宋帝入广，召为尚书、吏部侍郎，不就。至元辛巳，有诏甄录旧臣，宣授司农卿、广东儒学提举，避贯请闲居，从之。……御子孙严而有礼，不冠不见。性乐山林，附郭有亭榭数所，皆朴陋，仅庇风雨。④

陈大震不就南宋和元朝的授官，带着其侄炎震子陈息卿等归隐番禺沙

---

① 《明史》卷82《食货六》，第2002页。
② 沙堤所指何地？《增城沙堤陈氏族谱》纂修于乾隆年间，谱序和纪文均自称"沙堤陈氏"，而撰为明代的序文、纪文则自称"沙村陈氏"。乾隆《番禺县志》卷16《列女》（《广东历代方志集成·广州府部》第19册，2007，第362页）称陈司彩为"沙堤新墩人"。据此猜测，沙村原属番禺，明中叶改隶增城，因紧邻沙贝、西洲，大约也是围海筑堤而成陆，故称沙堤。
③ 粮料官在宋代属州一级政府里的吏，来自招募或差派，绝大部分从地主中选充。参见陈茂同《历代职官沿革史》，华东师范大学出版社，1988，第373页。
④ （明）黄佐：《广州人物传》卷10，第260页。

村陈家林。①明中叶时，沙村隶属增城，其家族日益壮大。②据记载，陈大震在元代买下增城与番禺交界处包含山水田园、别墅、仓库、墓地等田地，凡周围二三十里。陈家占有大片土地，而此时权势圈占土地的现象较为普遍，"亡宋各项系官田土，每岁各有额定子粒折收物色，归附以来，多被权豪势要之家影占，以为己业，佃种或卖与他人"。元朝曾对圈占官田者加以限制，但承认对无主荒田和新生沙坦的圈占，条件是耕种三年后纳税即归其所有。③陈氏所称自己买来的土地极有可能是当时在番禺、增城之交圈占而得，此时陈家在地方应有一定势力。陈氏在族谱中一再强调陈大震定居陈家林时买下大量田地，为其后世占有土地的合法性提供了依据。

陈氏族谱将先祖追溯到宋，"吾家累世仕宋，朝散（陈炎震）、朝奉（陈大震）列位大夫，崇阶华秩，俱有诰封，但屡经世远无考"。④这正反映了明代珠江三角洲家族在发展过程中一个普遍存在的重构祖先谱系的现象。元明之际，这些归附明朝的权豪势要成为官府的棘手问题，"除了随何真起兵再归附明朝的一批可能大多被明朝收编并发派在外任职或戍守外，还有一批人的动向值得注意。这些家庭多是在本地有一定的产业，或有读书教育的背景。在元末战乱时，他们或避乱乡村，或虽参与了战乱，后又退而避之"。⑤这些人几乎都遭到明太祖的猜忌，沙堤陈氏也难逃厄运，其在明代的军户身份或许就是证据。

洪武十四年（1381），东莞人苏友轻作乱，掠增城。⑥据湛若水门生吕柟⑦为湛若水之祖湛江及其妻梁氏所作《神道碑》的记载，甘泉都附近民

---

① "陈家林"为陈大震篆刻，此说法一直延续至今，分布于今增城新塘镇西北，是新塘境内地势最高的群山。
② 乾隆四十三年冯成修撰《冯督学订谱首序》，乾隆《增城沙堤陈氏族谱》卷首。
③ 《大元圣政国朝典章纲目·户部·民田》，中国广播电视出版社，1998，第724、733页。
④ 嘉靖十五年陈尧典撰《钦命录》，乾隆《增城沙堤陈氏族谱》第1页。
⑤ 刘志伟：《从乡豪历史到士人记忆——由黄佐〈自叙先世行状〉看地方势力的转变》，《历史研究》2006年第6期。
⑥ 嘉靖《增城县志》卷19《大事通志》，《广东历代方志集成·广州府部》第31册，2007，第150页。
⑦ 吕柟（1479—1542），明代学者、教育家，陕西高陵人，号泾野，世称泾野先生。按该《神道碑》记载："甘泉子为翰林编修时，同考会试，柟为其所取士，门生也。"

第二章 / 民间社会建构的女官形象

众附和苏友轻,后皆被充军役,"时近地皆以降民充成"。①紧邻甘泉都的沙村也在充成之内,沙村陈氏中的一支被迁往泗州屯田。《明太祖实录》卷148记载,洪武十五年(1382)九月,"迁广东番禺、东莞、增城降民二万四千四百余人于泗州屯田"。陈氏被迁者为九世陈天福,此人与女官陈司彩父亲陈仲裕同辈,初属陈炎震脉下,其子荣落籍盱眙,荣子道以军籍中天顺八年进士。②"洪武初以事戍泗州,父荣徙盱眙,因占籍焉。"③陈道官至南京刑部尚书,番禺县城绣衣大司寇坊即为其所建,陈道之子陈大章为成化二十年(1484)进士,官至南京太仆寺少卿。④番禺城鹿步司的父子进士坊即为陈道、陈大章所建。⑤盱眙陈氏在此期间与沙堤陈氏一直保持往来,弘治四年(1491),陈道将景泰年间沙堤陈氏所修"直斋谱",与洪武初迁往盱眙的世系合编为"南山谱"。⑥而留在沙村的陈氏在明初属广州右卫,后调属富林所。

关于沙堤陈氏的军户身份,陈氏族谱记载了这样一段耐人寻味的话:

> 吾族之军,何昉乎?昉于宋也。制改诸路为军,若今之广州军,宋之清海军是也。其时民生三子,一子从军,盖南宋之弱也,贵能军也。从军之籍历宋而元,沿及于明,未之有改也。故世家巨族皆有军户、民户之分,非若屯田谪戍者比,吾祖自始祖仕宋为承事郎,扈从而南,由杭入广,至五世而支分,六世登进士官,居清海军副使,子

---

① 嘉靖《增城县志》卷17《杂文类》,《广东历代方志集成·广州府部》第31册,2007,第111页。
② 正德《盱眙县志》(残本)卷上《进士》,国家图书馆藏。
③ 康熙《广东通志》卷16《人物上》,《广东历代方志集成·省部》第9册,2006,第1214页。
④ 乾隆《番禺县志》卷13《选举》,《广东历代方志集成·广州府部》第19册,2007,第171页。另黄佐《广州人物传》卷15《陈政》记载,陈道累官户部尚书。乾隆《盱眙县志》卷23《古今体诗》录有陈道诗,并载其为明刑部尚书。结合番禺"大司寇坊"及黄佐《广东通志》卷20《民物志一·姓氏》,可知《广州人物传》有误。
⑤ 与前述"绣衣大司寇"坊,皆见于乾隆《番禺县志》卷6《坊表》,《广东历代方志集成·广州府部》第19册,2007,第79—80页。
⑥ 乾隆《盱眙县志》卷24《拾遗》(《中国方志丛书·华中地方》第648册,台北:成文出版社,1985,第1100页)记载:"陈二妹者,盱人,陈仲裕之女,幼端敏,长娴书翰。洪武二十四年选入官,太祖命兼六尚之事,二十四年,敕放归乡,永乐登基,以谙习典故,召复前职,四年疾终,命中使护丧归葬。"这一简略记述大概参考了陈道的"南山谱"。

孙隶军籍焉。①

这是陈氏十八世孙陈秀士在雍正二年（1724）撰写《陈氏九世祖以言烝尝记》中的话，其人在康熙《增城县志》卷6《选举》中有记载，但只有五个字："西洲人，例监。"例监为科举中以捐资入国子监的监生。族谱和地方志记载，陈氏六世陈息卿为宋咸淳十年（1274）进士，曾任清海军副使。② 陈氏军户的身份极有可能与洪武十四年（1381）苏友轻作乱后的降民充戍有关。但陈秀士在文中特别强调陈氏有从军传统，其军户身份是世袭而来，并非因屯田、谪戍充军。尤其是陈氏后人将其军户身份上溯至宋代，或许是想刻意抹掉"降民充戍"之辱。

如果上述分析是正确的话，那么明初陈氏家族在地方社会其实处于沉寂状态。这一方面是由于明朝打击地方豪强而借故削弱其势力，陈家被强行拆散即是明证；另一方面与此时的军户身份不无关系。明初户籍管理严格而僵化，以职业划分军、民、匠、灶等户籍，且世代承袭，"盖终明世，于军籍最严"。③ 明代军户社会地位低下，但台湾学者于志嘉则认为，明代军户子弟读书求学往往具有较好的条件，王朝在政策上偏向于为军户子弟仕进提供机会。明太祖时忧虑武臣子弟但习武事，鲜知问学，遂命大都督府将其选入国学并专门设官对其考核。又于卫所设儒学，亦称作卫学，一般军户子弟均可入学。卫学军生本人得免差役，又"照县学例岁贡"，待遇相当优遇。④

笔者认为，对军户地位的研究应按时期区别对待。相比战争时期而言，和平时期的军户地位要低些，加之被征发服役的军丁往往离乡背井，前往遥远的卫所服役，军装盘缠等费用也要自己承担，被征发入伍的丁口又多是青壮年，因此军户往往会因为服役而使原籍产业废弃。明代军户为改变这一局面，培养子弟进取以减轻军役负担，付出了巨大努力。明中期

---

① 乾隆《增城沙堤陈氏族谱》，第19页。
② 康熙《新修广州府志》卷27《选举制上·进士》，《广东历代方志集成·广州府部》第2册，2007，第603页。但嘉靖《广东通志初稿》卷19《科贡上》（《广东历代方志集成·省部》第1册，2006，第354页）和嘉靖《广东通志》卷11《选举表上》（《广东历代方志集成·省部》第2册，2006，第276页）皆作"陈息"。
③ 《明史》卷92《志第六十八·兵四》，第2258页。
④ 于志嘉：《明代军户世袭制度》，台北：学生书局，1987，第148页。

以后，珠江三角洲地区兴起的许多著名大族，相当多籍隶军户，如梁储、海瑞、黄佐、庞尚鹏等都出生于军籍家族。①户籍的世袭化使许多家族演变为服役共同体，为了分摊有关义务，必须采取各种不同的组织形式，对族人的人丁和财产实行有效的监控，从而使家族组织得到强化。②

作为军户的陈氏家族在明初前80年中，除了陈司彩曾供职于内廷外，没有一人能够进入科举仕宦行列。曾任礼部左侍郎的东莞人陈琏，小陈司彩两岁，他于正统六年（1441）辞官归里，著书立说，卒于景泰五年（1454），享年85岁。③他在辞世的前一年，即景泰四年为沙堤陈氏首部族谱"直斋谱"作序云："我圣朝八十余年，子孙未有显于时者，惟女官司彩一人而已。"④在陈琏看来，沙堤陈氏在明初直到陈二妹入宫，才有了品级之官。沙堤陈氏十四世陈尧典也说："吾家累世仕宋，朝散朝奉列位大夫，崇阶华秩，俱有诰封，但屡经世远无考，追至我九世仲裕公生祖姑，以选入宫内，有内职之荣。"⑤这种情形直到正统三年，陈氏家族中陈大震脉下的九世孙陈通才中了解元，弄了个不入流的官职——广西富川教谕。⑥之后的泗州盱眙陈道、沙村陈政被族人称为"南北之亢宗者"，这些人物的出现将陈氏家族推向鼎盛。迄至明中叶，沙堤陈氏日益兴盛，最终显宦于朝廷，守创于乡土。

二 女官庇荫下的陈氏三房

明初，随着陈氏人口的繁衍和沙田的不断淤积，沙堤陈氏开始逐渐分

---

① 刘志伟：《从乡豪历史到士人记忆——由黄佐〈自叙先世行状〉看地方势力的转变》，《历史研究》2006年第6期。
② 于志嘉：《试论族谱中所见的明代军户》，《中央研究院历史语言研究所集刊》第57本第4分，1986年；《再论族谱中所见的明代军户》，《中央研究院历史语言研究所集刊》第63本第3分，1993年；《明清时代军户的家族关系——原籍军户与卫所军户之间》，《中央研究院历史语言研究所集刊》第74本第1分，2003年；李永菊：《从军户移民到乡绅望族——对明代河南归德沈氏家族的考察》，《中国社会经济史研究》2008年第1期。
③ （明）黄佐：《广州人物传》卷14《陈琏》，第121页。
④ 景泰四年陈琏撰《直斋修谱前序》，乾隆《增城沙堤陈氏族谱》第3页。
⑤ 嘉靖十五年陈尧典撰《钦命录》，乾隆《增城沙堤陈氏族谱》第1页。
⑥ 乾隆《番禺县志》卷13《选举二》，《广东历代方志集成·广州府部》第19册，2007，第180页。

支发展，散居于沙村的陈氏族人主要为陈炎震脉下即上房子孙，陈大震脉下的下房子孙则大多由沙村迁居较远处的草行头、冼村、兔冈、小塘头、大塘头等地。女官陈司彩父亲九世陈仲裕即为陈炎震元孙，居住于沙村新墩，生三子佛保、道奴、道成。其中陈佛保出继给陈仲裕兄长孟恭，后来迁往南安（属沙村），另立乌冈房；道奴则迁往西洲，另立西洲房；道成留在新墩（属沙村）为新墩房。乾隆《增城沙堤陈氏族谱》主要记载了新墩、西洲、乌冈三房的发展脉络。

陈司彩不仅为陈氏三房免除了杂泛差役，还使三房享受了朝廷恩赐的女官俸禄。洪武二十四年（1391）皇帝发给陈司彩的敕文中说："今特命为司彩，家有儿孙给禄以养，而恪谨前规，以光后世，其勉之哉。"陈氏家族也一直视司彩祖姑为家族荣耀，"祖有姑曰二妹，太祖高皇帝时，选女德召入为司彩女官，典六尚事，今敕书世藏于家。比成祖文皇帝再召，逾年卒于朝。至今父族子孙事之如在室也"。① 可见，陈氏家族对司彩的祀奉一直持续进行。清初屈大均作《女官传》记载，沙堤陈氏十分推崇陈司彩祖姑，"吾家不惟丈夫夫子世受国恩，至于一女子应内召，享禄秩，令乡里之人称述之曰：'此女官世祠，岂不希世事哉。'"② 最重要的是，陈司彩作为三房除始祖外最重要的祭祀先祖，被三房族人祭祀于私寝，"旧有祖姑神主，设于各房私寝"。

陈司彩在家族中享有如此尊崇的地位，土地应是一个重要原因。尽管不清楚朝廷因司彩而赐给沙堤陈氏多少土地，但嘉靖末年，陈氏三房曾因田租收入多于军役所需，发生分配不均而闹出矛盾，并上诉到官府，族人遂倡议将其中部分租税用于祭祀陈司彩。"三房故有腴田若干亩，岁赡广州右卫今富林所，从军者劳费，递十年三房轮转应役收其租，租入稍赢，从军者各持短长以兴讼，众颇厌之。于是捐其租之半，举司彩女官祖姑祀事，一以兴义，一以息争。嘉靖末年，议者欲即祖姑故居以妥神奉祭，众不能决……"③ 陈家用赡军之田祭祀这位祖姑的真正原因，大概正蕴含着土地来源的故事。雍正年间，十八世孙陈秀士在述及祖田谈到陈司彩为家

---

① 万历二十七年陈堂撰《新建九世祖祠碑记》，乾隆《增城沙堤陈氏族谱》第11页。
② （清）屈大均：《女官传》，第3册，欧初、王贵忱主编《屈大均全集》第3册，第107页。
③ 万历二十七年陈堂撰《新建九世祖祠碑记》，乾隆《增城沙堤陈氏族谱》第11页。

族带来的巨大转折时,将土地来源和数量一事点明:

> 明世祖定鼎金陵,吾祖宝生十世女姑瑞征,名曰二妹。洪武二十二年召为司彩女官兼六尚事,历任两朝,既有禄养,复承恩赐受得置田一顷五十余亩以赡军,而吾祖始自有赡军之田,非国家之屯田也。聚族于增城,军隶于富林所,道路辽远,子孙艰之,恃有赡田,则倩同姓之支庶以代之,其人一岁一来取其赡军之值以往,盖自有明一代而然也。①

明代广东卫所制度设于洪武初,"平章廖永忠、参政朱亮祖取广东,遂命亮祖镇守,建置诸卫所,分布要害"。②卫所统属广东都司管辖,专门为政府提供劳役,其后人不允许析产分户。③陈氏隶属的广州右卫设于洪武八年(1375),位于广东都指挥使司右,后陈氏又调守位于广东西部东安县的富林千户所。明中叶以后,随着赋役制度的改革和商品经济的发展,雇人代役逐渐普遍,陈氏因聚族增城,远离军籍所在的富林所,逐渐用陈司彩受赐获取的田地收入雇用同姓支庶代服军役。这一方面说明陈氏三房因这份田地而在家族中处于优越地位,另一方面也体现了当时家族内部的贫富分化。族田为这个军户家族带来了丰厚的收益,使陈氏不必受累于繁苛的军役供给,有利于家族成员多元化的发展和职业分化。其家族通过科举考试进入仕途的人不断增多,军户之家渐渐走上地主与士人相结合的道路,成为在当地越来越有影响力的士绅望族。④不仅如此,赡军之田作为公共财产被继承下来,并出现了宗族共有的祭田,成为联系家族重要的物质基础。

---

① 雍正二年陈秀士撰《陈氏九世以言祖悉田记》,乾隆《增城沙堤陈氏族谱》第19页。
② 嘉靖《广东通志初稿》卷32《军制》,《广东历代方志集成·省部》第1册,2006,第542页。
③ 万历《大明会典》卷19《户口一》,江苏广陵古籍刻印社,1989,第850页。
④ 乾隆《增城沙堤陈氏族谱》记载,正统三年(1438)陈通、六年(1441)陈政、九年(1444)陈端,乡试中举,景泰六年(1455)陈政中进士,天顺六年(1462)陈通子陈会中举,成化十六年(1480)陈大经、弘治十四年(1501)陈韶、嘉靖七年(1528)陈尧典、嘉靖三十四年(1555)陈堂、嘉靖三十七年(1558)陈光宇、万历四十三年(1615)陈款等中举,其中陈堂于隆庆二年(1568)中进士。

陈司彩作为女官的身份为陈氏三房在当地发展奠定了重要的物质基础。明中叶以后，陈氏又开始与邻村大族联姻编织社会网络，这从西洲房陈氏与邻村沙贝大族湛氏的姻亲可窥一斑。陈氏族谱记载，陈道奴次子陈斌将女儿嫁给湛瑛，生子湛若水，"太孺人姓陈氏，广之增城人，世居其邑，甘泉都之沙村，其父寿官讳斌，始迁西洲去沙村十里许，以资雄于乡"。① 又沙堤陈氏族谱收录的《重修云溪寿官暨安人熊氏墓志铭》记载，云溪公与妻熊氏生有三女，次女"适沙贝湛瑛，今南京礼部尚书湛若水，其外孙也"。

湛若水系弘治时进士，授翰林编修，嘉靖时由侍读历官南京礼、吏、兵三部尚书，是继陈白沙之后广东最著名的大儒。由此可见，西洲房陈氏已成为当地闻名富户。湛若水父亲早逝，其母携子在西洲寡居多年，贤德之名闻名乡里。"命甘泉子出其家粟，市田若干亩，岁入谷二百斛，立小宗义田，其法凡小宗之亲，婚嫁丧葬则给助之，有差又置宗子田若干亩，岁入粟二十斛为祭服具，俾世守之不替。乡人翕然称重，以为女中豪杰。"② 湛若水在母亲教导下积极涉入家族事务，致仕归乡后料理乡族事务，嘉靖二十三年（1544）创行《沙堤乡约》，又名《沙堤圣训约》，③ 显示了湛氏家族在当地社会中的实力。

而湛母与湛若水如此敬宗睦族，这与西洲的家族环境熏陶不可割裂。湛若水在嘉靖三十年九月为外祖父云溪公祠作《云溪陈公祠堂记》说："若水生于甘泉洞之东曰沙堤，贤母赠夫人陈氏出于甘泉洞之西曰西洲。……若水髫年以及弱冠，母夫人携以避难，鞠于其家，外祖母熊夫人时钟爱周全之。若水自知人事感恩不忘焉。"但是，作为陈家外孙的湛若水，与梁储兄弟不提及黄惟德一样，从未提过陈司彩。无独有偶，据乾隆《增城沙堤陈氏族谱》的收录，黄佐于嘉靖十六年（1537）秋八月作《重修陈氏族谱序》，落款为外孙太泉黄佐，但黄佐在自己的文字中亦从未提及陈司彩。

---

① 蒋冕：《明封太孺人陈氏墓志铭》，《湘皋集》，广西人民出版社，2001，第280页。
② 嘉靖《增城县志》卷7《人物志五·列女传》，《广东历代方志集成·广州府部》第31册，2007，第57页。
③ 朱鸿林：《明代嘉靖年间的增城沙堤乡约》，《燕京学报》2000年新8期。

第二章 / 民间社会建构的女官形象

明中叶以后，沙堤陈氏三房中的士绅人物开始热心建构家族组织。西洲房陈斌曾孙陈尧典再次主持族谱修纂，他是嘉靖七年（1528）举人，曾任泉州府通判。嘉靖十五年（1536），他融合了景泰元年（1540）编修的"直斋谱"、弘治四年（1491）修纂的"南山谱"等文献，重新编辑族谱，并将陈氏外孙黄佐于嘉靖十六年（1537）所作谱序放置卷端。① 嘉靖初年，沙村在祖宅废址因陋就简建立了祭祀入粤始祖陈铎的大宗祠。《西洲陈氏祠堂记》记载，举人陈尧典在嘉靖十九年（1540）倡议建立了西洲小宗祠，即竹窗公祠，"凡三楹"，专门祭祀迁居西洲的陈仲裕次子十世竹窗（道奴）公并祭十一世云溪（斌）公。从此西洲房开始了独立祭祀自己祖先的制度。②

大概西洲房的构建引起了陈堂的注意。陈堂，字明佐，嘉靖三十四年（1555）举人，隆庆二年（1568）进士，授浙江严州府推官，官至南京湖广道监察御史。③ 据他自己说，嘉靖四十五年（1566），他在广州城内住所对谱时考证出自己系竹窗公长子云洲公后裔。竹窗公有两子，长云洲，次云溪。云洲避居广州城，"岁久隔绝音问"，遂与沙堤陈氏失去联系。他亲赴沙村拜始祖世祠，又到西洲拜竹窗公祠，并自此每年都赴增城祭拜，"与族属父老宴享款洽"。④ 万历初，陈堂被贬居家达20年之久，其间主要忙于宗族整合事务，"家居二十年靡所营树，惟修谱睦族周贫，捐资建沙村宗祠"。⑤ 万历九年（1581），陈堂主祠事倡捐钱款重修，"就祠址创而新之，建堂三楹"，并请广东巡抚赵可怀书"陈氏大宗祠"门匾。万历二十四年（1596），陈堂耀升为光禄寺少卿，"始得少暇理家政，首举祠事"。⑥ 他遵循大宗原则劝捐重修沙村大宗祠，"捐所俸余日积月累，量置田三十亩为岁事之需"，同时还重修了西洲小宗祠。更为重要的是，他发

---

① 此序文收录于黄佐《泰泉集》卷40，广东省立中山图书馆藏。
② 关于大宗族向小宗族的解构，参见郑振满《明清福建家族组织与社会变迁》，湖南教育出版社，1992。
③ 康熙《增城县志》卷8《人物志前》，《广东历代方志集成·广州府部》第31册，2007，第210页。
④ 万历二十八年陈堂撰《重修西洲宗祠碑记》，乾隆《增城沙堤陈氏族谱》第16页。
⑤ 康熙《增城县志》卷8《人物志前》，《广东历代方志集成·广州府部》第31册，2007，第211页。
⑥ 万历二十八年陈堂撰《重修西洲宗祠碑记》，乾隆《增城沙堤陈氏族谱》第16页。

起并在广州城甜水里新建了西洲、新墩、乌冈三房共同祖先九世即陈仲裕的以言公祠,规定三房每年都要到广州祭祖。但据《明清进士题名录索引》,陈堂为民籍,① 在明代严格的户籍制度下,即使迁徙,户籍也不能轻易改变,陈堂认祖是如何绕过如此明显的户籍问题颇让人疑惑。但他的认祖联宗正反映了明代珠江三角洲地区此风的盛行。②

明代嘉靖、万历年间,宗族构建极为盛行。郑振满对福建宗族的研究表明,明中叶以后,程朱礼学的推广和礼仪制度的改革促进了宗法伦理的庶民化,为家族发展提供了思想前提;而财赋制度与财政体制的改革,又促成了基层社会的自治化,为家族发展提供了政治前提;与此同时,蓬勃发展的商品经济和私人地主经济的解体,促成了财产关系的共有化,为家族发展提供了经济前提。③ 这些制度和社会背景在广东有着更为显著的体现。特别是在嘉靖"大礼议"中站在前台支持嘉靖帝提倡孝道的霍韬、方献夫等都是珠江三角洲地区人,促使明中叶后宗族制度在广东特别明显地普及开来。④ 明中叶广东仕宦黄佐撰《泰泉家礼》、霍韬撰《霍渭崖家训》、庞尚鹏撰《庞氏家训》等,都是士大夫在地方推行教化和实践自己主张的努力。

陈堂不可避免地受到上述时局的影响,他曾在《莱峰祖德祠记》中阐述说:"大夫士庶凡为孝子慈孙,所欲展一念之孝思,无不可以遂其愿,而祠之义广矣。予不佞仿其意而建祠以祀四代。"⑤ 如此来看,陈堂联宗睦族的行为对陈氏而言具有群体性和时代性的意义,沙堤陈氏在明中叶以后得以构建和兴盛也并非偶然,它与整个华南地区的社会变革紧密结合在一起。自陈堂建祠于广州,陈氏三房每年到广州甜水里祭拜先祖,此行为一直延续到康熙年间甜水里祠堂圮于三藩之乱。而陈司彩的父亲以言公作为三房共祖,联系着三个村子,直到现在还有重阳节祭祖和赛龙舟活动,村与村之间互相往来庆贺,展现出士大夫在当地推行教化的

---

① 谢沛霖、朱保炯编《明清进士题名录索引》,台北:文海出版社,1981,第2176页。
② 关于家族联宗问题,可参见郑振满《明清福建家族组织与社会变迁》。
③ 郑振满:《乡族与国家——多元视野中的闽台传统社会》,三联书店,2009,第8页。
④ 〔英〕科大卫、刘志伟:《宗族与地方社会的国家认同——明清华南地区宗族发展的意识形态基础》,《历史研究》2003年第3期。
⑤ 乾隆《增城沙堤陈氏族谱》,第35页。

影响之深远。

陈氏士大夫在建立正统文化规范增强其影响时,逐渐根据这种规范去建立更为制度化的宗族组织,除了修建祠堂、修撰族谱,祭祀制度的变化成为陈氏家族发展的重要转折点。因为在陈家的祭祀制度变化中始终要围绕着一个家族的重要人物——陈司彩。那么,陈家是如何处理这位祖姑的呢?

三 女官在家族祭祀中的变化

嘉靖"大礼议"前,民间祭祖有诸多限制,祠堂修建容易触犯禁例,正所谓士大夫祭于庙,庶人祭于寝,① 此时的陈司彩被各家私祭于寝,是三房中除始祖之外唯一受到共祭的先祖。这种被学者称为"家祭"的祭祀方式,相对于在民间兴起的祠祭而言,是宗族内部为数最多的祭祖活动。通过家祭形成的"祭祀圈",是宗族内部联系最密切、凝聚力最强的亲属团体。②

事实上,增城陈氏家族祭祀陈司彩经历了私祭、专祠、附祭的过程。万历二十七年(1599)陈堂《新建九世祖祠碑记》对此有较为详细的记载,陈氏三房一开始是各房私祭祖姑,"余家大小宗各有祠,惟是九世祖字以言公者故未及专祀。以言公三子,今新墩、西洲、乌冈三房,其所自出也。祖有姑曰二妹……至今父族子侄事之如在室也"。所谓"事之如在室",应是家中私祭。从某种角度来看,私祭祖姑是陈氏三房宗支分化的一种表现,"相沿至今,人心渐涣,岁各输祭,各于其私寝治具,三房子姓递相往来,多寡参差"。③

面对家族这种凝聚力涣散的情况,整合三房已势在必行。先是三房因赡军田租发生争讼而引起对女官祭祀的整合,但专祠建设一波三折,"嘉

---

① 郑振满认为,家庙与祠堂有区别,清代也只允许九品以上官员立庙祭祀先祖。参见郑振满《乡族与国家——多元视野中的闽台传统社会》,第104页。
② 郑振满:《乡族与国家——多元视野中的闽台传统社会》,第105页。
③ 乾隆《增城沙堤陈氏族谱》,第11页。

靖末年，议者欲即祖姑故居，以妥神奉祭，众不能决……"① 又曰："新墩、西洲、乌冈三房共推尊司彩女官祖姑为义起以祭，议欲举所居承恩堂为祠，持议未决。"最后族人经过商议，同意由西洲房建祖姑专祠。"当事者以义断之，劝令长房捐百金另建祠一所，西洲任之，遂于小宗祠后创修，奉祖姑祀焉。其以言公为三房祖，乃祖姑所自出者，故未之及也，相沿至今。"意即陈氏族人准许在小宗祠后创修专祠祭祀陈司彩。但按陈堂的说法最终并非如此，而是在"竹窗公祠后寝为祖姑享祀之所，而请竹窗公并云溪公各神主移之前堂，诚两得也"。② 也就是说，陈司彩在小宗祠中拥有了单独的享祀之所，但其父仲裕没有得到这一待遇，只是将陈仲裕和其孙陈云溪的神主即牌位一起移到了前堂共同享祀。陈云溪是陈堂之祖，故而这一现象引起了陈堂的极大关注。

　　隆庆初，陈堂在拜谒竹窗公祠后，又拜谒了西洲祖姑祠。他在事后感慨说："世岂有祀其女且诸子各有祠，而于子女之所自出者，木之本，水之源也，顾不得享一蘋一藻之荐，而缺然于冥漠陟降之中，此岂尊祖敬宗之常道哉！"陈堂认为这有违祭祀礼制，于万历二十四年（1596）主持家族事务时，在广州甜水里以旧庐建以言公祠，"九世祖以言公故未有祠，祠之自今日始"，将祖姑附祭其中。他在《重修西洲宗祠碑记》中对甜水里以言公祠祭祀有记载："窃议附姑于庙与祀姑，而遗姑之父母，皆礼之所未安者。于是佥议另建一祠专祀三房九世祖以言公，而以其女祖姑司彩官配食于后寝，世世三房会祀。祠设于会城甜水里。……万历戊戌十一月十五日迁祖姑于会城，是日即奉竹窗公祖并云洲公高祖、云溪公高叔祖各主同堂配享，遂成百世不易之典矣。"将陈司彩的神主从增城西洲祖姑祠迁到了广州甜水里的以言公祠，附在以言公祠后寝，"甜水里有井水甚甘，故名，稍葺之为堂三楹，奉九世祖以言公于中，后有寝室祀司彩祖姑"。③

　　陈堂认为专祀陈司彩而不祀以言公，不合礼制，解决办法就是将陈司彩神主附于九世祖以言公祠的后寝，"奉九世祖以言公于中，后有寝室祀司彩祖姑，前有门亦三楹，岁春秋举两祭如故事。祭田亦仍其旧，特以名

---

① 万历二十七年陈堂撰《新建九世祖祠碑记》，乾隆《增城沙堤陈氏族谱》第11页。
② 万历二十八年陈堂撰《重修西洲宗祠碑记》，乾隆《增城沙堤陈氏族谱》第15页。
③ 万历二十八年陈堂撰《重修西洲宗祠碑记》，乾隆《增城沙堤陈氏族谱》第15页。

义为九世祖以言公而设，附司彩祖姑"。陈家三房子孙每年祭日奔赴广州，不分远近"俱务同集祠下，无故不与者有罚"。自此以后，"每房不必另办私祭，旧有祖姑神主设于各房私寝者罢之，共成义举"。至此，各房私设的祖姑神主全部撤除。

陈堂在建立新的祭祀制度时并非一帆风顺。万历二十四年（1596）已经擢升为光禄寺少卿的陈堂，承担了修建以言公祠的全部费用，"（九世祖祠）计费钱若干缗，价值原若干缗，皆不肖孙所自给，不烦族兄弟一金也"。从其记录中仍可捕捉陈氏三房对建九世祖祠的争执，"余从兄弟畅然、言誉辈怂恿其间，乃集众议而决于独断"。陈堂劝服族人这样做原因有三：一是尊尊，将祖姑附于九世祖陈仲裕祠，可借此妥而享子孙之祀；二是亲亲，即以同房共祖之义罢去之前的私祭祖姑；三是贤贤，以祖姑应内召享禄秩，令乡里人称述之。

笔者怀疑陈堂在插手陈氏家族事务时，族人并不心服，只是慑于其权势而不得不听其"决于独断"。陈堂禁各家私祭祖姑，将祖姑置于广州九世祖祠后寝，改各房私祭祖姑为共祭，将原来附祭在小宗祠内的祖姑移到以言公祠内，显然是出于增强宗族凝聚力和建立陈氏家族正统祭祀制度的考虑。但不能排除其希图改变以女性为中心的祭祀制度，从而建立以男性为主的祭祀制度的心态。陈堂改变陈家祭祀女性祖先的结构，使其符合正统规范，是因其饱受程朱礼学熏陶，熟知确立男性祖先祭祀地位对建立正统祭祀制度的重要意义，这对家族在当地立足而言是一种合理与正统的资源。这样的"正统"也与明中叶士大夫对于女性形象的塑造，颇相暗合。①在整合家族、推行礼制、移风易俗的明中叶，陈司彩由家祭改为共祭甚至附祭，显示了女性在面临正统礼制规范挑战时的尴尬处境。

事实证明，这一改变并未能颠覆家族成员的集体记忆，女官在家族中的地位并未因祭祀规格的改变而改变。雍正年间，陈秀士指出，陈氏自二世以下至五世，均"配食于始祖祠"，而六世至八世"皆有不祧之功德"，

---

① 乾隆《增城沙堤陈氏族谱》收录黄佐嘉靖十六年（1537）《重修陈氏族谱序》，湛若水嘉靖三十年（1551）《云溪陈公祠堂记》，均未提及陈司彩。而梁储在《郁洲遗稿》文集中对女官黄惟德同样只字未提。

但未曾得到祠祀，"礼多缺焉"。之所以各房将九世以言公作为共祭祖，是因为土地共享缘故，"所当推九世之意以同享禋祀者也，敢复以其田为己有乎？当兹少长咸集，定为成谋，置收支之簿，出纳必书，新墩、西洲、乌冈三房同掌之，慎所收贮，毋侵渔、毋妄用、毋私借"。这块土地原是划作陈司彩的烝尝田，"是田也，置自九世，贳出女官，今还以祀九世而配女姑，是祖宗之自食其报也"。①

沙堤女官陈司彩的个案或许多少能反映明代华南社会变迁与家族整合的关系。明初陈司彩作为家族荣耀的象征，因其为家族带来田地，成为后来的新墩、西洲、乌冈三房中第一个得到专祀的先祖，这固然与传统社会的祖先崇拜有关，但也与女官是家族中第一个与明王朝拉上关系的人，并因女官身份而使得陈氏三房获取了一定规模的土地支配权有关。因为陈司彩特殊的身份关系，陈家获取了大量田产，带来了陈氏家族在地方社会变迁中的发展与演变，这对陈家三房在当地地位的巩固无疑起到了重要作用。

明代以降，随着士庶宗法观念的改变，逐渐形成了近世宗族制度的新规范，在这样的规范下建构地方宗族，成为建立正统化社会秩序的基本方式。② 研究表明，明代宗族的构建，是士大夫试图建立起与国家正统拉上关系的社会秩序的过程。③ 祭祀制度的改变是在整个华南社会逐渐融入正统秩序背景下，士大夫针对当地文化和规范所做出的调和。事实上，在当时的背景下，"正统"与"规范"作为一种资源，其重要性显然更高于对早已划为家族势力范围的田地占有权的认同。有权势和经济实力的地方精英在按照正统的祭祀制度建构宗族规范的过程中，通过改变原有的秩序和规范，建立起新的宗族规范和秩序。在这个过程中，女官形象不可避免地

---

① 雍正二年陈秀士撰《陈氏九世以言祖烝田记》，乾隆《增城沙堤陈氏族谱》第20页。
② 刘志伟：《宗法、户籍与宗族——以大埔茶阳〈饶氏族谱〉为中心》，《中山大学学报》2004年第6期。
③ 参见〔英〕科大卫、刘志伟《宗族与地方社会的国家认同——明清华南地区宗族发展的意识形态基础》，《历史研究》2000年第3期；〔美〕萧凤霞、刘志伟：《宗族、市场、盗寇与蛋民——明以后珠江三角洲的族群与社会》，《中国社会经济史研究》2004年第3期。

会发生变化。明代增城沙堤陈氏家族充分利用女官这一资源符号对家族进行整合，根据王朝祭祀制度的变化巧妙地进行变革，使其在家族祭祀中的位置下移，从而符合王朝正统的祭祀礼制，说明明中叶以后王朝祭祀制度在地方上获得了士大夫的支持。由此也可见，明代家族因应社会变迁不断进行调适，最终与王朝祭祀制度相统一。

四　民间对女官的想象和传说

除了士大夫外，民间社会也颇为关注女官，出现了诸多与女官有关联的传说故事。它们同士大夫建构的女官形象所不同的是，民间传说是以朝廷选妃为叙述对象，但背后多多少少都有明初女官的影子。明太祖规定，后宫需均从民间良家女中挑选，"天子及亲王后妃宫嫔等必慎选良家子而聘焉，戒勿受大臣所进，恐其夤缘为奸，不利于国也"。[1] 这些入宫的女子显然属于选妃的范畴。

明代选妃对后世百姓影响较大，大约是明中叶以后的事。正德以后，皇帝沉湎女色，已成为民间关于皇宫选妃故事的主要内容，这些传说被不同时代的文人记录并加工，故事更加引人入胜。据说，明武宗四出巡游，专选民女供自己淫乐，朝廷时常在江南地区公开选宫女，百姓闻言朝廷选取宫人，立即将家中八岁以上的女儿纷纷嫁出。正德十四年（1519）十二月，明武宗将南游扬州府，先派太监吴经到扬州，"选民居壮丽者改为提督府，将驻跸焉。经矫上意，刷处女寡妇，民间汹汹，有女者一夕皆适人，乘夜争门逃匿，不可禁"。[2]

嘉靖帝在位时则迷信仙丹，广选民间幼女入宫采经血以炼丹药。《明世宗实录》记载，嘉靖二十六年（1547）曾一次从民间选秀300人入宫。明人沈德符在《万历野获编补遗》中记载：嘉靖三十一年（1552）冬，"命京师内外选女八岁至十四岁者三百人入宫"；嘉靖三十四年（1555）九

---

[1] （明）余继登：《典故纪闻》卷2，中华书局，1981，第30页。
[2] （清）王世贞：《弇山堂别集》卷97《中官考》，中华书局，1985，第1843页。

月,"又选十岁以下者一百六十人。盖从陶仲文言,供炼药用也"。这些宫女被养在宫中,供炼丹师采其初潮经血炼长生药。她们备受折磨,其间在嘉靖二十一年(1542)还发生了"壬寅宫变",杨金英、邢翠莲等16名宫女联合起来,趁明世宗熟睡之时,企图将他勒死而未遂,结果宫女全部被凌迟。

经正德、嘉靖两朝选秀女的骚扰,到隆庆年间,民间一听说朝廷要选秀女就慌作一团。江南徽州一带,隆庆元年(1567)十二月,"江南一带民间讹言选宫人,女子十二三以上,婚嫁殆尽。虽宦家往往摇动,途中轿相接,贫不能赁轿,则徒步投婿"。① 这次选宫女的谣言在浙江桐乡也传得沸沸扬扬,"大江以南流言选取宫人,民间女年八岁以上者俱嫁出,良贱为婚,不可胜纪"。② 江苏江阴在隆庆二年(1568)正月也"哄传朝廷取秀女,民间年十三岁以上无不婚配,霎时惟求得婿,不暇择人。且有睄于门首,见总角经行者,拥之而入,遂以女配焉。凡数日而止"。③ 可以想象,朝廷选秀女在民间社会造成的巨大恐慌。

明末,选秀女之制已成为严重的扰民弊政。万历十一年(1583)二月下旨,要求在北方民间遴选女子11岁以上、15岁以下300人入宫,规定选秀地区要暂停婚嫁。此举引起正直官员的不满,他们上书请求停选秀女。时福建道御史马允登说:"去春选九嫔,寻选潞王婚,今又选宫人,停民间娶,非所以示天下也。"④ 万历十九年(1591)正月十八日,"有诏宫中六尚局兼皇长子册立届期,及长公主长成,俱缺人役使,着礼部选民间女子,年十岁以上、十五岁以下三百人,进内预教应用。……三月内复选数千人,如前次第遴选,再集诸王馆,选得陈禄女二百六十五口"。⑤ 崇祯十五年(1642)七月,下诏选九嫔:"传谕京城内外各衙门,预选良家子女年十四以上、十六以下,必德性纯良,家族清白,容貌端洁者,方许与选。"时给事中光时亨谏曰:"臣犹记天启年间,讹传选嫔,民间子女嫁

---

① (明)叶权:《贤博编》,《明史资料》第1辑,江苏人民出版社,1981,第169页。
② (明)李乐:《见闻杂记》卷3,上海古籍出版社,1986,第301页。
③ (明)李诩:《戒庵老人漫笔》卷5,中华书局,1982,第179页。
④ (清)谈迁:《国榷》卷72,神宗万历十一年五月庚子,中华书局,1958,第4445页。
⑤ (明)沈榜:《宛署杂记》卷14,北京古籍出版社,1980,第142页。

娶几空，婚配非偶，后不胜失所之叹。今圣谕分别甚明，且不过止及京城内外，而传之遐远，恐有奸民借此扇播，兵荒流离之余，难复堪此。"① 请求崇祯帝收回成命，待天下平定后再选。南明时期，面对国破家亡的境遇，朝臣仍念念不忘为皇帝诏选淑女。福王政权时，甲申（1644）八月初二日，陈子龙奏："有中使四出搜巷，凡有女之家，黄纸贴额，持之而去，闾井骚然。"九月廿四日，工科李维樾言："旧来道途鼎沸，不择配而过门，皆云王、田两中贵强取民女，以备宫帏。"十月十二日，赞周请选淑女于杭州。福王政权虽仅存一年，但拣选淑女几乎没有停止过。②

这一现象改变了乡村社会原有的婚姻秩序和传统。清初仍不时风传朝廷选秀，清初叶梦珠说："以余所见，顺治戊子年，民间讹传朝廷将采女童入宫，城乡有女之家婚配者纷纷，无论年齿，不择门第，朝传庚帖，晚即成婚。傧相乐工奔趋不暇，自早至暮数日之内，无非吉日良时阴阳忌讳，略不讲择。"③ 民间广为流传的"拉郎配"也由此衍生。因此，明清朝廷选妃之多之滥，在士人和民间社会留下了许多传闻。④ 由此可知，朝廷的选妃活动，其实给民间留下了很不好的印象。

而明初的女官有时与选妃同时从民间进行挑选，只是在年龄段上有所区别。明中叶以后，朝廷频繁地在江南地区挑选良家女入宫，经过培养后，她们或为嫔妃，或为女官，或为宫女。这一时期，广东和江南的商业往来十分频繁，广东社会风气的江南化已悄悄兴起，江南习俗对其也已产生了较明显的影响。王朝在江南选秀的种种传说，通过南来北往的商人之口，也被带进广东，⑤ 强化了广东民间社会对明初女官的历史记忆。

康熙二年（1663）刻本广东《长乐县志》卷7《系年》记载："顺治十四年三月十三日，讹传取宫女，一夜嫁娶殆尽，中有未聘者不用媒言，

---

① （清）孙承泽：《山书》卷16，浙江古籍出版社，1989，第408页。
② （清）计六奇：《明季南略》卷2、卷3，中华书局，1984，第156页。
③ （明）叶梦珠：《阅世编》卷2《礼乐》，中华书局，2007，第45页。
④ 朱子彦：《明代的采选制度与宫人命运》，《史林》2003年第3期；（明）叶权：《贤博编》，《明史资料》第1辑，第169页；（明）李乐：《见闻杂记》卷3，第301页；（明）李诩：《戒庵老人漫笔》卷5，第179页
⑤ 蔡鸿生：《清代苏州的潮州商人》，《潮汕文化论丛初集》，广东高等教育出版社，1992，第181—189页。

即送相配。"民间社会根据已有的地方历史知识进行加工传播，他们在口口相传中，将选妃、选女官混为一谈，并统称为选妃。笔者在珠江三角洲调研时发现，民间至今仍把明初广东入宫的女官理解为妃。再加上明初朝廷在广东选女官的历史沉淀，广东民间社会代代相传的选妃故事于是大多指向了明代。这些选妃的版本经过民间历代演义，最终产生了具有广东地方特色的选妃故事。它们与文献记载颇有出入，但故事的背后透露出不同族群之间的利益之争。

笔者在今广州白云区人和镇汉塘村田野考察时，当地人说，现今的"拦马房"遗址，传说就与明朝选妃有关。相传明朝有一个广东籍皇妃病死，皇帝命太师梁储回家乡补选。梁储想以此改变皇帝沉迷酒色的习惯，遂在番禺县罗汉塘乡物色了一位放鸭女李妹。皇帝见李妹是村姑，心中不悦，但碍于太师情面，只好降旨李妹为预备皇妃，暂回广东，允许李妹从自家祖屋骑马跑一天，所到之处封为御地，属李家所有。李妃心地善良，不愿多占村民田地，遂让父亲牵马在村前绕了一圈，计地九亩九分。李妃去世后，乡亲们为感念她的仁慈，就在圈地上建造了"拦马房"。其遗址在今汉塘村口古榕树附近。① 这个故事表明，明初在广东选妃不止一次，这与广东五位女官也有暗合之处。其实，明初珠江三角洲的众多家族在建构家族组织时，都虚构了一个与皇妃有关的故事，他们都强调自己的祖先来自珠玑巷，且与宋代胡（苏）妃传说有关。珠玑巷传说成为珠江三角洲各族建立其定居权的依据。②

但民间传说在不同的人群中总是会发生变异。上文经过士人处理的汉塘村"拦马房"的李妃故事，并没有民间百姓口中的那样吸引人，故事在民间的口口相传中发生了一些细节性的变化。笔者在汉塘村调查时，村民们很肯定地指称村口的古榕树即为拦马树。他们几乎异口同声地声称，梁太师在罗汉塘物色的是一个放鸭的丑女，但这位丑女在送往京师的路上突然变漂亮了。梁太师为此很恼火，遂心生一计，故意叫李妃入宫时踩门槛，

---

① 广州市白云区文化局文化志编纂委员会编《广州市白云区文化志》，1993年铅印本，第235页。
② 叶汉明：《明代中后期岭南的地方社会与家族文化》，《历史研究》2000年第3期。

皇帝看见这个村姑不懂规矩，但碍于太师情面，只好将她打发回乡作候选，钦命她可以从祖地跑马三天，所到之处即封为御地，可收取地租。但最终李妃在跑马中不慎摔死。李姓聚居的聚龙坊今尚在，今汉塘一带仍多李姓，新建的李氏祠堂宏伟壮丽。年过花甲的李大爷说，他们现在居住的汉塘即为李妃跑马的范围。

这个传说在广州李氏中流传很广。汉塘村当地的老人不分男女多知晓这个传说，我们随机问一位年近古稀的李姓婆婆，她也知晓李妃的传说。① 甚至位于现今广州越秀区的杨箕村李氏一族中也流传着这一传说。在村民的传说中，这个故事除了圈地占田这一核心内容外，还专门设立了几个高潮，如丑女变为美女；跑马三天，不慎摔死等。这种口口相传的变异说明，随着历史的延续，有关地方历史的某些核心元素仍然存在，但人们会把这个故事编写得更加符合社会的需要。

跑马圈地与朝廷规定女官享受"蠲其家徭役""免本家杂泛差役"等待遇有极大关联，说明传说有一定的历史依据。这个以李妃为中心的民间传说，与广东地方文献记载的女官明显不同。但养鸭在明初珠江三角洲地区流行是事实。16世纪中叶，葡萄牙人克路士在广州目睹了各种养鸭的船只，每只"养着两三千只鸭"，"鸭子前进时简直是奇观，因数量太多，在进出的时刻一只翻滚到另一只身上"。广州每天食物消费量就包括一万只以上的鸭子。② 广东多鸭由其水乡的地理环境所决定，万历《顺德县志》卷10《杂志》记载，明初顺德、香山等皆为水乡，村民多养鸭以防水中生物损害庄稼："顺德产蟛蜞，能食谷牙。惟鸭能唼之焉。故天下之鸭，惟广南为盛，以有蟛蜞能食之，亦以有鸭能唼蟛蜞，不为农害也。洪武、永乐、宣德间，养鸭有埠，管埠有主，体统划一，民蒙鸭利，无蟛蜞害。"③ 屈大均在《广东新语》卷4《禽语》中也说："广州濒海之田，多产蟛蜞，岁食谷芽为农害，惟鸭能食之……故乡落间多畜鸭。"对此问题，已有学

---

① 2008年9月30日，地点：白云区人和镇汉塘。
② 〔英〕博克舍编注《十六世纪中国南部纪行》，何高济译，中华书局，1990，第69、80页。
③ 万历《顺德县志》卷10《杂志》，《广东历代方志集成·广州府部》第15册，2007，第107页。

者做过有益的讨论。①

结合明初选女官制度中规定的民间良家女的条件来看,民间传说的李妃为放鸭女,即是对女官为良家女的反映。也就是说,民间传说是有根有据。百姓不关心朝廷在地方选拔女子的用途,只要是朝廷的选秀活动,都视为选妃,他们可能会将不同情节中的时间、场景、人物进行嫁接,编成一个大家认可的"地方性知识"。

有意思的是,明初广东女官的墓地多与鸭有关,其中陈二妹墓在番禺河南鸭墩,② 黄惟德葬番禺沙头村鸭墩。③ 鸭墩之名多少与民间社会放养鸭子有关,又与明代以后广东疍民争取"上岸"建造陆上社区、争取土地所有权有关。宋代以来,疍民以自己的办法争取"上岸",在"上岸"的过程中,他们灵巧地采用了一套符合正统性的语言,虽然地方政府对珠江三角洲沙田的管治常常鞭长莫及,但本地人可以能动地运用当时王朝的符号象征来制造自己的权势和特性。④ 作为放鸭女的李妃,其家族极有可能为疍民,他们通过塑造获得朝廷支持的跑马圈地故事,来获得与当地人争夺陆地上田地的权利,意味着他们对土地的占有得到了官方的承认,也因此摆脱了疍民的身份而成为陆地居民。

民间传说既有对士人书写的借鉴,也有自己的丰富想象。如之前讲到的女官陈司彩,民间传说中她的故事与放鸭女李妃的故事颇为雷同;而李妃传说中的梁储,则最终成为士人和乡民记忆女官的共同元素。笔者在今增城区新塘镇调查时发现,直至今天,在新塘镇的西洲和沙村仍可听到陈氏后裔讲述这位引以为豪的"祖姑"的故事。这些陈氏族人中也流传关于朝廷赐田给祖姑陈司彩的传说,他们对这一离奇的赐田故事深信不疑,其大意如下:

---

① 〔日〕西川喜久子:《关于珠江三角洲的"沙骨"和"鸭埠"》,《清代区域社会经济研究》,中华书局,1992;陈忠烈:《明清广东养鸭业略说》,倪根金主编《生物史与农史新探》,台北:万人出版社,2005。
② (清)屈大均:《女官传》,欧初、王贵忱主编《屈大均全集》第3册,第108页。
③ 康熙《广东通志》卷24《陵墓》,《广东历代方志集成·省部》第10册,2006,第1524页。
④ 〔美〕萧凤霞、刘志伟:《宗族、市场、盗寇与蛋民——明以后珠江三角洲的族群与社会》,《中国社会经济史研究》2004年第3期。

洪武二十二年，20岁的陈二妹入宫，深得洪武帝器重，专管皇族生活事务，并赐尚方宝剑。后因公务劳累，洪武二十四年时她和太师商量希望回家省亲，太师嘱咐她卷起裙子站在门槛上，这样皇帝就会赐她归乡，并说当皇帝赐她宝物时，要挑选最轻的一箱。陈二妹依照太师嘱咐挑了最轻的一箱，快到家时，在船上打开一看是一箱竹片，陈二妹一气之下将竹片倒入海中，回家后心中不快，一直未出门。放牛娃看到如此精美的竹片，于是捡起来胡乱插在田中。一年后，番禺有人来向陈家交租。原来竹片上刻有精美的龙头、玺印。陈氏因此获得九万七千石的租。①

这个传说掺杂了广东其他选妃传说中的元素，如太师让她挽起裙子站在门槛上，就与拦马房李妃入宫细节相似，且都与太师私下授受有关。所不同的是，李妃回乡后跑马圈地获得汉塘村一带良田，而陈司彩则是获赠一箱竹片作为封地象征。这一现象也说明，在关于选妃的传说中，民间社会的记忆有时会互相借鉴对己有益的元素。

在今广州黄埔区及东莞地区的莫氏家族中亦流行其祖姑被选为嫔妃的传说。黄埔区有关莫妃的传说为：明朝横沙莫家有一女，因排行第三故被称为莫三娘，她被选为贵妃，由梁太师护送入宫。时莫氏已许配人家，因被拆散，一路闷闷不乐。到京城后，梁太师将此事禀报皇帝，皇帝下令将莫氏解回原籍，但莫氏回到横沙就上吊自尽了。在她上吊的地方长出三棵榕树，人称三娘树。三娘树位于今黄埔区横沙港湾村村口，现只成活一棵。莫三娘连"皇帝都不嫁"的佳话，成为当地女性对爱情山盟海誓的榜样。②

然而，莫氏家族有关莫三娘的传说，与邻近横沙的下沙村李氏族人的说法不同。按李氏族人所说，传说有三位女仙欲在下沙村建宫殿，但被土地公告之此地不宜建殿，三位女仙走后，在她们立足处长出三棵榕树，很有灵性。于是下沙李氏与横沙莫氏发生了争夺三棵榕树所有权的诉讼。官

---

① 2008年11月27日，访谈人：陈润志，1952年生，会讲普通话，增城区新塘镇新墩村人，熟悉陈氏家史。此采访由王潞博士完成，谨此致谢！
② 广州市黄埔区地方志办公室编《黄埔文物》，广东省地图出版社，1996，第145—146页。

府将三棵榕树判给下沙村,而不是判给李氏,因下沙村为杂姓村。后来,人们在距榕树二里的珠江村蟹山山脚建大娘庙,在横沙港湾村的吴涌墟为二娘建牌坊门楼,只有三娘既无门楼也无庙。据说,每年正月二十四日,横沙、沙边、下沙三地村民轮流抬三娘去会大娘和二娘,巡游路线为下沙、横沙、沙边、珠江、吴涌墟,但李姓并不参与巡游。① 可见,李氏和莫氏争夺的中心是三棵榕树,上述李妃传说中也有榕树。笔者在珠江三角洲乡村调研时发现,榕树是村落社坛所在地的重要标志之一。乡村社会由选妃嫁接的传说故事都与榕树有关,或许就是对居住权的关注。

东莞麻涌镇麻村莫氏家族也流传有莫三娘的故事。据莫家族谱收藏者莫灼鹏(男,40多岁)说,明朝莫氏有一女子在皇宫受宠,朝廷特许莫家按照四品官建造祠堂。但另一族谱收藏者莫伟奇(男,68岁)不知莫妃一事。不过,他讲述了道光年间莫家莫保济在宫中当医官,因治好太后病而受封的故事。② 麻涌莫氏祠堂建于万历八年(1580),正门匾额为"敦本联恩",莫氏后裔讲述的莫妃传说为家族建立超规格的祠堂提供了保障。

黄埔区在明代属番禺县,是明初广东出女官最多的县,说明莫妃传说也非空穴来风。而莫妃入宫在传说中也与梁储有关,她对婚姻的坚守,与王司彩拒绝永乐帝的宠幸极为相似,符合士大夫建构的女官恪守妇道的列女形象。这些至今仍在广东民间流传的选妃故事说明,地方社会将朝廷在民间选拔后宫人员的事件,根据时空和境域的变化而不断添加新元素,但一些关键元素不会改变,如上述传说都与梁储有关。这一传说,与士大夫建构的女官黄惟德与梁储之关系非常相像,说明士大夫建构的女官形象对百姓产生了一定的影响。

这些传说故事起源于何时,已经难以判断,但故事发生的时间大多与明代广东女官相近。这些传说随着时空和境域的变化,被人们添加了不少新元素,几乎所有传说都与明朝广东唯一受封为太师的梁储有关。事实上,广东女官入宫在梁储出生前就已经结束了,民间社会把选妃与家乡出

---

① 2008年9月13日,地点:黄埔沙边村。9月26日,地点:黄埔区下沙。被访人:张氏,男,83岁,不识字,讲粤语;简氏,女,76岁,讲粤语。
② 2008年9月13日,地点:东莞麻涌镇麻村。此采访由王潞、包国滔两位博士完成。

仕的太师拉上关系，一方面要展示这些传说故事的真实性，另一方面可能与梁储身居要职时不断劝阻正德帝停止游猎、反对朝廷滥选民女入宫有关。据其《郁洲遗稿》收录的50篇奏疏，其中明确要求正德帝回銮、停止巡幸的有18篇。①

民间传说肯定有部分内容来自士人书写的文献，并在传说过程中发生了变化，而士人书写的文献反过来也会受民间传说的影响。如道光《广东通志》卷187《前事略七》记载："永乐元年七月，诏求民间识字妇女充六尚内职。先是，京城既定，用兵以清京禁，建文中六尚等局女官俱诛死，故求补之。"但事实上仍在宫中的黄惟德安然无恙，陈二妹也在家乡省亲。所谓的"女官俱诛死"，应是士人在民间传说基础上的加工。前述咸丰《顺德县志》关于黄惟德与梁储关系的记载也可能源于民间传说。广东民间社会至今尚流传的有关女官与选妃故事，与官方记载不完全相同，但传说有一定的历史依据，显示了制度在民间社会执行中给乡民留下的历史记忆。这种记忆随着时间推移而变化，毕竟乡村传说多以口头流传，发生变异极为自然。诚如刘志伟所说，明清时期，大多数珠江三角洲宗族声称他们的血统来自中原，这种"历史记忆"是将自己转化为王朝秩序中具有"合法"身份的成员的文化手段。他们通过虚构世系和攀附贵胄的手段，"强调自己行为合乎礼法，炫耀功名以及宗族门第。……在明清时期这样一个自我区分的过程中，单姓的社区在珠江三角洲出现了。他们获取了广袤的沙田，控制墟市和庙宇，炫耀自己与士大夫的联系，这些向上提升自己社会地位的人演示一些被认为是中国文化认同的正统命题以及身份标志，创造了一套最后为官方和地方权势共同使用的排他的语言"。②

明中叶以后，广东宗族组织重整，一些家族出于利益的考量，杜撰了族中女子与朝廷的关系，以有利于家族的发展，李妃、莫妃的传说至少不能排除这一嫌疑。民间社会为了扩张宗族势力，将女官改造为可资利用的家族扩张资源之一。民间社会出于利益需要，将明代女官与选妃混为一

---

① （明）梁储：《郁洲遗稿》卷1至卷3，文津阁《四库全书》第420册，第36—43页。
② 刘志伟：《地域社会与文化的结构过程：珠江三角洲研究的历史学与人类学的对话》，《历史研究》2003年第1期。

谈，衍生出明初广东女官及选妃与土地占有、赋役蠲免等传说故事，演绎出地方社会以及某些家族利用女官争夺资源的行为，体现出地方社会芸芸众生的利益追求。明初女官被广东地方社会的不同力量建构成不同形象，以表达各种力量的自我利益诉求。也就是说，地方社会在王朝制度框架的约束下，利用文字和非文字的形式，形塑具体女官在朝野两极的生活面貌，建构出广东女官的社会形象，生动地展示出一幅利益追求之下符合王朝制度体系的女官生活画卷。

这幅画卷，既可以被看作明初女官形象的具体化，更应该看成地方社会对女官形象的种种建构和利用，从而将女官制度在地方社会的落实通过人物形象而具体地呈现出来。可见，历史在被创造的过程中，基于同一个事实，经过社会精英和普通大众的诠释而出现不同路向，他们以各自的话语表达了对女官的历史记忆。地方仕宦的表达是出于将地方社会纳入王朝的主流意识之中；民间社会的表达也以王朝制度为中心，其演绎的内容是为地方争取更多资源。正是这两套并行的"地方性知识"话语，使我们看到不同人心目中的历史的不一样。正是这种差别，显示了历史的五彩缤纷。

第三章

珠江三角洲才女的人生历程

珠江三角洲地区作为对外贸易的重要阵地，明清以来更成为我国与西方世界交流的主要窗口。在融合了中央王朝的政治理念之后，经济、文化各方面都发生了深刻的变化，女性的形象、性格自然亦随之发生转变。珠江三角洲地区才女文化的发展，如高彦颐笔下的江南才女一样，与这一地区因城市化和商品化而增殖的财富相辅相成。妇女受教育、读书、出版和旅行机会的不断增加，都是这一才女文化增长的必要条件。[①] 而这一相当大的知识女性群体的存在，也同江南一样给珠江三角洲地区的城市文化留下了持久的印记，其中的代表人物就有前文论述的李晚芳。

一 才女文化的发展路径

尽管宋明以前，珠江三角洲地区在中原士人的眼中仍是蛮荒之境，但随着与中原王朝关系的加强，儒家文化和正统理念已经开始大面积地渗透过来。在这个过程中，女性作为社会最基础的组成部分，也不可避免地被卷入礼教普及的浪潮。由明至清，除列女的数量急剧增长外，接受儒家文化的闺媛也大量增加。她们由最初的被动接纳到主动学习和传播儒家文化，成为珠江三角洲地区社会儒化和正统化的最好诠释。

[①] 〔美〕高彦颐：《闺塾师——明末清初江南的才女文化》，第21页。

明代南海士大夫集团在家乡从事宗族制度的实践，使妇女的社会角色也发生了改变。尽管族规家训的普及并未能完全杜绝妇女积极参与诉讼的风尚，但少数家族已有足够经济能力把女眷局限于家内，且在获得士绅地位并经过两三代的努力之后，这些女眷一般就可以不再从事粗重的体力劳动，而专职于家庭里的活动，如纺织，甚至读书。[①] 从这个时期开始，珠江三角洲地区的才女群体逐渐增加，她们由被动地接受男性倡导的儒家教化到自觉主动地学习，开始学习用笔来表达自己的人生经历与态度。这类例子在文献中比比皆是，大量的文人文集、地方志和族谱都有所体现。甚至一些文献在记载本族的女性祖先时，都会刻意强调她们幼读诗书、以儒家理念以身作则教子读书的事迹，从而凸显她们的才华和家族的儒学传统。在这个大社会背景下，女性作品开始传世，明清珠江三角洲才女文化也逐渐兴起。

冼玉清在《广东女子艺文考》中记录了明清岭南女性近百人，其中顺德22家，番禺19家，南海、香山各12家。她的结论："大抵吾粤文风，以广州府之顺德、番禺、南海、香山为盛。加以交通利便，易为风气。作者之众，理固宜然。"[②] 也就是说，广东文风以珠江三角洲地区最为兴盛，再加上这些地区交通便利，人们交流较为顺畅，文化的传播更易形成一种风气。乾隆《番禺县志》卷17《风俗·文会》记载："粤中文会极盛，乡村俱有社学。文会即集社学中大小俱至，胜衣搦管必率，以至不敢规避，令最严，毋敢假借者。卷用红丝栏为式，卷面编千字文号，隐其姓名，别注小册，分书其号，藏弃，不使阅卷者知也……乡村大姓必于所居水口，起文阁祠文昌神，神之生日赛会尤盛。"这种在乡村中举办与读书识字有关的活动，对女性肯定大有影响。这可能是珠江三角洲地区女性读书人数多，且女性著作被保存流传下来的重要原因之一。

事实上，岭南在明清时期真正有诗文传世的女性人数，远不止于冼玉清在《广东女子艺文考》中著录的百家左右。对于这些女性，除《广东女子艺文考》从目录学和文献学的角度记录之外，还有一些书亦有介绍。但

---

① 〔英〕科大卫：《皇帝和祖宗——华南的国家与宗族》，第139页。
② 冼玉清：《广东女子艺文考》，第115页。

因为女性著作刊刻、保存和传播比较困难，还是有很多未能流传下来，对她们的记载如今只能散见于诸书之中。这些书或录有她们的部分诗作，或有其生平简介，如《粤东诗海》[①]和《广东古今名媛诗选》[②]。

《粤东诗海》是乾嘉之时顺德人温汝能所辑，该书卷帙浩繁，专门收录历史上岭南士人诗作，专设"闺媛"类以记女性作品。《广东古今名媛诗选》则是清代顺德人胡廷梁著，他广采岭南历史上传世的女性诗歌，将之汇编成一部女性诗作总集，在乾隆五十一年（1786）刊刻。这两部书与《广东女子艺文考》的体例和记载内容完全不同，但均为后人研究岭南的才女及其诗作提供了宝贵材料。

另外还有《岭南名媛集》，出自清代顺德才女邱掌珠之手。邱掌珠，字匊月，龙山诸生邱士超女，生于嘉庆四年（1799），卒于道光二十四年（1844），享年45岁。她出身于诗书世家，从小学习儒家经典，6岁即谙丝竹，庭训诗书悉能洞晓大义，尤工吟咏，兼擅绘画，16岁时已著有诗集《绿窗庭课吟卷》。20岁时邱掌珠嫁与陈虹为妻，安贫守俭，孝事舅姑。其父博学多才，旁及音律，著述丰富，所作书的校雠多出于邱掌珠之手。父亲曾命她抄录岭南诗作。她以女子之身有感于女性读书写诗之难，遂有心将抄录过程中发现的闺秀作品辑成一帙，名为《岭南名媛集》。这部《岭南名媛集》是邱掌珠未嫁之前辑录的，1819年20岁出嫁时，此集应该已经辑录完成，遗憾的是这本集子并未留传下来。但比较来说，胡廷梁和邱掌珠两人的兴趣均在于女性诗作的编选，而不是像冼玉清《广东女子艺文考》是从文献的角度进行全方位的收集整理。

其实对于珠江三角洲地区来说，能够吟咏诗歌的才女很早就已经出现，其诗作亦有流传。相传最早的粤籍女诗人是晋代的绿珠。屈大均考证说："考粤中妇女能诗者，始自白州绿珠。其《懊侬》一歌，至今有光金谷。"[③]据宋代乐史所写的传奇《绿珠传》介绍，绿珠姓梁，是白州博白县人，生于双角山下，美而艳：

[①] （清）温汝能：《粤东诗海》，吕永光整理，李曲斋、陈永正审定，中山大学出版社，1999。
[②] （清）胡廷梁：《广东古今名媛诗选》，乾隆五十一年（1786）刻本。
[③] （清）屈大均：《女官传》，欧初、王贵忱主编《屈大均全集》第3册，第108页。

越俗以珠为上宝，生女为珠娘，生男为珠儿。绿珠之字，由此而称。晋石崇为交趾采访使，以真珠三斛致之。崇有别庐在河南金谷涧。涧中有金水，自太白源来。崇即川阜置园馆。绿珠能吹笛，又善舞《明君》。……崇又制《懊侬曲》以赠绿珠。……赵王伦乱常，贼类孙秀使人求绿珠。……崇勃然曰："吾所爱，不可得也。"秀因是谮伦族之。收兵忽至，崇谓绿珠曰："我今为尔获罪。"绿珠泣曰："愿效死于君前。"崇止之，遽坠楼而死。崇弃东市。时人名其楼曰绿珠楼。①

但后世学者对绿珠出生地持有不同意见。清末顺德人胡廷梁认为绿珠为广州博白人，"本姓梁，梁伯女。仙人茵于教以吹笛。粤中女子始吟诗者"。②梁乙真却认为绿珠是"南海梁氏女，貌美善歌舞。石崇以珠三斛易之，故名绿珠"。③无论绿珠的家乡是博白还是南海，其籍贯属古越地毋庸置疑，在她身后亦流传了许多奇异的传说。传说绿珠的家乡博白县有一井，井名绿珠，"云其乡饮是，多生美女。异时乡父老有识者，聚而谋室是井，后生女乃不甚美。或美必形不具"。④范端昂记载的绿珠井地址更为详细："博白县本高凉白州，东粤之地。其西双角山下，有梁氏绿珠故宅。宅旁一井，七孔，水极清，名绿珠井。山下人生女，多汲此水洗之。其井汲饮者，生女必美。土人以巨石塞井一孔，女绝美者亦捐一窍。其村名绿萝以比苎萝村焉。"⑤

绿珠不但貌美，而且能做诗，所以被后世的本土士人追认为粤地女子吟诗者之首，其《懊侬曲》成为岭南女性第一首诗作。其诗为："绿布涩

---

① （明）王世贞编《艳异编》，陈洪宜点校，《中国古代禁毁小说文库》第3辑，太白文艺出版社，2000，第254—255页。
② （清）胡廷梁：《广东古今名媛诗选》卷1，第1页。
③ 梁乙真：《中国妇女文学史纲》，上海书店出版社，1990，第129页。
④ （宋）周去非：《岭外代答》卷10《蛮俗门》，张智主编《中国风土志丛刊》第61册，第331页。
⑤ （清）范端昂：《粤中见闻》卷11《地部八》，第115-116页。

难缝，令侬十指穿。黄牛金钿车，游戏出孟津。"① 传说绿珠又善吹笛，传其弟子宋祎，双角山下及梧州皆建有绿珠祠，"妇女多陈俎豆"，而绿珠的笛谱就一直存放在祠中，"邝湛若常手录以归，有《苍梧访太真》、《绿珠遗迹诗》"。② 但《懊侬曲》是否真的为绿珠所作，有人对此也曾发表异议，如上文提到的乐史在其《绿珠传》里就说《懊侬曲》是石崇为绿珠所制。考此诗提到"游戏出孟津"，那么《懊侬曲》被创作的时间当是绿珠随石崇到洛阳金谷园之后。作者究竟是石崇还是绿珠，已成为一段难解的公案。但因此诗以女性口吻而作，故后世史家多持绿珠之议，笔者亦相信《懊侬曲》为绿珠遗诗。既是绿珠之作，那么这首诗就开创了本土女性诗歌创作的先河。

南朝时期，佛教在珠江三角洲地区盛行，从一些女尼的传记也可以看出她们的才气。南朝齐时，有外国僧侣在珠江三角洲地区弘法，时东莞仑法缘、仑法彩姐妹多次参与西域僧弘法活动。梁朝人著《比丘尼传》记载："法缘，本姓仑，东官曾成人也，宋元嘉九年，年十岁，妹法彩年九岁，未识经法。忽以其年二月八日俱失所在，经三日而归。说至净土天宫见佛，佛为开化，至九月十五日又去，一旬乃还，便能作外国书语及诵经，见西域人言谑，善相了解。……刺史韦朗、孔默并屈供养，闻其谈说，甚敬异焉，因是土人皆事正法，年五十六，建元中卒也。"仑氏姐妹自幼信佛，多次失联而参与外国僧弘法，"佛为开化"，遂"能作外国书语及诵经"，最后出家为尼。③ 于此也可见姐妹俩具有语言天赋。

在后世的记载尤其是明清时期文献中，唐代以后岭南才女逐渐多了起来，唐高宗上元年间有一位名字已无从查考的南海女子，作了一首构思绝妙的回文诗《璺鉴图》。④ 据屈大均《广东新语》所书："唐上元初，南海女子所制有《璺鉴图》，名曰《转轮八花钩枝鉴铭》，凡一百九十二字，回环读之，四字成句。其构思精巧，寓词箴规，似有得乎风人之旨，可与苏

---

① 逯钦立辑《先秦汉魏晋南北朝诗》，《晋诗》卷4，中华书局，1983，第646页。
② （清）屈大均：《广东新语》卷4《水语》，欧初、王贵忱主编《屈大均全集》第4册，第140页。
③ （梁）释宝唱：《比丘尼传》，王孺童校注，中华书局，2006，第118—119页。
④ 吴茂梁：《怪体诗趣谈》，湖南文艺出版社，1990，第247—252页。

若兰《璇玑图》、范阳杨氏《天宝回文》诗并传。"① 此《鏧鉴图》据说最早由王勃收藏并作序云：

> 上元一②年，岁次乙亥（675），十有一月庚午朔，七日丙子，予将之交趾，旅次南海。有好事者以《转轮钩枝八花鉴铭》示予，云当今之才妇人作也。观其藻丽反覆，文字萦回，句读曲屈，韵调高雅，有陈规起讽之意，可以作鉴前烈，辉映将来者也。昔孔诗十兴，不遗卫姜；江篇拟古，无隔班媛。盖以超俊颖拔，同符君子者矣。呜呼！何勤非戒，何述非才。风律句存，士女何算。聊抚镜以长想，遂援笔而作序。③

该段引文出自王勃的《王子安集》，是清代蒋清诩编注的。蒋清诩，字敬臣，江苏吴县人，生活在咸丰、同治、光绪三朝间，曾任知县等职。据当代学者汪贤度考证，蒋氏为王集作注，耗时十二载，三易其稿，颇费苦心。作注时遵循一字一句必追溯来源的原则，因此显得琐碎多余，有时又不免主观臆断，但确有首创之功。④ 在王勃为《鏧鉴图》作序之事过了130多年后，唐宪宗时的令狐楚又为之跋：

> 元和十三年二月八日，予为中书舍人翰林学士，夜直禁中，奏进旨检事，因开前库东阁，于架上阅《古今撰集》，凡数百家。偶于《王勃集》中卷末，获此《鉴图》并序，爱玩久之。翼日遂自摹写，贮于箱箧。宝历二年，乃命随军潘玄敏绘于缣素，传诸好事者。太原令狐楚记。⑤

----

① （清）屈大均：《女官传》，欧初、王贵忱主编《屈大均全集》第3册，第108—109页。
② 按蒋清诩注，"一"应是"二"，是讹记。唐高宗上元元年（674）是甲戌年，上元二年（675）才是乙亥。见（唐）王勃《王子安集注》，（清）蒋清诩注，上海古籍出版社，1995，第289页。
③ （唐）王勃：《王子安集注》，第289页。此序还可见（清）董诰等编《全唐文》卷180，中华书局，1983，第1836页。
④ （唐）王勃：《王子安集注》，《前言》，第5页。
⑤ （清）屈大均：《广东新语》卷8《南海女子》，中华书局，1985，第258页。

据此来看，王勃曾为《鬐鉴图》作序应该不假，那么这则故事的真实性就能够确定了。

另一位在唐代较为知名的粤地女子是一位来自南海的七岁小姑娘，她年纪幼小，却才思敏捷。唐武后时，武则天召见了这位远自南海而来的小姑娘，令她当庭赋送兄诗，她应声而就曰："别路云初起，离亭叶正飞（一作稀）。所嗟人异雁，不作一行归（一作飞）。"① 虽然这位七岁女孩流传下来的诗作仅有《送兄诗》一首，但因年纪幼小的原因，这篇诗作仍被广为传诵，成为唐代送别诗的经典作品之一，也奠定了她在才女中的重要地位，和《鬐鉴图》一起成为粤地文人的骄傲。因时代久远和材料所限，南海女子与七岁女这两位女诗人的身份、真实姓名已无从查考。唯一能让后世忆起她们的就是这两首作品，一为怀远人，一为送别，都是自身真挚感情的抒发，而作者的喜怒哀乐也通过文字鲜明地呈现在读者面前。

南汉政权立国于珠江三角洲地区，以广州为都城，宫中的女性亦多为知识女性。据后世考证，卢琼仙是南汉中宗时宫人，与另一位女侍中黄琼芝均为南海人。② 乾和八年，两人一起被封为女侍中（一作女学士），"朝服冠带，参决政事。宗室勋旧，诛戮殆尽，惟宦官林延遇等用事，外内专恣，帝不复省"。③ 刘鋹继位，又封卢琼仙为才人，"复以朝政决于琼仙，凡后主详览可否，皆琼仙指之。琼仙与女巫樊胡子、宦官龚澄枢等，内外为奸，朝臣备位而已"。④ 卢琼仙不仅"体轻盈，肌肤雪白"，⑤ 而且还有才华，"歌舞妍姣，书伎绝伦"。⑥ 屈大均说她"能诗。同时有苏才人者，亦能诗。南汉宫中称大家。……至鋹时，有女学士十余人，琼仙其一也，

---

① （清）彭定求编《全唐诗》卷799，第23册，中华书局，2008，第8983页。
② （清）刘应麟：《南汉春秋》卷2，《中国野史集成续编》第2册，巴蜀书社，1993，第619—620页。屈大均与刘应麟都说卢琼仙为南海人，但清人梁廷枏在《南汉书》卷7《后妃列传》中认为她是今湖北咸宁人。
③ （清）吴任臣：《十国春秋》卷59《南汉二·本纪》，中华书局，1983，第856页。
④ （清）吴任臣：《十国春秋》卷61《南汉四·列传》，第879—880页；（清）刘应麟：《南汉春秋》卷2，《中国野史集成续编》第2册，第619—620页。
⑤ （清）梁廷枏：《南汉书》卷7《后妃列传》，林梓宗校点，广东人民出版社，1981，第35页。
⑥ （明）陈继儒：《陈眉公小品》，胡绍棠选《花蕊夫人宫词序》，文化艺术出版社，1996，第19页。

与苏皆南海人云"。① 刘鋹事无大小，全由她做决定，"每详览章奏，以琼仙言为可否，不复有所增减。琼仙遂结内官龚澄枢、陈延寿，专握朝柄"。② 屈大均在感叹卢琼仙等女性拥有卓越才华时，又认为她们是结纳宦官、掌控朝政的红颜祸水，他说：

> 生不能以其诗传，死而乃为人写其妖媚之句，才女精灵历数百年而不灭，亦可异也哉！彼夫素馨美人以嗜素馨而传，苏才人以宫中称大家而传。复有女学士十余人，波斯女、樊胡子二人。内太师李托之女，长曰贵妃，次曰美人，及李丽姬、宫媪、梁莺真之流，夫岂不能吟咏者耶？是皆刘鋹女官，尝兼师傅令仆之名目者也。卢琼仙与龚澄枢尤相比，以亡鋹国。③

南汉宫中女性对儒家学说已有较好的了解，她们和岭南早期女性影响政局的形式不同，之前女性多以氏族首领的身份雄踞一方，而南汉则同时出现女性统兵和在朝堂掌控政权两种形式。处于庙堂上的女性受儒家文化影响较大，她们立身朝堂，成为"女学士"，一改民间女性身上所具有的雄浑之气，利用女性所拥有的美貌与心计，笼络了作为最高掌权者的南汉帝王，通过他们来发号命令，最终扰乱了南汉政权的运作程序。

如果上面记载的历史都真实的话，那么珠江三角洲地区才女出现的应该比较早。但相对后世来说，远远达不到形成规模的程度。直到明代，该地区的才女才开始显现蓬勃发展的势头。宋元时期士人对文化教育的普及，为儒家文化在珠江三角洲的广泛传播奠定了基础，也为女性读书识字提供了条件，这一点在前文专门谈过的明初出现的广东籍女官中得到了印证。因为在众多的材料中，有一点值得特别关注，即几乎所有能够入宫为官的女性都是"识字"者，④ 由此可见文化知识的大面积推行已经取得了成效。明嘉靖

---

① （清）屈大均：《广东新语》卷28《怪语》，欧初、王贵忱主编《屈大均全集》第3册，第109页。
② （清）梁廷枏：《南汉书》卷7《列传一》，第35页。
③ （清）屈大均：《女官传》，欧初、王贵忱主编《屈大均全集》第3册，第109页。
④ （清）陈梦雷：《古今图书集成》第249册，《明伦汇编·宫闱典·宫女部》第53卷，中华书局、巴蜀书社，1985。

年间，随着珠江三角洲地区的士人科举入仕越来越多，"南海士大夫集团"的兴起更为文化的传播创造了便利条件，女性读书著述的现象也明显增多，她们的诗作开始在民间流传。于是，一些女性在家庭的支持下将自己的作品结集出版，从这一点上来说，珠江三角洲或许并不逊于文化发达的江南地区。①

事实亦是如此。《广东女子艺文考》中著录了近100位女性、106种著作，在这些才女之中，明代有10人，余者为清代，由此大致可见明清时期广东才女的规模。按地域分布看，明代珠江三角洲地区的才女人数尤多。实际上，未能统计而出的真正有诗文传世的女性人数远不止于此（见表2-3-1）：

表2-3-1　明代珠江三角洲地区才女例举

姓名	籍贯	著作名称	诗作数量	情况介绍
王司彩	南海		4	宣德中女官
刘苑华	香山	落霞山下女子吟一卷	9	安仁知县刘士腾孙女，户部郎何藻室
刘祖满	顺德	丛桂剩稿、梅妆阁集	74	番禺明尚书何维柏从孙庠生何允衎室
余玉馨	顺德	箧中集	21	正德辛巳进士瓯宁令余经女，举人许炯室
陈云仙	顺德	兰轩诗草	11	太学生陈士贤女，余玉馨表姐
何瑶英	新会		7	明尚书何熊祥女
王氏	东莞		8	其夫某太史，严嵩欲迫为赘婿，王寄春夏秋冬四闺怨，见氏诗怜其才乃止
李氏	番禺		1	明末被掳，赋诗十首自缢，存一首
梁指妹	高要		2	周颂室，颂卒，指妹自缢
三娘	不详		1	考其诗《衣带中诗》当为乱世抗迫嫁而死

---

① 高彦颐在《闺塾师——明末清初江南的才女文化》中分析江南印刷业时说："在明、清时的江南，妇女不仅是以读者而且也是以作家和出版者的身份，参与进了繁荣的出版业中。由妇女自己创作的作品甚至比道德女性故事更具投资价值，它能够带来丰厚的回报。不单有不少诗歌选集非常畅销，而且其他文体，如书信集和戏剧，也同样找到了它们的出版途径。"

续表

姓名	籍贯	著作名称	诗作数量	情况介绍
徐亚长	东莞		1	传见《明史》卷302，为保名节投江死
林淑温	琼山		1	明末海寇掠其家，碎首嚼舌骂贼而死
谷氏	南海	静阁草一卷	9	萧志崇室
黎瑜娘	琼山		24	明末庠生符骆室
文氏	三水		3	少寡，守节终
郭王雩娘	番禺		6	庠生郭蛟女
文三娘	南海		8	善弹琴，能诗画
朱氏	顺德		6	龙江李朝昊室
李梦兰	顺德		5	顺德大良人
佘五娘	顺德		64	明末进士钟希玉继室
张乔仙	广州	莲香集二卷		名妓，善弹琴，画竹兰，年十九亡
徐婉卿	番禺		3	有《和黎美周过张乔故居诗》
易氏	新会	名闺吟、兰圃草		永昌知府易道源女，南海诸生朱畴妻，工诗歌，善楷法

以上人物及介绍来源于《广东古今名媛诗选》和《粤东诗海》，并参补了《广东女子艺文考》。因为材料的不完整，无法确认上面开列出来的全部女性都生活于明代。笔者根据三部著作中诗作罗列的顺序，大致判断将她们归入明代。除上面列出的女性外，还有一些女性因为完全无法猜测其生活年代，所以只好舍弃不录。尽管表2-3-1给出的仅有23人，有专著的7人，但这并不代表明代珠江三角洲地区的才女或女性著作仅有这些，只是因为各种原因，笔者未能明确断代或者发现而已。不过，仅就上面给出的数据看，依然能大致了解明代珠江三角洲地区才女文化的面貌。

清末民初学者梁乙真认为："乾嘉之际，其清代妇女文学之极盛时期乎。斯时也，袁简斋即高标女教，招收弟子，其他有力之人，如毕秋帆、杭堇浦、郭频伽、阮芸台……等，亦复奖掖倡导，不遗余力；而妇女文学，遂跻'黄金时代'。"但到了道咸之后，因国家多故，清代的妇女文学趋于衰落。① 这一观点无论在时间上还是在空间上影响都相当大。美国学者魏爱莲指出，西方最近的研究假设，与17世纪和19世纪相比，18世纪代表着江南女性文学活动的衰落。这无疑应和了梁乙真的说法。但她不赞成这一观点，相反她认为在江南之外的广东，却呈现另一番景象，就是18世纪广东女性的文学活动没有衰退。② 事实亦是如此，广东地区的妇女文学并未像梁乙真和一些外国学者所认为的，同江南等地一样，在清朝的鼎盛时期过去之后，妇女文学也和大清国势一样成为弩末。相反的是，岭南的才女文化依然余势未衰，继续发展了下去。③

我们可以先直观地从数字上进行了解。冼玉清《广东女子艺文考》著录约100位女性作家，有90余位是清人。《粤东诗海》中记载清代女性诗人47位，《广东古今名媛诗选》中有46人左右。因材料原因，一些人所处朝代无法判断，所以这是一个约数。而后两部书最晚在乾嘉之前出现，所以书中记录的女性至少也与作者生活在同一时代。这就意味着，从1644年到嘉庆朝结束的1820年，在不到180年间广东已经出现了40多位才女，她们中有不少仅有诗作流传而无编辑成册的著作。在冼玉清的书中，有著录的清代才女达90余人。这就意味着，去除三部书中重复记录的部分，在乾嘉之后到清亡不到百年间，新出现的才女人数至少有50人。

这个数字仅是就冼玉清的记录来判断。由于冼先生是针对她所见的女性作品进行统计，未能看到或听闻的女性著作应该还有不少。按照笔者的推测，应该会有不少才女带着她们的著作无闻地湮没于历史的流逝中。就像李晚芳之姐一样，生平著述未尝示人，因此她也未被收录到《广东女子艺文考》中。而李晚芳之《女学言行纂》和《读史管见》也是因儿子梁炜在她死后刊行才得以存世。即便如此，她所写之《乡俗居丧辟谬》、《续女诫》和《释古周礼》等已亡佚。所以肯定还有大量散布在民间的女性著作亟待发掘整理，如在收集材料的过程中，笔者就曾在十三行之天宝行梁

---

① 梁乙真：《清代妇女文学史》，中华书局，民国十六年（1927），第146、215页。
② 〔美〕魏爱莲：《18世纪的广东才女》，赵颖之译，《中山大学学报》（社会科学版）2009年第3期。
③ 乔玉红：《明清顺德知识女性探析》，硕士学位论文，暨南大学，2008。

家的后裔家中访得清末梁家周太夫人之遗稿《幽兰轩诗选》,①又在其他丛书中发现化州茂才陈玉山公之德配李氏的遗稿《吴阳女士诗》等。②这些都是因种种原因前人未能记载,相信这样的例子在民间还有不少。

广东的这些才女与同时代的江南才女一样,在同一时段的不同地区完成了同样的工作。正如魏爱莲所说,她们的文学文化显示出积极参与的多种迹象,"诸如教书、题词、在区域间活动、地方名气、绘画和其他艺术才能、刊刻作品、作品出现于地方选集,这些也正是人们与17和19世纪的江南女性相联系的"。所以她认为在18世纪广东女性中涌现了大量强势作家,这一趋势与江南的情形形成对比。③有了大量已知的和未知的这类女性的存在,以珠江三角洲为代表的广东才女文化才没有像江南那样在18世纪衰落下去,反而越来越走向高潮。同时,也因为其人数和著作众多并达到一定规模,引得学者瞩目,出现了《广东女子艺文考》这一类总结性质的目录学、文献学著作。

二 珠江三角洲士人的"才女观"

高彦颐在谈论江南地区家刻的繁荣时指出,在推动人们接受女性作为智力型人类这一新形象上,家刻起到了重要作用。家刻将文化和学问这一世界带入妇女的传统领地,促使妇女和学问结合成一种新型关系。"不仅更多的妇女在这样一个潮流性的氛围中学习读和写,而且许多妇女还被视为其家庭的骄傲,这些家庭资助她们的作品出版和将女性才华融进家庭文化资本中,促进了对女儿进行文学教育的合法性,也促使了地方志对女性作家的推助。"④由于明代商品经济的推动和文化的交流,关于女性获取知识的正当性就成为一个极为暧昧的问题。士大夫之家倾向或者说鼓励女儿成为能读会写的才女,这样的女性在同一阶层之间构成的婚姻市场中成为

---

① (清)周曜云:《幽兰轩诗选》,民国番禺梁氏铅印本。
② 桑兵主编《清代稿钞本》第43册,广东人民出版社,2007。
③ 〔美〕魏爱莲:《18世纪的广东才女》,赵颖之译,《中山大学学报》(社会科学版)2009年第3期。
④ 〔美〕高彦颐:《闺塾师——明末清初江南的才女文化》,第41页。

双方家族文化的象征和骄傲。因此，虽然社会上依然有"女子无才便是德"的言论，但在士人阶层中流于了形式。于是，社会上整体出现了欣赏才女的风潮，这其中自然也包含珠江三角洲地区的文人，这就直接导致了家庭和社会成为才女塑造的摇篮。

冼玉清在《广东女子艺文考》中谈到女性读书并能够取得成就的不易时说："吾国女子，素尚早婚。十七八龄，即为人妇。婚前尚为童稚，学业无成功之可言。既婚之后，则心力耗于事奉舅姑周旋戚党者半；耗于料理米盐，操作井臼者又半；耗于相助丈夫，抚育子女者又半。质言之，尽妇道者，鞠躬尽瘁于家事且日不暇给，何暇钻研学艺哉？故编中遗集流传者，多青年孀守之人……此辈大抵儿女累少，事简意专。故常得从容暇豫，以从事笔墨也。至于弱年谢世者，遗集煌煌，又大都受乃父乃夫乃子之藻饰，此亦无可讳言者。"[1] 直言女性童年时期因年纪幼小，学业难有成果，稍长成人又嫁为人妇为家庭琐事所扰，更没有时间读书的事实。这也是《广东女子艺文考》中摘录青年守寡女性较多的原因。还有一些英年早逝的女性，而她们之所以能有遗集传世，则是因为有父亲、丈夫或者儿子助其成名。无论哪种原因促成了女性的令名，其实都离不开女性所处家庭的推动。

陈广逊，字素恭，号静斋，应生于乾隆初，海阳训导陈次文[2]之女，羊额布衣何文宰妻，画家何笔江[3]之母。她自小接受了良好的教育，跟随母亲罗临学习声律，"诸体皆工，又善画兰竹草，草有生致。能琴及卜筮，辄验。与文宰极倡随之乐"。[4] 其母罗临也是位才女，字福五，其先河南怀庆人，庠生罗日阳女，寓居广州，著有《猗兰小草》。《粤东诗海》录其诗四首。陈广逊著有《静斋小稿》，与阳春谢方端同为清代广东著名才女。乾隆四十一年（1776），陈广逊的《静斋小稿》出版，父亲陈次文充满自豪地为她作序，其序曰：

---

[1] 冼玉清：《广东女子艺文考》，第117页。
[2] 陈次文，即陈经世，字次文，号博堂，清优贡生，官历香山海阳训导，著有《博堂集》。
[3] 何笔江，嘉庆年间人，字一坡，羊额人。母陈广逊善画，笔江承家学，作山水高雅。见林家强编《顺德古今美术人物录》，顺德市图书馆复印版，1994，第13页。
[4] 光绪《广州府志》卷147《列女六》，《广东历代方志集成·广州府部》第9册，2007，第2304页。

广逊以生甫数龄，喜弄笔墨，读书声琅然，予与先室罗顾而乐之。稍长，学拈韵为诗，先室欣然指授诗法，用是解声律焉，后予以亲老挈家归里，而广逊年十二矣，性益嗜书。予因为之讲解经义及《史记》两汉文，听受若有所得。然予生计支吾，笔耕外出……未几归何门，君舅古巢公以诗学传家，间命赋诗，辄击钵而就……诗颇多，一二名流索观者。或谬见推许，而老友潘君景最尤有昌歙之嗜。今年冬，潘君慨然谋付梓，而广逊以近名为疑，书来请命于予。予谓女子诗如纫蓝阁、清芬阁诸集，皆有专刻。今广逊诗固不敢希踪古人，然潘君雅意亦何容负！……今广逊年逾三十，所作诗，藉潘君力，始克有成书，而先室不及见矣。①

可爱聪明的女儿在文人眼中，有着青春的活力与激情，或许因为异性间的吸引，通常父亲对女儿有着更强烈的爱。因此，与限制家中女性读书这种倾向相比，士大夫们更倾向于教育家中聪慧的女儿识字读书，这为他们带来极大的满足感与自豪感。清初"岭南三大家"之一的梁佩兰写过一首《七夕赠女温茦》："人家乞巧寻常过，小女聪明独好奇。丫角髻行参佛礼，生罗衣写望仙词。沉香拣出熏空处，花药穿齐赛一时。捉得蜘蛛载金盒，要同天女斗天丝。"② 对女儿的怜爱之情充盈诗句之间。嘉道年间，南海的吴荣光③对女儿吴尚熹④亦是珍爱至极，宦游所至，往往挈之以行。两地分隔时偶尔收到女儿的家书，也令他欣喜异常，他曾写有《满江红·小女禄卿闽中家书至》一词，表达了对爱女才华不让诸兄的骄傲：

---

① （清）陈广逊：《静斋小稿》，清乾隆刻本，第9—12页。
② （清）梁佩兰：《莹堂集》卷8，（清）伍元薇辑《粤十三家集》，道光二十年（1840）伍氏诗雪轩刻本。
③ 吴荣光（1773—1843），南海人。嘉庆四年（1799）进士，官至湖广总督。精鉴金石，工书，能画。著《历代名人年谱》《吾学录》《绿伽楠馆诗稿》《帖镜》《辛丑销夏记》。
④ 吴尚熹（1808—1850年以后），字禄卿，一字小荷，太守叶应祺室，著《写韵楼诗词》。叶应祺，字芑田，南海人，官山西蒲州府。叶应祺画兰竹，与其妻吴小荷闺房翰墨，称一时韵事。著《留庵随笔》。

恩许归来天涯路，迢迢闽粤。频念汝，三山烟雨，正逢秋热。四十三年前夕梦，五千余里今宵月。待家书，一纸万金来，心如结。检初服，收残帙，锦囊贮，青箱物。报清风，两袖几行芳札。南北东西随侍处，陕黔湘浙承欢日。笑群钗，原不让诸兄，吾何歉。[1]

乾嘉时期号称诗书画"三绝"的顺德才子黎简亦是一例，他的两个女儿黎琼和黎芸的才华直接秉承了她们慧而早亡的母亲梁雪。黎简在诗作中也多次提及女儿的聪明与善解人意，爱怜之情溢于词章："阿琼生小检形骸，九岁镂花自绣鞋。便拉阿芸学点字，不防慈母佛前斋。"[2]"弱女初能绣五文，天吴紫凤细勾云。从渠识字添闲事，又取爷书学八分。"[3]

清代顺德才女邱掌珠，16岁著《绿窗庭课吟卷》。潘飞声[4]称赞她："少习庭课，卓擅清才，诗数十首，闲雅而有远思，绝去纤巧之习。词不多作，亦落落洒墨者。"[5] 其父邱士超对这个早慧的女儿视若掌上明珠，取名掌珠，因掌珠有"掬水月在手"之意，遂取字匊月。他对女儿的才华也充满自豪，日常生活中经常有意识地让女儿代己题诗，点校著作，并将她介绍给自己的朋友，后来又将她的诗集托有名望的老友点定出版。

香山人刘慧娟，字湘舲，晚号幻花女史，道光十年（1830）生于香山溪角乡，21岁嫁与顺德黄连举人梁有成为妻，是进士梁榮熙、廪生梁步云之母。她工诗词，善作赋，并精术数，小时尝刲股疗亲。嫁为人妇后，孝舅姑，和姒娌，教子严而爱，持家井井有条。[6] 著有《昙花阁诗钞》初、

---

[1] （清）许玉彬、沈世良辑《粤东词钞》第4册，道光二十九年（1849）刊，第8页。
[2] （清）黎简：《五百四峰堂诗钞》卷9，乙亥年，清嘉庆元年（1796），广州儒雅堂陈氏版，《杂记》。
[3] （清）黎简：《五百四峰堂诗钞》卷12，壬寅年，《绝句》。
[4] 潘飞声（1858—1934），字兰史，番禺人，近代著名诗人、书画家，香港《华字日报》《实报》主笔，南社成员。与罗瘿公、曾刚甫、黄晦闻、黄公度、胡展堂并称为"近代岭南六大家"。
[5] （清）邱掌珠：《绿窗庭课吟卷》，龙山邱园刊本，清光绪二十二年（1896），《潘飞声序》。
[6] （清）刘慧娟：《昙花阁诗钞》，方秀洁、〔美〕伊维德主编《美国哈佛大学哈佛燕京图书馆藏明清妇女著述汇刊》第3册，第149—150页。

二、三集。其子梁榮熙考中进士后当过知县,并为陈子褒①、赖振寰②等人在顺德龙山倡办的戒缠足会题写叙言。刘慧娟在《昙花阁诗钞》自序中叙述了自己的生平。她是老大,下有弟妹八人,10岁时,在舅家从师受学,过目成诵,外祖母对她视若掌珠。她所从之师已无从考证,但她出身仕宦,从小就受到良好的教育是可以确定的。12岁时,刘慧娟辞别老师回家学习女红,刺绣之余涉猎书史。因为她的聪慧,祖父母、父母对她极为疼爱,她父亲甚至常对诸位弟弟说:"此吾家女学士也。尔等慧不及姊,惜哉!"她未嫁时的闺中生活有着极强的学术氛围,据她自己说:"每夕天伦乐聚,讨论词章,各言所得。"③

除了教导女性读书之外,男性对家中女性的令名亦有着不可低估的推介作用。他们将女眷的作品公布于世,大大增加了她们的声誉和影响力。为扩大这种效果,男性亲属还将诗作寄与当时名士,请为之作序,以提高作品的知名度。如刘兰雪去世后,其夫何允衍将诗集携示虞启昆并请作序;陈广逊之父陈次文在司训海阳时寄女儿诗作与山东青州金石学家李文藻求序;才女邱掌珠之父邱与凡将她所著《绿窗庭课吟卷》寄与香山黄培芳嘱其点定;李晚芳之子梁炜请进士梁景璋、历任顺德和茂名县知县的王勋臣等为其《读史管见》和《女学言行纂》作序等皆是此类。

冼玉清曾说,女性作者能够成名,大抵依赖以下三种情况:"其一名父之女,少禀庭训。有父兄为之提倡,则成就自易。其二才士之妻,闺房唱和,有夫婿为之点缀,则声气易通。其三令子之母,侪辈所尊。有后嗣为之表扬,则流誉自广。……以上三者,气类相引,因果自然,较诸无根之芝、无源之醴,其难易殆不可以道里计,则人有幸有不幸也。"④ 可以说,

---

① 陈荣衮(1862—1922),新会人,号子褒,是珠江三角洲地区妇孺教育的积极倡导者,编著大量妇孺教育书,如《妇孺女儿三字书》《妇孺四字书》《增改妇孺须知》《妇孺浅解》等。他还撰写《大脚歌》,用以宣扬女性放脚。
② 赖振寰,顺德人,号弱彤,撰有《女言四五言合编》《戒缠足文钞》等书,以宣扬女性启蒙教育。他在顺德地区创办戒缠足会,对女性冲破缠脚的陋习起到了很大的号召作用。
③ (清)刘慧娟:《昙花阁诗钞》,方秀洁、〔美〕伊维德主编《美国哈佛大学哈佛燕京图书馆藏明清妇女著述汇刊》第3册,第150—151页。
④ 冼玉清:《广东女子艺文考》,第115—116页。

女性所处家庭的支持是成就她们才名并能够迅速成长、有所成就的最初摇篮和坚强后盾。

胡晓真指出,妇学及才女文化是盛清时期十分重要的文化现象,她在总结曼素恩的观点时说,盛清时期的经济发展促成人口大量成长,也使妇女存活率提高,同时,"社会对妇女'投资'的意愿也随之提升了,有才之女甚至成为上层阶级的象征资本。妇女教育在盛清成为婚姻的重要条件,代表女家的门第修养,也成为夫家的炫耀资财"。① 成为家庭骄傲的才女,引发了婚姻市场上对女性整体素质期望值的升高,因为许多政治家相信妇女应该受教育,"不仅为了实际的理由——她们必须教养儿子,让后者做好应考的准备;也为了道德上的理由——她们担负着抚育后代子孙的责任。同时,身为妻子与持家者,妇女也需要一定的道德权威"。② 于是女性的才华成为家族文化的有力标志,成为传承儒家文化、成功教育子女的关键环节。而知名士人对这些才女的讨论和赞誉,又成为对女性学习儒家文化的一种鼓励。此时,才华横溢的女性在男性士大夫的眼中,不再仅仅是持家有方的妻子,其诗人身份使她们集儒家正统规范和贤妻这两种身份于一体,成为一种具有"凸显道德规范的陪衬"。③ 鉴于此,这些身为精英的父亲都倾向于让女儿接受适当的教育,研读经典,学习使用文字的技巧。于是,社会整体环境慢慢形成了表面纠结、实际赞许的推崇女性学习的风潮。

清初的刘祖满也是享有盛名的一位才媛。她不仅得到当时士大夫的推崇,同时也引起后人的极大兴趣。冼玉清写有《顺德才女刘兰雪考》,发表于1947年12月《妇女生活》创刊号上,考察刘才女的生平与诗作。刘祖满,字兰雪,一字畹卿。其先祖刘魁入粤,占籍番禺,后徙居顺德容奇

---

① 胡晓真:《〈兰闺宝录:晚明至盛清时的中国妇女〉导论》,见〔美〕曼素恩《兰闺宝录:晚明至盛清时的中国妇女》,第11页。《兰闺宝录:晚明至盛清时的中国妇女》与曼素恩著,定宜庄、颜宜葳译《缀珍录——十八世纪及其前后的中国妇女》,其实是同一书的不同译本。因两个版本不同,翻译的具体内容亦有差别,所以在引用时两个版本均作参考。
② 〔美〕曼素恩:《兰闺宝录:晚明至盛清时的中国妇女》,第184页。
③ 〔美〕曼素恩:《缀珍录——十八世纪及其前后的中国妇女》,第7—8页。

乡石阁坊。她生于明泰昌天启年间,[①] 嫁与大宗伯何维柏之后裔、生员何允衎为妻,著有《丛桂剩稿》《梅妆阁诗》。兰雪生而端庄,好读古书,过目成诵,善于吟咏,悉如唐法。《广东古今名媛诗选》录其诗51首,《粤东诗海》录23首,康熙十三年(1674)黄培彝修的《顺德县志》录6首,评价其诗均"出自胸臆,字字庄雅,是才而得性情之正者也"。[②]

其实刘兰雪最初并非以才学显,而是以孝闻。她14岁时,母患眼疾,无法视物,刘兰雪"哀鸣拜祷,愿代以身。梦神教以燃指救母。火发昏痛仆地,母抱大哭,泪尽而目旋明,孝所感也"。[③] 后人论其行"是孝感动天帝,与曹娥[④]溺水救父亦复何异"。[⑤] 她嫁与庠生何允衎后,"事舅姑,修苹藻,课女红。以其学识布之,绰绰余裕"。可惜的是,她在父亲死后,哀伤过度,"丁外艰,自居一室,不与夫通。抱恨终天,渐成骨立。揆父殁期,不一越月,呕血数升而逝,时年二十有四"。[⑥] 死时留有一子,名玺书。刘兰雪去世后,人们"甚为痛悼,直指使王公化澄、太守严公起恒旌表孝义。邑令朱公光熙援笔纪其事,非虚美矣"。[⑦] 后来广州府推官黄、提学道袁将她的事迹上报给两广部院,南海县送匾题曰"至孝可风",以旌表之;广州府宪严起恒也为她匾题曰"孝文女士"。[⑧]

刘兰雪死后,解元罗国器编其诗为一集以行世,顺治二年(1645),刘兰雪的丈夫何允衎将诗集携示虞启昆并请为之作序。虞启昆在序言中对刘兰雪的生平做了高度评价,可以说整个社会包括士大夫的赞扬,成就了

---

① 陈永正:《岭南诗歌研究》,中山大学出版社,2008,第444页载刘兰雪生于万历三十五年,殁于崇祯四年,即1607—1631年。冼玉清作《顺德才女刘兰雪考》考证,刘兰雪生于泰昌天启年间。从材料上看,陈说有不符合之处,故以冼玉清的说法为准。
② 康熙《顺德县志》卷9《人物》,《广东历代方志集成·广州府部》第15册,2007,第423页。
③ (清)范端昂:《粤中见闻》卷14《人部二》,第222页。
④ 东汉年间,曹娥之父盱,因龙舟竞渡溺于江中,尸不得见,娥投江自溺求父尸,故以孝女闻。
⑤ 康熙《顺德县志》卷9《人物》,《广东历代方志集成·广州府部》第15册,2007,第423页。
⑥ (清)范端昂:《粤中见闻》卷14《人部二》,第222页。
⑦ 康熙《顺德县志》卷9《人物》,《广东历代方志集成·广州府部》第15册,2007,第423页。
⑧ (清)范端昂:《粤中见闻》卷14《人部二》,第222页。

第三章 / 珠江三角洲才女的人生历程

刘兰雪"孝义"的令名：

> 予于刘兰雪，奇其才以为有古缝纱受业、椒花献颂遗风。及得其燃指救母一事，百死一生，为烈丈夫所难为。……吾以是益奇兰雪诗，每一读一叫绝，竟欲与忠烈古贤诸集并笥藏之，不仅作女史观。惜也！兰雪十四而孝行闻，二十而诗名著，廿四而身殒，奇才壮节而天以年，徒为有心人惋惜。兰雪夫汝和氏，固亦忠孝遗裔也。大宗伯古林公于世庙时，有建白大议，布闻于朝。平生重清节，故汝和氏虽世家子，犹食贫，游艺如故。乙酉秋，携是集至，友人读而慕之者无虑数十人，或乃比之江左之柳絮、魏文之博士。但觉似人非伦尔，疾风劲草安得当世尽如此。指可爇，身可殉，严霜烈日，义不独生也。则《梅妆阁》《丛桂轩》诸稿，将为十五国风续编乎、古烈女外传乎？一语流传，可泣鬼神，可缕金石，不在国门亦在名山，吾乌知廿四龄不寿于八千春秋也。[1]

张廷玉修纂的《明史》卷99《艺文四》记载了一部闺秀诗集《刘苑华诗》一卷，是以作者名字命名。其实，这本诗集的全称为《落霞山下女子吟》，是明代香山闺媛刘苑华所撰。刘苑华，香山小榄人，安仁知县刘士腾孙女，万历四十年（1612）举人、户部侍郎何藻之妻。[2] 冼玉清曾引何天衢的《榄溪何氏诗征》对刘苑华予以更为详细的介绍："苑华之祖，曾官县令，翩翩女公子也。乃慕户部公才名，甘为箪室，已为巾帼所难能。平山蔡九霞辑《广舆记》[3] 于本乡人物一无所采，独采苑华。岂果凤岭驼峰之秀，不钟于男子而钟于妇人欤？抑见闻有所未及也。"[4] 也就是说，在士大夫的眼中，才华横溢的女性对他们的吸引力有时远远超过男

---

[1] 道光《南海县志》卷26《艺文略二》，《广东历代方志集成·广州府部》第13册，2007，第536页。
[2] （清）温汝能：《粤东诗海》卷96，第1791页。
[3] （明）陆应阳、（清）蔡方炳辑《广舆记》卷19《广东》，《四库禁毁书丛刊·史部》第18册，北京出版社，2000，第431页《列女》条："刘苑华，香山人，户部郎何藻之妻。诗篇甚富，题曰：落霞山下女子刘苑华吟。"
[4] 冼玉清：《广东女子艺文考》，第52页。

性，她们代表天地灵气的结晶而成为男性心目中理想的化身。

岭南三大家之一的南海梁佩兰有一封写给番禺隐士王隼之女王瑶湘[①]的书信，被广为传诵。其中云：

> 闻瑶湘读书，余甚喜。余与汝祖若翁交，凡两世矣。视汝一如己子，故甚望于汝之成也。余有女龙瑞，小汝一岁，颇聪慧，余授以诗，上口即能背诵。而余性懒不能常授，以此龙瑞之学不及汝。闻汝近读漆园《南华》，《南华》之文章善幻，而其言道也，必溯乎未始有道；其言物也，必主乎齐，齐而列以不齐之状。总归于化，善读《南华》者当知之。又读《礼经》。《礼经》，汉白虎诸儒之所著也。《二戴》，大小夏侯各师其传。然不越天下国家朝会燕飨，嘉劳赠答仪文缛节。至言闺门，则礼之节盖谨矣。更读《离骚》，楚臣屈原不得于君，发为奇文，香草美人，芳兰君子，三湘九嶷之间，左倚桂旗，右揽揭车，汝诵之。倘亦有恍焉如见者乎。余何时得来汝父西山，见汝于潆庐，使汝将所读之书，各诵一遍，俾我泠然称善也。[②]

他在信中以严师的身份首先对待字闺中的王瑶湘用心攻读予以鼓励，接着对她所读之书进行解释和指导，最后又为她开列书目并提出要求，甚至还专门提到要亲自检查她的学习成效，可见督促教导之严。

山东益都（今青州）人李文藻[③]为顺德才女陈广逊的《静斋小稿》作序时说："顺德陈君次文司训海阳，与予为同官，数相见论诗，予将它迁，羁羊城，君忽寄其女《静斋》诗一卷嘱序，其古体纵横有楮柱，近体清

---

① 王瑶湘，隐士王隼（1644—1700）女，能诗。嫁李孝先为妻。隼性嗜音，常自度曲，孝先倚而和之，瑶湘吹洞箫以赴节，听者有月笙云璈之想。未几孝先卒，瑶湘怡然矢节，自称道逍居士，隼为刻《逍遥楼诗》。同治《番禺县志》卷51《列传二十》，《广东历代方志集成·广州府部》第20册，2007，第614页。
② 广东文征编印委员会编《广东文征》第5册，香港中文大学出版社，1978，第11页；又见钮琇《觚剩》，沈云龙主编《近代中国史料丛刊续编》第94辑，台北：文海出版社，1982，第135—136页。
③ 李文藻（1730—1778），字素伯，一字茝畹，号南涧，益都人。乾隆二十六年中进士，乾隆三十四年先后任广东恩平、新安、潮阳等知县，擢广西桂林府同知。见李文藻《岭南诗集注》，栾绪夫注，大连海事大学出版社，1994。

244

峭，绝不类妇人。读而异之。既从其里人张君药房闻静斋事翁姑甚孝，与夫子何君文宰闭户相倡和，有偕隐之风。药房并见何君诗，气格与静斋迥异，何其难也。"在此序中，李文藻在结尾专门提到张锦芳①对陈广逊所做的评价："静斋工画梅兰竹，不恒以示人，其殆恶世俗之名者与？"②张锦芳才华出众，与黎简等人是好友，在诗书画方面都颇有造诣，享誉极高，他对陈广逊的推崇自然极有分量。

才女邱掌珠也受到士人的追捧。何其芳在《邱孺人挽诗》中说："休夸蔡谢擅才名，绛帐当年粉黛盈，今日嫦娥邀女传，广寒应有读书声。"③对于嘉道年间设帐授徒的才女邱掌珠给予极高评价。"粤东三子"之一的黄培芳也亲自为邱掌珠点定诗集并作序，"余既喜其能承父业，盖勉其远绍古之名媛，将增辉史乘，岂独王氏云尔哉"。④正因为有了这些知名士大夫的评价，女性的才名才愈加引人瞩目。

1917年出版的《粤东新聊斋》是梁佩兰之后南海监生梁纪佩搜集粤东轶闻掌故撰成的。其中记有一段轶事，婢女玉琴在买菜时与人以"清和桥"三字联句，以"有木原是桥，无木亦是乔。除去乔边木，加女自成娇。娇娇娘娘绣房内，胜过豆腐煮斋菜"一句而传诵羊城。其主人方鸣谷知悉此事后，亲自为她做媒，嫁与士人之后即卖菜之罗甫，并作为归宁女相待。黎简还为这段轶事赋五言古绝一首。⑤黎简是乾隆年间生人，此事发生在黎简之前，自然不会晚于乾隆年间。在另一则故事里，一位以乞讨为生，以养育婆母和子女的妇女，凭其偶然在一次乞讨时显露的才华为人赏识，被聘为塾师，教其妻妾女儿读书。⑥

从上面这些例子中，可看出珠江三角洲地区社会整体对女性才华的尊

---

① 张锦芳（1747—1792），字灿夫，一字药房，龙江人，乾隆年间人。通《说文》，识籀、篆分隶。与钦州冯敏昌、同县胡亦常称"岭南三子"；又合黄丹书、黎简、吕坚为"岭南四家"，著《南雪轩文钞》二卷、《逃虚阁诗钞》六卷、《南雪轩诗余》。传见咸丰《顺德县志》卷26《列传六》，《广东历代方志集成·广州府部》第17册，2007，第632页。
② （清）陈广逊：《静斋小稿》，清乾隆刻本，《李文藻序》。
③ （清）邱掌珠：《绿窗庭课吟卷》，清光绪二十二年（1896）龙山邱园刊本，《邱孺人挽诗》之何其芳。
④ （清）邱掌珠：《绿窗庭课吟卷》，黄培芳《绿窗庭课吟卷诗序》。
⑤ 梁颂虞：《粤东新聊斋初集》，民国七年（1918），广州科学书局平装，第37—39页。
⑥ 梁颂虞：《粤东新聊斋初集》，第19—21页。

重。此时此地，女性文学与中国文化的大环境是相匹配的，同样受到其所处时代的影响。明清时期远远不是所谓女性受到绵延不断的压迫的时代，事实上，这是长达数世纪的一个动态的、多样化的时代，社会、政治、经济的变化导致了社会性别关系的深刻变化。[1]

正因为有了男性家属的这种行为，女性的生活圈子才不会像人们想象的那样狭小、压抑。叶汉明强调过，在以男性为文化价值所系的社会中，男性对女性有一定的权威统御力，而这种权威力量是以文化的合法性为基础的。[2] 如果说在以礼教为核心的儒家文化里，男性掌握了合法性的权威，成为文化的主体，那么在那个时代，女性对文化的追求就成为一个次文化资源，就像"自梳女"及姊妹群次文化对华南社会父权主文化的影响一样，才女次文化资源的出现同样能给父权/夫权社会带来影响。这种影响在清代的珠江三角洲地区达到极盛。

三 女性社交网络的构建

从脱离乳齿到受教成长、嫁为人妇、生儿育女、养老育雏，正常步入婚姻生活的女性似乎就按照这样一个既定的生活模式走完自己的一生。在看似平淡的生命历程中，女性不断转换着生存空间，由一个家庭步入另一个家庭，将原有的父系家庭关系逐渐淡化，以夫家为中心建立新的家庭伦理关系，并在新社区结交新的伙伴。在不断的转变中，父母与幼女、丈夫与妻子、母亲与子女的关系当然是横贯其中的主线，但正如参天大树除主干之外仍有许多细小的枝丫一样，女性的社会关系网也不是我们想象的那么简单。

高彦颐认为，尽管伙伴式婚姻并没有促进制度性平等的社会性别关系，但更重要的发展则在一个全异的场所中酝酿着——闺阁女性领地内的女性间亲密关系。在家族内男女分享领域的限制下，夫妻感情至多是家族主妇的感情和社交世界中的许多构成因素之一。不仅如此，一个受过良好

---

[1] 〔美〕曼素恩：《缀珍录——十八世纪及其前后的中国妇女》，第144页。
[2] 叶汉明：《权力的次文化资源：自梳女与姊妹群体》，马建钊、乔健、杜瑞乐主编《华南婚姻制度与妇女地位》，广西民族出版社，1994，第70页。

教育的批评群体在同一邻里的存在，与增加了的同远方之人交换书信和手稿的机会一道，推动了明末清初江南女性社团的激增。①

对于明清时期珠江三角洲地区的女诗人来说，像江南一样定期举行活动、相互交流的诗社并不多见，但事实上在一个隐性的空间内，女性同伴成了闺阁内最显著的一种存在。这些来自相同或不同家族的女性之间存在默契，共有的教育背景使她们有能力一起谈论理想与文化，进行感情与文字的交流。无论是诗作的唱和还是手稿的刊刻，均为她们构建了不同于男性所拥有的闺内空间。所以，她们同明末清初高彦颐笔下的江南才女一样，栖居于这个扩展了的社会空间内，这种环境同样与官方理想中的女性应该与世隔绝的理念大不相同。

南海人余玉馨是明代顺德历史上较著名的女诗人之一，她聪慧强记、娴于词翰并淹通经史，著有《箧中集》十卷行世。她父亲余经，为正德十五年（1520）进士，官至给事中。在余家祖居后有山一座，其石结龙成珠。方舆家认为，余家将来必有显赫者，因此余经又号"石龙"。余经曾做过瓯宁县令，因为官清正，升为给事中，出仕京官，但他秉性耿直、"好持风议，以廷议大礼为权势所忌，左迁漳浦丞。自作诗有'崛强每辜良友戒，要枢甘让别人登'句"。因此罗天尺评价这对父女时感慨道："玉馨之渊源家学，有以夫！"②《广东古今名媛诗选》录其诗九首，《粤东诗海》录十二首。其诗婉转缠绵，深沉含蓄而又严正方刚，以近体律、绝为主，杂以古风，内容多为日常生活的感受。

余玉馨未嫁时，父亲携全家北上赴京为官，使她有机会游历名山大川，开阔视野。在京城，她与另一些名宦之女如林瑞鸾，即侍御林士元之女成为同学。她二人皆秀美能文，一起从学名师、穷研经史和诗词，结下深厚友谊。余经失官回乡，余玉馨随父而归，从此二人天各一方。一别十年之后，林瑞鸾挂念昔日同窗并写诗以寄，诗云：

往年同学换鹅经，冰镜无尘玉有馨。织锦女高称独步，落梅妆好

---

① 〔美〕高彦颐：《闺塾师——明末清初江南的才女文化》，第191—192页。
② （清）罗天尺：《五山志林》卷3《谈艺·玉馨论史》，（清）吴绮等撰《清代广东笔记五种》，第76—77页。

对双清。春朝携手看花发，秋夜凭肩待月明。别后相思烟水隔，海棠红绽想仪型。

诗中对余玉馨的形象和个性特征做了描述，以其名字入诗，赞扬她高洁的品行如玉能散发馨香，其人就像冰镜一样纤尘不染，可见她品貌的出众。为回报同学的相忆之情，余玉馨步韵和答，但因此诗韵脚中首韵为"经"字，是其父名讳，所以她更韵为"京"：

忆昔分携共玉京，至今罗袂有余馨。才如池草争春绿，人似梅花对雪清。为别十年天共远，相思千里月同明。夭桃一树临窗发，犹向枝头想旧形。①

且不论此诗的词采清丽与其中体现余玉馨的机敏乖巧、孝而知礼，单就其诗唱和对象是其同学而言，就能管窥到，明代官宦之家对闺中女性的教育是实实在在进行的。尽管余玉馨等在诗作中未能指明她们是如何形成这种同学关系，但她们在共同的场所共同从师是可以肯定的。或许在京城地区有专门的机构对士大夫之家的女性进行教育，或者有专门的闺塾师将这些女性集中起来进行授课。无论是哪种方式，女性都能够光明正大地获取知识，而且还受到了家人的鼓励与支持。

如余玉馨一样，才女刘兰雪生前的闺阁生活并不乏味单调，她虽不同于余玉馨随父宦游京师结交同学，但在当地同样有着不少闺中密友。这些同伴与她一起写诗游玩，进行文字与感情的双层交流，构建起她们的交际圈。从女诗人的诗作中，我们可以看到她日常生活的交际与活动圈。在刘兰雪诗中出现的人物就有表妹蕙若、周小姐、张太夫人、朱叔母、李郁李诸姐妹以及黄嫂等诸多女性。亲戚之间的女性交流最为自然，刘兰雪与其表妹蕙若在经过多年离别后，两人再次相见，时光的变迁使两人都觉得这种重逢像是在做梦一样：

---

① （清）罗天尺：《五山志林》卷3《谈艺·玉馨论史》，（清）吴绮等撰《清代广东笔记五种》，第76—77页。

> 手谈心力拙，耳语口脂香。以旧相思告，将新嘉会忘。乡音方半改，卷发尚前妆。既见终疑梦，悬心犹未降。(《与表妹蕙若舍奕话旧》)

在众多亲友中，"朱叔母"与刘兰雪一家有着相当密切的关系，在兰雪的诗中她出现的频率极高。不仅李郁李姐妹因朱叔母而与兰雪关系笃亲，连陈子壮也因朱叔母而与刘兰雪相识。陈子壮，号秋涛，"明末三忠"之一。他于天启四年（1624）抗疏魏忠贤被罢官回到原籍。崇祯九年（1636），陈子壮再度上书言事被入狱除名，后减死放归。具体在什么时候尚不清楚，但应该是在陈子壮下野期间，其母朱太夫人曾招兰雪宴集家园。当时她尚在垂髫，子壮命她赋诗庭前竹，她即应声道：

> 最爱庭前竹，猗猗曲槛中。孤高撑落日，劲直扫秋风。龙去投筇巧，鸾归制笛工。平生好修节，赖有此君同。①

诗中的颔联用"孤高"与"劲直"等词，巧妙地把陈子壮的抗疏之行与竹子的高节相比，表现出高尚的审美情趣与熟练的艺术技巧。刘兰雪还写有《陪陈太夫人游海珠诗》，再次隐喻了陈子壮的高节：

> 五日乘潮似渡泸，钗头争挂辟兵符。珠遗洛浦谁家女？印解湘潭楚大夫。雪撼怒涛摇垒堞，波侵斜日浸浮屠。归来试把诸姬问，适听莲歌记得无？②

海珠石原为珠江中的巨型礁石，位于珠江河道中，与浮丘石、海印石，称为"羊城三石"，是羊城八景之一。端午节时，刘兰雪陪陈太夫人及诸女共游此地，归来后即赋诗一首。诗中描述珠江怒涛如雪的壮观景色，并用壮志难抒的屈原来喻陈子壮。在别人心惊胆战于船行的凶险时，她怡然自得，熟记舟人所唱的采莲之歌，展现了不同于诸女的胆识。罗天

---

① 《靖节堂竹陈太夫人限韵命赋》，（清）温汝能：《粤东诗海》，第1792页。
② （清）罗天尺：《五山志林》卷3《谈艺》，（清）吴绮等撰《清代广东笔记五种》，第80页。

尺评价这首诗："珠遗、印解，关合已与文忠，不卑不亢，真风雅正则，岂李易安等所敢望哉！"①李易安即宋代著名女词人李清照，是众所周知的才媛，她的《漱玉词》被视为宋代婉约词的正宗，帮助丈夫编写《金石录》，在中国女性史中享有崇高的地位。罗天尺评价刘兰雪这首诗"风雅正则"非李易安所能比，可见赞誉之高。诗题中的陈太夫人应就是朱叔母，她与刘兰雪家究竟有着什么样的关系，因材料所限我们还不得而知，但非亲即友是肯定的。她自身应该就是仕宦之家的女性，其身份颇有点类似高彦颐笔下的商景兰、顾若璞等人，②以自己不平凡的身份为熟识的才女们搭建了一个交流的平台。她常招集诸女一起外出游玩，命她们当庭赋诗，有意无意地为这些闺中才女们创造更多交流机会。兰雪还有《朱叔母招同李郁李诸姊妹游北园》一诗，记载她们出游情况：

> 北园之乐乐如何，花底藏阄石上歌。云破数峰浓似墨，风摇一水绿于萝。地烹甫里能言鸭，草乳羲之换贴鹅。醉插山花君莫笑，人生会少别离多。③

这种出游的闲暇生活即便是在极力强调不出闺门的儒家文化圈内也是被允许的，明末清初的江南女性中大量存在这种为享乐而进行的旅行。可以肯定地说，在儒家理想的女性生活中，珠江三角洲地区的女性同样在隔绝的女性理想和对其流动性和可视性的某种程度的事实接受之间，存在一个差距，在这一空隙中，妇女享受着一定的自由。④

女性朋友间互赠礼物在闺中是常有之事，也是彼此间交流的重要方式。刘兰雪喜临池学书，李家小姐李郁李便以古砚相赠。砚以有鸲鹆眼者

---

① （清）罗天尺：《五山志林》卷3《谈艺》，（清）吴绮等撰《清代广东笔记五种》，第80页。
② 商景兰是明末祁彪佳媵妻，教授女儿、儿媳诗歌，结成诗社，并为其他女性作品写序跋。顾若璞，杭州人，1606年嫁黄茂梧为妻，13年后守节。是一位母亲兼教师，利用自己在家庭中的领导作用，为女性亲友提供相互交流的平台。此后蕉园诗社的女诗人多出自她的家族或是其精神后人。见〔美〕高彦颐《闺塾师——明末清初江南的才女文化》，第227—256页。
③ （清）温汝能：《粤东诗海》，第1793页。
④ 〔美〕高彦颐：《闺塾师——明末清初江南的才女文化》，第237页。

第三章／珠江三角洲才女的人生历程

为贵，其坚致可比喻不屈不挠之气概，李小姐以此来借喻兰雪的性格，刘兰雪作《谢李郁李古砚》诗以答谢："铜雀云封泽未干，摛文墨海起汪澜。蟾蜍滴带阴山润，鸲鹆星分璧水寒。晋帝赐司麟笔重，王慈取并素琴端。不磷磨尽坚如许，敢作他山一石看。"在一个夏末，兰雪将成熟的莲蓬送与相交甚笃的周小姐品尝，随物而至的还有诗笺一首，即《馈周小姐莲蓬却寄》，诗云："粉坠红销水殿香，西风摇动绿蜂房。也知心苦难成蜜，寄与云英捣玉霜。"① 这首诗为我们展现了作者与闺蜜的日常交流与往来。

因亲情和地缘关系造成的经常性接触帮助闺中才女们建立起亲密的感情，但由此而建立的女性关系网并不稳定。如高彦颐所说，因为她们的成员身份是伴着女性随父、随夫的离去而改变的。② 女性亲友间的分别随着父亲、丈夫所处环境的变更由预想变为事实，这些变更表面会使女性之前建立的关系网趋于薄弱和淡化，但距离的远近，并未割断或削弱这些关系网。她们作诗送别或者遥寄特产和诗句来交流感情，告知彼此近况，此举极大地拓展了她们知识和思想上的空间范围。

刘兰雪有一首《送黄嫂从宦中州》云："杨柳千条复万条，断肠攀折在今朝。剩枝不许黄莺坐，留结同心寄洛桥。"③ 这位"黄嫂"随丈夫到中原做官，暂时离开了家乡，兰雪为她赋诗送别。两人的感情似乎很深厚，因此分离显得极为落寞，但她们的惺惺相惜并未因距离而减弱，这在诗作中已有体现。不负兰雪的深情，这位黄嫂到中州后，即远寄茶叶，为此，兰雪再次赋诗《谢黄嫂惠茶》："斜印遥封寄远情，品泉敲臼按经烹。卢仝未必相如渴，只爱清风两腋生。"④ 感情就在这种相互的惠赠中继续保温。刘兰雪还有一首《送张太夫人还楚》诗云："满船箫鼓夕阳中，顷刻云山即万重。清泪下同三峡水，绪怀叠作九嶷峰。今从跃鲤桥边别，后向华胥国里逢。挥手挂帆天际外，深闺何处问行踪。"⑤ 仅活了24岁的刘兰雪肯定要比这位张太夫人小得多，她们间的交往估计由双方家长或者邻里关系

---

① （清）温汝能：《粤东诗海》，第1793页。
② 〔美〕高彦颐：《闺塾师——明末清初江南的才女文化》，第229页。
③ 汤志岳：《广东古代女诗人诗选》，广东人民出版社，1997，第71页。
④ 汤志岳：《广东古代女诗人诗选》，第88页。
⑤ 汤志岳：《广东古代女诗人诗选》，《送张太夫人还楚》，第59页。

251

促成，这再次证实了女性在闺房之内的隐性交际圈并不像人们想象的那样狭小。

珠江三角洲地区才女文化的发展，如高彦颐笔下的江南一样，这一地区因城市化和商品化而增殖的财富促进了才女文化的发展。妇女受教育、读书、出版和旅行机会的不断增加，都是这一才女文化增长的必要条件。① 而这一相当大的文化女性群体的存在，也同江南一样给珠江三角洲地区的城市文化留下了持久的印记。就全国范围来讲，盛清时期成为才女文化的黄金时代。珠江三角洲地区的才女文化在这个"黄金时代"得到了很好的发展，其势头颇有蒸蒸日上之态，达到前所未有的高度，出现大批有才华的女性。

从乾隆年间开始，越来越多广东才女的著作被刊刻而得以保存下来和传播。如乾隆年间李晚芳的《读史管见》《女学言行纂》、陈广逊的《静斋小稿》、刘慧娟的《昙花阁诗钞》等。这些著作的内容相当丰富，不仅表现为书写对象的庞杂，更包括牵涉其中的人物之多。除了同明代闺媛一样与家内外女性亲友的人际交往外，清代顺德的知识女性笔下还出现了诸多男性人物。很明显，这些男性并不全是女诗人的父兄，还包括大量非亲友的男性文人，他们或因女性的父亲、丈夫，或因邻里关系与女诗人相识，之后便来往唱和，交流诗作。

顺德的另一位才女陈广逊在嫁与何勤良为妻后，甚得舅姑欢心，公公古巢公有时会命她赋诗，据说她辄击钵而就。她和丈夫琴瑟相得，感情深厚，暇则一起弹琴饲鹤，啸傲林泉，吟诗互答。夫妻二人又与张锦芳、黎简都是好友，黎简在自己的诗作中提到他们夫妇的日常生活，有"谙诗闻女弟，小稿问何郎"之语，② 可见他们之间的熟悉程度。黎简还有专门寄与陈广逊的诗作：

> 山霭霏霏青拂眉，将秋天气立秋时。溪花湿抱黄蝴蝶，烟水干飞白鹭鸶。夕浪吟灯虹贯月，暮云峨髻两登陴。漫翁漫出人何识，清照

---

① 〔美〕高彦颐：《闺塾师——明末清初江南的才女文化》，第21页。
② 《重寄陈征士元则得十二韵，兼寄何勤良（文宰）》，（清）黎简：《五百四峰堂诗钞》卷8，戊戌年，中山大学出版社，2000，第39页。

清才我所思。①

陈广逊同时还是清代顺德著名的闺塾师。她和丈夫隐居羊额村北廓，后因家贫之故，何文宰每年外出授徒，"广逊亦应巨室聘，教其女子。每撤帐归，同居一室，吟和无暇晷"。②按黎简所说，乾隆五十五年（1790）时，陈广逊馆于黄氏私塾内，③依靠自己的才学为家庭分忧，这时的陈广逊应有40多岁。她的《谢欧阳丈慎思惠酒》估计便是之前家贫时所作，此诗借感谢欧阳慎思老人赠酒一事，表达了对家境窘迫的豁达和自己自由旷放、鄙视尘俗的气质以及对贫困生活的超然，诗云：

深林寄傲四月天，有酒欲酤囊无钱。鹔鹴之裘典已尽，曲神断绝厨萧然。诗叟欻赐松花酿，痴儿拍掌争流涎。相邀邻姬共斟酌，竹阴坐笔双吟肩。丁娘子布去年赠，轻软绝胜同功绵。更怜苦吟喉吻燥，遣致绿蚁浮觥船。三杯扶头恰犯卯，胸次块磊犹隐然。红闺论文世所怪，宿习未尽知难捐。独持尊酒助幽讨，嗜好殊俗真豪贤。径须引满名花前，此中风味非尘缘。歌成试付老妪读，酒气拂拂生苔笺。④

陈广逊的《静斋小稿》内容颇为丰富，涉及的社会人际关系相当复杂，笔者仅将其中涉及的亲友罗列如下（见表2-3-2）：

表2-3-2 陈广逊的交际关系

女性亲朋	男性亲朋
叶澧兰表妹	罗雨三
妯娌陈氏	欧阳慎思
闺秀梅颜芳	潘景最

---

① 《舟中柬静斋》，（清）黎简：《五百四峰堂集外诗一》，第417页。
② 咸丰《顺德县志》卷29《列传九》，《广东历代方志集成·广州府部》第17册，2007，第684页。
③ 《县城得黄五家问，寄黄五燕邸并示陈静斋》，（清）黎简：《五百四峰堂集外诗一》，第416—417页。
④ 《谢欧阳丈慎思惠酒》，（清）陈广逊：《静斋小稿》，第9—10页。

续表

女性亲朋	男性亲朋
闺秀谢菩英	梁一峰
何母劳安人	懒堂叔舅
何宜人（胡同谦母）	余渭西
	张锦芳
	何文宰

女性亲友中，叶澧兰和陈氏都是其家族中人；梅颜芳及谢菩英很明显是与诗人惺惺相惜的朋友；劳安人、胡同谦①母何氏则是陈广逊因与该家庭中的男性相识，然后为这两位女性写诗贺寿，这在《寿何宜人》一诗中表现得很清晰：

> 读书日坐森树边，荆钗绾髻草为毡。调羹惯钓缩项鳊，偕隐不被浮名牵。院静忽来中山笺，乞我寿母诗一篇。母也遭逢太史贤，十年游宦趋幽燕。午夜侍草寒灯前，金花诰锡九重天。伟哉知足归力田，柏舟忽矢心弥坚。和丸教子猛著鞭，倾囊购书不论钱。只今方逾六十年，消摇仿佛疑真仙。北堂瑞气流管弦，斑衣戏舞何蹁跹。文士称觞集华诞筵，赋诗满座人争镌。笑我寒闺笔吟肩，批风抹月终徒然。何时访母共谈元，放歌买醉中山颠。②

从这首诗中还可以了解，何宜人也是一位知识女性，她不仅"和丸教子猛著鞭"，而且"倾囊购书不论钱"。可见，读书、教子、购书，成为何氏生活的重要组成部分。何宜人的所为，受到了士人的褒奖，"文士称觞集华诞"，这其中除了有丈夫的关系外，其平日与这些士人也许有诗歌唱和。

在陈广逊的诗作中出现的男性比女性多，其中何文宰为其丈夫，懒堂

---

① 胡同谦，即胡亦常，字同谦，号豸浦。与张锦芳、黄丹书、欧阳芬游，与张锦麟尤深契，著《赐书楼诗》。咸丰《顺德县志》卷26《列传六》，《广东历代方志集成·广州府部》第17册，2007，第632—633页。
② 《寿何宜人》，（清）陈广逊：《静斋小稿》，第5—6页。

第三章 / 珠江三角洲才女的人生历程

叔舅肯定是族中亲戚,梁一峰、张锦芳是丈夫何文宰的朋友,张锦芳还为陈广逊的《静斋小稿》作跋。至于罗雨三、欧阳慎思、潘景最应该与陈广逊之家相隔不远,或为邻居,或为其父陈次文之友。欧阳慎思在何家窘迫之时,不止一次接济何文宰夫妇,给他们送布、酒,与何家有着深厚的交情。潘景最作为陈次文的老友,不仅喜欢陈广逊的诗作,还资助她将《静斋小稿》出版刊行。应该说,陈广逊的诗作能流传下来,与她的社会交际网络有很大关系。

约晚于陈广逊将近百年的女诗人刘慧娟也是一位人际交往广泛的女性。刘慧娟,21岁嫁与梁有成为妻,夫妻二人共同生活约30年,琴瑟相得,如名师良友。她的诗作中就有不少描写夫妻之间琴瑟相好的关系。梁有成病逝身亡,她悲痛不已,决志以身殉夫,取瓷枕碎首,鲜血淋漓,经家中女妇环跪苦劝后,才打消以死相殉的想法,但因伤心过度而失明。自此之后,她一直郁郁寡欢,按她自己的说法:"余今将迟暮,愁城已筑,虽生不久。"[1]

刘慧娟的诗作相当多,应该是因为她在50余岁时才出版著作,里面汇集了她一生的作品。从诗作来看,刘慧娟的社交圈子也很广泛,诗中涉及的社交范围已远超之前的许多女性,这可能与晚清社会巨变、女学思潮在中国的传播有关。我们可以看一下其日常的交际网络(见表2-3-3):

表2-3-3 刘慧娟的交际网络

女性亲友	男性亲友
二妹	翁
四妹	叔翁
九妹	丈夫梁有成
晓山弟妇黄氏	晓山弟
族九姊	兰纕弟
郑秋馨七嫂	干儿高士辉
李七姑	门人郑竹居
宗二姑	门人吴棣生

[1] (清)刘慧娟:《昙花阁诗钞》,第151页。

续表

女性亲友	男性亲友
谊女又元	杨副将
女弟子裘蕙裳	袁俊民太守
北妇郑氏	门人梁煦南
龙氏二小姐	门生戴鸿慈
方夫人	
梁夫人	
谭母黎太君	
梁母唐太君及两位儿媳	
罗孺人	
林太宜人	

与家中亲人的诗作唱和是女诗人作品中必不可少的。刘慧娟除与自己的姊妹、族中女性交流外，出嫁之后，在婆婆与公公及其亲朋之间也有诗歌唱和，她的诗中就有一首替公公与叔父唱和的诗《代翁和叔翁原韵》：

岁月催人电影过，年华渐与墨同磨。池塘梦草离情切，风雨联床旧感多。卅载莺花怀梓里，半生萍梗泛江河。吾家自有埙篪乐，棠棣联芳把太和。

青鸟频来问讯殷，雁行两地怅离群。干戈扰攘无安土，戎马驱驰尽寇氛，但向心田培善果，立看妖雾化祥云。浮生百载休辜负，老大栽花意更勤。①

她举家迁往顺德大良时，朋友们为她在李府设宴饯行，她即席口占一首惜别诗《将迁凤城李府饯别席上口占》："浮生原是转蓬身，梦断香城五十春。小凤有心怀梓里，孤鸿无意恋芦滨。杯倾薤白情如旧，烛换莲红泪复新。后会有期应不爽，梅开庾岭待归人。"到了大良，她和朋友间的感情并没有因距离而生疏，经常互赠诗作联络感情，如《迁凤城后寄方夫

---

① （清）刘慧娟：《昙花阁诗钞》，第173页。

人》:"掌珠相惠拜堂前,谊结通家信凤缘。笑我游踪同傀儡,羡君行地亦神仙。袂分南浦烟笼树,棹泛岐江月满船。去去不堪回首望,寒蝉衰柳别离天。"又如《寄梁夫人》:"记曾泛棹鼎湖游,香火缘深两意投。东阁筵开招旧雨,南园曲按赏新秋。双星再渡骊歌唱,一水遥分鹊影收。惜别汪伦劳送远,桃花潭水话重修。"[1]

丈夫梁有成后来到潮州执教,刘慧娟随夫安家潮州,亦设帐授徒,成为职业的"闺塾师"。夫妇俩对潮州的教育事业倾注了心血,也赢得了社会的尊重。梁有成的学生梁煦南在为师母的《昙花阁诗钞》作序时称,刘氏"工诗词,善赋数,于同人中聆其著作,颂椒赋茗,穆如清风。虽班昭博学、左芬逸才,不是过然。同人又啧啧称其孝舅姑,和妯娌,教子严而爱,持家井井萧若,生有至性"。同时又由自己身世感叹师母与业师,"先君弃养,事事凄酸恸心,宜也。太恭人庭闱顺遂,适当五十不致毁之年,何必悲。今潮人士感念师恩,禀上宪于六月望日奉师配享文公于韩山书院,俎豆馨香,师表百世,闺阁中与有荣施矣。太恭人其勉进一觞,招在天之灵而下之相与破涕而为笑也。又何归道图之足云"。[2] 梁有成被潮州人配享韩愈祠。刘慧娟在潮州任教时,颇为器重自己的女弟子裘蕙裳,还让自己的孙女梁婉娴从学于裘。不幸裘蕙裳早亡,刘慧娟心痛之余写诗哀悼,即《哭女弟子裘蕙裳》,内容如下:

> 盼到鳞鸿下五羊,何期风笛动愁肠。离楚话别情如昨,旧院重来迹已荒。粤海楚天悭一面,离魂断梦隔三湘。难从文字求知己,又洒伤心泪数行。
>
> 自愧才疏德未遑,虚心雅爱拜门墙。夜随明月来妆阁,时把清风到讲堂。校定诗文搜典籍,评论今古话沧桑。如何数载师门谊,化作华胥梦一场。
>
> 客春随宦渡潇湘,送别依依泪满眶。自谓三秋蒲柳质,难瞻白发杖藜光。洞庭波静鱼书再,衡浦风寒雁信望。几度猜疑存与没,果真

---

[1] (清)刘慧娟:《昙花阁诗钞》,第184页。
[2] 梁煦南:《师母刘太恭人〈昙花阁诗序〉序》,(清)刘慧娟:《昙花阁诗钞》,第149—150页。

蝶化影茫茫。

入世谁搜古锦囊，才华德行未云亡。绣床尚积三冬雪，佛座犹存一瓣香。出土英华添冢志，盈门桃李望宫墙。孙枝应下伤心泪，图报师恩愿莫偿。

白玉楼城赋太虚，修文征到女相如。半生书债能偿未，又读瑯环未见书。

梅自孤高雪自清，锦标屡夺擅文名。才丰遇啬非天酷，蔗味难从蓼味生。

来往瑶函赠答诗，一回展读一凄其。自怜老境无多日，碧落黄泉会有期。

鸳侣纷飞十四年，可怜相聚话重泉。孝慈二字生前尽，不枉深心择妇贤。

日怀桑梓卜归程，不见斯人愿未平。他日莲塘隄畔过，水流疑是读书声。①

能让刘慧娟写下悼亡之诗的，不仅是自己的学生。对丈夫的学生，她同样以门人视之而没有性别之间的隔阂，师徒间的深厚情谊溢于诗作之中。丈夫的学生郑竹居和吴棣生英年早逝，她曾写诗哀悼他们。如《挽门人郑竹居》云：

潘鬓青青尚未斑，路人闻讣泪犹潸。云霄有路光阴短，医药无灵寿算悭。此地珊柯应首选，他年玉笋定联班。如何遽赴修文诏，不待长江夺锦还。

梦醒黄粱万事捐，断肠人唤奈何天。瓣香空费慈亲祝，呱泣何知稚子怜。月冷南楼分雁影，尘封东壁剩虫编。泉台尚有良朋待，分手河梁未半年。

自注云：君与吴君棣生契好，皆外子高徒，惜先后物故。②

---

① （清）刘慧娟：《昙花阁诗钞》，第202—203页。
② （清）刘慧娟：《昙花阁诗钞》，第177页。

刘慧娟的交际远不限于此，她还有谊女又元和干儿高士辉，她在诗作中体现了对他们的关爱。《寄谊女又元》云："同邑犹思托比邻，何堪一别隔关津。记名膝下真怜我，问字堂前亦解人。好种仙根修慧果，休将离绪怜闲身。自惭景逼桑榆晚，相晤还须买棹频。"《哭干儿高士辉》云："劳人草草数何穷，三十余年侘傺中。半世风尘虚岁月，一生羁旅逐西东。蓼莪早痛终天恨，棠棣惊摧五夜风。弦断又占炊臼梦，几番血泪洒鹃红。"又云："认义当年始六龄，依依膝下仿盉馨。说诗善解才非短，学艺能通性本灵。服贾遍传忠信誉，立身恒守节廉铭。如何壮岁深期许，先我南柯一梦醒。"[1] 虽然是挽诗，但反映出她交往的广泛，这在明代顺德女诗人中是不多见的。

其他几位略早或略晚于刘慧娟并有诗集传世的顺德女诗人与前代相比，差异也很大。在她们的诗集中可以看到这样一个现象：诗作中出现的女性趋于减少，男性朋友增多。如在邱掌珠的诗集中出现的男性有11人，其中10人为她作挽诗，女性亲友则仅有一人；[2] 在黎春熙的诗作中，男性亲友有7人，女性亲友仅有一人。[3] 这并不意味着这些女性与女性亲友的关系趋于淡薄，相反闺中良伴是不可或缺的，只是成为一种隐性存在。事实上，在日常生活中，她们除与女性亲友亲密接触并相互学习之外，男性亲友亦成为她们从学与交流的对象。这些士族之家的女性交际圈明显极大地拓展了。

但与以江南地区为代表的清代女诗人团体不同的是，珠江三角洲地区的女性作家们始终未能组成类似蕉园诗社这一类的女性社团。台湾学者钟慧玲研究清代江南妇女的文学活动时从结社、从师、交游三个层面来考察。她指出："有清一代，诗社遍立，吟风鼎盛，妇女也多能组社唱和，其动机不过在消闲取乐，以添妆台逸兴而已。"[4] 但是令人不解的是，珠江三角洲地区的才女之间虽有诗歌的往来唱和，亦有好友间的聚众宴请，甚至还流行金兰会、迷夫教等女性组织和"自梳女"团体，却始终未出现过

---

[1] （清）刘慧娟：《昙花阁诗钞》，第185、200页。
[2] （清）邱掌珠：《绿窗庭课吟卷》，龙山邱园刊本，光绪二十二年（1896）。
[3] （清）黎春熙：《静香阁诗存》，顺德龙氏螺树山房刊，光绪二十四年（1898）。
[4] 钟慧玲：《清代女诗人研究》，台北：里仁书局，2000，第173页。

类似江南女性结成的诗社组织。哪怕是清代确实有几位当地才女通过婚姻关系打破了空间的阻碍，与江南才女建立起沟通，但结社的风气仍未能传入珠江三角洲，这确实令人费解。

在大量材料中，笔者仅看到过一条关于女性参加诗社的记载："吴媛，名兰顺，顺德县龙江乡。娴吟咏。雍正丙午年与其夫婿来榄，榄之诗人同结一社名'十鸿诗社'。时余年尚幼，未及偕之唱和。其诗近玉台、西昆一派。"该材料来自清乾隆年间小榄人何大佐所著的《榄屑·吴媛诗》条，他还录有吴媛诗一首："仙衣生长本天然，五色文章错锦笺。三径有香难入梦，二麽无路可寻仙。魂销薄命埋青史，春老芳情结简编。一自落花同幻化，画工虽巧亦空传。"① 从何大佐的记载看，吴媛参与的诗社应该是小榄地区男性诗人所结之社，她有可能是跟随丈夫一起参加过十鸿诗社的聚会。除此之外，珠江三角洲地区女性像江南地区一样成立专门的诗社组织进行交流的材料确实未能见到，只能有待于继续发掘。这位吴媛女士，同样未被《粤东诗海》《广东古今名媛诗选》《广东女子艺文考》等书录入。

清代出身于珠江三角洲并曾与江南建立起联系的才女，主要是方京和黄之淑。方京，初名洁，字彩林，番禺人，方殿元女，江苏吴县金綎之妻，因儿子祖静贵而被封为恭人。据说她"工诗，得家法。古体宗汉魏，近体宗盛唐。所作诗无宋元气味，著有《方彩林诗》二卷"。② 方京生活于康熙年间，美国学者魏爱莲认为她很可能跨越了17世纪和18世纪，而且她的儿子亦成为苏州著名作家。方京以母兼师，"教育她的儿子，他们对外祖父的文风掌握圆熟。她与苏州的一个侄女亦有持续的文学来往"。③

另一位与文风兴盛的江南发生关系的是晚于方京一个世纪、位于广东西南部的吴川人黄之淑。黄之淑，字耕畹，诸生黄祖香之女，《国朝闺秀正始集》中将她误记为南海人，说她"早寡，寄寓维扬，工诗善书，尤精六法"。④ 冼玉清则考察出黄之淑生于乾隆五十七年（1792），40岁守寡，

---

① （清）何大佐：《榄屑》，陈建华、曹淳亮主编《广州大典》第49辑第3册，广州出版社，2008，第180页。
② （清）温汝能：《粤东诗海》卷96，第1812页。
③ 〔美〕魏爱莲：《18世纪的广东才女》，赵颖之译，《中山大学学报》（社会科学版）2009年第3期。
④ （清）恽珠等辑《国朝闺秀正始集续集补遗》，道光十六年（1836）红香馆刻本。

晚年自号兰娹老人，著《兰娹女史诗》一卷。① 黄之淑凭借自己的才华成功地融入了江南文人圈子，"成为陈文述（1771—1842）的弟子，甚至是名誉上的女儿以及他有名的侄女汪端（1793—1839）的朋友。她绘画和诗歌的才能受到广泛赞许，尤其在她丈夫死后，因此她在扬州奠定了画家的声誉。1852年她随弟弟回到广东，但在1853年太平天国运动时和儿子一同死去"。②

即便有了两地游历和交流的经历，方京和黄之淑也未能将江南地区妇女文学最繁荣之时的社团交流方式带回珠江三角洲。这里的女性依然在有限的闺阁圈形成的小团体内进行交流互动。但这两位女性无疑沟通了江南与珠江三角洲地区的女性文坛，客观上促进了两地女性文学的交流。然而可惜的是，除了嫁到外地的这两位女性之外，珠江三角洲本土杰出的才女能够将名头打响到外省的并不是很多。

四 才女作品的现实关怀

李国彤曾对明清时期妇女著作中关于家族和政治题材的作品加以分析，考察其咏史、寄外（写给其丈夫之诗）、教子主题创作中反映的自我意识与角色认同。他得出结论，女作家在诗书之教和文学创作中承袭并表达了历史使命感和家庭乃至社会责任意识，虽在内则箴规的挤压裹缚下难伸抱负，但仍积蓄着一种力量。③ 对历史上珠江三角洲地区的才女来说，诗作中的这种忧患和担当意识一直存在，在诗作中表现得也相当明显，不仅仅只体现在李国彤所说的那几种类型中。

无论本土士大夫是否愿意承认，事实上，岭南女性很早就被中原士大夫视为另类，认为其迥异于中原的女性形象。无论是从其生存状态还是在家中经济地位上来说，早期的她们都不同于中原足不出户的仕宦女性。不

---

① 冼玉清：《广东女子艺文考》，第81页。
② 〔美〕魏爱莲：《18世纪的广东才女》，赵颖之译，《中山大学学报》（社会科学版）2009年第3期。
③ 李国彤：《明清妇女著作中的责任意识与"不朽"观》，《燕京学报》新20期，北京大学出版社，2006。

仅如此，她们对当地的政局也起到了相当的影响作用，她们对政治的介入和关怀不仅表现在史料的记载中，在闺秀诗歌中同样可发现其踪迹。囿于性别与礼教限制，女性关注的对象多是家族琐事与自身的情感经历，但珠江三角洲地区的有些女性则不同，她们的诗作题材尤其贴近时事，关注社会和民生。她们除切身参与社会的改造外，亦通过诗歌表达观点与自我意识，这在珠江三角洲的历代才女中屡见不鲜。

刘志伟指出："历史上岭南地区的女性，无论在家庭和社会生活中，都扮演着十分引人注目的角色。无论关于近代珠江三角洲地区的自梳女的研究，还是谈到今天香港的职业女性，这一地区女性在社会上的角色都给人以深刻的印象，多数人很自然地会将这些现象与妇女解放联系起来。我不否认近代以来这一地区经济和社会现代化的过程为妇女解放创造了条件，但须强调的是，在本地文化传统中，女性在社会生活中的角色，本来就与中原地区的女性不同，牧野巽对此曾作过专门的讨论，这里想再补充一些事实，以见如姑嫂坟这样的女性祖先崇拜现象与地方土著文化传统之间可能存在的联系。"① 这种文化传统随着时间的下移，女性在家国危亡之际表现得更为明显。

生活在明末纲纪废坠、小人弄政之秋，刘兰雪虽身为女子，但她的诗作中仍不乏对现实社会的关注。其《陪陈太夫人游海珠诗》《靖节堂竹陈太夫人限韵命赋》《斥野磷》等诗，均体现了她对现实社会的关注。尤其是《斥野磷》一诗的末两句借用晋温峤燃犀照水妖事，直斥当世拨弄是非、醉于自夸的小人，诗云：

> 临池耽访卫夫人，衔鼓铜龙已报寅。曲槛骋光金马影，画屏曦耀碧鸡磷。久将正气留天地，岂有文章泣鬼神。花际漫劳夸伎俩，燃犀曾照本来身。②

作者的这些诗都采用暗指的方法对现实社会的种种弊端进行影射。才

---

① 刘志伟：《女性形象的重塑："姑嫂坟"及其传说》，苑利主编《二十世纪中国民俗学经典·传说故事卷》，第364页。
② （清）温汝能：《粤东诗海》，第1793页。

女对闺门外发生的事情很敏感,她们洞察善恶,乃至对全国的政治环境进行评价,在诗句的字里行间透露自己的看法。这应与当时社会的风气、作者的家庭环境以及与陈子壮等士大夫的交往有关。那么,她们所处的闺阁就不是与外界隔绝的了。

身为闺塾师的陈广逊因其职业性质和豪放的性格,对现实社会的种种阴暗面关注颇多。其影响较大的诗作之一是《跛瘫行》,借用王应奎①《箬包船纪事》韵而作:

> 邑中儿,年十一,为奸人诱去,缚桎之,逾年成跛瘫。后挈至近村,索钱于市。义士梁某廉得其情,絷鸣县令。未置之法。乡人上诉大吏,始尽歼其党,与王诗事相类,用其韵,作《跛瘫行》。

> 邑中有行乞,挈儿随所之。转徙浑不定,身居无茅茨。动思饱贪壑,来泊前溪湄。指儿为己出,称疾不能医。号呼彻苍旻,冀或哀烝黎。旁观问且叹,夙本谁家儿?瞠视若有省,转瞬仍昏迷。饮恨江汉深,欲诉无能为。钳掣其唇舌,拘挛其体肢。不须豪侠流,见此皆好施。居人不遑诘,行客不致疑。奇货真可居,厚利收中逵。此辈所由来,残酷其天资。百计绐群稚,楚挞加棰笞。逾时成废人,续命无一丝。同为父母身,瘠人求自肥。朝灌以斗醯,夕哺以粥糜。一身无完肤,惨毒伤肝脾。大则为鼎镬,小则为针锥。备历诸楚酸,不死即疲羸。烈士抱义愤,卒见生嗔訾。霁颜导儿言,啖以酥与饴。儿讶梦初觉,心图归祖祠。尽言告烈士,涕泣思瞻依。烈士发上指,振袂若扬旗。缚凶赴讼庭,命同待烹牺。胡为执法者,不肯暴其骫?怨声已载道,长官宁不知!未泄群儿冤,痛哉泉下尸。所赖上府明,冰鉴能穷治。除凶既务尽,拔根仍芟枝。从此村落安,保赤征仁慈。为恶无幸免,天道尽堪窥。即事足垂戒,用赋跛瘫诗。②

王应奎的诗则是:

---

① 王应奎,字东溆,江南常熟人,诸生,著《柳南诗钞》。
② 《跛瘫行》,(清)陈广逊:《静斋小稿》,第1—2页。

有船锐其首,以箬包裹之。名为箬包船,聚泊疑茅茨。浮家无定所,忽湖忽江湄。居货挟土产,擅技兼卜医。中有无良者,行乞同残黎。讵料豺狼心,所志窃童儿。神咒与饼饵,绐儿儿辄迷。牵引至船中,毒手恣所为。或为瞎其目,或为捣其肢。或屈曲其体,如籧篨戚施。形骸几变尽,父母居然疑。清晨负之出,索钱号九逵。夕仍负以入,倾倒囊中资。数倘有不充,攒刺加鞭笞。苟延此残喘,性命危如丝。有时更肆恶,视彼躯干肥。入之人鲊瓮,饱啖若铺糜。吸儿脑与髓,嚼儿肝与脾。从此筋骨强,便堪耐刀锥。更闻藏秘器,卖以疗尫羸。一匕为神膏,索值恒不訾。淫人祈长生,食之甘如饴。又闻湖海滨,茫洋有神祠。神曰抽筋姆,此辈所皈依。重午暨中秋,庙门骞灵旗。群船竞祭赛,以儿为牺牲。祭罢饮福酒,狼籍骼与骴。年来迭败露,官长胥周知。勿问所从来,立毙陈其尸。谓足抵儿命,此外无穷治。不究其本根,徒然剪旁枝。官长法深刻,胡独偏仁慈。其毒仍滋蔓,其故难寻窥。谁为采风者,听我歌此诗。(此皆一一纪实,此曹恶败露后,被残肢体女子详述于公堂、详述于父母者也。独是官长只毙所获者命,不穷根株。此意作者不解,吾亦不解。)[1]

王应奎生于康熙二十二年(1683),卒于乾隆二十四五年(1759—1760),从他和陈广逊写的这两首诗来看,盗贩儿童,将其致残以讨要施舍在盛清时期比较普遍。这两首诗讲述的是当时社会底层的同一肮脏面,均说的是一些见利忘义之徒为谋取钱财,将幼儿拐带或者偷窃出来,加以摧残使身体变形,然后利用这些致残儿童进行乞讨,以博取人们的同情心来获得钱财。陈广逊的《跛癃行》和王诗一样,揭露了社会上拐带儿童致残,然后携其到处展览以赚钱的罪恶,表达了对饱受摧残的儿童的怜悯,对见义勇为的好汉和执法严明的循吏的钦敬。陈广逊通过自己的笔对其进行批评或描述,恰恰体现了珠江三角洲地区女性这种盛世下的社会关怀及她们对社会责任的担当意识。对王应奎之诗的同韵唱和,则显示了女性知识的广博与眼界的开阔,隐含着她们平日阅读范围的扩大与内容的丰富。

---

[1] (清)沈德潜编《清诗别裁集》卷28,上海古籍出版社,1984,第1186—1187页。

略晚于陈广逊的邱掌珠,生于嘉庆四年(1799),卒于道光二十四年(1844)。20岁时嫁与陈虹为妻,安贫守俭,"逮事舅姑,承颜顺志"。后来陈虹以砚税糊口,邱掌珠亦设帐里中,"女弟子之出其门者,莫不敦姆仪,守壸则。以故束脩余润,内助殊多"。陈虹善画,但邱掌珠亦不逊丈夫,她于摒挡家务之外,"从事丹青,生香活色,点缀天然。尤善徐黄花鸟、吟笺粉本"。① 其诗集《绿窗庭课吟卷》的开篇有一首四言《兴云歌》云:

早望云霓,翘首天东。触石而起,四野濛濛。如风从虎,虎起远空。如石成羊,羊奋霄中。霏霏高山,嗳嗳乔松。化作膏雨,慰我三农。②

作者以这首四言古诗表达了对雨水的渴望,体现了对民生疾苦的关切。诗中从热切盼望起笔,然后描写石罅生云,再从云从风起联想到云的形状就像羊城的石羊,奋起霄中,将美丽的传说与现实结合,希望天空能降下膏雨滋润庄稼,给人们带来丰衣足食。作者悲天悯人的胸怀丝毫不逊于"先天下之忧而忧,后天下之乐而乐"的士大夫。

无独有偶,对农事的关怀不仅有邱掌珠,有不少女性文人对民生疾苦都倾注过极大的热情,尤其是对润泽万物的及时雨的关注使这些女性的角色更加贴近生活,贴近民生。刘慧娟亦有类似的诗作《百谷仰膏雨》:

百谷含生意,为霖务及时。如膏深仰望,兴雨厚培滋。霭霭常瞻彼,芃芃乐膏之。群将歌帝力,众似待王师。早慰三农愿,休愆十日期。泽然多起色,肃若有余思。得润禾抽颖,流甘麦秀歧。圣恩汪濊足,应赋黍苗诗。③

---

① (清)邱掌珠:《绿窗庭课吟卷》,同里黄溥撰《邱孺人墓志铭》,《广州大典》第57辑第36册,广州出版社,2015,第35页。
② 《兴云歌》,(清)邱掌珠:《绿窗庭课吟卷》,《广州大典》第57辑第36册,第37页。
③ (清)刘慧娟:《昙花阁诗钞》,方秀洁、〔美〕伊维德主编《美国哈佛大学哈佛燕京图书馆藏明清妇女著述江刊》第3册,第170页。

刘慧娟在创作中亦不乏对实事的关注与感慨，她曾作诗两首赞颂李元嘉太守于同治年间在甘肃任内镇压回族民变之事。"太府楚人任甘肃知州，居官廉洁，同治间，回叛围城数月，内无食，外无援。大府单骑见之，谕以大义，愿身当锋刃保全百姓。回匪感泣罗拜，围遂解。擢升知府。百姓感恩建生祠。"她为此赋诗《题李元嘉太守军骑马回房图》云：

读书有策可平戎，力守孤城智不穷。长剑光分胡地月，一鞭气压朔方风。丹心具有安边计，赤手能成盖世功。谈笑顿教烽火熄，何须云阵列熊羆。

但愿民安不顾身，汾阳传绩又重新。烟销潮海澄今月，水酌廉泉证古人。画锦堂开森玉树，瓣香祠奉现金身。夕阳红入桑榆景，篆有长生画有神。①

晚陈广逊约百年的顺德才女黎春熙，在《静香阁诗存》中也记录了自己生活时代的一些重大事件。黎春熙，字文绮，昌教黎兆棠②女，生于咸丰元年（1851），卒于光绪十三年（1887），享年37岁。她嫁与大良龙氏副贡龙泽銮③为妻，生有二子二女，著有《静香阁诗存》。她生子龙裕光后不久，丈夫便去世了，儿子裕光六岁时，黎春熙亦撒手人寰。十多年后，龙裕光从故纸堆中拣出母亲于同治八年（1869）到同治九年（1870）的部分诗作予以刊印，此时仅有古近体诗60首，其余的已亡佚，但这已经可以看出她作品内容的丰富。

黎春熙未字时曾随父黎兆棠宦游赣南，同治二年（1863）到同治三年（1864），黎兆棠任南安知府。④ 同治三年八月十日，太平军将领李侍贤进

---

① （清）刘慧娟：《昙花阁诗钞》，第188页。
② 黎兆堂，字召民，顺德昌教人。咸丰三年（1853）进士。历任礼部主事、总理衙门章京、江西粮台、台湾道台、直隶按察使、福建船政大臣等。参见民国《顺德县志》卷18《列传三》，《广东历代方志集成·广州府部》第18册，2007，第705—707页。
③ 龙泽銮，字吉浦，大良人。民国《顺德县志》卷18《列传三》，《广东历代方志集成·广州府部》第18册，2007，第134页。
④ 同治《南安府志》卷8《秩官》，《中国方志丛书·华中地方》第268册，台北：成文出版社，1975，第602—603页。

攻南安，"李侍贤自信丰扑攻梅关，直犯水城，杀毙走不及之男妇百余名口，横浦桥、奎阁并城外民居尽毁。兵民登陴固守。是晚骤雨，电雷交作，河中洪水涨溢，逆不敢渡。翌日，江军门兵至，王观察、刘总镇各统所部相继至。十四、十五连日大战李逆于东郊，我军屡捷。逆不敢复战。十六日夜，由南雄东入福建而遁"。① 此战在光绪《广州府志》和民国《顺德县志》的黎兆棠传中也有记载："（同治三）年八月间，江西贼匪窜扰南安府城署。知府黎兆棠登陴固守。"黎兆棠的母亲冯氏拒绝儿子将自己移到城外安全之地的请求，"申明大义，誓死不去，并出簪环犒士。俾合郡人心固结，地方赖以保全。实属教子有方，深堪嘉尚"。② 后赏冯氏二品封典，并赐匾"教忠励俗"以彰冯氏之节，时冯氏已 66 岁。当时一直陪侍在父亲身边的黎春熙亲历了这场战事，她在《八月初九日贼至，围南安。是夜大雨，章江涨，不可渡》一诗中写道：

黑云浩浩卷双旌，陵雨滂沱夜捍城。壮士疆场争努力，家人生死早忘情。江翻雪浪喧鼙鼓，天倒银河洗甲兵。报国愧无奇六出，木兰奚用请长缨。③

诗中描写了南安城被洪水淹没，更遭太平军围攻时的危急状况，表达了她渴望像木兰从军一样上战场杀敌，但身为女子，壮志难酬，无奇计可出的苦闷。在之后的《贼退志喜》中，她又表达了围解之后，骨肉得以重聚的感慨和喜悦：

谍报援兵奏凯旋，喜心翻倒泪清然。干戈一死知谁惜，骨肉重生始自怜。似说贼营栖燕雀，何来军府靖烽烟。犒师恰是中秋节，桐子欢歌月正圆。（桐子二字，出杨子《法言》）④

---

① 同治《南安府志》卷29《祥异》，《中国方志丛书·华中地方》第268册，第2504页。
② 光绪《广州府志》卷147《列女六》，《广东历代方志集成·广州府部》第9册，2007，第2306页。
③ 《八月初九日贼至，围南安。是夜大雨，章江涨，不可渡》，（清）黎春熙：《静香阁诗存》，《广州大典》第57辑第36册，第76页。
④ 《贼退志喜》，（清）黎春熙：《静香阁诗存》，第77页。

此时的黎春熙年仅十二三岁，以现在的眼光来看，这个年纪应该还不谙世事。但透过这些诗作可以看到，作者的身上有着不同于一般女子的才华与豪情。首先，黎春熙应当自小就学习儒家经典，也只有这样，她才可能在十二三岁就写出诗作。再次验证了女性可能很小的时候就开始由父母、家人或者专业的塾师进行教导。其次，身为官宦之女，黎春熙的思想肯定是正统的官方意识。黎兆棠作为朝廷任命的南安知府，他要维护政府的权威与控制力，身为女儿的黎春熙所受的教育同样以官方的正统思想为主导。

这场战争过后第二年，也就是同治四年（1865）七月，黎兆棠卸任南安知府一职，"奉旨免补知府，以道员留江，遇缺即补，赏戴花翎"。自此之后，他在江西负责总办清军将领鲍超所部霆军的粮饷一事。"莅事数日，适霆军分调各省，中途粮缺，叛回南安索饷三十万，沿途抢掠，还趋赣州，全省震动"，但当时的存饷仅有"三千金"，情势相当危急，黎兆棠为安抚霆军，"匹马出城，躬亲抚谕，事获寝"。[1] 同治五年（1866）三月，兆棠母亲冯氏亡故。五月，时年15岁的黎春熙扶祖母灵柩回乡。路过梅关时，她又忆起同治三年的战争和四年的霆军哗变，忍不住写下了《归度大庾岭》和《赣州兵变》，两诗如下：

> 梅关重度总劳薪，望见家山黯夕曛。北洗欃枪章水雨（谓南安贼退事），西归王母素车云（时侍大母丧归）。英雄儿女轮蹄共，急雪惊尘楚越分。棹楔路傍瞻拜罢，昔年曾此扫妖氛（大母承赐御书匾额，南安郡人即岭路建坊）。（《归度大庾岭》）

> 上陇军还噪饷骄，总戎空锡侍中貂。重生有幸如春梦（谓南安贼退），万死无功答圣朝。章水风尘鼙鼓震，金陵将帅姓名标（时江南已收复）。最怜昌雪单骑往，博得疆场杀气销（大人抚慰之，乱乃定。）（《赣州兵变》）[2]

---

[1] 民国《顺德县志》卷18《列传三》，《广东历代方志集成·广州府部》第18册，2007，第248页。

[2] （清）黎春熙：《静香阁诗存》，《广州大典》第57辑第36册，第78页。

同治八年（1869）七月，黎兆棠任职台湾。在台湾任职的三年中，他革除积习，裁撤贪酷的僚属以澄清吏治。他还创建玉山书院，购置图书供诸生诵读。台地物产丰富，法国人垂涎已久，甚至调拨兵船来台恐吓，黎兆棠屹然不动，据理申辩，法兵不敢登岸而去。他对在台湾经商的法国商人也坚决按中国法律进行管理，法国领事均不敢与较。民国《顺德县志》称赞黎兆棠道："法人在台知有中国法律者，实自兆棠官台始。"

黎兆棠任职台湾的三年内，与家中的书信往来应该不断，估计在他寄给家人的书信中曾大量介绍台湾的风土人情和自己在台湾的作为。通过书信的交流，黎春熙知道了远在台湾的趣闻和政局变动等诸多事情，这些都成了她诗歌创作的素材，仅举数例如下：

闻大人台湾祷雨立应

渴泽焦原正闵农，冯夷翻海躏虚空。天怜禾黍回生气，地异桑林入化工。南赣洗兵云已黑（大人守南安日，贼围城，是夜大雨，章江涨，不能渡），台澎沃土粟犹红。秋来幸勿吹咸雨，害物全无润物功（澎湖滨海秋有咸雨，杀草。由大风吹海水所成）。

家书述台湾风土之异，有溪水终日作长叹声，有山昼烟夜火，风雨不灭，各纪以诗

碧溪尔本无愁者，终古流成长叹声。何事竟怀将别恨，于人定抱不平鸣。桥成鱼鳖朱蒙渡，地近蛟龙赤嵌城（台故城）。水已知归隶图籍，底须呜咽独含情。

奇石嵚崎黯夕曛，赤腾腾地尽氤氲。祝融翻海黑无雨，回禄烈山红有云。绝岛天骄谁扑灭（台夷构和约，大人折之），老亲炎徼剧辛勤。况闻立应桑林祷（时台地九月不雨至十二月。大人十四日祷雨，次日即雨），未害池鱼一例焚。

学老杜诸将二首并序

台湾属彰化之在籍副将林文明积恶土豪，抗官阻险。又安平副将

萧瑞芳即通夷起衅之苏成，冒行伍升今职者。大人一月内，连请旨诛之。

雄镇东南荐剸来，始知天网不恢恢。十年孤愤填苍海，万里边愁入紫台。将帅荷恩鱼袋锡，鲲鲸跋浪虎门开。潜踪终占含沙蜮（萧近唆夷滋事，致副将江公自刎），军令分明绝祸胎。

戟门家世滥簪缨，氛祲冥冥赤嵌城。三窟网开毚兔脱，九渊波撼老蛟惊。盾头磨墨难驰檄，匕首登床有伏兵（林有兄官提督，赠宫保。大人密令沈太守计擒之。次日沈公床下伏刺客亦被获）。一自板升骈戮后，楼兰剑气斗牛明。

官宦家庭背景和开放式的眼界、思维为女诗人带来的是更多关于国事民生的关注与思考。因此，黎春熙还创作了不少咏史诗，借古谈今，交织着对国家、社会、人民生活的忧虑，如其《岁暮咏史有感》六首：

赵佗
佗城历尽劫飞灰，残腊无端感祸胎。紫贝明珠消息绝，何尝朝汉有层台。（丙寅之役，夷据粤山。）

徐福
西极蓬莱别有天，风飙道阻几人旋。三千拊背离家子，犹道乘槎去访仙。（夷招生口往小吕宋。）

伍员
间关出走阖闾城，赠剑吹箫讬死生。吴苑繁华犹昔日，怜他抉目不因兵。（入天主教者死即抉目。）

项籍
万人学敌气斯张，一炬咸阳动虎狼。今日阿房已焦土，方刀方斧笑秦皇。（天津民变，烧礼拜亭。）

李广

矢尽犹能御敌人，霸陵夜猎满霜雰。龙城飞将威名在，未许胡儿虏汉军。（津门围防，曾侯议战。）

苏武

餐毡啮雪葆忠贞，杯酒河梁去国情。不辱天朝持汉节，千秋朕使重苏卿。（朝廷命大臣崇公出使法国。）[1]

这些诗文借咏史将史事和时事紧密地联系在一起，主要指的是1866年至1870年发生的一系列事件。如《项籍》一诗借项羽火烧阿房宫之事隐喻1870年天津民变中百姓火烧望海楼。作者通过《李广》《苏武》这两首诗，借赞李广和苏武，表达了渴望当朝能有这样的名将、名臣抵御外侮、重振国威。黎春熙虽身处闺中，但在晚清剧烈动荡的社会中，密切关注国家局势，体现了她的爱国之情。作为女子，她超脱了闺房对身心的限制，有着强烈的爱国御侮热情，这种强烈的社会责任感在太平盛世的才女身上不多见。但身处乱世，又身为女子，她无力改变事实，壮志不得舒展，只能将希望寄托于名臣贤将身上。

岭南在相当长的时间内被中原士人视为游离于中原王朝之外的蛮荒之地，所以一些士大夫，尤其是本地的士大夫一直致力于改变人们对家乡的不良印象，竭力将此地塑造成历史悠久、文明礼让的教化之邦。抛除这些士大夫不谈，只谈女性，我们确实可以在文献典籍中发现中原与岭南文化很早就开始沟通的证据，至少早在唐代，珠江三角洲地区的女性就已经开始学习儒家经典，研习诗词歌赋，否则也不会有南海七岁女子《送兄诗》的出现。随着珠江三角洲与王朝关系的加强，儒家文化和正统理念大面积向珠江三角洲渗透。到了明代，本地文化与中原文化迅速接轨并被同化，于是出现大量以科举入仕的士大夫。三位广东籍高官，即湛若水、方献夫、霍韬发起的政治运动，则直接导致了儒家"忠""孝"价值观与"主静"哲学思想的结合。这几个人以"大礼议"而飞黄腾达，通过他们，珠

---

[1] （清）黎春熙：《静香阁诗存》，第81—82页。

江三角洲地方社会的潮流与王朝的主流话语汇合起来。① 在理学、宗族等多种因素的作用下，岭南在由明到清的几百年间最终实现了与中原王朝的整合，完成了从蛮荒到儒家化的转化。

这是一个不间断的动态发展过程，中间除男性的参与外，共同构成人类社会主体的女性也参与其中。她们从早期的"异类"变成"闺媛"，并非朝夕之功，女性在这个转变的过程中付出了巨大的代价，从被动接受到积极参与，为岭南儒家化做出贡献，而珠江三角洲也经由男性和女性的共同推动，实现了中央王朝所期望的全面正统化。此后，不仅儒家文化成为岭南向中央王朝靠拢的向心力，士大夫们更努力甩掉原来的蛮荒形象而以中原正统自居，女性多姿多彩的面貌也经由地方文献和士大夫的统一书写而趋同千篇一律的贞烈。从此以珠江三角洲为政治、文化、经济核心的岭南真正成为王朝肌体的一部分，开始与大一统帝国休戚与共，息息相关。

女性在势不可当的儒家化浪潮中被卷入礼教的旋涡，在其中浮沉，她们由最初的被动接纳到主动学习和传播儒家文化，成为岭南社会儒化和正统化的最好诠释。由明至清，除列女的数量剧增外，接受儒家文化的闺媛数量也大量增加，最直接的证据莫过于数字。万历《顺德县志》中列女数量并不多，仅有30多人，但乾隆《顺德县志》中列女数量竟达到八九百人。至于才女数量的增加，也颇为明显。之前曾有粗略的数字统计，明代的岭南才女，在典籍中有姓名、朝代可查的有30多人，到了清代至少有90余人。胡晓真指出，妇学及才女文化是盛清时期十分重要的文化现象，她在总结曼素恩的观点时说到，盛清时期的经济发展促成人口大量成长，也使妇女存活率提高，同时，"社会对妇女'投资'的意愿也随之提升了，有才之女甚至成为上层阶级的象征资本。妇女教育在盛清成为婚姻的重要条件，代表女家的门第修养，也成为夫家的炫耀资财"。②

这在珠江三角洲众多女性书写的文本中可以得到证实，如许炯将妻子余玉馨的作品刊印并请士人作序、陈次文对爱女陈广逊的自豪等，都是士

---

① 〔英〕科大卫：《皇帝和祖宗——华南的国家与宗族》，第118—119页。
② 胡晓真：《〈兰闺宝录：晚明至盛清时的中国妇女〉导论》，见〔美〕曼素恩《兰闺宝录：晚明至盛清时的中国妇女》，第11页。

人对妻子、女儿所拥有才华的一种炫耀。而知名士人对这些才女的讨论和赞誉,如大量士人为黎春熙撰写挽诗,士人、官员为李晚芳之书作序,又成为对女性学习儒家文化的一种鼓励。此时,才华横溢的女性在士大夫的眼中,不再仅仅是持家有方的妻子,其诗人身份使她们集儒家正统规范和贤妻这两种身份于一体,成为一种具有"凸显道德规范的陪衬"。[1] 在珠江三角洲,女性文学与中国文化的大环境相匹配,同样受到其所处时代的影响。明清时期远远不是所谓女性受到绵延不断的压迫的时代,事实上,这是长达数世纪的一个动态的、多样化的时代,社会、政治、经济的变化导致了社会性别关系的深刻变化。[2]

对江南的才女们来说,存在这样一种现象:明清易代之际,某些闺秀在动乱流离中,被迫选择从事公众活动,如教书、卖文(画),以求个人生存,甚至供养全家。这些现象都使男女、外内、上下之别趋于松动。不过,入清以后,尤其18世纪以后,风气转趋保守,正统价值观被再次确立,妇女也受到比较严格的限制,这在妇女建立的自我形象及其文学作品中都有表现。[3] 但这种情况在同时代的不同区域表现得并不完全相同,清代珠江三角洲地区出现不少游离于正统男性社会之外的"闺塾师",如陈广逊就曾设帐收徒,刘慧娟亦有女学生从学。江南趋于式微的事物在珠江三角洲却兴旺起来。虽然此时这里的女性受到的限制并不比全国其他地方少,而且烈女数量在珠江三角洲亦大量增加,但妇女通过写作展现个性或者成为塾师,以实现自我价值的做法明显多了起来。

梁乙真认为,清季之时,"其妇女文学,无卓荦荦特异之可述,仅毗陵诸女,嫋嫋余音,维持于不敝耳"。[4] 但珠江三角洲地区的妇女文学并未衰落下去。在由顺德人潘学增编著的《顺德文学史》中,作者谈论清初至乾嘉时代顺德文学时曾说:"至若妇女文艺当时亦盛:容奇刘兰雪(祖

---

[1] 〔美〕曼素恩:《缀珍录——十八世纪及其前后的中国妇女》,第7—8页。
[2] 〔美〕曼素恩:《缀珍录——十八世纪及其前后的中国妇女》,第144页。
[3] 李贞德主编《中国史新论——性别史分册》,台北:联经出版事业股份有限公司,2009,第345页。
[4] 梁乙真:《清代妇女文学史》,第215页。

满），石龙冈汤金英，① 龙山陈仲（贤），② 均咏絮才高，巾帼中不可多得。黎二樵之妻梁飞素（雪）③ 为诗多玄妙，惜乎不肯力学而又早卒，是弃其天才也。容奇陈静斋（广逊）具名士之气慨，吟咏不疲；龙津李绿猗（晚芳）善论史之文章，判断甚允，则又其中之杰出者也。"④ 当才女文化在全国趋于衰落之时，珠江三角洲地区才女的人数却在稳步增长。

纵观珠江三角洲的这些才女，可以印证胡晓真的结论，对她们来说，公众事业是不可得的，文学就成了唯一的选择，而写书是她们能想象到的最高成就。所以写作对妇女来说是一项有意识的行为。写作等于是在为自己于女儿、妻子、母亲的无名社会角色之外，另外建立一个自我，并且成就声名。⑤ 于是才女们便将自己对性别限制的挫折感投射到作品中，通过诗作表达自己的野心与梦想，这就是她们写作的真正目的与意图。通过女性自己的作品，我们也得以从另一角度，即女性自身的文本与心理，观照岭南与中央王朝的整合进程。

---

① 汤金英，顺德人，汤子凤女，能诗，著《梅轩集》。见（清）温汝能《粤东诗海》，第1816页。
② 陈贤，雍正年间人，龙山陈华封女，张晖良妻，乾隆五十三年（1788）举人张如芝母，著《秋香亭诗草》。咸丰《顺德县志》卷18《艺文略二》，《广东历代方志集成·广州府部》第17册，2007，第432页。
③ 梁雪，字飞素，佛滘拔贡生黎简妻。见咸丰《顺德县志》卷29《列女》，《广东历代方志集成·广州府部》第17册，2007，第687页。
④ 潘学增编著《顺德文学史》，香港顺德联谊总会资助出版，1975，第27页。
⑤ 胡晓真：《才女彻夜未眠——清代妇女弹词小说中的自我呈现》，李贞德、梁其姿主编《妇女与社会》，中国大百科全书出版社，2005，第349页。

结　语

吴妙静、黄惟德和李晚芳三位女性均是如今的广东省佛山市顺德区人。吴妙静生活在南宋，为未婚夫守节而终；黄惟德生活在元末明初，曾入宫成为女官，终身未嫁；李晚芳生活在清康雍乾时期，出身于普通的从商业儒家庭，生命中打下了强烈的商、儒烙印，因此她才能一方面相夫教子，另一方面著书立说。这三位不同时代的女性都颇具代表性，因而也成为历代士大夫不断书写的地方文化资源。正因为如此，她们身上展现了岭南作为帝国的边疆，是如何在经济、文化的发展过程中，逐渐与中原正统文化碰撞而一步步融入王朝的体系中去。宋明以后，随着王朝和当地士大夫不断在珠江三角洲地区普及儒家正统文化，生活在这里的女性群体，一方面逐渐受王朝教化影响而予以接受；另一方面又依然保持着地方传统的某些文化习俗，从而使珠江三角洲地区女性形象的地域特色相当明显。这既不同于以往学术界关注的男性世界，也不同于学术界一直热议的"自梳女"和"不落家"现象。

宋代以降，珠江三角洲地区开发日趋成熟。然而，秦汉以来，尽管中原王朝已经将岭南地区纳入统治版图，但岭南特有的风俗习惯，尤其是当地女性剽悍、威武的形象，直到唐宋时期仍然保持着。虽然中原文化已经在岭南零星而呈点状式地传播着，并出现了一些经学名家，但岭南女性在社会生活中的表现还是招来了中原士大夫异样的目光。宋代随着全国政治、经济、文化重心的南移，南方地区的社会经济，特别是沿海地区的海洋经济在国家财政中占有重要的比重，中原王朝对边疆沿海地区的管理和控制日趋加强。宋代"王朝中心的南移，急剧地扭转了华南历史的进程。

从此，王朝政权不再把广州当成奇珍异宝的百货店，而开始认真地希望把广州的精英整合到王朝之内"。伴随着岭南的中心城市广州被"儒家思想打进来了"，"一个文人阶层显然成长起来，而且这些文人是强烈拥护理学的"。[①] 也就是说，从宋代开始，珠江三角洲地区的文人已经被整合到儒家正统的思想框架内，他们开始以儒家正统的思想来整合地方文化，通过各种手段竭力将地方文化的开明向前追溯，以期改变之前在中原文人心目中的烟瘴荒蛮形象。[②] 在士大夫按照中原儒家标准来形塑本土文化的过程中，王朝正统文化潜移默化地向普通民众渗透，社会大众也逐渐以正统文化自觉地约束自己的言行，女性在这个过程中表现得相当明显。

然而，中原正统文化与珠江三角洲地域文化的整合不会一蹴而就。宋元时期，珠江三角洲地区仍流行着女性在社会上异常活跃的习俗，她们对婚姻、家庭财产等都有自己的主张，其在家庭经济中也占有重要地位。此时，珠江三角洲士人不断向王朝靠拢，通过科学考试进入国家的官僚集团行列，再通过自身的权势与社会影响，积极在地方社会推行教化。但珠江三角洲地区仕宦真正全面地实践与推行正统文化，大约开始于明代。至少从明嘉靖年间开始，广东官府和士大夫就根据理学家所倡导的贞孝观念将吴妙静形塑为守贞与行孝并举的节烈女性。吴妙静式的女性形象也在珠江三角洲地区的其他文献中不断出现，甚至将久远的陈孝女、文贞女也列入形塑的队伍中。这些女性或守贞或行孝或贞孝并行，通过士大夫的书写宣传，其事迹渐渐在全社会中传播开来。

实际上，岭南女性原本在经济生活中占据着极为重要的地位，但随着政治与社会观念的改变，原本女性在家庭与经济生活中的掌控地位被士大夫们愈加突出强调的"贞""孝"掩盖并弱化；那些不符合正统观念的细节则不断被士人修整，最终使她们完全转变成符合礼教传统的儒家标准女性。士人塑造女性形象的侧重点，往往会根据社会需要而不断在"贞"与"孝"之间转变。与此同时，仕宦和民众又共同参与为地方贞节烈女修建牌坊等活动，这一行动通过有形的实物形式，更加真实、形象地向民众传

---

① 〔英〕科大卫：《皇帝和祖宗——华南的国家与宗族》，第36、42页。
② 刘正刚、乔玉红：《宋明仕宦对岭南文化的建构：以张九龄为中心》，《中华文化论坛》2010年第2期。

结 语

达了王朝和儒学家们的愿望。王朝的正统观念随着这一象征性的仪式在乡村社会再次得到强化,也向世人传达了宋代岭南地区并不完全是"妇女强男子弱"的性别结构,强调了至少有部分岭南女性从宋代开始已向中原正统文化看齐。

明代珠江三角洲地区士大夫队伍日益壮大,出现了以南海县为中心的士大夫集团,他们不遗余力地在家乡推介王朝正统文化,重新定位岭南社会新形象,黄惟德、陈司彩等女官便是他们着重塑造的对象。在这些女官身上,体现的不仅是王朝统治话语与珠江三角洲地区地方习俗的重叠交叉,更体现了中原文化对珠江三角洲地区基层社会的全面渗入与影响。无一例外的是,明初入宫的这几位珠江三角洲地区女性在地方文献的记载中都具有一定的文化知识,这正是宋代以降士大夫在该区域积极推行教化的结果。她们在宫中服役的同时,严格恪守礼教规范,大多保留着未嫁之身而终老,已婚守寡者也会婉拒皇帝的青睐而守护贞节。她们的形象,完全符合了珠江三角洲地区士人形塑教化表率人物的需求。珠江三角洲地区女性原有的在社会上的强势习俗被士大夫弱化,甚至有意遮蔽。但这些传统习俗又以"自梳女""不落家"等形式残留在社会中,只不过被贞、孝的面纱掩盖了。对于基层社会来讲,这几位女性除了具有儒家教化的代表符号之外,还有更为重要的现实意义,官府和民间社会都从各自需要的角度不断地发掘女官这一文化资源。官府将之视为女性符合正统化行为的表率,为当地争夺更多的文化资源和政治资源;而民间则从家族利益出发,对女官形象进行选择性的记忆,在书写与传播中有意识地添加新的元素,以利于家族在经济资源的占有中发挥最大优势,同时为家族在田地和地方势力的掌控中提供合理合法的依据。

清代珠江三角洲地区已完全接纳了中原王朝的正统思想,士大夫在家乡推行教化的结果也真正体现了出来,女性观念、行为与王朝逐步靠近并达到同步,生活于清乾隆年间的顺德龙江女性李晚芳就是这样的例子。李晚芳在熟读各朝女教书的基础上,根据自己的生活体验,精心挑选了其中符合时代发展需要的内容,重新撰写了专门针对妇孺的礼教书——《女学言行纂》,这是珠江三角洲地区第一部由女性自己编纂的女教书。李晚芳也完全按照儒家设计的女性标准践行一生,勤事病老的舅姑、悉心照料残疾的丈夫、以一己之力维持家庭生计、养育子女，在完全扛起了一个家庭重担的同时，她又命令儿子敬宗收族、恤养四邻。然而李晚芳本人并非名门闺秀，她家世代业医，因此，也可以说她出身于商人之家。也正因为如此，李晚芳的身上始终带有离经叛道的因子。她具有清晰的经商理念，在儒与贾之间，她指导儿子先贾后儒，儿子在她的指导之下打拼十几年后，终于改变了梁家贫困的境遇，步入富裕之列。从这点来讲，李晚芳其实是僭越了儒家的男女界限，并没有完全遵从男外女内的社会性别秩序，已经将女性管理的范围外放到家门之外。身为女性，李晚芳的读书亦游离在这一界限的边缘。李晚芳祖父以行医为业，到她这一辈人才开始全力读书，其兄弟姐妹七人皆业儒，尤以她和姐姐两人在学业上最为进步，其姐无作品留存，李晚芳留下的作品至今仍散发着光芒。相反的是，笔者在现存的史料中几乎没有发现其兄弟因读书而获取功名或社会声望的痕迹。尤其是李晚芳在未嫁之时便根据自己读史心得写出一部评阅《史记》的重要著作——《读史管见》，更是完全打破了"妇言不出于阃"的性别界限。李晚芳的一生说明，一方面清代珠江三角洲地区的女性确实在自觉地按照儒家正统文化去约束自己，另一方面其行为又多少带有明显的"妇人强"的地方传统习俗的影子。

从李晚芳的个案看，明清时期珠江三角洲地区的女性享有与男性一样的读书权利，至少在孩提时代的少女有接受教育而读书的机会。传统社会在明末流行"女子无才便是德"的说法，可能恰是因为此时出现大量才女，这一现象并不意味着当时妇女受到压迫，反而显示一些卫道士对才女文化的日渐兴盛而感到的威胁感。[①] 事实亦是如此，明清时期的珠江三角洲地区才女文化蓬勃发展，社会的赞许与家庭的包容成为她们学习与成长的温床。与18世纪江南地区才女文化的衰落形成了鲜明的对比，这也是儒家文化此时已经完全在这一区域融合并根深蒂固的反映。同时，18世纪广东才女的兴盛和珠江三角洲地区社会经济的发达有着密不可分的关系。士大夫们有足够的财力支持家中女性读书，甚至邀请名流为家眷的著作撰写序跋，帮助她们结集刊刻。而珠江三角洲地区女性的读书识字，与宋代以

[①] 孙康宜：《文学经典的挑战》，百花洲文艺出版社，2002，第102页。

结 语

来当地士大夫的推动不无关系。

当然,"女子无才便是德"这一社会观念对女性或多或少还是产生了心理阴影。李晚芳生前著述颇丰,但在她生前,其家人或戚友已经有意刊刻其著述,均遭到了她的坚决反对,即使连亲朋好友的借阅也会被拒绝。这导致李晚芳的姐姐没能留下片言只语,李晚芳的著作也是在她去世后,由其子梁炜请人校正刊刻,保存了部分作品。之所以如此,与她们根深蒂固的正统观念不无关系,李晚芳姐妹均认为,读书著述不是女性分内事,所著之书只是"自娱悦,不以示人",认为自己读史的见解仅仅是"孩儿"之见,不能登大雅之堂。李晚芳敢于在作品中批评司马迁的史观,却始终没有勇气将作品公开刊刻,这一矛盾心态或许是当时许多女性读书人的共同想法。值得关注的是,清代中叶以后,珠江三角洲地区的女性诗作出现了高潮期,诗作的内容已经摆脱了传统女性的闲情雅兴,更多关注社会现实问题。

本书以宋代以来珠江三角洲地区社会经济发展为脉络,通过广东仕宦对宋代吴妙静、明代黄惟德和清代李晚芳三位女性形象的建构,一方面管窥宋代以来女性在珠江三角洲地区社会经济发展过程中由地方传统习俗中的"妇强"向儒家正统的贞孝形象演变的过程;另一方面讨论这一演变过程亦是广东仕宦联手致力于改变本地历史上女性"另类"形象以符合王朝正统化的实践过程。士大夫对以吴妙静、黄惟德、李晚芳三位女性为代表的珠江三角洲地区女性形象的建构,清晰地反映了本土文化在他们的不断努力改造下,逐步与王朝正统文化相融合。不难发现,在这个整合过程中,理学家倡导的德孝、贞节观念渐渐深入人心,生活在珠江三角洲地区的妇女表现出与王朝提倡的正统文化的一致性,"地方性知识"的色彩在这一过程中逐渐被隐藏起来。王朝国家的节烈旌表制度作为教化世风的一种手段,在珠江三角洲地区得以确立。研究显示,珠江三角洲地区的女性在自宋至清的社会经济发展中,一方面主动或被动地接受了士大夫输入的儒家正统观念;另一方面对历史上的某些习俗进行改头换面地加以继承,如"自梳女"与"不落家"即是表现形式之一。

本书讨论的三位女性,宋代的吴妙静传说生活在仕宦之家,黄惟德属于明代普通良家女性,李晚芳出身于业医的商人之家,婚后则为普通家庭主妇。后两人在史料中基本是读过书的女性，且李晚芳还有著述传世。如果吴妙静的家庭背景属实的话，那么她应该也是一位有文化的女性。从书中的讨论可以看出，这三位女性均有相当的生活自主性，吴妙静可以自主地选择为死去的未婚夫守贞一生，并享有对家庭财产的支配权；黄惟德身处皇宫，历经五朝，受到宫中应有的礼遇，即便是年老返乡，也赢得了家族的尊敬，应该说她有着别样的权术和智慧，受到官府和民间社会的一致褒赞；李晚芳生活在一口通商时期，其生活明显受到了商品经济的浸润，但她始终将读书和著述作为自己始终不弃的追求，其对《史记》的评鉴，更显示了珠江三角洲地区女性特有的睿智。这三位女性既有真正进入婚姻家庭生活的李晚芳，也有并未正式进入婚姻生活的吴妙静，而黄惟德则几乎从未涉足过婚姻。这种多元的婚姻家庭生活形态，在宋代以来的珠江三角洲地区均属常态，并因此而演变为清代愈演愈烈的"自梳女"与"不落家"的现象，这与萧凤霞教授讨论的华南妇女抗婚形态的文化习俗相一致。正是因为女性在父家或夫家的贡献，她们赢得了后来家族的追思，成为家族的祖姑或太婆而世代享受祭祀，[①] 这与刘志伟教授讨论的珠江三角洲地区何氏家族的"姑嫂坟"现象也颇契合。而所有这些，又都能从岭南历史文化习俗中找到依据。

[①] 刘正刚：《明代以来广东祭拜太婆现象探析》，刘正刚主编《历史文献与传统文化》第21辑，暨南大学出版社，2016。

参考文献

（宋）周去非：《岭外代答》，张智主编《中国风土志丛刊》第61册，广陵书社，2003。

（明）郭棐：《粤大记》，黄国声、邓贵忠点校，广东人民出版社，2014。

（明）黄佐：《广州人物传》，广东高等教育出版社，1991。

（明）黄佐：《泰泉乡礼》，文津阁《四库全书》第48册，商务印书馆，2005。

（明）湛若水：《湛甘泉先生文集三十二卷》，《四库全书存目丛书·集部》第57册，齐鲁书社，1997。

（清）陈广逊：《静斋小稿》，清乾隆刻本。

（清）陈微言：《南越游记》，谭赤子校点，广东高等教育出版社，1990。

（清）程秉钊：《琼州杂事诗》，《丛书集成初编》第3128册，中华书局，1985。

（清）施淑仪：《清代闺阁诗人征略》，民国九年（1920）刻本。

（清）仇巨川：《羊城古钞》，陈宪猷校注，广东人民出版社，1993。

（清）樊封：《南海百咏续编》，张智主编《中国风土志丛刊》第62册，广陵书社，2003。

（清）范端昂：《粤中见闻》，汤志岳校注，广东高等教育出版社，1988。

（清）古吴靓芬女史贾茗辑《女聊斋志异》，廖东校点，齐鲁书社，2004。

（清）顾光：《光孝寺志》，白化文、张智主编《中国佛寺志丛刊》第113册，广陵书社，2006。

（清）关天培：《筹海初集》，沈云龙主编《近代中国史料丛刊》第43辑，第422册，台北：文海出版社，1983。

（清）杭世骏：《岭南集》，学海堂重刻本，光绪七年（1881）。

（清）何大佐：《榄屑》，广州中山图书馆，1987年复印本。

（清）赖振寰：《龙山乡竹枝词》一卷，古经阁刊本，清光绪二十五年（1899）。

（清）黎春熙：《静香阁诗存》一卷，顺德龙氏螺树山房刊，朱印本，清光绪二十四年（1898）。

（清）黎简：《五百四峰堂诗钞》，广州儒雅堂陈氏版，清嘉庆元年（1796）。

（清）黎简：《五百四峰堂续集》，清微尚斋刻本。

（清）李调元：《粤东笔记》《粤风》《南越笔记》，张智主编《中国风土志丛刊》第56~57册，广陵书社，2003。

（清）李晚芳：《读史管见》，初刻于乾隆五十二年（1787），谥园藏版，嘉庆年间补刻。

（清）李晚芳：《女学言行纂》，初刻于乾隆五十二年（1787），谥园藏版，嘉庆年间补刻。

（清）李晚芳：《李菉猗女史全书》，刘正刚点校，齐鲁书社，2014。

（清）李文藻：《岭南诗集注》，栾绪夫注，大连海事大学出版社，1994。

（清）梁颂虞：《粤东新聊斋初集》，科学书局平装，民国七年（1918）。

（清）刘慧娟：《昙花阁诗钞》，光绪十六年（1890）刻本，方秀洁、〔美〕伊维德主编《美国哈佛大学哈佛燕京图书馆藏明清妇女著述汇刊》第3册，广西师范大学出版社，2009。

（清）龙唫芠：《蕉雨轩稿》，刊本，清光绪三十四年（1908）。

（清）罗云山辑《广东文献》，江苏广陵古籍刻印社，1994。

（清）钮琇：《觚剩》《觚剩续编》，顾廷龙主编《续修四库全书·子部·杂家类》第1177册，上海古籍出版社，2002。

（清）邱掌珠：《绿窗庭课吟卷》一卷，龙山邱园刊本，清光绪二十二年（1896）。

（清）温汝能：《粤东诗海》，吕永光整理，李曲斋、陈永正审定，中山大学出版社，1999。

（清）吴绮等撰《清代广东笔记五种》，广东人民出版社，2006。

（清）吴震方：《岭南杂记》，《丛书集成初编》第3129册，中华书局，1985。

（清）许玉彬、沈世良辑《粤东词钞》，羊城学院前艺芳斋刊，道光二十九年（1849）。

（清）余维坦：《岭南咏古诗集》，冈州阮氏印本，民国二十四年（1935）。
（清）恽珠等辑《国朝闺秀正始集续集补遗》，道光十六年（1836）红香馆刻本。
（清）张渠：《粤东闻见录》，程明校点，广东高等教育出版社，1990。
（清）张心泰：《粤游小志》，（清）王锡祺辑《小方壶斋舆地丛钞》第10~11册，杭州古籍书店，1985。
（清）周曜云：《幽兰轩诗选》，光绪二十年（1894）梁鼎芬未定稿。
（清）朱澐：《粤东成案初编》，道光年间刻本。
（清）简朝亮：《读书堂集》，民国刻本。
（清）温汝能纂《龙山乡志》，嘉庆乙丑孟春镌（嘉庆十年，1805），金紫阁藏版。
（清）温肃：《龙山乡志》，1930年刊本。
《顺德龙江乡志》，民国十五年（1926）刻本，台北：成文出版社，1967。
陈永正选注《岭南历代词选》，广东人民出版社，1993。
胡文楷：《历代妇女著作考》，上海古籍出版社，2008。
黄佛颐：《广州城坊志》，暨南大学出版社，1994。
黄尊生：《岭南民性与岭南文化》，民族文化出版社，1941。
潘学增：《顺德文学史》，香港顺德联谊总会资助出版，1975。
汤志岳：《广东古代女诗人诗选》，广东人民出版社，1997。
冼玉清：《广东女子艺文考》，广西师范大学出版社，2014。
广东文征编印委员会编《广东文征》，香港中文大学出版社，1978。
谭棣华等编《广东碑刻集》，广东高等教育出版社，2001。
冼剑民、陈鸿钧编《广州碑刻集》，广东高等教育出版社，2006。
中山大学中国古文献研究所编《全粤诗》，岭南美术出版社，2008。
中山图书馆编《旧粤百态：广东省立中山图书馆藏晚清画报选辑》，中国人民大学出版社，2008。
《广州旌表节孝烈传》，清光绪刊本。
黄海、黄任恒辑《粤闺诗汇》六种，清光绪刊本。
《点石斋画报》，广东人民出版社，1983。
白雄奋、吴兆奇、李爵勋编《冼夫人文化全书》，中山大学出版社，2009。

鲍家麟编著《中国妇女史论集》，台北：牧童出版社，1979。
蔡鸿生：《清初岭南佛门事略》，广东高等教育出版社，1997。
陈永正：《岭南诗歌研究》，中山大学出版社，2008。
程美宝：《地域文化与国家认同：晚清以来"广东文化"观的形成》，三联书店，2006。
邓小南主编《唐宋女性与社会》，上海辞书出版社，2003。
邓小南等主编《中国妇女史读本》，北京大学出版社，2011。
董家遵：《中国古代婚姻史研究》，广东人民出版社，1995。
杜芳琴、王政主编《社会性别》第1期，天津人民出版社，2004。
杜芳琴、王政主编《中国历史中的妇女与性别》，天津人民出版社，2004。
杜芳琴：《妇女学和妇女史的本土探索——社会性别视角和跨学科视野》，天津人民出版社，2008。
黄嫣梨：《清代四大女词人——转型中的清代知识女性》，汉语大词典出版社，2002。
李贞德、梁其姿主编《妇女与社会》，中国大百科全书出版社，2005。
李贞德：《性别、身体与医疗》，台北：联经出版事业股份有限公司，2008。
梁乙真：《清代妇女文学史》，中华书局排印本，1927。
梁乙真：《中国妇女文学史纲》，上海书店出版社，1990，据开明书店1932年版、中华书局1933年版影印。
刘圣宜：《近代广州社会与文化》，广东高等教育出版社，2004。
刘士圣：《中国古代妇女史》，青岛出版社，1991。
刘正刚：《明清地域社会变迁中的广东乡村妇女研究》，社会科学文献出版社，2016。
刘志伟：《在国家与社会之间——明清里甲广东赋役制度研究》，中山大学出版社，1997。
刘志文：《广州民俗》，广东省地图出版社，2000。
罗一星：《明佛山经济发展与社会变迁》，广东人民出版社，1994。
罗志欢：《岭南历史文献》，广东人民出版社，2006。
骆伟编《岭南族谱撷录》，广东人民出版社，2002。
马建钊、乔健、杜瑞乐主编《华南婚姻制度与妇女地位》，广西民族出版社，1994。

毛庆耆主编《岭南学术百家》，广东人民出版社，2004。

毛文芳：《物·性别·观看——明末清初文化书写新探》，台北：台湾学生书局，2001。

乔玉红：《古代岭南女性社会形象研究》，齐鲁书社，2017。

苏禹：《历史文化名村碧江》，《顺德文丛》第2辑，广东人民出版社，2007。

谭正璧：《中国女性的文学生活》，江苏广陵古籍刻印社，1998。

夏晓红：《晚清女性与近代中国》，北京大学出版社，2004。

叶春生：《岭南风俗录》，广东旅游出版社，1988。

叶春生：《岭南民间文化》，广东高等教育出版社，2000。

叶汉民：《主体的追寻——中国妇女史研究析论》，香港教育集团公司，1999。

袁钟仁：《岭南文化》，辽宁教育出版社，1998。

张磊等：《岭南文化志》，上海人民出版社，1998。

张妙清、叶汉明、郭佩兰合编《性别学与妇女研究——华人社会的探索》，台北：稻乡出版社，1997。

赵春晨主编《岭南宗教历史文化研究》，天津古籍出版社，2002。

钟慧玲：《清代女诗人研究》，台北：里仁书局，2000。

〔法〕伊凡：《广州城内——法国公使随员1840年代广州见闻录》，张小桂、杨向艳译，广东人民出版社，2008。

〔美〕白馥兰：《技术与性别——晚期帝制中国的权力经纬》，江湄等译，江苏人民出版社，2006。

〔美〕高彦颐：《闺塾师——明末清初江南的才女文化》，李志生译，江苏人民出版社，2005。

〔美〕卢苇菁：《矢志不渝——明清时期的贞女现象》，秦立彦译，江苏人民出版社，2010。

〔美〕曼素恩：《缀珍录——十八世纪及其前后的中国妇女》，定宜庄、颜宜葳译，江苏人民出版社，2005。

〔美〕曼素恩：《兰闺宝录：晚明至盛清时的中国妇女》，台北：左岸文化出版社，2005。

〔美〕明恩溥：《中国乡村生活》，陈午晴、唐军译，黄兴涛、杨念群主编

《西方的中国形象》,中华书局,2006。

〔美〕魏爱莲:《晚明以降才女的书写、阅读与旅行》,赵颖之译,复旦大学出版社,2016。

〔英〕科大卫:《皇帝和祖宗——华南的国家与宗族》,卜永坚译,江苏人民出版社,2009。

〔英〕C.R. 博克舍编注《十六世纪中国南部行纪》,何高济译,中华书局,1990。

后 记

笔者多年来一直关注岭南女性史的研究，且已有多篇论著发表、出版。我们在研究中，深感以往一直进行的宏观叙述难以深描岭南女性发展史的内在脉络。于是我们一直在找寻一个恰当的个案来进行研究。最终我们发现了珠江三角洲地区的顺德县有三位女性，即本书讨论的主人公吴妙静、黄惟德和李晚芳。这三位女性分别生活于宋代、明代和清代，在各个历史时段岭南社会的发展之中都颇具代表性，与我们通常所说的宋代以来珠江三角洲地区的开发历程相吻合。我们在以往研究岭南女性史的基础上，集中以顺德的吴妙静、黄惟德和李晚芳三位女性为主角进行讨论，进而形成现在这部书稿。

本书的框架，由我们多次切磋讨论才得以确定。书稿最初由乔玉红博士撰写，最后由刘正刚教授通读修改。一些主要的章节或观点，经两人不断沟通，进而融进书中。从这个意义上说，这是我们思想的共同结晶。但由于在写作此书的同时，我们都还有着较繁重的教学和科研任务，故而不能完全静下心来进行全面的思考与总结，因此书中的错误在所难免。敬请读者谅解！

本书能够出版，首先要感谢暨南大学中国史学科高水平大学建设给予经费资助。其次要感谢顺德区博物馆原馆长李建明先生、广东省社会科学院陈忠烈教授对本书的关照。数年前，正是在他们的点拨下，我们才有机会、有信心从事这一研究，并一直坚持下来。最后要感谢我的所有在读研究生们,他们帮助我查阅、核对书中的相关资料。当然,书中所有的错误,由我们自己负责。

刘正刚
2019 年 5 月 1 日

图书在版编目(CIP)数据

明清珠江三角洲女性形象建构研究：以吴妙静、黄惟德、李晚芳为例 / 刘正刚,乔玉红著. -- 北京：社会科学文献出版社,2019.8
（暨南史学丛书）
ISBN 978-7-5201-4864-1

Ⅰ.①明… Ⅱ.①刘… ②乔… Ⅲ.①珠江三角洲-女性-社会生活-研究-明清时代 Ⅳ.①D691.968

中国版本图书馆CIP数据核字(2019)第095238号

暨南史学丛书

明清珠江三角洲女性形象建构研究
—— 以吴妙静、黄惟德、李晚芳为例

著　　者 / 刘正刚　乔玉红

出 版 人 / 谢寿光
组稿编辑 / 宋月华
责任编辑 / 胡百涛
文稿编辑 / 汪延平

出　　版 / 社会科学文献出版社·人文分社 (010) 59367215
　　　　　　地址：北京市北三环中路甲29号院华龙大厦　邮编：100029
　　　　　　网址：www.ssap.com.cn
发　　行 / 市场营销中心 (010) 59367081　59367083
印　　装 / 三河市龙林印务有限公司
规　　格 / 开　本：787mm×1092mm　1/16
　　　　　　印　张：19.25　字　数：302千字
版　　次 / 2019年8月第1版　2019年8月第1次印刷
书　　号 / ISBN 978-7-5201-4864-1
定　　价 / 128.00元

本书如有印装质量问题，请与读者服务中心 (010-59367028) 联系

版权所有 翻印必究